北朝鮮「終りの始まり」

2001—2015

斎藤直樹
SAITO Naoki

論創社

北朝鮮「終りの始まり」2001－2015

まえがき

将来のある時点で、張成沢（チャン・ソンテク）の粛清が決定的な転機となったと回顧する時が来るかもしれない。張成沢とは二〇一一年一二月に死去した金正日（キム・ジョンイル）が後継者・金正恩（キム・ジョンウン）の後見人として据えた人物であった。僅かその二年後の一三年一二月に張成沢が非業の最期を遂げたことにより張が恰も悲劇の殉教者であったような印象を与えるが、張は必ずしも清廉潔白で誠実な人物であったことを意味した訳ではない。とは言え、金正日の義弟であっただけでなくそれまで失脚を繰り返しながらも権力中枢に存した意味で、金正恩体制を支えなければならない逸材であったことは確かであった。

孤立を深める中で、北朝鮮は中国との経済協力に益々依拠することになった。張成沢は中国との経済協力に活路を見出そうとした。しかしその間、支配体制の中で激烈な闘争が繰り広げられているのではないかとの憶測が引っ切りなしに囁かれた。軍事挑発に象徴される強硬路線を主張する朝鮮人民軍や朝鮮労働党組織指導部の幹部達と、張成沢と張の率いる勢力は激しい主導権争いを繰り広げた。中国との経済協力を背景に日々影響力を強め出した張成沢に脅威を覚えた金正恩が人民軍幹部の力を借り、粛清に打って出たのであろうか。同事件は金正恩体制の残虐性と抑圧体質を余すところなく見せ付けることとなった。しかもその後も金正恩が玄永哲（ヒョン・ヨンチョル）人民武力部長を含め、数十名に及ぶ高級幹部達を粛清していることは金正恩の指導力と体制の対内的な安定性に深刻な疑念を抱かせるものである。

この間も金正恩体制は核武装化の実現に向け狂奔しているが、これに対し、米国、韓国、日本だけでなく中国の習近平（シー・チンピン）指導部までも金正恩を突き放している感がある。そうした中で漂流状態に陥っている金正恩体制に果して活路はあるのか。

二〇一五年一二月

斎藤 直樹

北朝鮮「終りの始まり」２００１－２０１５　目次

まえがき　ii

第Ⅰ部　二人の金

第Ⅱ部 「第二の危機」

北朝鮮「終りの始まり」2001―2015

序論

金日成（キム・イルソン）についての公式伝記の文言を借りると、朝鮮労働党の創建者、朝鮮民主主義人民共和国の永遠の元首、朝鮮社会主義の創建者である金日成主席の革命家としての経歴は、天賦の思想家・理論家、傑出した政治家、余人をもって代え難い軍事戦略家、指導力の手本、人民への慈愛に満ちた父親として気高い人生そのものであり、激動の二〇世紀の潮流と共に歩んだ人生であった。[1]そして十代で革命活動家の道に入った金日成主席は八〇代に至るまで、前例もない困難かつ複雑を極めた朝鮮革命を勝利へと導き、朝鮮解放を実現すると共に最も人間の尊厳を重んずる社会主義を朝鮮で築き上げ、世界革命の発展に偉勲を残した、と記されている。しかも金日成は一国を半世紀にわたり文字通り、支配した。このことは共産主義国家でも類を見ないことであった。

事実、一九六〇年代の終りまでに金日成の一人独裁体制が完遂すると共に、金日成の偶像化、個人崇拝、神格化が際限なく進められた。絶対的な独裁権力に裏付けられた頑健な政治・軍事体制を構築した金日成は後継者と目された長子・金正日への権力継承に取り組み始めた。金日成の一人独裁体制の完遂は金正日への円滑な権力継承のための土台となった。しかし公式伝記が伝える金日成という人物の巨大さとは裏腹に、社会主義国家の最高指導者としての舵取りは御粗末かつずさんで、北朝鮮国民に対し多大な苦難を与え続けた最大の要因の多くはそこにあろう。今日、北朝鮮国民が苛まれている困難の多くは金日成と金日成の後を継いだ金正日に起因するといっても必ずしも過言ではない。常軌を逸するほど誇張された虚偽と現実の乖離は簡単には説明できない。

もっとも、一九五〇年代には北朝鮮は堅調な経済成長を示した。朝鮮戦争で著しく疲弊した北朝鮮は復興のためにソ連、東欧諸国、中国から莫大な支援を提供して頂くという恩恵に浴した。また韓国と比較して石炭や鉱物など天然資源で恵まれていた北朝鮮の生活水準は七〇年代中頃まで韓国の生活水準より高かった。ところが、徐々に不調が目立ち始めた北朝鮮経済は七〇年代後半までに韓国に逆転を許した。日本からの大規模な融資を背景として躍進を始めた韓国の経済成長は金日成にとって脅威の的となった。しかし、スターリン（Joseph V. Stalin）型の中央集権的・統制型・計画経済の忠実な信奉者であった金日成は時代錯誤になりつつあった統制経済にしがみつき続けた。しかも金日成の統制経済は幾つかの顕著な特徴に彩られた。

何と言っても社会主義国家の建設に向け重工業部門を基幹産業として位置付け、重工業偏重と言われるほど重工業部門の発展を最優先し、同部門への集中投資を行った。この結果、資本財が大量に生産された一方、国民生活への配慮は二の次となり軽工業は軽視され消費財の生産は疎かとなった。しかも韓国軍と在韓米軍との軍事衝突の可能性を常に念頭に置き、国防を最優先し「国防・経済並進」政策を進めたことから、重工業重視路線と連動する形で国防関連産業が著しい隆盛を博した。他方、「国防・経済並進」政策と称して長年に及び奔走した軍事偏重の財政支出が災いした。この結果、産業部門間で歪な格差を招くことになった。

しかも朝鮮戦争において自らの意に反して毛沢東（マオ・ツォートン）やスターリンから散々指示を受けた金日成はその後、フルシチョフ（Nikita S. Khrushchev）ソ連指導部や毛沢東中国指導部の差し出がましい干渉を徹底的に嫌った。そのために思想、政治、経済、軍事の全面において独自の社会主義を打ち立てる必要を何としても感じた金日成は主体（チュチェ）思想を確立した。戦後復興期からの重工業重視路線に加え、何よりも自力更生を原則とする「自立的民族経済建設路線」を金日成が前面に押し出したのはこうした経緯に基づく。この結果、貿易は否応なく収縮を余儀なくされ自ら経済成長の可能性を摘むことに繋がった。金日成の経済発展戦略はこれらが融合するような特徴に彩られることになった。その結果、統制経済に内在した諸々の問題は金日成独自の発展戦略によってさらに歪む格好となった。そうした発展戦略が重い足枷となって災いしたかのように、北朝鮮経済はそれ以降、低迷し出した。さらに千里馬（チョルリマ）運動のように、労働者の生産意欲の高揚を著しく図り、生産活動に励むといった大衆動員型の運動に金日成は幾度となく打って出た。当初はそうした運動は成果を挙げたが、精神面での高揚を鼓舞するばかりで物質的な裏付けのない運動は年月を重ねるに従い次第に活力を失った。

これらが相乗した結果、一九七〇年代を迎え北朝鮮経済は頭打ちの状態となった。とは言え、デタントと呼ばれた七〇年代前半の世界的な緊張緩和の動きは一時期、金日成指導部にとって思わぬ追風となった。ソビエト・ブロック圏や中国だけでなく西側資本主義諸国との接近を目論み、多額の融資を受けることができた。ところが、そこに待ち受けていたのが第一次オイルショックであった。その煽りを真に受け輸入品の価格が劇的に高騰すると、対外債務が返済不能になるという事態を引き起こし、挙句の果てに債務不履行のレッテルを張られる有様となった。

一九八〇年代になっても経済計画は掛け声高く発進された。しかも本来の経済計画が実施されている最中に、法外に高い目標を掲げた大衆動員型の運動が突発的に導入された。この結果、本来の経済計画の実施が煽りを受けその進捗はたちどころに鈍化し、間もなくそうした目標は達成できないことが明らかになった。はたまた金日成の偉業を称える名目で膨大な経費が惜しみなく投入され、巨大な記念碑的建造物が幾つも建設された。日を追う毎に北朝鮮経済が下降線を辿ったのも無理はなかった。経済の停滞と不調は金日成にとって心配の種となった。中国や韓国を見習い、外部世界へ接近する必要を金日成は感じ始めた。大規模の外資を誘引すべく経済特区事業に乗り出したが、外国企業に様々な制約を課したことも災いして功を奏さなかった。

傾き掛けた経済の凋落を決定的にしたのが一九九一年一二月のソ連の崩壊であった。貿易総額の半分以上を対ソ貿易に依存した北朝鮮にとってソ連の崩壊は絶望的な状況を引き起こさざるをえなかった。この結果、貿易総額はソ連崩壊前の僅か一割水準にまで収縮するという事態を引き起こした。貿易の劇的な収縮は産業全体に壊滅的な打撃を与えた。産業を支える燃料などが極端に枯渇する中で工場の稼働率も軒並下落を余儀なくされた。しかも重工業部門の低迷は間もなく農業部門にも波及した。この間、中国、韓国、台湾などの近隣の東アジア諸国だけでなくタイ、マレーシア、シンガポールなど東南アジア諸国の多くが外資の導入、貿易自由化、市場経済の導入などを通じ著しい経済成長を標した。この結果、北朝鮮だけが取り残されてしまった。気が付くと、北朝鮮は世界で最悪の一群に陥っていたのである。

一九九四年七月に金日成が他界した時、金正日が受け継いだのは一人独裁体制と表現される絶大なる権力だけでなく奈落の底目掛けて急降下を続ける国家経済であった。金日成が遺したのは甚大な負の遺産と言えるものであった。その金正日は負の遺産を持て余しただけでなく自ら無為無策ぶりを露呈し、負の遺産をさらに膨らますことになった。グローバル化の波が世界の隅々に伝播しているにも拘わらず、金正日は金日成の遺訓に従うという遺訓統治を持ち出し父親譲りの統制経済にしがみついた。

これに追討ちを掛けたのが一九九五年夏に始まる四年続きの大水害であった。大水害は大規模な飢饉として跳ね返り、深刻な食糧不足を生み大量の餓死者を生んだ。それまで住民の生活を支えてきた食糧配給制度は事実上、破綻し、配給も滞ることになった。これに代り、市場（いちば）が急速に繁茂すると、闇経済として市場を指弾したものの金正日はその存在を結局、黙認せざるをえなかった。この間、危機的な状況に立たされた金正日は「苦難の行軍」と称して国民を引き締めると共に生産の増大に向け労働意欲を鼓舞したが、掛け声倒れで終わった。こうした中で、外部世界に向け窮状を訴え、金正日は緊急人道支援を求めた。九〇年代後半に北朝鮮の崩壊の危機が囁かれ出したのである。

体制崩壊の危機といった絶望的な状況を招いた責任は金日成と金正日の二人の金の無為無策に帰着するとして経済面での慢性的な不調状態とは裏腹に、「国防・経済並進」政策や「先軍政治」に象徴される通り、二人の金は強大な軍事大国の建設に向け奔走した。韓国軍や在韓米軍との軍事的緊張が続く中で国防の名の下で軍備増強は国是となった。金日成は一一〇万の兵員を抱える朝鮮人民軍を創設し、強大な軍隊に育て上げた。二人の金はこと軍事に関しては実に抜け目がなかった。

国防の観点からだけではなく自らの体制の権力基盤を支えるものこそ、国軍たる朝鮮人民軍であるとの認識を二人の金は堅持した。人民軍の支持がなければ権力基盤は危うくなり兼ねないが、人民軍から強い支持を獲得している限り、体制は安泰であると二人の金は認識した。二人の金は人民軍を他のいかなる国家機関・組織よりも厚遇した。実際に金体制にとって人民軍による支持は何にも代え難い礎となった。

日を追う毎に国民生活は厳しくなったとは裏腹に、対内的に募る国民の不満の声を押さえ込み、また外部世界に脅威を与えるため、朝鮮人民軍からの支持を磐石にするために二人の金は核兵器開発と弾道ミサイル開発に狂奔した。この結果、二度にわたり核兵器開発を巡る危機が生じた。一九九四年半ばに米朝間で一触即発の事態に至った「第一の危機」が勃発したが、何とか収束した。ところが二〇〇二年秋に「第二の危機」が勃発し、現在に至っている。同危機は北東アジアの平和と安全保障に深刻な脅威を与えている。

「第一の危機」

(1) 金日成指導部の核兵器計画

金日成指導部による核兵器開発の拠点となったのは首都・平壌(ピョンヤン)の北方約九〇キロ・メートルのところに位置する寧辺(ニョンビョン)であった。核兵器開発はフルシチョフ・ソ連指導部による支援に多くを負っている。もっともフルシチョフが金日成指導部の核兵器開発を公に支援した訳ではなかった。フルシチョフはあくまで原子力の平和利用という条件付で社会主義圏の衛星国に原子力の恵みを与えたいと考えたのであった。金日成はそうしたフルシチョフの思惑を逆手に取ったのである。金日成はフルシチョフの呼掛けに応じ原子物理学を専攻する研究者達をソ連の原子力研究所に送り込み、次世代の核兵器開発の人材を育てようとした。またフルシチョフは金日成に小規模の実験用原子炉を送った。

こうした支援に与り、一九六〇年代初め頃から金日成指導部は寧辺で一連の核関連研究所を開設した。核兵器開発は八〇年代に入り加速した。電気出力五〇〇〇キロ・ワット（五メガ・ワット＝MW。以下、五MWと表記。）の黒鉛減速炉型原子炉（減速材として黒鉛を使用する原子炉。以下、黒鉛炉と表記。）、プルトニウム再処理施設、核燃料製造工場などが続々と建設された。八六年に稼働を始めたとされる五MW黒鉛炉で原爆一発分に当たるプルトニウムが抽出されたのではないかと疑問視された。八九年のことであった。

こうした核兵器開発は米政府の目に留まるところとなった。一九八〇年代前半から米国の偵察衛星は寧辺での核兵器開発を監視していた。レーガン（Ronald W. Reagan）政権は金日成指導部の核兵器開発が核拡散防止条約（NPT）体制にただならぬ影響を与え兼ねないと苦慮した。何とかして金日成をしてNPTに調印させることはできないものかと思案したレーガンは、ゴルバチョフ（Mikhail S. Gorbachev）ソ連指導部に御伺いを立てた。ゴルバチョフは快諾した。ゴルバチョフは黒鉛炉と比較して遥かに高い発電能力を持つ軽水炉型原子炉（減速材として軽水を使用する原子炉。

以下、軽水炉と表記。）を四基、提供する代りに、ＮＰＴに加盟してくれないかと、金日成に呼び掛けた。金日成にとって悪い話ではなかった。金日成は八五年一二月にＮＰＴに調印した。

(2) ペレストロイカと改革・開放

とは言え、この頃ゴルバチョフ指導部だけでなく鄧小平（ダン・シャオピン）中国指導部が経済改革に踏み切ったことは金日成にとって嬉しい話ではなかった。長年に及ぶ米国との激烈な核・ミサイル軍拡競争のため著しく疲弊したソ連経済を抜本的に立て直すべく、ゴルバチョフはペレストロイカ（Perestroika）を発進させた。他方、中国の近代化を実現する最後の機会であると感じた鄧小平指導部は改革・開放に着手した。

社会主義圏の二大国が発進させた一連の改革を金日成は懐疑的な目でみていた。そうした改革は遅かれ早かれ社会主義体制を根底から揺さ振り兼ねないと金日成は直感した。一党独裁体制はおろか一人独裁体制にしがみつく金日成からみれば、改革がもたらし兼ねない副作用は真に脅威であった。金日成の予感は的中した。ペレストロイカにより東欧共産圏諸国での民主化の動きは加速し、八九年秋に東欧共産圏は一挙に瓦解した。さらに東欧共産圏を瓦解に導いた巨大なエネルギーはソ連自体にも押し寄せることになった。ペレストロイカはソ連の崩壊という思いも寄らぬ結果を引き起こした。これは金日成指導部にとって正に断崖に立たされる事態を招いた。最大の貿易相手と支援元を一気に喪失することになったからである。

鄧小平の改革・開放は経済面に絞ったものであったとは言え、中国内での民主化要求運動に火を付けた。一九八九年六月には天安門事件が発生した。こうした動きを凝視していた金日成は確信した。改革に着手することは遅かれ早かれ自身の一人独裁体制を揺るがすことになる。これだけでなく金日成を震撼させたのはゴルバチョフや鄧小平が何と主敵たる韓国との国交樹立に向け動き出したことであった。

(3) 金日成の目論見

四面楚歌に陥った金日成に手を差し伸べたのが盧泰愚(ノ・テウ)韓国大統領であった。盧泰愚は北朝鮮との関係改善に向け合図を送った。これに金日成が応じたことで、一九九一年一二月に南北基本合意書の締結に続き、朝鮮半島非核化共同宣言が行われた。朝鮮半島情勢はにわかに緊張緩和の時期を迎えた。これを契機として、金日成は朝鮮戦争において死闘を繰り広げた米国との関係改善に向け大きく舵を切る決断をした。金日成にとって韓国と接近したロシアや中国を牽制する上でも米国との関係改善は重要な意味を持っていた。米国との関係改善に向け成果を挙げることができれば、韓国に対してだけでなくロシアや中国に対しても牽制となりうると金日成は希望的観測を回らしたからであった。

この間、ブッシュ(Gorge H. W. Bush)政権は金日成との関係改善に応じることを決めた。ただし北朝鮮の核兵器開発に楔を打ち込みたいと考えたブッシュは金日成をして核兵器開発計画を放棄することがその前提条件であるとするシグナルを発した。この期に及んで、機を見るに敏な金日成は朝鮮半島の非核化といった文言を吹聴し始めた。北朝鮮が開発中の核兵器を廃棄することを取引材料として、在韓米軍の戦術核兵器を撤廃したいところであった。核兵器計画を放棄する見返りに在韓米軍の核兵器を撤廃すると共に莫大な支援提供を頂こうと金日成は目論んだのである。

一九九二年一月にＩＡＥＡ（国際原子力機関）と保障措置協定を結び、核査察に応じる姿勢を示すに至った。しかし金日成が真摯に核兵器計画の放棄を実行する意思があるか否かは不透明であった。間もなくＩＡＥＡは核兵器開発の一端を掴んだ。九二年五月に金日成指導部がＩＡＥＡに提出した核関連活動の申告書が急遽、問題視された。プルトニウムの貯蔵施設ではないかと疑義を持たれた核廃棄物貯蔵施設が申告されていなかったからである。ＩＡＥＡは疑惑の施設に対し強制的な査察を求めるという特別査察（special inspection）を金日成に強く迫った。これに対し、金日成は特別査察を断固拒絶すると共に九三年三月にＮＰＴからの脱退を宣言するに及んだのである。

（4）一触即発の事態

北朝鮮の脱退騒ぎは何とか収まったものの、その後金日成指導部が執拗にＩＡＥＡによる査察を妨害したことは、米国を苛立たせた。これに手を焼いたクリントン（William J. Clinton）は北朝鮮への経済制裁発動を目指した。このため国連安全保障理事会（以下、安保理事会）において北朝鮮への経済制裁決議の採択を目指したものの、肝心の中露など安保理事会の常任理事国の猛反発に会い経済制裁に向けた目算は全く立たなかった。そうした中で、クリントンは寧辺の核関連施設への空爆作戦を視野に入れ動き出した。これに対し、自らの知らないところで練られていた空爆作戦を聞き付けた金泳三（キム・ヨンサム）韓国大統領は激昂した。一九九四年六月中旬に米朝両国は一触即発の事態に及んだのである。こうした危機を打開したのがカーター（James E. Carter）元米大統領の突然の訪朝であった。カーター・金日成会談は深刻な危機を収束へと導くという意外とも言える成果を挙げた。多少不本意ではあったが、結局、クリントンはカーター訪朝の成果を踏まえ米朝高官協議に本腰を入れることを決断した。米朝高官協議は遂に妥結した。

（5）米朝枠組み合意

一九九四年一〇月二一日に米朝枠組み合意（the U.S.-North Korean Agreed Framework）が成立した。とは言え、枠組み合意は前例をみないような取引であった。それによれば、北朝鮮がそれまで行っていたとされた核兵器開発について今後、追及はしない。代りに、北朝鮮は核兵器開発計画を放棄しなければならない。そうすれば、黒鉛炉と比較して核兵器開発に向かないとされる軽水炉を二基（各一〇〇万キロ・ワット）、二〇〇三年までに北朝鮮に提供する。それまでの間、北朝鮮は核活動を停止する一方で、米国は繋ぎの燃料として重油を提供する。取引を円滑に管理するため朝鮮半島エネルギー開発機構（ＫＥＤＯ：Korean Peninsula Energy Development Organization）が九五年三月に設立された。

ただしその間、北朝鮮経済は奈落の底目掛けて急降下し出した。ソ連を中核としたソビエト・ブロック圏の崩壊後、北朝鮮経済は漸次悪化を辿った。そうした中で一九九四年七月八日に金日成が急死した。父の後を継いだ金正日は虎の威を借る狐の如く絶大なる金日成の権威に肖ろうとした。これが遺訓統治であった。軽工業、農業、貿易に軸足を置く金日成の晩年の緩衝期経済を続けたものの、これといった成果を挙げることなく状況を金正日はさらに悪化させた。しかもそれに追討ちを掛けたのが毎年のように続発した自然災害であった。九五年夏に記録的な水害が発生すると大規模な飢饉に発展した。その後、四年続きの水害と飢饉は三〇〇万人以上に及ぶとされる空前規模の餓死者を生むことになった。また金正日は自らの権威に楯を突く反対派の処遇に苦慮した。皮肉なことに、金正日が金日成の遺訓を総ての統治の源泉としたのとは対照的に、金日成に忠誠を誓い執拗に反発する古参の勢力に金正日は手を焼いた。金正日は「深化組」という公安組織を作り上げ、側近の張成沢をその総括責任者に当て膨大な数の人々の粛清を断行したのである。

(6) 崩壊の危機

この間、外部世界では金正日体制が遠からずして崩壊するのではないかと囁かれた。多くの研究報告が数年以内の崩壊は免れないと論じた。崩壊がもたらし兼ねない事態について様々な推測や憶測が流布された。もしも崩壊が現実のものとなれば、その余波を受け中国や韓国へ膨大な数に上る難民が流入し兼ねないことが懸念された。また窮鼠猫を嚙むが如く金正日が朝鮮人民軍の大機甲部隊を韓国侵攻に差し向ける可能性も危惧された。この結果、朝鮮人民軍と米韓連合軍の大規模な軍事衝突、その結果として北部朝鮮地域での親米派政権の樹立といったあらゆるシナリオが云々された。金正日体制の終焉が近づいたと感じられた時、ハード・ランディングを起こさせてはならず、何とかしてソフト・ランディングさせれないものかと、外部世界は大いに気を揉んだのである。

(7) 金正日、軍事挑発

この間、クリントン政権は米朝枠組み合意の履行を日々重荷に感じ出した。遠くない将来、崩壊し兼ねない金正日体制に膨大な費用を要する軽水炉を提供することを待つべきではないか、またむしろ事態の進捗を冷静に見守るべきではないかとする慎重な意見が米国内で聞かれるようになった。こうした状況の下で軽水炉の建設計画が進まなかったのは仕方がないことであった。そうした進捗の下で、外部世界に対し脅威が実在することを知らしめる必要を感じた金正日は決断した。一九九八年八月三一日に日本列島の本州領空を横断するテポドン1号弾道ミサイル発射実験を金正日指導部は断行した。

この時期、北朝鮮経済はあらゆる指標において最悪とも言える状況を記録していた。そうした最中の一九九八年一〇月に金正日体制が公式に発進することになった。意を決したかのように、金正日は「強盛大国」の建設を打ち出した。国防力の充実をことさら重視し「先軍政治」を掲げると共に国家経済力の向上を金正日は訴えた。「先軍政治」の邁進と国家経済力の向上に基礎を置く「強盛大国」の建設は金正日体制にとって中核的な目標となった。それまでの緩衝期経済と打って変わって重工業に代表される基幹産業部門の回復を前面に押し出し、統制を強化した。

(8) 金大中の太陽政策

この間の一九九八年二月に韓国大統領に就任したのが金大中(キム・デジュン)であった。金大中は北朝鮮の崩壊の可能性を踏まえつつも、当時通貨危機で喘いでいた韓国が北朝鮮を吸収する財政的な余裕はないとの現状認識に基づき、むしろ北朝鮮に対し大々的に支援を送ることで、混迷する北朝鮮経済を再生させると共に金正日に改革の実施を促そうと思い立った。金大中が太陽政策を発進させたのはこうした経緯に基づく。太陽政策は南北関係の膠着状態を打開するという大きな成果を挙げた。二〇〇〇年六月に開催された初の南北首脳会談は南北間の融和を印象付けた。その後、開城（ケソン）工業団地や金剛山（クムガンサン）観光事業などに代表される大規模な南北共同事業が華々しく展開された。太陽政策の名の下で大々的に行われた支援と共同事業の恩恵を受け、南北関係は蜜月の時期を迎え、時間の問題と目された崩壊の危機はどうにか免れたのである。

(9) クリントンの関与と米朝蜜月

他方、クリントン政権にとって焦眉の課題は北朝鮮の長距離ミサイル規制であった。金正日が長距離ミサイル規制に応じることがあれば、その見返りとして関与の方向へと、大きく舵を切ることをクリントンは決めた。ペリー（William J. Perry）元国防長官が一九九九年五月に訪朝し、北朝鮮当局者達に長距離ミサイルの規制を強く求めた。これに不快感を覚えた金正日が逆にテポドン2号の発射実験を示唆したことで緊張が一時高まったが、同年九月に長距離ミサイル発射実験のモラトリウムに金正日は突如、同意した。金正日の突然の変節は転機となった。二〇〇〇年一〇月に金正日は腹心の趙明禄（チョ・ミョンロク）を特使として米国に派遣した。クリントン・趙明禄会談を通じ、米朝関係は一気に改善へと向かい出した。この間、外部世界との融和関係の樹立に向けて動き出した金正日は日本にも働き掛けた。これに小泉純一郎首相が呼応したことで日朝関係は改善の方向へと動き出した。ところがこの間、停止していたプルトニウム開発計画とは別に、金正日指導部は高濃縮ウラン開発計画を極秘裏に推進していたのである。

「第二の危機」

（1）危機の勃発

その後、北朝鮮の核兵器計画と弾道ミサイル開発計画は着実に進むことになった。皮肉なことにそれを促進させたのは外でもない米国であったといっても過言ではない。二〇〇一年一月のブッシュ（George W. Bush）政権の発足はそうした南北間、米朝間の関係改善に対し甚大な負荷を与えることになった。前政権の対北朝鮮政策を徹底的に嫌ったブッシュ政権の面々は同政策について抜本的な再検討を行った。

その間に起きたのが同年九月の同時多発テロ事件であった。これを最重要案件として重大視したブッシュ政権はテロリスト達と彼らを支援するテロ支援国家に対する対テロ戦争を発進した。二〇〇二年初めからブッシュ政権がサダム・フセイン（Saddam Hussein）の支配するイラクへの武力行使に向け突進し出すと、米朝関係もこれに連動する形で悪化し出した。同年一月にブッシュがイラク、イランと共に北朝鮮を纏めて「悪の枢軸」と指弾し、これらの国家への先制攻撃も辞さない姿勢を表明した。この結果、米朝対立は一気に加速してしまった。

同年一〇月上旬のケリー（James A. Kelly）大統領特使による訪朝は米朝対立に油を注いだ。ケリーに問い質された姜錫柱（カン・ソクジュ）北朝鮮第一外務次官は疑惑視されていた高濃縮ウラン計画の存在を自ら認めた。この煽りを受け、米朝枠組み合意が事実上、破綻を余儀なくされた。これに激昂した金正日指導部は停止していた寧辺での核活動を再開した。これにより「第二の危機」が勃発することになったのである。対テロ戦争の大義名分の下にブッシュ政権がイラクへの進攻を決断したことでイラク戦争が勃発した。他方、「第二の危機」については平和的解決を模索する以外にブッシュに方策はなかった。

（2）六ヵ国協議

クリントン政権時代に行われた二国間協議に辟易していたブッシュが思い付いたのは、日本や韓国など関係諸国を含めた多角的協議を開催し、金正日に可能な限り圧力を加えることであった。米国、北朝鮮に加え、中国、ロシア、韓国、日本の六ヵ国が参集し、北朝鮮の「総ての核兵器計画の放棄（dismantling all nuclear weapons programs）」を目指した六ヵ国協議（the Six Party Talks）が開催される運びとなったのはこうした経緯に基づく。しかし当初から協議は難航を重ねた。二〇〇三年八月の第一回六ヵ国協議で「総ての核兵器計画の放棄」に応じなければならないと米国が強硬に要求すると、先に見返りを米国が提供しなければならないと北朝鮮が猛反発した。その後〇四年二月に第二回、〇四年六月に第三回六ヵ国協議が開催されたが一向に前進はみられなかった。強硬一辺倒の金正日が核の放棄に応じるかどうか不透明であった一方、ブッシュもまた強硬な姿勢を変えようとはしなかった。この間、小泉純一郎と、金正日に融和的な盧武鉉（ノ・ムヒョン）の温度差も表出するに及んで、米・日・韓の連携が行き詰まり出した。加えて、中国やロシアの姿勢は曖昧かつ不透明であった。これらが相乗して、協議は長期化の様相を辿り出したのである。

(3) 六ヵ国協議の形骸化

この間、金正日指導部は核兵器開発に邁進した。二〇〇五年二月に核保有を宣言すると、この期に及んでブッシュは金正日に譲歩する姿勢へと転じた。これを受け再開された〇五年夏の協議において、「総ての核兵器計画の放棄」に向けた「共同声明(the Joint Statement)」が成立した。しかしこれに不満なブッシュが金正日に金融制裁を科すと、またしても激昂した金正日は軍事挑発に打って出た。〇六年七月にはテポドン2号発射実験、一〇月には地下核実験が強行されるに至った。

これを境にブッシュは後手、後手に回り始めた。突き放してきたブッシュが金正日に歩み寄ろうとし始めたのである。二〇〇七年二月の「共同声明の実施のための初期段階の措置(Initial Actions for the Implementation of the Joint Statement)」、同年一〇月の「共同声明の実施のための第二段階の措置(Second-Phase Actions for the Implementation of the Joint Statement)」といった合意が成立した。しかし北朝鮮の「総ての核兵器計画の放棄」が実現したことを意味した訳ではなかった。これらの合意は、北朝鮮の核能力が温存される形で妥結したことを物語った。しかも合意措置の実施は予定通りには中々進まなかった。〇七年終りまでに「初期段階の措置」合意の履行は終了し、焦点は「第二段階の措置」合意の履行の完遂に移った。ところが「第二段階の措置」合意の履行を巡り、米朝両国は検証措置を巡りまたしても鋭く反目した。この結果、ブッシュ政権の任期終了までに協議は事実上、頓挫し、協議の存続さえ危ぶまれる事態に陥ったのである。

協議の基本的な目的が北朝鮮の「総ての核兵器計画の放棄」にあることは、北朝鮮を含めた六つの参加国の共通認識であった。しかし二〇〇八年の終りまでにブッシュが要求した検証措置に金正日が激しく反発したことは、核兵器を放棄する意思など、金正日にないのではないかと、米国だけでなく他の参加国も疑問視することに繋がった。「総ての核兵器計画の放棄」の見返りとして様々な支援を提供するという、六ヵ国協議が依拠する前提が崩れるに及び、協議の抱えた本質的な矛盾が露呈した。その間、北朝鮮の核兵器開発と弾道ミサイル開発は確実に進歩した。これは協議を自陣に有利に導くため金正日が打った策であった。「総ての核兵器計画の放棄」を目指した六ヵ国協議が続いている最中に核兵器開発が野放しに進んだことは実に皮肉な結果であった。

(4) 金正日、経済改革の拒否

その間、金正日の良き理解者と言えた金大中が太陽政策を発進させると共に金正日に経済改革の実施を強く迫った。これに対し、金正日は外交面での積極外交へと大きく舵を切ったものの、改革の履行を頑に拒み続けた。外部世界から経済改革の履行を執拗に促されても、改革は百害あって一利なしとみた金正日の考えには何の変化も看取されなかった。このことは抜本的な改革に着手することがあれば、遅かれ早かれ自らの支配体制が瓦解へと繋がる急な下り坂を転げ落ちると、金正日が確信していたからに他ならない。

中国では近代化を実現する最後の機会と捉えた鄧小平が改革・開放の名の下で市場経済の導入を

図った。とは言え、市場経済が急速に浸透し始めたことに伴い、物質的な豊かさへの憧れが次第に政治的な自由や民主化を求める声に転化すると、民主化要求は巨大なうねりとなり中国共産党の一党支配体制を激しく揺さ振り出した。そして一九八九年六月に天安門事件という中国共産党の支配体制の根幹を揺るがす重大な危機が勃発するに及んだ。金正日は何よりもこの事態を注視し、中国で起きたことは北朝鮮でも起き兼ねないと、神経を尖らせたのである。

改革・開放を模倣することがあれば、遅かれ早かれ民主化を求める声として跳ね返る可能性がある。その結果、もしも平壌で民主化を求める大規模な抗議活動が繰り広げられた際、天安門に集結した民主化を求める群集に対し鄧小平指導部が中国人民解放軍を差し向けたことを真似、朝鮮人民軍を差し向けることで暴動に端を発する事態は沈静化できるかもしれない。しかし人民軍の一部が暴動を起こした民衆側に寝返りを打つような事態が起きることがあれば、分裂した人民軍同士が衝突し兼ねない可能性もある。鄧小平の改革・開放の模倣などとてもできる話ではなかった。

他方、金大中が発進させた太陽政策による大規模な経済支援や協力事業の御蔭で崩れ掛けた北朝鮮経済は一九九〇年代の終りまでにやや上向き出し、外部世界で囁かれていた崩壊の危機を何とか脱することができた。しかも開城（ケソン）工業団地事業を初めとする南北協力事業を通じて経済的な恩恵にも浴した。しかし南北共同事業を通じ労働者達が繁栄する韓国経済の実状を見せ付けられたことも事実である。もしも金正日が抜本的な経済改革に打って出ることがあれば、北朝鮮国民が市場経済の豊かさを見せ付けられ、またそれにも増してあまりに懸け離れた韓国との著しい経済格差の実態を目の当りにすることになり、様々な情報開示を求める声、さらに民主化の要求などに転ずる可能性があった。

そうなれば、ゴルバチョフのペレストロイカとグラスノスチ（glasnost）がいみじくも貴重な教訓を残した通り、経済改革や民主化を求める民衆の渇望や要求はさらに膨れ上がり兼ねなかった。金正日の目にはこれらは改革の悪弊以外の何物でもないと映った。従って抜本的な経済改革に着手すれば、権力基盤は間違いなく揺らぐとの帰結に至った。外部世界が金正日に経済改革の実施を執拗に促したのに対し、それに前向きの姿勢を繕うことがあったものの、心底それに応じる意思と意図は金正日にはなかった。結局、経済改革の実施は上っ面だけのものにならざるをえなかったのである。

（5）経済改革の試行的導入と頓挫

とは言え、それまでの統制経済の縛りを緩め、経済改革を金正日指導部が試行的に模索する策に打って出た。これが二〇〇二年七月一日に始まった「経済管理改善措置」であった。統制経済の信奉者であった金正日にとって随分大胆な統制の緩和であった。生産物の物価はのきなみ一〇倍から二〇倍に引き上げられた。石油価格は三八倍、電気料は六〇倍、米価に至っては五五〇倍の引上げを標した。物価の著しい引上げを勘案して労働者の賃金も大幅に引き上げられた。その際、労働業種に従い賃金格差が設けられた。企業所や工場には広範な裁量権が付与された。工場では労働者個人の実績に基づき収益を分配する幾つかの刺激策が講じられた。農業従事者は小規模の田畑を所有し、一定の生産物を売却することが認められた。またそれまで闇経済として位置付けられていた市場（いちば）が晴れて公認されるに及んだ。北朝鮮ウォンは劇的に切り下げられた。さらに国内での移動の規制が幾分緩和された。〇六年後半に至ると市場は一気に活況を呈し、買い物客でごった返した。これと並行して、中国との国境付近では闇市場が急速に繁茂すると共に密輸も増大した。商取引を通じ資金を稼ぐ人々が多数現れるに至った。

「経済管理改善措置」は金正日指導部の想定を遥かに超える事態を引き起こした。労働者賃金も上昇したが、天井知らずのインフレの前には何の意味も持たなかった。試行錯誤の内に実施した経済改革が招いた実態を目の当りにし、金正日はそれまでの統制の緩和を放棄し、統制を著しく強化する方向へ舵を切った。さらに統制が利かない市場での経済活動が急速に拡大しつつあるのではないかと恐れ、またこれに伴い個人が資金を隠し持つといった事態を金正日は危惧した。個人の隠し資金を収奪すべく二〇〇九年一一月に通貨を百分の一に激烈に縮小するという貨幣交換、すなわちデノミの断行に突如、打って出た。しかしデノミは国民の強い不満と反感を呼び起こさざるをえなかった。そうした国民の不満や反感を伝える報道は金正日体制がまたしても崩壊へ向かう坂道を転がり始めたことを感じさせずにはいられなかったのである。

この間、金正日指導部の度重なる軍事挑発に対し安保理事会決議に基づく北朝鮮への経済制裁措置が発動されることになった。米国、日本、韓国も経済制裁に加わった結果、これらの諸国との貿易を初めとする経済的な繋がりは遮断を余儀なくされた。他方、経済制裁措置に同調した中国とロシアも表向きは金正日指導部を指弾した。ところがこの間、中朝貿易は増大の一途を辿り、また中国経済への北朝鮮経済の依存度は日々高まりをみせることとなった。

（6）軍事挑発路線への回帰

他方、ブッシュ政権の任期の終りにまでに「第二段階の措置」合意の履行を巡る米朝間の対立が解消されないまま、六ヵ国協議の先行きは一層不透明となった。二〇〇九年一月に発足したオバマ（Barack H. Obama）政権は金正日指導部に対しできるだけ距離を取る姿勢を堅持した。その背景には、一九九〇年代にクリントン政権が、また二〇〇〇年代にブッシュ政権が北朝鮮の核兵器開発計画やミサイル開発計画に楔を打ち込むべく何らかの関与を模索したが、結局徒労に終わっただけでなく実際には北朝鮮の核武装化に向けての動きを加速させてしまったことへの真摯な反省があった。こうした現実を踏まえ北朝鮮に関与するという路線ではなく、むしろ突き放すといった路線をオバマは打ち出したのである。

これに激しい怒りを覚えた金正日指導部は二〇〇九年四月に二度目のテポドン2号発射実験、五月に第二回地下核実験を強行するという露骨な軍事挑発に打って出た。これに連動するかのように、六ヵ国協議への復帰拒否、高濃縮ウラン計画の推進を宣言するなど、金正日は外部世界との対決姿勢を益々深めた。軍事挑発はその後も収まらず、一〇年三月には黄海の係争海域で韓国哨戒艦・天安（チョンアン）を撃沈させたのに続き、一一月には延坪島（ヨンピョンド）へ砲撃を加えた。軍事挑発を続け脅威を外部世界に喚起しながら、行き詰った六ヵ国協議を自陣に利するよう変質させようと金正日は目論んだ。これが金正日の戦術転換であった。

「総ての核兵器計画の放棄」を目指した六ヵ国協議に関心を失った金正日は米朝協議において単刀

直入にオバマに核保有を認めさせることに狙いを定めたのであった。それには相応の事由があった。核戦力において雲泥の差が存在するとは言え、事実上の核保有国としての自負が金正日にあった。オバマに核保有の現実を認めさせることができるのであれば、もはや微塵の関心もない「総ての核兵器計画の放棄」といった責務に縛られることはなくなる。ブッシュ政権時代に散々、釘を刺された厳しい検証措置の履行から解放されることになるからであった。

(7) 関与の諦め

しかしオバマはそうした金正日の軍事挑発と外交上の戦術転換に応じる素振りをみせることはなかった。度重なる北朝鮮による軍事挑発へ対し、六ヵ国協議の五つの参加国は軍事挑発を止めると共に同協議への復帰を北朝鮮に促すべくできる限り圧力を加える策を模索した。もちろん、北朝鮮の核保有を認めるような気配は全くなかった。

オバマ政権は経済制裁を盛り込んだ安保理事会決議に基づく経済制裁の履行に力点を置く封じ込め政策を続行した。その際、日本と韓国との三国間の連携を基盤として、これと並行して中国やロシアとの連携をオバマは進めようとした。またオバマは、北朝鮮に対する圧力行使において中国が鍵を握ると捉え、中国との関係緊密化を図ろうとした。中国も表向きは米国との関係改善を視野に入れ、北朝鮮の軍事挑発に対し厳しい対応を示唆した。胡錦濤（フー・チンタオ）指導部は北朝鮮との経済協力関係を継続した一方、以前のように金正日体制を断固擁護するといった姿勢を控えるようになった。韓国では李明博（イ・ミョンバク）政権が金大中と盧武鉉の時代に堅持された融和政策から舵を大きく切り、米国との同盟協力関係を基軸とした封じ込め政策を発進させた。北朝鮮による軍事挑発が続く中で、日本も対応を迫られた。危機の外交的解決を基軸とした従来の対応に加え、安保理事会決議の履行として経済制裁、米国との防衛協力としてミサイル防衛システムの配備、日米同盟の強化と共に核の傘の強化など、非軍事・軍事的な対応を含め包括的な対応が打ち出されるに至っている。

(8) 権力継承に向けた金正日の思い

金日成の他界後、一七年間にわたり絶対的権力者として君臨した金正日が二〇一一年一二月一七日に死去した。〇八年八月に病に伏してから金正日は権力継承を急がざるをえなかった。一日も早く後継者を決め、権力継承に向け確固たる足固めを行う必要があった。その際、重要な役割を演じたのが張成沢であったとされる。妹婿で側近中の側近であった張成沢の強い助言を受け、三男の金正恩を後継者とすることを金正日は決めた。朝鮮労働党や朝鮮人民軍の幹部達は一様に驚きを持ってその決定を受け止めたとされる。金正恩が未だうら若い三〇歳にも満たない青年であったため、最高権力者として独り立ちできるまで金正恩を補佐する体制を築く必要があった。そこで金正日が頼らざるをえなかったのが張成沢と実妹の金敬姫（キム・ギョンヒ）であった。当分の間、張成沢と金敬姫が後見人として金正恩を支える体制を堅持するのが得策であると金正日は判断した。

疾病後、金正日の対外政策は軍事挑発に特徴付けられた。とは言え、「強盛大国」の大門を開くためには「先軍政治」だけでなく国家経済力の向上が不可欠であり、そのためには何らかの経済改革が必要であると金正日は痛感していた。上述の通り、〇二年七月に「経済管理改善措置」を試行的に実施したものの、市場の伸張や闇経済の繁茂という予想だにしない情勢を目の当たりにした金正日は「改善措置」を放棄した。とは言え、「改善措置」に幾多の問題が内在したとしても、閉塞状況を打開するためには何らかの活路を見出す必要があった。大規模な外資導入は魅力的であると金正日の目に映った。その意味で鍵を握るのが中国との経済協力関係であった。二〇〇〇年代から貿易面において北朝鮮は対中国依存を漸次、深めた。中国との経済協力関係を推し進め、石油や食糧などを中心とする必要物資を確保したいと金正日は考えた。そのためには中国との経済協力関係を推進する人脈を重用する必要があると金正日は考えた。その人脈こそ、張成沢と張が取り仕切る朝鮮労働党行政部の面々であった。

(9) 金正恩、権力継承

晩年の金正日にとって是が非でも果たしたい宿願は二〇一二年四月一二日の金日成の生誕百周年を自らが先頭に立ち盛大に祝うことであった。それに向けて金正日は奮闘したが、結果的に金正日の健康を蝕み寿命を縮めることになった。一一年一二月に金正日が死去した。金正日の死後、若輩で未熟な金正恩が継承するにしても、どの様な指導部になるかは外部世界にとって不透明でありあくまで未知数であった。そうした中で、金正日の遺訓通り金正恩指導部が発足した。新指導部の特徴は最高執行機関である国防委員会の委員構成に現れた。中国との経済協力路線を推し進める張成沢が一方の極に、強硬路線を突き進む朝鮮人民軍や朝鮮労働党組織指導部の人脈がもう一方の極に座るという危うい均衡の上に築かれた体制であった。主導権を巡り熾烈な暗闘が繰り広げられるのではないかという憶測が広がった。実際に金正恩への権力継承において重責を果たした張成沢は中国との経済協力関係を基軸に据え大規模の外資導入に向け邁進しただけでなく、朝鮮人民軍や党組織指導部の幹部達と熾烈な主導権争いを繰り広げたのである。

この間、オバマ政権は事態の推移を静観し関与の方向を示唆することはなかった。大規模の関与に打って出ることをオバマは逡巡せざるをえなかった。とは言え、金正日の健康不安と金正恩体制の発進を視野に入れ、オバマは二〇一一年後半に二度にわたり米朝協議を行った。この結果、結実したのが一二年二月の米朝合意であった。この合意には、北朝鮮が核関連活動を凍結する見返りに二四万トンの食糧を提供する内容が盛り込まれた。これにより、米朝関係が改善すると共に六ヵ国協議が再開へと向かうのではないかとの展望が開けるに及んだ。中国との経済協力を基軸とした改革・開放路線を唱える張成沢が後見人として金正恩を支え、金正恩は改革・開放へと大きく舵を切るのではないかと期待を与えるものであった。

(10) 軍事挑発路線の継続

ところが、淡い展望はまたしても軍事挑発によって引き裂かれた。米朝合意から僅か二ヵ月後の二〇一二年四月に金日成生誕一〇〇周年記念に合せ人工衛星打上げを偽装した長距離弾道ミサイル発射実験が強行された。これにより、同年二月の米朝合意は図らずも破綻した。続いて一二月には金正日の一周忌に合わせる形で同じく人工衛星打上げを偽装した長距離ミサイル発射実験が強行された。さらに一三年二月には三度目の地下核実験が断行された。

結局、金正恩は金正日の突き進んだ軍事挑発を継続している。米国、韓国、日本との厳しい対立構造には何の変化もない。しかも張成沢が先頭に立ち進めた中国との経済協力を基軸とした改革路線は二〇一三年一二月に張成沢とその人脈が粛清されたことにより頓挫を余儀なくされた。外部世界では様々な憶測が流布された。金正恩の目には、張成沢が日増しに勢力を拡大し、主権者たる自らの前に立ちはだかると共に、その権威と権力を侵食し兼ねない最大の邪魔者であると映り出した。強い危惧の念を抱いた金正恩が朝鮮人民軍や党組織指導部の幹部達の力を借り、張成沢の人脈を一気に駆逐しようとしたともみえた。他方、勢力を増す張成沢とその人脈に対し日々危機感を募らせた人民軍や組織指導部の幹部達の間の確執が激しさを加え、これらの反張成沢勢力に同調する形で金正恩が張成沢の粛清を承認せざるをえなかったようにもみえた。そうであるとすれば、粛清の原因は強硬路線を突き進む人民軍幹部達との権力闘争の結果でないかとみられた。実際はどうであったのか。

何れにしても、張成沢が表舞台から排除されたことにより、金正日体制の下で権力中枢の地位を占めた朝鮮人民軍が一段とその存在感を増し、それに伴い金正恩指導部が一層強硬な路線へと傾くことが推測されよう。これに連動するかのように、先行きの不透明さが益々増幅することが予想される。実際に金正恩の関心事は金正日から継承した一人独裁体制を堅持するという一点に集中している感がある。

政治、経済、軍事など全側面において金正日時代を際立たせた基本路線の堅持が最優先されよう。

統制経済、国民への締付け、核武装化に向けての狂奔、軍事挑発と瀬戸際外交などに特徴付けられた基本路線は引き継がれている。とりわけ、核武装化に向け邁進することにより、米国を初めとする外部世界から膨大な支援を収奪するだけではなく、窮乏化し不満と怒りを持つ国民を厳しく締め付け、朝鮮人民軍幹部達の忠誠心と支持を繋ぎ止め、権力基盤を確固たるものとすることができると金正恩は目算を立てている感がある。祖父・金日成と父・金正日の二人の金がそうであった通り、体制の存続を最終的に担保すると考える核兵器計画を手放すことで、体制を武装解除の危機に曝すような行動に金正恩が出る可能性は極めて低いと言えよう。

(11)「終りの始まり」

張成沢が姿を消した今、改革路線に向けて大きく舵を切ることを金正恩体制に望むことは難しいとは言え、外部世界との対峙を厭わない強硬路線を金正恩が何時まで続けることができるであろうか。軍事挑発に軸足を置く路線では、遅かれ早かれ閉塞状態に拍車が掛かり外部世界からの孤立はさらに深まり、これに伴い外部世界との対立の度は一層深まらざるをえない。その先にみえてくるのは外部世界との軍事衝突の危険性である。

金正恩の堅牢かつ強固な一人独裁体制が打ち立てられた一方、外部世界、とりわけ中国との関係は微妙であり不透明である。張成沢粛清事件以降、中国指導部は金正恩を突き放している感がある。そうした姿勢が抜本的な変化であるのか、それとも一時的なものであり金正恩に反省を促しているのかは解釈の分かれるところであろう。

少なくとも、対外的に金正恩体制はかつてないほど孤立を深め、八方塞がりであるかのような感を覚える。それでは金正恩に現状を打開しようとする意思はあるのか。金正恩が率先して中国との経済協力路線を踏襲する可能性があるのか。そうした場合、中国指導部から改革を実施するよう要求を突き付けられるであろうが、金正恩は受け入れる用意があるのか。中国との経済協力を重視する人脈が指導部内に形成される可能性はあるのか。朝鮮労働党の中核的地位を占める党組織指導部の幹部達が中国との経済協力や改革を打ち出す可能性はあるのか。軍事挑発を何ら厭わない強硬一辺倒に映る朝鮮人民軍ではあるが、軍内部に経済協力や改革に前向きの勢力が形成される可能性はあるのか。もしも金正恩がそれでも外部世界の意向を無視し強硬路線を貫くとすれば、外部世界による厳しい対応を招く可能性がある。金正恩指導部が今後どの方向に向かうかに拘わらず、あらゆる可能性を視座に捉え、それへの対応に向け周到に準備を整えることが求められているのである。

本書は一九九〇年代の「第一の危機」を踏まえ、二〇〇一年から一五年の今日に至る「第二の危機」を取り上げる。北朝鮮の「総ての核兵器計画の放棄」という大号令の下で発進したはずの六ヵ国協議は何故、竜頭蛇尾とも評される結果になってしまったのか。こうした問題意識に立ち、繰り広げられてきた諸々の進捗を踏まえ、どの様な経緯を経て「第二の危機」の妥結を図るべく六ヵ国協議が発進したのか、またその実、同協議が核の放棄という本来の目的から逸脱してしまった原因は何処に求められるのかなどに留意し、これまでの協議を巡る様々な進捗を論考すると共に、今後、孤立を深める金正恩体制の動向、これと連動してさらに流動性と不透明さを増している今後の展望について論究したいと考える。

本書の内容

第一部では本書の背景を理解すべく金日成と金正日の二人の金に焦点を当て、以下の問題について論考する。

第Ⅰ部　二人の金

＊第一章　金日成の闘争

第一章は金日成の出自に始まり、抗日パルチザン闘争、スターリン指導部による北部朝鮮指導者への抜擢、北朝鮮の成立、それに続く韓国侵攻に端を発する朝鮮戦争を経て、北朝鮮指導部内で激烈な権力闘争が繰り広げられた時期に焦点を当て以下の問題を考察する。金日成とはどの様な人物であったのか。朝鮮戦争において金日成はスターリンや毛沢東とどの様な遣り取りを行ったのか。またそうした経験から金日成は何を学んだのか。朝鮮戦争の休戦後、一人独裁体制を目論んだ金日成は敵対派閥との激烈な闘争をどの様に繰り広げたのか。

＊第二章　金日成の社会主義国家建設

第二章は朝鮮戦争の休戦を受け、金日成が社会主義国家の建設を目指した時期から一九九四年七月に金日成が死去するまでの期間に焦点を当て、以下の問題を論及する。当初、戦後復興に際し金日成はどの様な政策を踏襲したのか。その際、どの様な難題に直面したのか。その後、一人独裁体制を完遂すべく金日成はどの様に闘争を繰り広げたのか。この間に尖鋭化を辿った中ソ対立の下で金日成は深刻な板挟みに直面したが、金日成はそうした苦境をどの様に乗り越えようとしたのか。金日成の経済発展戦略は当初、堅調な成長を標したものの、七〇年代前半までに急ブレーキが掛かり、以降、北朝鮮を取り囲む対外的な環境の激変に即応することができなくなった。この間、対外環境はどの様に激変を遂げたのか。それに対し、金日成はどの様に対応しようとしたのか。結局、激変に金日成が首尾よく対応できなかったのはどの様な事由によるものか。

＊第三章　苦闘する金正日

金日成の後を継いだ金正日は国政の舵取りに苦闘し続けた。第三章はそうした金正日の苦闘に焦点を当て以下の問題を検証する。金日成は金正日に有り難くない負の遺産を遺したが、そうした負の遺産とはどの様なものであったか。その後、金正日の下で北朝鮮経済は深刻な様相を呈したが、どの様な原因によるものか。また金正日は危機的状況をどの様に凌ごうとしたのか。一九九八年に「強盛大国」の建設を最大の目標に掲げ、「先軍政治」の邁進と国家経済力の向上を目指し、重工業重視路線への回帰を金正日は模索したが、同路線は功を奏したであろうか。その後、二〇〇二年七月に「経済管理改善措置」と経済特区事業を推進すべく金正日は劇的に舵を切った。これはどの様な事由によるのか。「経済管理改善措置」や特区事業は成果を挙げることができたであろうか。

第Ⅱ部　「第二の危機」

第Ⅱ部は現在も進行する「第二の危機」を中心に取り上げる。

＊第四章　ブッシュ政権と「第二の危機」の勃発

北朝鮮への関与政策を堅持したクリントン政権が任期切れを迎え、これに代りブッシュ政権が発足したことは米朝関係にも重大な影響を及ぼした。政権の発足当初、これといった指導力を発揮することができないところに、降って湧いたように同時多発テロ事件が勃発すると、間もなくイラク、イラン、北朝鮮などを「悪の枢軸」と名指しし強硬路線へとブッシュ政権は転じた。ところがこうした動きと並行するかのように小泉純一郎が先頭に立ち進めたのが日朝関係の改善であった。しかし小泉の目論見は日朝関係の改善を好まないブッシュに難問を突き付けた。結局、ブッシュが選んだ選択肢は大統領特使を訪朝させ、極秘に進められていた高濃縮ウラン計画の存在を北朝鮮当局者に問い質すという策であった。ところが、当局者が同計画の存在を否定するどころか、敢えて認めたことは予想外の展開を生むことに繋がった。こうして一九九〇年代の米朝協調の象徴であった米朝枠組み合意が破綻したとブッシュ政権が宣言すると、これに激昂した金正日指導部が核関連施設の再稼動に踏み切ったことにより、「第二の危機」が勃発した。この煽りを受け、日朝関係の改善に向けた展望も頓挫を余儀なくされた。第四章は二〇〇一年一月のブッシュ政権の発足から〇二年終りの「第二の危機」の勃発に至る時期に焦点を絞り、以下の問題を論考する。ブッシュ政権は発足後、どの様な対北朝鮮政策を策定したのか。これに対し猛反発に転じた金正日指導部はどの様に対応しようとしたのか。この間、小泉はどの様に北朝鮮との関係改善を模索したのか。また米朝対立が小泉の目論見にどの様な影響を与えたのか。高濃縮ウラン開発計画を巡り、米朝はどの様に反目し、反目はどの様な展開を生むことに繋がったのか。

＊第五章　北朝鮮の核活動再開と米朝対立の激化

金正日指導部が核関連活動を一気に再開したことはブッシュ政権にとって多少なりとも想定外の出来事であった。二〇〇三年三月にイラク戦争が勃発し、この煽りを受ける形で米朝関係が緊迫の度を加えると、北朝鮮の核活動に歯止めを掛けるべくブッシュ政権はその外交解決を模索した。同年四月に米・朝・中三ヵ国協議が急遽、開催の運びとなったものの、米朝対立は解けることなく協議は頓挫を余儀なくされた。第五章は二〇〇二年一二月の北朝鮮の核活動再開から〇三年四月の米朝対立の激化を経て三ヵ国協議までの時期に焦点を当て、以下の問題を検討する。この間、金正日指導部とブッシュ政権はどの様に綱引きを演じあったのか。イラク戦争は米朝関係にどの様な影響を与えたのか。また三ヵ国協議とはどの様な経緯を経て開催され、何故に頓挫したのか。

＊第六章　六ヵ国協議の発進─対立と反目

二〇〇三年八月の第一回六ヵ国協議において「総ての核兵器計画の放棄」を実施するよう強硬な姿勢をブッシュ政権が取ると、これに対し先に見返りを与えなければならないと金正日指導部が反駁した。〇四年二月の第二回六ヵ国協議においても米朝双方の強硬な姿勢に変化の兆しが一向にみられなかったため、他の参加国は次第にブッシュ政権に柔軟な対応を要望せざるをえなくなった。こうした中で開催された〇四年六月の第三回協議は一見、融和ムードに包まれたが、対立構造は解消されるどころか対立の根の深さをむしろ印象付けた。この間、二年近くに及び費やされた時間と労力の消耗は明らかであり、その後の協議の展望に暗雲を投げ掛けた。第六章は〇三年八月の第一回六ヵ国協議開始から〇四年六月の第三回協議終了までの時期に焦点を当て、以下の問題を論考する。第一回協議から第三回協議に至る三回の協議はどの様な経緯を経て開催されたのか。この間、協議では対立と反目がどの様に繰り返されたのか。三回の協議を通じ妥結に向け一向に前進をみなかったのはどの様な事由によるものか。

＊第七章　「共同声明」―見せ掛けの合意

第三回協議での行き詰りの後、米朝は激しく相手側を罵倒し合った。金正日指導部が二〇〇五年二月に核兵器保有宣言を行うと、これに慌てたブッシュ政権が逆に擦り寄るかのように協議の再開を模索した。そして同年九月開催の第四回六ヵ国協議において一定の成果を標すことになる「共同声明」が採択された。「総ての核兵器計画の放棄」を参加国が確認し合ったことは一応の成果であったものの、細部については総て棚上げとなった。しかも「共同声明」の採択直前にブッシュ政権が金正日指導部に対し金融制裁を科したことは、協議がまたしても閉塞状況へ戻り兼ねないことを示唆した。第七章は〇四年六月の第三回協議の終了時から〇五年九月に第四回六ヵ国協議において「共同声明」が採択されるまでの時期に焦点を当て、以下の問題を考察する。どの様な経緯を経て、

第四回協議が開催されたのか。この間、第四回協議はどの様な進捗を辿り「共同声明」という合意に至ったのか。「共同声明」にはどの様な問題が内在したのか。

＊第八章　暴走する金正日

ブッシュ政権が科した金融制裁に対し金正日指導部が過剰反応を示したことで、協議は間もなく閉塞状態へ逆戻りすることになった。これに対し、意を決した金正日指導部が二〇〇六年七月に一連の弾道ミサイル発射実験に打って出たのに続き、一〇月には地下核実験を断行する挙に出た。これは日本を含む近隣諸国の安全保障の在り方を根底から問い質す機会となった。七月のミサイル発射実験を受け、日本ではミサイル防衛論議や「敵基地攻撃」能力論議が一気に浮上した。これに続いた一〇月の地下核実験は外部世界をそれこそ震撼させた。これに対し、安保理事会決議一七一八が採択され経済制裁措置の発動へと歩を進めたものの、中国、ロシア、韓国がその履行に消極的な姿勢を示したため決議一七一八の履行は実効性を甚だ欠く結果となった。他方、地下核実験が日本の安全保障に与えた余波には重大なものがあった。安倍内閣では核保有を公の場で論ずることの可否を巡る論議が浮上するに及んだ。第八章は〇五年九月の「共同声明」の成立と金融制裁の発動から、金正日指導部が軍事挑発を繰り広げた〇六年一一月までの時期に焦点を当て、以下の問題を論及する。「共同声明」の成立にも拘わらず、六ヵ国協議は何故、迷走状態へと陥ってしまったのか。これを契機として金正日指導部は弾道ミサイル実験や核実験など一連の軍事挑発に打って出たが、軍事挑発の内容はいかなるものであったのか。また一連の軍事挑発は日本を初めとして外部世界にどの様な波紋を投げ掛けたのか。

＊第九章　譲歩するブッシュ

第五回六ヵ国協議三次会合において急遽、「初期段階の措置」合意が成立した。これは主としてイラク戦争後の混迷や六ヵ国協議の閉塞状態を目の当りにしてブッシュに対する米議会と米国民の風当りが強まる中で、何らかの外交成果を実現すべく形振り構わず合意をブッシュが急いだ結果であった。しかし「初期段階の措置」合意は米国内で猛烈な批判に曝されることになった。テロ支援国家の指定リストからの解除など、同合意に多くの問題が内在したことは自明であった。第九章は地下核実験後の高まる緊張の中で二〇〇六年一二月に突如、六ヵ国協議が再開され、〇七年二月に「初期段階の措置」合意が採択された時期に焦点を当て、以下の問題を論考する。どの様な進捗を経て協議が再開され、「初期段階の措置」合意が成立する運びとなったのか。同合意の概要とはどの様なものであり、また同合意にどの様な問題が内在したのか。

＊第一〇章　六ヵ国協議―迷走から酩酊へ

大統領任期の終りを目前にして外交成果を急ぐブッシュと、その弱みに付け込もうとする金正日の綱引きの結果として成立したのが二〇〇七年一〇月の「第二段階の措置」合意であった。同合意の履行を巡り〇八年の終りまで米朝間で鬩ぎ合いが続いた。その間、ブッシュが譲歩に譲歩を重ねる格好で妥協点を模索したものの、天王山とも言える検証措置を巡る綱引きでブッシュと金正日が合意することはなかった。六ヵ国協議は長い休眠状態に陥ってしまった。第一〇章は〇七年二月の「初期段階の措置」合意から「第二段階の措置」合意を経て、〇八年一二月にブッシュ政権の終りまでの時期に焦点を当てる。米朝間で合意と対立を繰り返しながら事実上、頓挫を余儀なくされた六ヵ国協議を巡る進捗を概観すると共に、何故に協議が頓挫したのかについて考察する。

＊第一一章　金正日とオバマ

二〇〇九年一月に発足したオバマ政権は金正日指導部に今一度、対話路線へと復帰するよう胸襟を開いてみせた。ところが、金正日がオバマに突き付けたのはテポドン2号発射実験と第二回核実験であった。これに対し、毅然とした対応が必要であると判断したオバマは金正日との対話の余地を残しつつも、関係諸国との連携を軸として経済制裁措置の発動に代表される封じ込め政策を踏襲した。その上で、金正日に対し圧力行使を行って頂くよう中国指導部へオバマは御伺いを立てた。これに対し、戦術転換を図ったのは金正日であった。それまでの「総ての核兵器計画の放棄」に応じるのではなく、核保有国としての地位を認めるよう金正日はオバマに迫ったのである。このことは事実上、六ヵ国協議自体の拒否を意味した。これに対し、六ヵ国協議の再開を目指す基本姿勢をオバマが変更することはなかった。とは言え、協議再開の目処は一向に立たず、六ヵ国協議は事実上の頓挫を来すという事態に至った。第一一章は「総ての核兵器計画の放棄」を不都合と判断した金正日が軍事挑発を行い戦術転換に打って出た時期に焦点を当て、以下の問題を論ずる。金正日が強行した軍事挑発はどの様なものであったか。これに対し、オバマはどの様に対応しようとしたのか。他方、どの様に路線変更を金正日は図ろうとしたのか。またそうした路線変更は功を奏したのか。

＊第一二章　金正日時代の黄昏

事態が思うように進まないと感じた金正日指導部は長距離弾道ミサイル発射実験と第二回核実験に続き、天安（チョンアン）沈没事件、延坪島（ヨンピョンド）砲撃事件など一連の軍事挑発を続発させた。またこの時期は経済面で大きな転換期を迎えた時期と重なった。市場の隆盛を目の当りにして危惧の念を抱いた金正日は二〇〇二年に発進した「経済管理改善措置」を中途で放棄し、〇九年一一月に貨幣交換（デノミ）に打って出た。デノミは国民の猛反発を買い大混乱を招くに至った。この時期は外部世界からの関与が事実上、絶たれ、策に窮した金正日が経済面で統制の強化、軍事面で一連の挑発行動を繰り返した時期であった。第一二章はこの時期に焦点を当て、以下の問題を論及する。金正日が断行した軍事挑発はどの様なものであり、これに対し外部世界はどの様に対応したのか。また金正日指導部は何故、「経済管理改善措置」を放棄し、経済の統制を強め、デノミを断行しようとしたのか。デノミはどの様な結末を招来したのか。他方、経済状況が一層行き詰まる中で金正日は経済特区事業に活路を見出そうと躍起になったが、功を奏しなかったのはどの様な事由によるものか。加えて、この間、中朝貿易や南北交易はどの様に推移したのか。

＊第一三章　金正日の死と金正恩の継承

二〇一一年一二月に金正日は死去し、権力は金正恩に継承された。オバマはそれまでの封じ込めを一旦は控え、今一度米朝協議を通じ関与政策を模索した。この結果、一二年一月には北朝鮮が核関連活動を凍結する見返りに二四万トンの食糧支援を米国が提供することを骨子とする米朝合意が成立した。米朝合意は米朝関係の新たな転換点になる可能性を秘めていた。ところが事態は間もなく暗転した。金正恩指導部が二ヵ月後の四月の金日成の生誕百周年に合せ人工衛星打上げと銘打って長距離弾道ミサイル発射実験に踏み切った。金正恩体制においても「先軍政治」が何にも増して優先されることが如実に示されることになった。加えて、一二月には金正日の一周忌に合せまたしても長距離弾道ミサイル発射実験を断行したことに加え、外部世界からの度重なる自制の求めにも拘わらず、一三年二月に第三回地下核実験を金正恩指導部は強行した。第一三章は金正日の死去に伴い金正恩が権力を継承し、金正恩指導部が軍事挑発へと転じた時期に焦点を当て、以下の問題を論ずる。金正恩への権力継承はどの様に進められたのか。権力の継承後、間もなく金正恩指導部が軍事挑発へと転じ、これに伴いまたしても対外関係は著しく緊張した。金正恩は何故、どの様に軍事挑発を企てたのか。そうした軍事挑発に対し外部世界はどの様に対応したのか。

＊第一四章　張成沢粛清事件

この間、発進したばかりの金正恩指導部内では激烈な対立が繰り広げられた。未だうら若い金正恩を思い金正日により金正恩の後見人に据えられた張成沢と張が取り仕切る朝鮮労働党行政部は日一日と勢力を広げた。張成沢は中国との経済協力を基軸に据えた路線を推進すると、これに脅威を覚えた朝鮮人民軍や党組織指導部の幹部達との間で激烈な暗闘が繰り広げられた。しかも暗闘は激しい利権争いを伴った。こうした中で、張成沢から距離を置くようになった金正恩は張成沢とその人脈に矛先を向けた。結局、二〇一三年一二月に張成沢は突然、粛清されることとなった。その後、金正恩は朝鮮人民軍へ依存を深め、強硬路線をひたすら突き進んでいる印象を与える。第一四章は金正恩指導部の軍事挑発と連動する形で起きた張成沢粛清事件に焦点を当て以下の問題を論考する。張成沢とはどの様な人物であったのか。張成沢は何故、どの様な経緯に基づき粛清を余儀なくされたのか。同粛清事件が対内的かつ対外的にどの様な影響を及ぼすであろうか。

＊結論―回顧と展望

金日成が作り上げ金正日が継承した類い稀な抑圧体制は「第一の危機」を凌ぎ、一九九〇年代後半の体制崩壊の危機を乗り切ることができたものの、今も続く「第二の危機」で正念場を迎えている。金正日の後を継いだ金正恩はさらなる軍事挑発に打って出たばかりか、金正日により後見人に据えられた張成沢の粛清に打って出た。張成沢粛清事件を通じ最大の政敵を排除したことで、金正恩の一人独裁体制に向け足固めを行ったとも言える。しかもその後も、指導部の幹部達の粛清は間断なく続いている。他方で、米国だけでなく中国からも見放された感のある金正恩体制はじわりじわりと追い詰められている感がある。その様は抑圧的な支配体制が終焉へと向かいつつあるような印象を与える。他方、この間も中朝貿易は漸次、増大すると共に食糧事情は幾分改善されている。外部世界に映る北朝鮮の状況と内実は必ずしも一致している訳ではない。とは言え、核兵器開発と弾道ミサイル開発に向けた狂奔は続いている。頓挫した感のある六ヵ国協議を回顧し、金正恩体制の今後を展望する。

【注】

（1）朝鮮労働党中央委員会直属の党歴史研究所による記述について、*Kim Il Sung: Condensed Biography*, (Pyongyang: Foreign Languages Publishing House, 2001.)

第Ⅰ部　二人の金

第一章　金日成の闘争

金日成はスターリン型の社会主義経済の最も忠実な信奉者の一人であった。金日成が先頭に立ち構築した経済体制は社会主義経済の中でも最も中央集権的かつ統制的な体制であった。社会主義諸国の多くが一九八〇年代から様々なスローガンの下で市場経済や外資の導入といった方策に打って出たのに対し、金日成はあくまで統制経済に執着した。しかも金日成の統制経済は後述の通り、重工業重視路線、「自立的民族経済建設路線」、「国防・経済並進」政策などに象徴される幾つかの路線が融合した独自の経済発展戦略に彩られた。これを生むに至ったのは一人独裁体制の完遂を目論んだ金日成が敵対派閥との間で繰り広げた激烈な権力闘争の過程と、フルシチョフ指導部との厳しい反目、また中ソ対立などに連動する形で進んだ紆余曲折を辿った社会主義国家の建設の過程に深く拘ると言える。

第一節　金日成とは何者であったのか

二〇世紀後半に独裁者として名を馳せることになる金日成は一九一二年四月一五日に平壌で生誕したとされる。(1) 本名は金成柱（キム・ソンジュ）であった。その金成柱は満州国を支配する関東軍に対し勇猛果敢に抗日パルチザン闘争を繰り広げた中国共産党指導の東北抗日聯軍に属する朝鮮人部隊の一員であった。同時期に関東軍と激闘を演じた金日成将軍という伝説的な人物が存したとされる。その後、金成柱は金日成を名乗ったと言われる。その誉れある名を頂いた金成柱の前途は大きく開かれることになる。関東軍の度重なる掃討作戦により追い詰められた金日成は仲間達とソ連領内に逃走したところ、ソ連軍に捕獲されることになった。その後、収容されたソ連軍収容所でソ連軍による徹底的な再教育を受けた後、ソ連極東軍第八八特別旅団に金日成らは編入された。四五年八月一五日に終戦を迎えた時、金日成は同旅団の大尉となっていた。

(1) 戦後処理の頓挫

当初、ルーズベルト(Franklin D. Roosevelt)、スターリン、チャーチル(Winston S. Churchill)など連合国の巨頭達は二〇年から三〇年の間、朝鮮半島において共同で信託統治を行うことを思案していた。[2] しかし日本の敗色が濃厚となる中で戦後の勢力圏の確保を視野に入れ、米ソ両国は激しく鍔迫り合いを繰り広げたことは周知の通りである。

一九四五年七月二六日のポツダム宣言(the Potsdam Declaration)後の最終局面での米ソ間の鋭い対立と反目は冷戦の勃発を如実に示すものであった。八月六日に広島市に原爆が投下された。日本の分割占領に是が非でも加わりたいスターリンは八月八日に対日参戦を宣言し、これを受け極東ソ連軍は関東軍が支配する満州国に雪崩れ込んだ。[3] これにより、関東軍を駆逐したソ連軍はその勢いで朝鮮半島へと進撃を開始した。朝鮮半島全域が遠からずしてソ連軍の手に落ちることにトルーマン（Harry S. Truman）政権は深刻な危機感を抱いた。そこでトルーマンが思い付いたのが朝鮮半島の分割占領案であった。北緯三八度線を米ソ間の分割線とする骨子を盛り込んだ一般命令第一号（the General Order No.1）をスターリンに提示したのはこうした経緯に基づく。[4] 一般命令第一号について了解をスターリンから得たことで、北緯三八度線を臨時の境界として北部朝鮮地域にはソ連軍が進駐、南部朝鮮地域には米軍がそれぞれ進駐することになった。[5]

その後、一九四五年一二月のモスクワ外相会談を経て、モスクワ合意（the Moscow Agreement）が纏まり信託統治を煮詰めることになったが、米ソ対立が日一日と先鋭化する中で信託統治案がうまく機能する余地はなかった。[6] その間、南部朝鮮の占領統治に苦慮したマッカーサー（Douglas MacArthur）は米国に亡命していた高齢の李承晩（イ・スンマン）なる人物を招聘し、南部朝鮮の指導者に据えた。[7] 他方、金日成はスターリン指導部からソ連進駐軍が占領する北部朝鮮の指導者に拝命されるという大抜擢を受けることになった。[8] その時、金日成は若干三三歳の青年であった。

（2）朝鮮労働党の四派閥

一九四五年一〇月に金日成は同志達と北部朝鮮中部沿岸に位置する元山（ウォンサン）港に入港した。他方、スターリン指導部により北部朝鮮の指導者に大抜擢されたとは言え、金日成の地位は必ずしも磐石ではなかった。朝鮮半島には共産活動家が多数、存したのであり、金日成らはその一派閥に過ぎなかった。中国共産党の本拠地であった陝西（シャンシー）省の延安（イェンアン）において毛沢東中国共産党指導部の庇護の下で共産主義革命に従事した者達も解放後、朝鮮半島に戻ってきた。彼らは中国での活動拠点に因んで延安派と呼ばれた[9]。またスターリン指導部は北部朝鮮での社会主義国家の建設のために朝鮮系の人々を多数送り込んだ。彼はソ連派を名乗った[10]。加えて南部朝鮮のソウルを根城にして活動していた共産活動家達が多数存した。彼らは主に南部朝鮮で活動したことから南労党派、あるいは国内派と呼称された[11]。さらに金日成など、満州で関東軍に対し抗日パルチザン闘争を繰り広げた活動家達が満州派であった[12]。北部朝鮮では四派の共産活動家が犇き合い、互いに競合するといった状態であった[13]。しかし彼らは北部朝鮮での社会主義国家の建設と朝鮮半島の軍事統一という共通の目標で一致をみた。四七年に朝鮮労働党の名の元で大同団結したのである。四八年までに朝鮮半島の分断は固定化され、北部朝鮮には朝鮮民主主義人民共和国、南部朝鮮には大韓民国が建国された[14]。金日成らが目論んだのはマッカーサーにより南部朝鮮の指導者に据えられた李承晩率いる韓国を軍事制圧し、宿願の朝鮮半島統一を実現することであった。そのためにもたらされるのが韓国侵攻事件に端を発する朝鮮戦争であった。

(3) 韓国侵攻事件

対韓国軍事侵攻計画について金日成らは周到な準備を重ねた。一九五〇年三月から四月の間、モスクワに出向いた金日成はスターリンから軍事侵攻への承認を取り付けると共に、侵攻作戦について具体的な指導を仰いだ[15]。その上で、スターリンの指示に従い五月中旬に北京に出向いた金日成は毛沢東から何とか了承を取り付けることに成功した[16]。

六月二五日に大規模の軍事侵攻が断行されるが、韓国の李承晩も対日占領を与るマッカーサーや連合国軍最高司令官総司令部（ＧＨＱ）の面々もまたトルーマン政権の面々も軍事侵攻を察してはいなかった。それまでに総勢九万の侵攻部隊は配置に着いていた。六月二五日午前四時頃、朝鮮人民軍の大部隊が韓国領内に一挙に雪崩れ込んだ[17]。韓国軍にとって軍事侵攻は全く寝耳に水であった。二八日までに朝鮮人民軍の猛攻に曝されソウルが敢えなく陥落すると、人民軍は韓国制圧に向けて猛然と進撃を開始した[18]。これに対し、トルーマン政権は熟慮を重ねた上で韓国防衛を掲げ大規模介入を決断した。これを受け、在日進駐軍の一部が韓国防衛のために派遣されることになった。

しかし緒戦で劣勢に立たされた韓国軍とウォーカー（Walton H. Walker）米陸軍中将指揮の米第八軍（the U.S. VIII Corps）はずるずると後退を余儀なくされた。七月下旬には朝鮮半島の南東端に位置する釜山（プサン）にまで米第八軍は攻め立てられた。これを持って八月上旬から九月一五日まで続く「釜山橋頭堡（きょうとうほ）の戦い（the Battle of Pusan Perimeter）」が繰り広げられた[19]。最後の牙城と言うべき釜山の制圧まで後一歩のところに朝鮮人民軍は迫った。ここまでは金日成らの目論見は総てが順調であった。

ところがその後、思ってもみなかった局面が待ち構えていた。何と首都ソウル近郊に位置する仁川（インチョン）港に上陸し、釜山を攻め立てている朝鮮人民軍の背後を突き、その補給線を寸断するという驚くべき作戦をマッカーサーは認めていた[20]。九月一五日に仁川港に対しアーモンド（Edward M. Almond）米陸軍少将指揮の米第一〇軍（the U.S. X Corps）が上陸作戦を敢行した[21]。伸び切った補給線の背後を米軍に見事に急襲されるという墓穴を朝鮮人民軍が掘って以降、形勢は一挙に逆転した。人民軍は敗残兵のように三八度線以北へと潰走を余儀なくされた。これにより、潰走する人民軍を韓国軍が追い掛けると、これに米軍が続いた。マッカーサーは米第八軍に対し陸路で平壌制圧を命じた一方、米第一〇軍には元山港への上陸を指示した[22]。米第八軍の猛攻を受け平壌は陥落した[23]。僅かに三個師団となった朝鮮人民軍の残存勢力は中朝国境に向けて潰走を続けた。金日成らも姿を暗ました。この時、北朝鮮は国家滅亡の淵に立たされた。実際、軍事作戦で無力さを露呈した金日成の命運は尽きた感があった。

（4）中国人民志願軍の出兵

窮地に立たされた金日成はスターリンに軍事支援を懇願したが、冷徹なスターリンの回答は毛沢東に軍事支援を頼むべしとの指示であった[24]。この結果、御鉢が回ってきたのは毛沢東の側であった。中国共産党指導部内では朝鮮出兵の是非について大激論が展開された[25]。スターリンは中国軍の地上部隊を上空から護衛すること、すなわち航空支援を行うことさえ断った。空軍を持たない中国が朝鮮出兵に応じることが果して得策であるのかそれとも愚策であるのか。反対意見が大勢を占める中、毛沢東は逡巡する幹部達を説き伏せ、朝鮮出兵を決断したのである[26]。

一〇月一九日に彭徳懐（ポン・ドーファイ）率いる二〇万もの中国人民志願軍の大軍は中朝国境を流れる鴨緑江（アムノッカン）を渡河した[27]。これに対し楽観的なマッカーサーは一一月二四日にクリスマスまでの米兵の帰国を実現すべくクリスマス帰国攻勢（the Home-by-Christmas Offensive）を全軍に下命した[28]。ところが、鴨緑江の目前に迫った米軍と韓国軍に対し山中に潜んでいた中国人民志願軍の大軍が襲い掛かるという、第二次戦役が切って降ろされた[29]。これにより、圧倒的に米軍の優勢であった戦局は一気に暗転した。これに衝撃を受けたトルーマンは劣勢を挽回するための秘策として原爆の投下を示唆する記者会見を一一月三〇日に行うに至った。[30] 同会見は世界を文字通り震撼させた。その後、原爆投下の是非を巡る議論が米政府内で沸騰した。一時はマッカーサーだけでなくブラッドレー（Omar N. Bradley）統合参謀本部議長など米参謀本部の幹部達も原爆投下に傾いた。[31] トルーマンは決断を迫られた。一九五一年四月六日にトルーマンは原爆使用についての許諾書に署名した。[32] ところが、原爆投下がカウントダウンする中で、四月一一日に突如マッカーサーはトルーマンに罷免されることになった。[33]

その間、リッジウェイ（Matthew B. Ridgway）指揮の米軍は戦力の立直しに尽力した。[34] 攻勢に出た中朝合同軍は一九五一年一月四日にソウルをまたしても手中に収めたものの、一月後半に米軍の猛反攻に会うという事態へと及んだ。それでも毛沢東はさらなる大軍を派遣し攻勢を加えたが、逆に米軍による反攻に曝され膨大な数に上る死傷者を出すに及んだ。結局、五一年六月までに戦局は膠着状態に陥った。[35]

(5) 休戦会談

膠着状態という現実を踏まえ、朝鮮戦争の決着は休戦会談に舞台を移すことになった。一九五一年七月に始まった休戦会談は捕虜の取扱いを巡り行き詰まって以降妥結に至るまで結局、二年以上の月日を要するに及んだ。この間、水面下では毛沢東、金日成、スターリンの三者が激しい綱引きを演じた。他方、そうした綱引きなど知る由もない米政府は共産陣営をして休戦合意に応じさせるべく北朝鮮へ猛烈な空爆を断行すると共に核の恫喝を執拗に繰り返した[36]。朝鮮戦争は南北民間人だけで四〇〇万の犠牲者、一千万の離散家族を生むことになった[37]。直ぐには拭い去れない爪痕を残した戦争であった。

第二節　愚将、金日成

同侵攻事件は結局、金日成らが起案した大謀略にスターリンや毛沢東といった共産陣営の巨頭達を巻き込み引き起こされたものであった。その張本人は紛れもなく金日成であった。しかし金日成は北朝鮮の最高司令官として愚将ぶりを幾度も露呈した。彭徳懐からこっぴどく愚弄された通り、戦局を見極める判断において致命傷となり兼ねない瑕疵を金日成は幾度となく犯した。朝鮮人民軍が緒戦で米軍と韓国軍を釜山に追い込んだところまではよかったが、人民軍の補給線の背後を突くことをマッカーサーは思い立った。これが仁川上陸作戦であった。しかも米軍による仁川上陸作戦の可能性があることを毛沢東らが幾度となく警鐘を鳴らしていたにも拘わらず、金日成は警鐘を無視し続けた[38]。そこをものの見事にマッカーサーに突かれる格好となった。

その後潰走を続けた朝鮮人民軍を救ったのは彭徳懐指揮の中国人民志願軍の参戦であった。これ以降攻勢に転じた中朝合同軍は一九五一年一月四日にソウルを再び陥落させた。そうすると、韓国制圧に向け一気呵成に南進を要求した金日成に対し彭徳懐が戦力の立直しを説くと共に一気の南進を拒んだ通り、両者は激しく衝突した[39]。ここに至り、金日成は朝鮮人民軍だけでも南進させたいと聞かなかった。これに対し、金日成の数々の作戦上の瑕疵と失態を追及し、それにより中国人民志願軍の出兵に至った諸々の経緯をとうとうと述べ、朝鮮人民軍だけを南進させることは無謀であると彭徳懐は断言した。彭徳懐を毛沢東とスターリンが強く支持したことを受け、金日成が渋々引き下がらざるをえなかった(40)。

一九五一年六月までに中国人民志願軍が企てた戦役が相次ぎ頓挫し戦局が膠着状態に陥り、中国側の被害が増大の一途を辿った。そうした中で、毛沢東とスターリンが休戦会談の開催を検討すると、これに同意できないと食い下がったのは金日成であった。そこで毛沢東は金日成を北京に呼び出し、休戦会談を真剣に検討する時が来たと金日成に告げた(41)。これに対し、朝鮮半島の軍事統一に執念を漲らせる金日成は逡巡した。会談を通じた休戦合意とは事実上、五〇年六月二五日以前の現状を容認するものであり、李承晩の韓国との共存を受け入れることを意味したからに他ならなかった。休戦会談を希望する毛沢東をスターリンが支持したことにより金日成は休戦会談を不服ながら了承することになった(42)。

ところが、連日にわたる空爆に悲鳴を上げ、一日も早い休戦の実現を毛沢東に懇願したのは金日成であった。休戦合意を忌避していた張本人がこれ以上の戦闘は望むところではないと毛沢東に泣き付いたのは殊の外、意外なことであった(43)。これに対し、徹底的に米国を消耗させるべくスターリンと毛沢東が戦闘の継続を金日成に有無を言わせず強いていた(44)。若き日の金日成は老獪かつ冷徹な毛沢東とスターリンに捩れに捩れた感情を抱かざるをえなかったのである。

（1）毛沢東に対する複雑な思い

金日成からみて、毛沢東は有り難くもありまた煙たい存在であった。それには複雑な理由が横たわる。金日成は中国共産党の配下にあった東北抗日聯軍に加わり満州地域を支配した関東軍に対し勇猛果敢に抗日パルチザン闘争を繰り広げた経緯を持つ[45]。とは言え、延安を本拠地とする中国共産党を指導したのは毛沢東指導部であった。しかも延安には毛沢東指導部に可愛がられていた延安派となる朝鮮系の共産活動家達がいた。その派閥の指導者の一人であった朴一禹（パク・イルウ）は事ある毎に金日成の実像を毛沢東に伝えていたこともあり、延安派は金日成にとって真に不愉快な存在であった[46]。金日成からみて、中国共産党との接近を許すことは延安派の台頭という事態を引き起こし兼ねなかった。

ところが、朝鮮戦争において米軍に中朝国境付近まで攻め立てられると、金日成は国外に避難するようスターリンに指示されるに及んだ[47]。窮地に陥った金日成らに手を差し延べたのは皮肉なことに毛沢東であった。朝鮮出兵の前提条件としてソ連空軍による航空支援の提供を毛沢東がスターリンに強く求めたが、スターリンはあくまで拒絶し続けた。スターリンと毛沢東が激しい綱引きを演じたことと連動し、中国共産党指導部内では朝鮮出兵の是非を巡り激しい論争が繰り広げられた。しかも並み居る党幹部達が一様に朝鮮出兵に異を唱える中で、彼らを説き伏せ、無謀とも言える朝鮮出兵を決断したのは毛沢東その人であった[48]。毛沢東が軍事介入を決断することがなかったならば、北朝鮮は間違いなく国家滅亡の運命を辿ったはずである。

しかも朝鮮戦争時に毛沢東や彭徳懐に主導権を奪われたと感じた金日成は彼らを本心では徹底的

に毛嫌いした。金日成は自ら犯した作戦上の瑕疵を幾度となく彭徳懐に侮辱された一方、毛沢東には彭徳懐に従うよう説得され続けた。しかも朝鮮戦争後に朝鮮労働党内で本格化する派閥闘争において金日成が気に入らなかったのは前述の毛沢東と近い延安派の存在であり、同派を可愛がる毛沢東に対して金日成は複雑な感情を抱き続けたのである。

(2) スターリンへの複雑な思い

他方、スターリン指導部に対しても同様に複雑に捻じれた感情を金日成は抱いていた。スターリンから大抜擢を受け権力者の座に据えられた金日成はスターリンへ恩義を感じていた。しかし金日成がスターリンにソ連軍の出兵を幾度頼めど、ソ連軍の出兵はにべもなく拒否されただけでなく毛沢東に派兵を願い出るよう指示された[49]。さらに平壌が陥落したことに伴い雲隠れすると、スターリンが金日成らに北朝鮮国外に避難するよう命令を下した[50]。このことはスターリンが金日成らを見限ったことを意味した。この時、スターリンへの金日成の忠誠心は崩れ掛かった。また金日成が作戦上の瑕疵を幾度となく露呈したこともあり、彭徳懐を毛沢東が支持し最終的にスターリンが彭徳懐を支持したことで、金日成はその都度再考するよう促され結局従わされる格好となった[51]。しかも連日のように米軍の執拗な空爆に曝され、北朝鮮全域が徹底的に破壊され尽くされても、スターリンと毛沢東は米軍との戦闘を継続するよう金日成に執拗に強要した[52]。こうしたこともあり、金日成の思いは限りなく複雑であった。さらにスターリンによって北部朝鮮に送り込まれたソ連派という派閥が存在したことも、金日成には真に不愉快であった。最高指導者に据えて頂いたスターリンへの恩義、朝鮮戦争で国家滅亡の危機から救ってくれた毛沢東への恩義を金日成は忘れはしなかった。しかし金日成の思いは限りなく複雑に捻じれていたのである。

こうした複雑な思いの中で、金日成は三年にも及んだ戦火により焦土と化した国家の戦後復興に向かわなければならなかった。一日も早く復興を達成し社会主義国家の建設に向け邁進しなければならなかった。しかも自らの権力基盤を脅かし兼ねない敵対派閥の存在があった。敵対派閥を葬らない限り自らの独裁は完遂せず、何時転覆させられるかわからないと金日成は案じていた。

（3）権力闘争における天賦の才――南労党派の撲滅

一九五三年七月の休戦協定の調印後、金日成は敵対派閥をことごとく粉砕し絶対的な権力者に上り詰めるに至った。朝鮮戦争の最大の逆説の一つは壊滅的な惨事と惨状を招いた張本人であり、政治責任を免れないはずの金日成が責任の所在を巧みに政敵達に擦り付け、彼らへの仮借なき粛清へと転じたことであり、自らの独裁体制の確立に向け重要な契機となった点である[53]。朝鮮戦争は金日成による政敵への残忍極まる粛清と類まれな独裁体制の確立の呼び水になった。休戦協定の成立後、朝鮮労働党の四つの派閥の争いは真に複雑な様相を辿った。

まず矛先を向けられたのは朝鮮労働党にあって最大派閥を誇った南労党派であった[54]。一九五二年一二月一五日開催の朝鮮労働党中央委員会第二期第五次全員会議の席上、同派が軍事力による南北統一を意識的に煽ったため南北間で軍事衝突が引き起こされ、大規模の米軍の介入を招くに至ったと金日成は同派を指弾した。その後、五三年の初めに南労党派が政府転覆を画策したという噂が広がった。三月に同派の指導者であった朴憲永（パク・ホニョン）と李承燁（リ・スンヨプ）国家検閲相は解任処分となった。その後、同派の幹部達は続々と逮捕されるに及んだ。そして休戦協定の締結から僅か一週間後の八月三日から六日にわたり、朴憲永を除く同派の幹部一二名の公開裁判が開かれた。クーデターの画策、南部朝鮮での共産主義活動に対する妨害行為、米帝国主義者のためのスパイ行為、日本統治時代における日本の官憲への協力行為など、ありそうもない濡れ衣を着せられた。ところが、不可解なことに被告達は自ら進んで容疑を認めた。その内、一〇名が処刑処分となり、財産は没収となった。朴憲永自身も五五年一二月一五日に裁判に掛けられ、同様の廉で死刑が宣告され処刑されたとされる。こうして同派は体よく抹消されることになったのである。

【注】

（1）金日成の出自から抗日パルチザン闘争時代について、徐大粛『金日成—思想と政治体制』訳・林茂（御茶の水書房・一九九二年）五-六一頁。Andrei Lankov, ***From Stalin to Kim Il Sung: The Formation of North Korea 1945–1960***, Chapter 2: An Attempt at a Biography, (Rutgers University Press, 2002.) pp. 50-58.; and James F. Schnabel, ***United Army in the Korean War, Policy and Direction: The First Year***, Chapter II: The House Divided, Center of Military History, United States Army, Washington, D.C., (1992.) pp. 23-25. 斎藤直樹『北朝鮮危機の歴史的構造１９４５-２０００』（論創社・二〇一三年）一〇二-一〇三頁。

（2）この点について、***FRUS***: The Conference at Malta and Yalta, 1945, Dept. of State Publication 6199, (Washington, 1955.) p. 770, p. 984. (cited in *op. cit.*, ***United Army in the Korean War, Policy and Direction: The First Year***, Chapter 1: Case History of a Pawn, p. 7.); Pierre de Senarclens, ***Yalta,***

(New Brunswick : Transaction Books, 1988.) p. 60.; and Jongsuk Chay, *Unequal Partners in Peace and War : the Republic of Korea and the United States, 1948-1953*, Chay, Chapter 2: the Two-Nation Relationship during the Second World War, (Westport: Praeger, 2002.) p. 25. 前掲書『北朝鮮危機の歴史的構造１９４５-２０００』九六頁。

(３)　ソ連の対日参戦について、斎藤直樹『現代国際政治史(上)』(北樹出版・二〇〇二年)一六二頁。

(４)　一般命令第一号の通達について、*op. cit.*, *United Army in the Korean War, Policy and Direction: The First Year*, Chapter 1: Case History of a Pawn. pp. 10-11.; and Tsuyoshi Hasegawa, *Racing the Enemy: Stalin, Truman, and the Surrender of Japan*, Chapter 7: August Strom: the Soviet-Japanese War and the United States, (Cambridge, Mass. : Belknap Press of Harvard University Press, 2005.) pp. 267-268. 前掲書『北朝鮮危機の歴史的構造１９４５-２０００』九七-九九頁。

(５)　この点について、前掲書『北朝鮮危機の歴史的構造１９４５-２０００』九七-九九頁。

(６)　モスクワ外相会議とモスクワ合意について、*op. cit.*, *United Army in the Korean War, Policy and Direction: The First Year*, Chapter II: The House Divided, pp. 21-22. 前掲書『北朝鮮危機の歴史的構造１９４５-２０００』一〇〇-一〇一頁。

(７)　李承晩について、*op. cit.*, *United Army in the Korean War, Policy and Direction: The First Year*, Chapter II: The House Divided, pp. 19-23.; and Yong-pyo Hong, *State Security and Regime Security: President Syngman Rhee and the Insecurity Dilemma in South Korea, 1953-60*, Chapter 2: Historical Setting: the Division of Korea, the Korean War and the Evolution of Syngman Rhee's Anti-Communist Policy, (New York: St Martin's Press, 2000.) pp. 17-31. 前掲書『北朝鮮危機の歴史的構造１９４５-２０００』一〇〇頁。

(８)　金日成の抜擢について、前掲書『北朝鮮危機の歴史的構造１９４５-２０００』一〇二頁。

（9） 延安派について、Andrei Lankov, ***Crisis in North Korea : The Failure of De-Stalinization, 1956***, Chapter 1: North Korea and its Leadership in the Mid-1950s,（Honolulu: University of Hawaii Press, 2007.）pp. 13-14.; *op. cit.*, ***From Stalin to Kim Il Sung: The Formation of North Korea 1945–1960***, Chapter 3: the Factions of the North Korean Leadership in the 1940s and 1950s, pp. 79-80.; and Robert A. Scalapino and Chong-Sik Lee, ***The Society***, Chapter XII: the Military and Politics,（Berkeley, Calif. : Univ. of California Press, 1972.）pp. 927-928. 前掲書『北朝鮮危機の歴史的構造１９４５-２０００』一〇六頁。

（10） ソ連派について、*op. cit.*, ***Crisis in North Korea : The Failure of De-Stalinization, 1956***, Chapter 1: North Korea and its Leadership in the Mid-1950s, pp. 14-15.; *op. cit.*, ***From Stalin to Kim Il Sung: The Formation of North Korea 1945–1960***, Chapter 3: the Factions of the North Korean Leadership in the 1940s and 1950s, p. 80.; and Andrei N. Lankov, The Soviet Faction in the DPRK, 1945-1955. 前掲書『北朝鮮危機の歴史的構造１９４５-２０００』一〇六頁。

（11） 南労党派について、*op. cit.*, ***Crisis in North Korea : The Failure of De-Stalinization, 1956***, Chapter 1: North Korea and its Leadership in the Mid-1950s, pp. 11-12.; *op. cit.*, ***From Stalin to Kim Il Sung: The Formation of North Korea 1945–1960***, Chapter 3: the Factions of the North Korean Leadership in the 1940s and 1950s, pp. 78-79.; and Yunshik Chang, Introduction: Korea in the Process of Globalization, ***Korea Confronts Globalization***, ed., Yunshik Chang, Hyun-ho Seok, and Donald Baker,（Routledge, 2008.）p. 28. 前掲書『北朝鮮危機の歴史的構造１９４５-２０００』一〇五-一〇六頁。

（12） 満州派について、*op. cit.*, ***Crisis in North Korea : The Failure of De-Stalinization, 1956***, Chapter 1: North Korea and its Leadership in the Mid-1950s, pp. 12-13.; and *op. cit.*, ***From Stalin to Kim Il Sung: The Formation of North Korea 1945–1960***, Chapter 3: the Factions of the North Korean Leadership in the 1940s and 1950s, p. 80. 前掲書『北朝鮮危機の歴史的構造１９４５-２０００』一〇四-一〇五頁。

(13) この点について、前掲書『北朝鮮危機の歴史的構造１９４５-２０００』一〇四-一〇八頁。

(14) この点について、同上、一〇〇-一〇四頁。

(15) スターリン・金日成会談について、Report on Kim Il Sung's Visit to the USSR, March 30-April 25, 1950, Prepared by the International Department of the Central Committee of the All-Union Communist Party (Bolshevik), APRF. (cited in Kathryn Weathersby, "'Should We Fear This?' Stalin and the Danger of War with America," Working Paper No. 39 Woodrow Wilson International Center for Scholars, pp. 9-11.) 前掲書『北朝鮮危機の歴史的構造１９４５-２０００』一一七-一二〇頁。

(16) 金日成・毛沢東会談について、Ministerstvo inostrannykh del rossiskoi federatsii (Ministry of Foreign Affairs of the Russian Federation), "Khronologiia osnovnykh sobytiia na kanuna i nachal'nogo perioda koreiskoi voiny, ianvar' 1949-oktiabr' 1950 gg." (Chronology of basic events on the eve of and in the first period of the Korean War, January 1949-October 1950.) (Manuscript), pp. 30-31. From the Collection of Russian Archival Documents on the Korean War Obtained by CWIHP in 1995, Available at the National Security Archive, Washington, DC. (cited in Shen Zhihua, "Sino-North Korean Conflict and its Resolution during the Korean War" *Cold War International History Project Bulletin*, Issue 14/15 (Winter 2003/Spring 2004.) p. 9.) 前掲書『北朝鮮危機の歴史的構造１９４５-２０００』一二〇-一二一頁。

(17) 朝鮮人民軍による韓国侵攻について、Dennis Wainstock, *Truman, MacArthur, and the Korean War*, Chapter 1: Invasion and Response. (Greenwood Press, 1999.) p. 15.; Roy E. Appleman, *South to the Naktong, North to the Yalu, United States Army in the Korean War*, Chapter III: Invasion across the

Parallel,（Washington D.C., 1961.）pp. 21-28.; and *op. cit., United Army in the Korean War, Policy and Direction: The First Year,* Chapter IV: The Communist Challenge, p. 61. 前掲書『北朝鮮危機の歴史的構造１９４５-２０００』一二三-一二四頁。

（18）ソウルの陥落について、*op. cit., Truman, MacArthur, and the Korean War,* Chapter 1: Invasion and Response, p. 25. 前掲書『北朝鮮危機の歴史的構造１９４５-２０００』一三〇頁。

（19）「釜山橋頭堡の戦い」について、前掲書『北朝鮮危機の歴史的構造１９４５-２０００』一三四-一三五頁。

（20）この点について、同上、一三七-一四二頁。

（21）仁川上陸作戦の挙行について、*op. cit., South to the Naktong, North to the Yalu, United States Army in the Korean War,* Chapter XXV: The Landing at Inch'on, pp. 502-509. 前掲書『北朝鮮危機の歴史的構造１９４５-２０００』一四二-一四四頁。

（22）米第八軍の北進について、*op. cit., South to the Naktong, North to the Yalu, United States Army in the Korean War,* Chapter XXX: Eighth Army and X Corps Enter North Korea, pp. 622-631. 元山上陸に向け移動を開始する米第一〇軍について、*op. cit., South to the Naktong, North to the Yalu, United States Army in the Korean War,* Chapter XXX: Eighth Army and X Corps Enter North Korea, pp. 631-633. 前掲書『北朝鮮危機の歴史的構造１９４５-２０００』一四八頁。

（23）平壌の陥落について、*op. cit., South to the Naktong, North to the Yalu, United States Army in the Korean War,* Chapter XXXI: The Capture of P'yongyang, pp. 638-653.; and Stanley Sandler, *The Korean War: No Victors, No Vanquished,* Chapter 6: UNC Drive North,（Routledge, 1999.）p. 104. 前掲書『北朝鮮危機の歴史的構造１９４５-２０００』一五一頁。

（24）金日成宛のスターリン電報について、Telegram from Stalin to Shtykov and Matveev, 1 October,

1950. Collection of Documents from the Archive of the President of the Russian Federation, Obtained by ***CWIHP*** in 1995 and Available at the National Security Archives, Washington, D.C. (cited in *op. cit.*, "Sino-North Korean Conflict and its Resolution during the Korean War," p. 11.) 前掲書『北朝鮮危機の歴史的構造１９４５-２０００』一七〇頁。

(25) 朝鮮出兵の是非を巡る中国共産党中央政治局拡大会議について、Zhang, "Before and after Peng Dehuai's Appointment to Command the CPV in Korea," pp. 133-136. (cited in Chen Jian, "The Sino-Soviet Alliance and China's Entry into the Korean War," (Occasional Paper, CWIHP, Woodrow Wilson Center, Washington, D.C., 1992.); Yao, Cong Yalujiang dao Banmendian, pp. 23-24.; see also CCP Central Committee, "The Guideline for Interpreting the Current Situation," 26 October 1950, Party History and Party Constitution Institute of the National Defense University, eds., *Zhonggong dangshi jiaoxue cankao ziliao* (Reference Materials for Teaching CCP History), The Press of National Defense University, 1986, Vol. XIX, pp. 211-213. (cited in *op. cit*, "The Sino-Soviet Alliance and China's Entry into the Korean War," p. 30.) 前掲書『北朝鮮危機の歴史的構造１９４５-２０００』一七一頁。

(26) 毛沢東が力説した朝鮮出兵の事由について、*op. cit.*, "Before and After Peng Dehuai's Appointment to Command the CPV in Korea," p. 150. 前掲書『北朝鮮危機の歴史的構造１９４５-２０００』一七二-一七三頁。

(27) 中国人民志願軍による鴨緑江の渡河について、*op. cit.*, ***United States Army in the Korean War: Policy and Direction: The First Year***, Chapter XIII: The Chinese Take a Hand, pp. 233-234. 前掲書『北朝鮮危機の歴史的構造１９４５-２０００』一七三頁。

(28) クリスマス帰国攻勢について、Allan R. Millett, ***The Korean War: Volume 2***, Chapter 2: Chinese

Communist Forces Cross the Yalu, Korea Institute of Military History, (Lincoln, Nebr.: University of Nebraska Press, 2001.) p. 220. 前掲書『北朝鮮危機の歴史的構造１９４５－２０００』一七八頁。

（29） 中国人民志願軍による第二次戦役について、*op. cit., United States Army in the Korean War: Policy and Direction: The First Year*, Chapter XV: Facing New Dilemmas, p. 274.; and 〝Second Phase Campaign: Nov. 25 - Dec. 24 1950. Phases of CCF Korean War Campaign, China's View of Their Korean War Participation.〟前掲書『北朝鮮危機の歴史的構造１９４５－２０００』一七八－一七九頁。

（30） トルーマンの記者会見について、Robert H Ferrell, *Harry S. Truman : a Life*, Chapter 15: The Korean War, (Norwalk, CT : Easton Press, 1997.) p. 328.; and Roger Dingman, 〝Atomic Diplomacy during the Korean War,〟Nuclear Diplomacy and Crisis Management, (MIT Press, 1990.) pp. 129-130. 前掲書『北朝鮮危機の歴史的構造１９４５－２０００』一八一－一八二頁。

（31） 四月六日に、もし朝鮮半島の外部から米軍に対する大規模な攻撃があれば、中国内の空軍基地への原爆投下の権限がマッカーサーに与えられるとした進言をブラッドレーはトルーマンに伝えた。ブラッドレーによる進言について、*op. cit.*, 〝Atomic Diplomacy during the Korean War,〟p. 136. 前掲書『北朝鮮危機の歴史的構造１９４５－２０００』一九二頁。

（32） トルーマンの署名について、*op. cit., Harry S. Truman: A Life*, Chapter 16: A New Military Forces, p. 348.; Bruce Cumings, *War and State Terrorism: the United States, Japan, and the Asia-Pacific in the Long Twentieth Century*, in Mark Selden, Alvin Y. So, ed., Chapter 4: American Airpower and Nuclear Strategy,〟(Lanham, Md.: Rowman & Littlefield Publishers, 2004.) p. 73.; and *op. cit.*, 〝Atomic Diplomacy during the Korean War,〟p. 137. 前掲書『北朝鮮危機の歴史的構造１９４５－２０００』一九二頁。

（33） トルーマンによるマッカーサー解任について、Edward L. Daily, *The Legacy of Custer's 7th U.S.*

Cavalry in Korea, Chapter 10: Chinese Spring Offensives, (Paducah, KY : Turner Pub. Co., 1990.) p. 106.; David F. Krugler, ***The Voice of America and the Domestic Propaganda Battles, 1945-1953***, Chapter 4: Will it in Peoria? The Campaign of Truth, (Columbia: University of Missouri Press, 2000.) p. 131.; ***op. cit., United Army in the Korean War, Policy and Direction: The First Year***, Chapter XX: The Relief of MacArthur, p. 365.; and *op. cit.*, 〝Atomic Diplomacy during the Korean War,〞 pp. 137-139. 前掲書『北朝鮮危機の歴史的構造１９４５-２０００』一九二-一九三頁。

(34) リッジウェイによる米第八軍の立直しについて、Billy C. Mossman, ***United States Army in the Korean War: Ebb and Flow, November 1950-July 1951***, Chapter IX: The Chinese Third Offensive The Opening, (Defense Dept., Army, Center of Military History, 1990.) pp.180-183. 前掲書『北朝鮮危機の歴史的構造１９４５-２０００』一八六-一八七頁。

(35) この点について、前掲書『北朝鮮危機の歴史的構造１９４５-２０００』二〇八頁。

(36) この点について、同上、二三二-二三四頁。

(37) この点について、同上、二三一頁。

(38) この点について、Shen Zhihua, 〝Sino-North Korean Conflict and its Resolution during the Korean War,〞 Cold War International History Project Bulletin, Issue 14/15 (Winter 2003/Spring 2004.) p. 11. 前掲書『北朝鮮危機の歴史的構造１９４５-２０００』二三五-二三七頁。

(39) 彭徳懐と金日成の激論について、Telegram from Mao to Filippov [Stalin], 27 January 1951,Transmitting 19 January telegram from Peng Dehuai to Mao regarding Meetings with Kim Il Sung. K. Weathersby, 〝New Russian Documents on the Korean War,〞 pp. 56-57. (cited in *op. cit.*, 〝Sino-North Korean Conflict and its Resolution during the Korean War,〞 pp. 15-16.) 前掲書『北朝鮮危機の歴史的構造１９４５-２０００』一八七-一八九頁。

(40) この点について、前掲書『北朝鮮危機の歴史的構造1945-2000』一八七-一八九頁。
(41) 毛沢東・金日成会談について、Chen, “China's Strategy to End the Korean War,” p. 13. (cited in Kathryn Weathersby, “Stalin, Mao, and the End of the Korean War,” in ***Brothers in Arms: The Rise and Fall of the Sino-Soviet Alliance, 1945-1963***, ed. Odd Arne Westad, (Washington, DC: Woodrow Wilson Center Press, 1998.) p. 95.) 前掲書『北朝鮮危機の歴史的構造1945-2000』二〇九頁。
(42) この点について、前掲書『北朝鮮危機の歴史的構造1945-2000』二〇九頁。
(43) 休戦合意を懇願する金日成の心境について、Telegram from Mao to Stalin, 8 February 1952. (cited in *op. cit.*, “Sino-North Korean Conflict and its Resolution during the Korean War,” p. 19.) 前掲書『北朝鮮危機の歴史的構造1945-2000』二一七頁。
(44) この点について、前掲書『北朝鮮危機の歴史的構造1945-2000』二二〇-二二一頁。
(45) この点について、同上、一〇二頁。
(46) この点について、同上、二三五-二三六頁。
(47) この点について、同上、一七二頁。
(48) この点について、同上、一七二-一七三頁。
(49) この点について、同上、一一九頁。
(50) この点について、同上、一七二頁。
(51) この点について、同上、一八九頁。
(52) この点について、同上、二二〇-二二一頁。
(53) この点について、同上、二三五頁。
(54) 南労党派の粛清について、前掲書『金日成―思想と政治体制』一四四-一五四頁。*op. cit.*, ***From Stalin to Kim Il Sung: The Formation of North Korea 1945-1960***, Chapter 3: The Factors in North

Korean Leadership in the 1940s and 1950s, p. 97.; and *op. cit.*, *Crisis in North Korea: The Failure of De-Stalinization, 1956*, Chapter 1: North Korea and its Leadership in the mid-1950s, pp. 16-17. 前掲書『北朝鮮危機の歴史的構造１９４５-２０００』二三六-二三八頁。

第二章　金日成の社会主義国家建設

第一節　戦後復興と金日成

（1）金日成の重工業優先路線――戦後経済復興三ヵ年計画

日本統治時代から天然資源に恵まれ、鉱工業が盛んであった北部朝鮮地域は重工業の発展に好都合な環境にあった。しかし一九五〇年六月から三年間にわたり続いた朝鮮戦争で朝鮮半島全域が戦火に巻き込まれ焦土と化した。特に米軍による猛烈な爆撃に曝され北朝鮮の社会・経済インフラは破壊され尽くした。猛烈な戦火の中で多くの人々が韓国へ脱出を図ったのである。

休戦協定成立後の一ヵ月後の一九五三年八月に朝鮮労働党中央委員会第二期第六次全員会議が開催された。席上、国民の圧倒的多数が著しく困窮している中で、国民の生活を優先し軽工業を推進すべきではないかとの意見が多く聞かれた(1)。しかし、かねてから重工業重視の経済発展を説く金日成からみてとても賛同できるものではなかった。スターリン指導部が一九二八年に発進させた第一次五ヵ年経済計画に深く傾倒していた金日成は重工業路線について確信めいたものを抱いていた。全産業にあって重工業部門が堅調に伸長しない限り、他の分野も育たないという持論を持っていた金日成は何よりも重工業の優先を旨とした。[2]要するに、経済発展の初期段階において鍵となるのは重工業の発展であった。重工業が堅調に成長すれば、遅かれ早かれ軽工業や農業部門へ成長は波及する反面、重工業の発展が確保されなければ、他の産業部門の展望は一向に開けないことを意味した。結局、金日成の持論の通り、五四年から五六年まで重工業を最優先とする経済復興三ヵ年計画が実施されることになった。[3]ソ連を初めとする社会主義圏諸国による支援の御蔭で、三ヵ年計画は完遂した。[4]朝鮮戦争休戦後、ソビエト・ブロック諸国などによる支援を受け、北朝鮮は予想以上に早く復興することになった。

他方、農業集団化である協同農場化も強引に進められた。富農層や中農層が協同農業化に遮二無二抵抗することを予想した金日成は協同農業化について段階的に時間を掛けて実施すると甘言を並べた。しかし協同農場化は強引に断行され、僅か二年間で完遂した。一九五六年の終りまでに農地の九七・五%が協同農場となったと金日成は宣言した。[5]

第二節　その後の派閥闘争とスターリン批判の衝撃

独裁を完遂したいと目論んだ金日成やその配下の満州派の面々はソ連派や延安派など敵対派閥の幹部達を一日も早く放逐しなければならないと考えた。他方、そうした金日成の目論見に危機感を抱いた延安派やソ連派の幹部達は金日成に猛反発した。しかもソ連派にとってフルシチョフ指導部、延安派にとって毛沢東指導部が後ろ盾として存在した。従って金日成にしても残った敵対勢力を一気に放逐という訳にはいかなかった。そうした時に金日成に逆風が吹き出した。これが一九五六年二月のソ連共産党第二〇回大会においてフルシチョフが行ったスターリン批判であった。

（1）ソ連共産党第二〇回大会とスターリン批判

スターリンの死後に確立された集団指導体制の中から次第に台頭したフルシチョフは権力基盤を磐石とすべく賭けに出た。五六年二月一四日から二五日まで開かれたソ連共産党第二〇回大会において、フルシチョフはスターリンを厳しく指弾したスターリン批判と核時代における米国との平和共存という二つの演説を行った。[6] これらの演説は社会主義圏諸国の多くの指導部を震撼させただけでなく激しい権力闘争の引き金となった。北朝鮮も例外ではなかった。フルシチョフの演説は金日成に深刻な跳ね返りをもたらし兼ねなかった。

大会初日の二月一四日にフルシチョフは平和共存と社会主義への平和的移行を訴えた。マルクス（Karl H. Marx）＝レーニン（Vladimir Lenin）主義の教義によれば、社会主義と資本主義の間において本質的な和解などあり得るはずはない。資本主義諸国との平和共存は社会主義国が生存するために止むなしとする戦術的なものとして捉えられた。しかしフルシチョフによれば、核時代に入り米ソ間に核戦争が発生すれば、両国だけに止まらず人類そのものが滅亡し兼ねない危機に直面した。資本主義国との戦争は決して不可避ではなく両陣営の間では平和共存こそが肝要である。核時代において平和共存は両陣営間の基本原則となったとの認識に立ち、フルシチョフは平和共存をソ連外交の基軸に据えたのである。

そして二月二四日にフルシチョフはスターリン批判についての秘密報告「個人崇拝とその諸結果について（〝On the Cult of Personality and Its Consequences〟）」を行った。フルシチョフはスターリンを書記長から解任することを求めたレーニンの遺書を暴露すると共にスターリンが断行した暴挙の数々を暴いた。トロツキー（Lev Trotsky）、ジノヴィエフ（Grigorii Zinoviev）、カーメネフ（Lev Kamenev）などかつての同志達、ソ連の防衛に尽力したトゥハチェフスキー（Mikhail Tukhachevsky）ソ連軍元帥を初めとする多数の将校達、無慈悲に扱われた富農層、縁辺の地に放り込まれた少数民族など、スターリンによる粛正の犠牲となった人々の名を列挙し、スターリンを厳しく指弾した。四半世紀以上に及んだスターリン時代の失政や失策を総てスターリンの負の遺産として断罪した。スターリン時代は過ぎ去った過去の時代のことで、今自らの指導の下で新しい時代へと入ったことをフルシチョフは知らしめようとしたのである。

フルシチョフが自ら権力基盤を固めるべくスターリン批判を展開し、独裁者批判や個人崇拝批判を展開したことは、個人崇拝を強引に推し進めていた金日成にとって脅威を喚起するものであった。

(2)「八月宗派事件」

スターリン批判を推し進めるフルシチョフは個人崇拝を展開する衛星諸国の指導部に目を光らせた。フルシチョフからみて、金日成は警戒を要する人物の一人であり、今後そうした行動を慎むよう金日成を戒める必要があるとフルシチョフは感じた。一九五六年四月二三日から二九日まで開催された朝鮮労働党第三回大会にフルシチョフはブレジネフ（Leonid Brezhnev）ソ連共産党政治局員を送り込み、金日成の個人崇拝を批判すると共に金日成に対しスターリン批判を受け入れるよう求めたのである。[7] その後、スターリン批判は金日成と敵対派閥の間の熾烈な暗闘へと転化した。スターリン批判から追い風を得た反金日成勢力は金日成への猛批判に転ずる機会を狙った。こうして引き起こされるのが「八月宗派事件」であった。[8]

一九五六年六月上旬から七月中旬にかけ、金日成がソ連と東欧諸国への歴訪のため北朝鮮を後にした。金日成の不在は敵対派閥の幹部達にとって千載一遇の機会の到来であった。ここぞとばかりに、延安派の崔昌益（チェ・チャンイク）や尹公欽（ユン・ゴンフム）、ソ連派の朴昌玉（パク・チャンオク）などが金日成の独裁ぶりを糾弾し、金日成を一気に放逐することを目論んだ。ところが、そうした画策があることを知った金日成は中途で帰国を早め、逆に敵対派閥を追い詰める準備を整えた。金日成は朝鮮労働党中央委員会総会の開催を延ばし、これらの者達を駆逐する絶好の機会と捉えたのである。

八月三〇日、三一日開催の同総会において金日成と敵対派閥は真っ向から対決した。敵対派閥はフルシチョフ指導部の路線に従ったかのように、「軽工業・人民生活優先」を掲げ金日成の責任を厳しく追及した。尹公欽は金日成の個人崇拝を猛烈に批判し、ソ連共産党を見習い集団指導体制を確立すべきであると切々と訴えた。また金日成は党と国家の権力を我が物でもあるかのように私物化しただけでなく、金日成の重工業偏重路線は膨大な数に上る北朝鮮人民を餓死に至らしめたと、崔昌益が厳しく指弾した。ところが、金日成の手下の満州派の面々が一斉に騒ぎ立て、これらの者達を激しく罵った。この結果、尹公欽と崔昌益は結託し分派活動を繰り広げ、金日成を放逐しようと陰謀を企てたとして両者の追放が決定した。

しかしその後、事件は紆余曲折を辿った。「八月宗派事件」を憂慮した中ソ両共産党指導部は合同で干渉することを決めた。ソ連共産党からはミコヤン（Anastas I. Mikoyan）、中国共産党からは金日成にとって頭が上がらない朝鮮戦争の立役者であった彭徳懐（ポン・ドーファイ）が派遣された(9)。九月に平壌を訪問した中ソ合同使節団は八月の中央委員会総会の決定を反古にするよう金日成に強く求めた。ミコヤンと彭徳懐に散々、口出しされ、ソ連派と延安派の追放は反古となった。九月二三日に朝鮮労働党第二回中央委員会総会が開催され、敵対勢力の幹部達は復権することとなった。金日成は敵対派閥を撲滅することを先延ばしとし、取り敢えずフルシチョフ指導部から距離を置く必要があると考えた。その後、事態はさらに複雑な経過を辿った。

（3）千里馬運動

東ドイツのウルブリヒト（Walter Ulbricht）やホーネッカー（Erich Honecker）、ハンガリーのカーダール（János Kádár）、ポーランドのギエレク（Edward Gierek）、ブルガリアのジフコフ（Todor Zhivkov）、チェコスロバキアのノヴォトニー（Antonín Novotny）やフサーク（Gustáv Husák）など、東欧諸国の多くの指導者達はモスクワの支配者の方角を眺めては御機嫌を伺うような指導部であったことを踏まえ、これらの東欧諸国のようにソビエト・ブロック圏に北朝鮮が組み込まれるといった事態を金日成は極度に恐れた。

それでなくとも一人独裁体制の完遂に向け個人崇拝、偶像化、神格化を強引に推し進めようとした金日成からみて、スターリン批判の波がひたひたと押し寄せることに脅威を覚えざるをえなかった。「八月宗派事件」を境として金日成はフルシチョフ指導部による干渉を極度に警戒し始めた。このため、あらゆる面でフルシチョフとソ連共産党から距離を置く必要があると金日成は感じた。

一九五六年一二月の朝鮮労働党中央委員会全員会議において金日成は「増産と節約に努めよう」というスローガンの下で千里馬運動（チョルリマ）運動を提起した。金日成が平壌の降仙（ガンソン）製鋼所に直々に出向き、労働者に製鉄の仕方を伝授したとされる。これが千里馬運動であった。千里馬は一日に千里もの距離を駆け抜けるという架空の馬である。千里馬に肖り、猛烈な速度で社会主義国家を打ち立てることを企図する大衆動員運動が千里馬運動であった。この意味するところは、外部からの支援や資本に頼ることなく対内的に入手可能な資源を駆使し、また国民の労働力を集中的に動員し、経済成長を促すということであった。そのために国民の意識を著しく高揚させ、社会主義思想に忠実に従い生産物の増産に励まなければならない。こうして千里馬運動は翌年の五七年に発進された五ヵ年計画に合わせ北朝鮮全土で華々しく展開されることになった。生産活動で優良な成果を収めた労働者には千里馬称号が与えられ千里馬の騎手と称えられた。五九年になると、千里馬運動は集団運動として北朝鮮全土で展開された。これが千里馬作業班運動であった。目覚しい成果を挙げた作業班には千里馬作業班という称号が授与された。[10] 金日成が千里馬運動を発進させたのは「八月宗派事件」におけるソ連派との闘争とも関連していた。ソ連派は後ろ盾となっていたソ連との経済的な繋がりが何としても必要であると力説した。彼らに言わせれば、自力更生で産業を発展させようとしても歴然とした制約と限界があるため、ソ連からの経済支援が必要不可欠である。

これに対し、人民の懸命な労働はソ連からの経済支援に勝るというのが金日成の自説であった。その実、千里馬運動はソ連による経済支援への依存を絶つことを意味し、ソ連派による攻勢に対する反駁という意味もあったのである。[11]

この間、一九五七年に発進した五ヵ年計画はこうした動員型運動の御蔭もあり、六〇年に完遂した。[12]とは言え、動員を掛けることで増産に打って出るという策は一時的に功を奏しても、物質的なインセンティブもないまま長期間にわたり国民を鼓舞し続けるのは困難であった。

第三節　中ソ論争と金日成の板挟み

そこにもってきて一九五〇年代後半以降、ソ連共産党と中国共産党の間で中ソ論争が頭を擡げ始めた。これが両党間の論争に止まらず中ソの国家間対立へと転化した。五〇年代の終りまでに中ソ対立は社会主義諸国の間でもはや覆い隠すことができないほど顕在化するに及んだ。中ソ対立は六〇年代に入ると一段と激しさを増すのである。

社会主義圏であたかも盟主であるかの如くフルシチョフは覇権を唱えた一方、毛沢東はそうした覇権に激しく反駁した。金日成は中ソ対立に巻き込まれ兼ねないことを極度に恐れた。何れかの側に与することがあれば、その相手側に憎まれ兼ねない。従って、中ソ両国からできるだけ距離を置くことで、何れの側からも支援を引き出すことができるのではないかという強かな天秤外交を踏襲することが得策であると金日成は考えた。ところが天秤外交は善し悪しであった。

金日成はとりわけフルシチョフ指導部から一線を画そうとしたため、ソ連からの支援の激減を招いた。その後、毛沢東が先頭に立ち推進した大躍進運動が壊滅的な破綻に帰した後の中国の政治的かつ経済面の不安定に危惧の念を抱いた金日成は中国からもできるだけ距離を置こうとした。そうすると、中国からの支援も急降下した。何とその結果、何れからの経済支援も激減するという、思ってもみない結果となった。[13] その間、一九六一年に工業生産を三・二倍に増大することを目標に掲げた第一次七ヵ年計画が発進した。[14] 同計画の重点は以前の五ヵ年計画の実績の上に立ち、重工業優先路線を邁進することにあった。

(1)「五・一六軍事クーデター」と金日成の危機感

この間、中ソ論争と中ソ対立への対応に目を奪われていた金日成であったが、隣の韓国では重大な政変が起きた。韓国初代大統領として李承晩が長らく政権の座に止まっていたが、李政権の長きに及ぶ政治腐敗のため人心は李から既に離れていた。そこに起きたのが一九六〇年三月一五日の大統領選挙での大混乱であった。李承晩が四選を賭けて臨んだ大統領選挙で大規模な不正を行っていたことが発覚し、これに韓国民の怒りは激しく燃え上がった。そして四月一九日に暴徒化したデモ隊と警察が激しくぶつかる事態へと及び、二〇〇人近くの犠牲者を出す惨事へと発展した。この結果、一〇年以上続いた李承晩政権は敢えなく崩壊し、李はハワイへの亡命に追い込まれた。これが「四月革命」である。後を継いだ張勉（チャン・ミヨン）政権は前政権の崩壊への反省もあり、民主化の容認や対北朝鮮融和策を打ち出した。これに対し危惧の念を抱いた韓国軍の一部が六一年五月一六日に軍事クーデターを決行した。「五・一六軍事クーデター」と呼ばれる政変を主導したのは朴正熙（パク・チョンヒ）韓国陸軍少将らの若い軍人達であった[15]。

しかも朴正熙が政権発足に当り金日成指導部との対立姿勢を鮮明にしたことは金日成を著しく苛立たせた。この結果、金日成は韓国の新政権の動きを注視せざるをえなくなった。しかも朴正熙達は金日成を目の敵にしただけでなく、日本の植民地統治からの解放後始めてその日本と外交関係の樹立を図り、日本から莫大な融資を受け経済発展の道を模索し始めたのである。

この間の一九六一年九月の第四回朝鮮労働党大会は金日成と金日成が率いる満洲派にとって重要な転機となった。同大会において満州派が長らく続いた派閥闘争に決定的な勝利を収めたことで満州派の面々が権力の中枢を独占するに至った[16]。しかも満州派は朝鮮人民軍の中核を担っていたため、以前にも増して軍の意思が顕著に国策に反映されることに繋がった。

(2)「自立的民族経済建設路線」

朝鮮戦争後、熾烈な派閥闘争を戦い抜き自らの独裁を打ち立てる上で金日成はフルシチョフ指導部からの干渉を是が非でも排除したいと感じた。金日成は政治面だけでなく経済面での縛りを受けることを嫌った。一九六二年一〇月の北朝鮮最高人民会議三期一次会議はソ連を盟主とするソビエト・ブロックの経済圏であったコメコンへの加入を拒絶することを決めた。そして「自立的民族経済建設路線」の名の下で社会主義国家の建設に向け自力更生で邁進することを決定したのである[17]。同路線は外部世界との貿易を可能な限り抑え、自給自足を何よりも拠り所とした。その背景には、自立を幾ら唱えたとしても経済的に大国に従属するような国家であっては大国の思うままに操られ兼ねないし、自らの独裁にとって良からぬ影響を及ぼすこと間違いなしと金日成が考えたからであった。この路線の下で国民総生産において貿易総額が占める割合は一割から二割程度に抑えられた[18]。この結果、外部世界との繋がりが極めて弱い独特の経済構造が形成されることになった。また金日成が事ある毎に重工業重視を唱えた割には、必要不可欠な資本や技術の導入が思うようには進まないという皮肉な結果を招いたのは当然の帰結であった。

(3) キューバ危機とその余波

他方、意のままにならない金日成の動きに激怒したフルシチョフ指導部は北朝鮮への経済支援だけでなく軍事支援も絶った。これに一番動揺したのは朝鮮人民軍の幹部達である満洲派の面々であった[19]。そこに降って湧いたように起きたのがキューバ危機であった。一九六二年にフルシチョフ指導部がカリブ海に浮かぶキューバに米本土を射程に捉えた中距離核弾道ミサイルを密かに持ち込んだ。これを重大視したケネディ(John F. Kennedy)大統領は断固、同ミサイルを撤去するようフルシチョフに求めた。これを契機に同年一〇月一四日から二八日までの一四日間、米ソ間で全面核戦争の瀬戸際に迫った危機が勃発した。これがキューバ危機である[20]。この間、キューバは米ソ両超大国の息詰まる駆引きに翻弄された。キューバを取り巻く状況に金日成は共感を抱いた。大国同士が軍事的に対峙するといった事態に至ると、小国は大国同士の取引の蚊帳の外に置かれ、その命運はいいように弄ばれ兼ねない。軍事大国の対立に巻き込まれ兼ねない危機感から、国防の強化がことさら重要であると金日成は認識したのである。

(4)「国防・経済並進」政策　第一次七ヵ年計画─経済低迷の兆候発露

キューバ危機の収束から二ヵ月も経たない一二月一〇から一四日まで朝鮮労働党中央委員会第四期第五次全員会議が開催された。同会議を主導したのは満洲派の面々である朝鮮人民軍の幹部達であった。そして同会議で有名なスローガンが採択された。それが「一方の手に武器を、他方の手に槌と鎌を持て!」であった[21]。また国防と経済発展を並行して推進するとした「国防・経済並進」政策が踏襲され、軍需産業を基盤とする重工業部門の発展が謳われた[22]。同政策に従い採択されたのが全人民を武装化する、全国土を要塞化する、人民軍を幹部化する、そして軍隊を現代化することを骨子とする四大軍事路線であった[23]。しかし四大軍事路線は経済発展に深刻な影響を与えずにはおかなかった。「国防・経済並進」政策に矛盾が内在することは明らかであった。経済発展と軍事力の増強のためにはソ連による経済支援と軍事支援は不可欠であった。しかしフルシチョフ指導部との厳しい対立により両方を絶たれることになった金日成指導部は自力更生で経済発展と国防に取り組まざるをえなくなった。金日成は四大軍事路線を事ある毎に吹聴したものの、フルシチョフ指導部との関係悪化は自らを窮地に追い込むことになったのである。

ところが、一九六四年一〇月に事態は一変した。フルシチョフが突如、全職を解任されることになったからである。金日成にとってまたとない朗報であった。実際にブレジネフとコスイギン(Aleksei N. Kosygin)を中核とするソ連新指導部の登場の御蔭でソ連との関係は幾分改善され、相応の軍需物資の供与をソ連から受けることになった。これは国防の観点から望ましかったとは言え、経済の発展にとって厳しい制約とならざるをえなかった。既述の通り、六一年九月の第四回朝鮮労働党大会において満州派が派閥闘争に決定的な勝利を収めて以降、満州派の面々でありまた朝鮮人民軍の幹部達が朝鮮労働党を支配するに及んだ。彼らは事ある毎に人民軍の強化を訴え軍備増強を唱えた。[24] この間、ソ連から軍需物資が大量に流入したことで軍事費が大きく膨らんだ結果、七ヵ年計画の完遂が遅延せざるをえないという形で付けが回って来た。このため六六年一〇月に朝鮮労働党代表者会議が開催され、七ヵ年計画は三年間、延長されることが決まった。[25] にも拘わらず、「国防・経済並進」政策を邁進するという路線に変更はなかったのである。

(5) 文革と金日成

この間、毛沢東が企てたプロレタリアート文化大革命（文革）は中国内で大混乱を引き起こした。[26] 毛沢東は一九五〇代後半に自ら先頭に立ち推し進めた大躍進運動が壊滅的な破綻に帰したこともあり、劉少奇（リウ・シャオチー）や鄧小平（ダン・シャオピン）らに指導権を握られ、事実上の隠遁生活を強いられていた。その毛沢東は再び権力を握らんがために社会主義教育運動という周到な準備を経て打って出たのが文革であった。文革の究極的な標的は毛沢東の言うところの中国共産党指導部で実権を握る「実権派」であり、また資本主義に走る「走資派」である劉少奇や鄧小平らであった。彼らを放逐するために毛沢東が依拠したのが紅衛兵を名乗る若者達であった。毛沢東に嗾けられた紅衛兵達が無軌道に暴れ出し、中国内の至る所で破壊活動を繰り広げた。そうした破壊活動は既存の権力体制を破壊しただけでなくその煽りを受け最大の標的とされた劉少奇や鄧小平も失脚するといった事態へと及んだ。この恩恵に与ったのが毛沢東であった。

この間、金日成はただならぬ面持ちで文革を注視していた。文革は対岸からみていた金日成に深刻な難題を提起した。旧文化、旧慣習、旧風俗、旧思想など四旧の打破を目指す「四旧打破」を掲げ、あらゆる権威を拒絶する紅衛兵達の言動は北朝鮮の文脈に置き換えられた時、その矛先が向かい兼ねないのは間違いなく金日成であったからである。金日成にとって文革を是とすることはできなかった。無軌道に暴れた紅衛兵達の行動など金日成にとって問題外であった。他方、そうした金日成に対し紅衛兵達が不満を隠すことはなかった。金日成とは文革の精神である永久革命を断固拒絶し、物質的な欲望をひたすら追求する堕落した北朝鮮の修正主義者に他ならないと紅衛兵達は痛烈に指弾した[27]。ここに至り、金日成は危機感を抱いた。この結果、ソ連だけでなく中国に対しても毅然とした姿勢を明示する必要を金日成は感じた。一九六六年一〇月の朝鮮労働党代表者会議において中ソ対立に対する基本姿勢として何れの側にも与することなく独自路線を踏襲することこそ肝要であると金日成は言明したのである[28]。

他方、文革と紅衛兵達の行動から何かしら取り入れる余地があることを金日成は感じとった。紅衛兵達は「実権派」であり「走資派」であるとして矛先を劉少奇や鄧小平らに向け、彼らを断罪した。既存の権力体制を破壊しようとした紅衛兵達の言動は金日成にとって問題外であったが、紅衛兵達が毛沢東の偶像化と神格化に奔走したことには共感を覚えた。これからヒントを得た金日成は自らの偶像化と神格化をさらに推し進めようとした。中国で文革が本格化した頃に首領という文言を金日成は頻繁に持ち出すことになった[29]。こうして金日成の一人独裁体制が完遂し、これが金正日（キム・ジョンイル）への権力継承の足掛りとなる。こうした事態の下で金日成が辿り着いた結論は他国に左右されない自立した経済を一日も早く確立すると共に、大国による脅しに容易く屈しないほどに国防を充実させることであった。

（6）主体思想

こうした環境変化こそ金日成の政策の根幹を形成することに繋がった。金日成が辿り着いた結論は中ソ両共産党から独立した思想、政治、経済、軍事基盤の確立であった。そのために金日成は主体（チュチェ）思想の完成を目指したのである。

人間こそあらゆるものの主人であり、総てを決定するものこそ人間であると金日成は切り出した[30]。そうした主体の概念に基づき、金日成は「唯一思想体系」を構築しようとした。同思想体系は思想面の自主、政治面の独立、経済面の自立、軍事面での自衛から成り立つ。すなわち、金日成によれば、思想的自主、政治的独立、経済的自立、軍事的自衛が確保されなければならないのである。国家にとって他の思想に左右されない自主の思想を確立することが不可欠である。これにより政治的独立が切り開かれる。続いて、政治的独立を確実にするためには経済的に他国に従属するようなことがあってはならず、あくまで自立したものでなければならない。しかも軍事面で脆弱であっては他国による侵略や脅しに屈し兼ねない。また他国の軍事力に依拠するようでは他国の意思に振り回され兼ねない。従って、軍事的自衛が何としても確保されなければならない。その上で、金日成は核心に踏み込む。国家にとって求められるのは万能の指導者たる首領であり、国民は首領の下で一致団結しなければならないと金日成は説いたのである。

主体思想は金日成のそれまでの諸々の経験、すなわち、満州で関東軍に対し勇猛果敢に抗日パルチザン闘争を繰り広げた革命経験、朝鮮戦争においてスターリンや毛沢東に服従を散々強いられた苦々しい経験、朝鮮戦争後の敵対派閥との激烈を極めた権力闘争、その後のフルシチョフ指導部による露骨な干渉とそれへの徹底した抵抗、また中ソ対立の尖鋭化の中で自立を確保すべく懸命に奮闘した経験など、幾多の経験から導かれたものであった。大国へ安直に依存することになれば、都合のよいように振り回され兼ねない。政治的、経済的、軍事的従属といった負の連鎖を何としても絶たなければならないとの認識に至り、そのためには首領たる自らの下で国民は一つにならなければならないとの結論に至ったのである[31]。

金日成は徹頭徹尾、主体思想に基づく自力更生路線を頑までに堅持しようとしたが、皮肉にも様々な局面において外部世界で生起する出来事に著しく左右されることになった。また金日成が作り上げた統制経済は何よりも自らの独裁を完遂するために都合のいいものであった。そうした統制経済は一九六〇年代までは首尾よく機能した感があった。しかし七〇年代を迎え、綻びが露になり出した。これらが足枷となり、統制経済が次第に撓み出すのである。

第四節　デタントの到来と金日成

(1) 西側諸国への接近を目論む金日成

一九六〇年代終りまでに金日成の一人独裁体制が完遂したが、経済の先行きに金日成は次第に不安を抱かざるをえなかった。この間、既述の通り、「国防・経済並進」政策、「自立的民族経済建設路線」、重工業重視路線などが融合した経済発展戦略を金日成は邁進させた。重工業重視路線は一九五〇年代から七〇年代の後半に至るまで堅実な経済成長を支える原動力となった。特に七〇年代の初めから半ばまでの経済成長率には目を見張るものがあった[32]。

ところが、金日成の統制経済は頭打ちの兆候を見せ始めた。消費財が著しく欠乏したことに裏付けられた通り、無視できないほど歪な産業部門の不均衡を招くに至った。加えて、韓国は膨大な融資を日本から受け、奇跡と称される経済成長を続けていた。一九六五年には佐藤内閣と朴政権の間で日韓基本条約が調印され、これを契機として多額の資金が韓国に流入した。日本からの大規模な融資を背景として躍進を始めた韓国の飛躍的な経済成長は金日成にとって真に脅威であった[33]。韓国を手本として外部世界へ接近する必要を金日成もひしひしと感じ始めた。また韓国が経済的に発展するだけでなく軍事的に強大化することを金日成は危惧した。韓国軍との軍事衝突の可能性を視野に入れ、万全を期す必要を痛感した金日成は益々国防力の増強にのめり込むのである。

他方、事態を深刻に受け止めた金日成は何よりも物資の供給不足を外部世界との取引により解消しようと腐心した。金日成は西側資本主義諸国から大規模の資本の導入を目論んだ。一九六九年一月に発足したニクソン（Richard M. Nixon）政権が発進したデタント（Detente）は米ソ、東西関係の緊張緩和や米中接近に代表される国際的な緊張緩和をもたらした。[34]デタントの到来は金日成にとって思わぬ追風となった。金日成はデタントの流れに乗じ西側資本主義諸国から大規模な技術、資本、設備の導入を画策したのである。七一年から七五年までの間に西側資本主義諸国から累計で約一二億四二〇〇万ドルにも及ぶ借款を確保した。[35]この額は五〇年から八四年までの期間におけるソ連からの借款総額が約二一億一二三五万ドルであったこと、また同期間における中国からの借款総額が約八億七三八〇万ドルであったことと比較しても相当の額であったことを物語る。

（2）第一次オイルショックの衝撃

ところが、そこに待ち受けていたのが一九七三年の第一次オイルショックであった。同オイルショックは資本主義諸国だけでなく社会主義諸国にも甚大な影響を与えた。その中でも、北朝鮮経済に与えた打撃には計り知れないものがあった。外貨を稼ぐ有力な輸出品目であった鉛や亜鉛など非鉄金属の輸出価格が一気に下落した。[36]他方、輸入の原料や機械設備などの価格が跳ね上がった。これに対し追討ちを掛けたのが北朝鮮に対し硬化決済で対外債務を支払うよう資本主義諸国が迫ったことである。オイルショックの煽りを真面に食らい借り入れた債務は膨大な額に上り、とても返済できる見通しは立たなくなった。その結果、七六年までに借入金の大半が債務不履行の状況に陥った。[37]これに伴い、北朝鮮の信用格付けは急降下し挙句の果てには債務不履行のレッテルを貼られ、資本主義諸国から資本や技術を導入する方途もなくなったのである。

（3）第二次七ヵ年計画の頓挫

この間、一九七一年から七六年の間に六ヵ年計画が実施に移されたが、以上の劇的な情勢変化の下で膨大な債務が嵩んだ煽りを受け、七五年一月に同計画の履行は中途での頓挫を余儀なくされた。[38]これに続く二年間は調整期間に充てざるをえなかった。その後、七八年に八四年までの七年間に第二次七ヵ年計画が実行に移されることが決まった。[39]同計画では経済の「主体化、近代化、科学化」が謳われた。七七年に比べ国民所得は一・九倍、工業生産は二・二倍、穀物生産一〇〇〇万トンを達成するといった野心的な目標が打ち出された。当初、計画は順風満帆かと思われた。八五年二月に第二次七ヵ年計画が完遂したと発表されたが、実際の達成数値は何故か開示されなかった。[40]同計画の終了に伴い大幅に狂った計画を調整するため緩衝期間を設定せざるをえなかったのである。

その間の一九八〇年一〇月一〇日に始まった第六回朝鮮労働党大会は経済の一層の暗転を標す契機となった。[41]何よりも金正日が金日成の継承者として台頭したことと無関係ではない。同大会において朝鮮労働党中央委員会政治局常務委員会委員、中央委員会書記、中央軍事委員会委員といった要職を金正日が得たことで、金日成の存命中に金正日が事実上の後継者となった。このことは北朝鮮の計画経済に対しさらなる負荷を与えることになるのである。

しかも第六回朝鮮労働党大会では、「十大展望目標」と称される到底実現不可能と言える誇大な目標が打ち立てられた。これから否応なしに煽りを受けたのが第二次七ヵ年計画の実施であった。

「十大展望目標」により同計画の達成目標はさらに四割以上も上方修正された。[42]その余波に曝され同計画の実施は大幅な修正を余儀なくされた。加えて、「十大展望目標」の完遂に向け「八〇年代速度創造運動」と称される大衆動員型運動が行われたことも同計画の実施を狂わすことに繋がった。[43]また同計画の実施を著しく阻害したのは金正日が先頭に立ち推し進めた記念碑的建造物の建設であった。七〇歳になった金日成の功績を礼賛するため、凱旋門や主体思想塔など幾つもの建造に巨額の資金が注ぎ込まれた。[44]これが捻み出した経済に与える影響に良いものがあろうはずがなかった。

一九八二年二月に最高人民会議第七回人民議会で代議員に選出される時までに、金正日は金日成の絶大なる後ろ盾に肖り父に次ぐ権力を持つ人物としての地位を築くに至った。[45]金正日は「親愛なる指導者」とされ、「偉大な指導者」金日成の事実上の後継者となった。金日成と金正日の二人の金は国家を意のままに操れるような絶大な権力を手中に収め、金体制は磐石の安定を築いた。しかし独裁体制に裏打ちされた政治的な安定は経済面における堅実な成長を何ら保証するものではなかった。長年に及ぶ重工業偏重路線、「自立的民族経済建設路線」、「国防・経済並進」政策などが融合した経済発展戦略は遠くない将来、深刻な事態を招き兼ねないことを予感させた。一九八三年まで表面上、堅調な経済成長を標したが、成長率は途端に鈍化し出した。[46]複合的な要因が複雑に絡まり合うかのように、北朝鮮経済はいよいよおかしくなり出すのである。

（4）金日成の外資導入の目論見—合弁法

この間、金日成としても鄧小平の改革・開放に対し高みの見物を続ける訳にはいかなくなった。

市場経済を本格的に導入した中国が急速に発展を続ける現実を踏まえ、何らかの開放政策を講じなければならないと金日成もひしひしと感じ始めた。軽工業の促進に加え、貿易を拡大し外資導入に向け動き出すべく金日成はようやく重い腰を上げた。一九八〇年一〇月の第六回朝鮮労働党大会において、金日成は資本主義諸国との貿易に加え同諸国からの資本や技術の導入が必要であると切々と訴えた。続いて八四年一月開催の最高人民会議第七期三次会議において「対外経済事業及び貿易拡大発展方針」が採択された[47]。同年の九月八日の最高人民会議常設会議において外資導入に向け合弁法が制定された[48]。合弁法の制定は外資導入が功を奏するかどうかを占う恰好の試金石となった。同法の狙いは外国と共同で投資を行い、原料、燃料、技術、資本をできるだけ獲得することにあった。合弁法は実際ソビエト・ブロック圏や中国など社会主義諸国だけでなく、欧米や日本など資本主義諸国との共同投資を企図したことを物語った。金日成が何らかの開放を真剣に模索している意思があることを感じさせた。しかし外国との共同投資による資本などの確保を合併法が謳ったものの、共同投資はほとんど進まなかった。同法は実際には日本にある朝鮮総連による投資を合法化する法律の役割を果たすに止まったのである[49]。

この間、鄧小平が発進した改革・開放が抜本的な経済改革を志向していることを目の当りにして、金日成は次第に不都合を感じ始めた。鄧小平の推進する経済特区事業を通じた外資導入政策を無条件に見習うことはできないと金日成の目に映った。その背景には、市場経済の導入はおろか外資の導入も自らの一人独裁体制に対し尽大な負の影響を及ぼすとの危惧を金日成は抱かずにはいられなかったからである。

第五節　ソビエト・ブロック崩壊の衝撃と緩衝期経済

冷戦時代、ソ連や中国による多大な経済支援が北朝鮮の経済成長を支える礎となってきたことは周知の通りである。ところが、一九八九年秋の東欧共産圏の崩壊を受け、体制変換を迫られたかつての東欧諸国からの経済支援といった望みが絶たれただけでなく、同諸国との貿易関係もほぼ途絶えてしまった。これに計り知れない打撃を加えたのは九一年一二月のソ連の崩壊であった。その崩壊はある程度予期されていたとしても、金日成にとって予想外の出来事であった。

大黒柱とも言える支えを失った北朝鮮経済はそれまでの停滞から迷走状態に陥り出した。元々、北朝鮮にとって最大の貿易相手はソ連であった。実際に対ソ連貿易は北朝鮮の全貿易額のおよそ半分を占めた。しかも北朝鮮にとって好都合であった理由の一つは対ソ連貿易がバーター取引で行われていたことである。バーター取引において輸入額が輸出額を超過したとしても、その差額分は支援としてみなされた。これにより、貿易収支上の支払い義務を有耶無耶にすることができた。慢性的な外貨不足に喘いでいた北朝鮮にとってこのうえない恵みと言えるものであった。ところが、いよいよ解体に向かい出したソ連のゴルバチョフ指導部は一九九〇年に対外債務を硬貨決済で支払うことを金日成指導部に突き付けたのである[50]。

硬貨決済は慢性的な外貨不足に喘ぐ北朝鮮にとって必要物資の入手が一層困難となる事態を生んだ。これらが相乗して北朝鮮の貿易は劇的な収縮を標すことになった。一九九一年以降、貿易額は何と九割以上も縮小した。特に煽りを受けたのが輸入原油の激減であった。九〇年にソ連から輸入した原油は四四万トンであったが、翌年の九一年には僅か四万トンにまで収縮したのである。[51]

北朝鮮の貿易総額の半分以上を対ソ貿易に依拠したことを踏まえると、ソ連の崩壊が北朝鮮経済に与えた打撃は推して知るべしであった。北朝鮮の低廉な労働力が生む商品を売り捌く恰好の輸出市場は一気に失われ、安価な石油の供給も断たれてしまった。ソ連に代り中国が安価で食糧や石油の提供を行ってくれた。しかし鄧小平指導部も一九九三年に金日成指導部に硬貨決済で債務の支払いを行うよう迫った結果、輸入は激減を余儀なくされた。燃料の入手が難しくなったため少なからずの工場が操業の停止を迫れ、北朝鮮の工業生産はそれ以降さらなる急降下を辿ることになったのである。

数年の内にソ連崩壊時の半分以下に落ち込んだ国内総生産（GDP）に象徴された通り、北朝鮮経済は底無しの沼に引き摺り込まれてしまった感があった。この間、一九九〇年にマイナス三・七%へと暗転した経済成長率は九九年にプラスに転じるまでほぼ十年間に及びマイナス成長を繰り返すこととなった。[52]

東欧共産圏の崩壊に続くソ連の崩壊により、ソビエト・ブロック圏は崩壊を余儀なくされた。他方、中国は天安門事件による一時的な国際的な孤立はあったものの、改革・開放の名の下で市場経済や外資の導入を大々的に推進したことにより、目を見張るほどの堅実な経済成長を標すことになった。かつての社会主義圏の諸国が体制変革を遂げ、市場経済へと転換したのに対し、金日成と金正日の頭を支配したのは相変わらず統制経済であった。

（1）第三次七ヵ年計画

その間の一九八七年から九三年まで第三次七ヵ年計画が実施に移された。同計画においても、第二次七ヵ年計画同様に経済の「主体化、近代化、科学化」の三大スローガンが謳われた。国民所得は一・七倍、工業生産は一・九倍、農業生産は一・四倍以上など、またしても野心的な目標が掲げられた[53]。しかし同計画も掛け声倒れに終わった。ソビエト・ブロック圏の崩壊による貿易や支援が事実上絶たれたことが北朝鮮経済の低迷の主な要因であったとは言え、それだけに片付けられる問題ではなかった。明らかに何かがおかしかった。金日成と金正日はその根源的原因が自らの独裁体制そのものに内在することを自覚していたとしても、それを改める積りなど毛頭なかった。二人の金は改革・開放の実施に伴い起こり兼ねない副作用を何よりも危惧したのである。

一九九三年一二月八日の労働党中央委員会第六期第二一次全体会議は第三次七ヵ年計画が失敗に帰したことを認めた[54]。これにより、同計画は未完のまま終わった。その後の九四年から九六年までの三年間は経済再建に向けた緩衝期間と定められ、緩衝期経済が実施に移された[55]。緩衝期経済の主眼は第三次七ヵ年計画で傷ついた衝撃を少しでも緩和することであった。農業、軽工業、貿易に重点を置いた経済政策が踏襲された。その後、これと言った経済計画は打ち出されていない。

（2）外資導入の目論見　「羅津・先鋒自由経済貿易地帯」

既述の通り、一九八四年に合弁法が制定され大規模の外資導入が期待されたものの、外資導入に伴う警戒心もあって結局、不発に終わった。しかしソビエト・ブロック圏の崩壊を目の当りにして改めて金日成は大規模の外資を呼び込む他にこれといった方途がないと痛感した。経済特区を設置し特区を近隣の中国やロシアに開放することにより、多額の外貨を獲得することがその主たる狙いであった。こうして九一年一二月に金日成によって発表されたのが「羅津（ラジン）・先鋒（ソンボン）自由経済貿易地帯開発計画」であった[56]。羅津市と先鋒市は咸鏡北道（ハムギョンプクト）東部に位置し、豆満江（トゥマンガン）を挟んで中国及びロシアと接する。「羅津・先鋒」は経済特区第一号となった。経済特区の設置は、開放政策を進める意思が真摯に金日成にあるかどうかを推し量る試金石となった。金日成指導部は同開発計画を推進するに当り外資導入に関連する法制度の整備を行った。九二年一〇月に外国人投資法、九三年一月に自由経済貿易地帯法が相次いで採択された[57]。外国企業に対し税法上の優遇措置が考慮された。ところが、外資導入計画は多くの不備を抱えていた。経済的に苦境に立つ北朝鮮は特区のインフラ整備について外国企業が出資するよう要求した。しかも外国企業の設立や運営に金日成指導部が一々口出しした。外国企業は収益を北朝鮮国外に持ち出せないほどであった。こうした制約もあって、外国からの投資は期待したほどではなかった。インフラ整備も順調には進まなかった。同開発計画は否応なく行き詰らざるをえなかった。案の定、同開発計画は間もなく頓挫を余儀なくされた[58]。金日成の期待は叶わなかったのである。

（3）記念碑的建造物による負荷

他方、金日成を崇める壮大な記念碑の建設のため莫大な資金が惜しみなく投入された。金日成の功績を礼賛する記念碑的建造物が幾つも建設され、巨額の資金が注ぎ込まれることになった。一九八八年に開催の決まったソウル・オリンピックに金日成と金正日は激しく苛ついた。同オリンピックの開催を目の敵とした金正日はその妨害を図るべく画策したテロ事件が大韓航空機爆破事件であったとされる[59]。またソウル・オリンピックに決して引けを取らない国際スポーツ大会を開催しなければならないと金正日は感じた。こうして四〇〇億ドルもの巨費を投じた第一三回世界青年学生祭典が八九年に開催された[60]。これらの法外な出費は暗い影が差し始めた経済に良い影響を与える訳がなかった。

それまで曲り形にも数十年にわたり堅持された統制経済が極度の不振を余儀なくされた背景には様々な要因が横たわる。その責任の大半は金日成指導部の失政や失策に求められよう。そうした失政や失策に内在した歪みや矛盾といったものが当初堅調であった経済を狂わせてしまった。しかし同指導部の失政や失策だけが経済を狂わした唯一の原因であった訳ではなかった。ソ連を盟主としたソビエト・ブロック圏の崩壊と、社会主義経済そのものの凋落抜きには語ることはできない。ソ連が崩壊した今、社会主義の凋落は疑いようもなく忌わしき資本主義が各所で跋扈していると金日成の目に映った。それでも社会主義経済を死守する以外に方途は金日成にとってなかった。どの様な困難と試練が待ち構えようと、社会主義革命の完遂に向け社会主義を発展させなければならないと、金日成は感じた。

それは詰まるところ、自らの権力基盤にメスを入れるような抜本的な改革に打って出ることは体制の自己崩壊に繫がり兼ねないことを正確に金日成が自覚していたからである。一人独裁体制と統制経済の堅持こそ、自身の権力と体制の安泰の拠り所であると金日成は確信していた。しかしそうであったとして、その前途には常軌を逸した困難が待ち構えていた。孤立無援の金日成指導部が直面した危機は正しく先例がないものであった。前途が全く開けない暗闇の中で前へ突き進まなければならないことを意味したのである。

しかも一九八〇年代の終りまでに北朝鮮の核兵器開発疑惑が表面化するに至った。金日成指導部は是が非でも核兵器開発に歯止めを掛けたいクリントン（William J. Clinton）政権との間で米朝高官協議と銘打った二国間交渉を行った。しかし核兵器開発疑惑が表面化し、これに対しクリントン政権が次第に強硬策へと軸足を移す中で、米朝は一触即発とも言うべき軍事衝突の危機に瀕した。幸いカーター（James E. Carter）元大統領の訪朝と、カーター・金日成会談が実を結び、事態は収束へと向かった[61]。

しかしその直後の七月八日に比類なき一人独裁体制を打ち立て半世紀近く独裁者として君臨した金日成は世を去った[62]。その生涯を振り返ると、幾度となく断崖絶壁に立たされながらも、その度、不死鳥の如く蘇った背景には幾つもの偶然や人並外れた運に恵まれたという側面は確かにあった。他方、政敵に対する身の毛も弥立つ残忍で徹底した粛清に加え、自らの独裁を完遂するために際限のない個人崇拝、偶像化、神格化を強引に推し進めた人物であった。また公式伝記で伝えられた金日成の標した航跡とされるものは明らかに誇張されたものであり[63]、一人の生身の人間が一生の内にとても成就しえる類のものではなかった。しかし金日成が金正日に遺したのはそうした光輝くものだけではなかった。このままでは、国家経済は遅かれ早かれ破綻を免れないという有り難くない負の遺産も金日成は遺した。金日成が他界した時、北朝鮮経済は奈落の底目掛けて転げ落ちようとしていたのである。

【注】

（1） 国民の生活改善のため軽工業を推進すべきであるとした主張について、徐大粛『金日成―思想と政治体制』訳・林茂（御茶の水書房・一九九二年）一五九頁。鐸木昌之『東アジアの国家と社会3 北朝鮮社会主義と伝統の共鳴』（東京大学出版会・一九九二年）四七頁。

（2） 重工業部門の優先路線について、中川雅彦「朝鮮民主主義人民共和国における自力更生―重工業投資を優先した経済建設の推進過程1945-1970年―」『アジア経済』（二〇〇四年五月）一四―一五頁。下斗米伸夫「スターリン批判と金日成体制」『法学志林』第一〇三巻第一号（二〇〇五年）六頁。

（3） 復興三ヵ年計画の実施について、前掲書『金日成―思想と政治体制』一五八―一五九頁。今村弘子『北朝鮮「虚構の経済」』（集英社・二〇〇五年）九八頁。三村光弘「朝鮮における鉱工業の発展」小牧輝夫編『経済から見た北朝鮮 北東アジア経済協力の視点から』（明石書店・二〇一〇年）五六―五七頁。前掲書『東アジアの国家と社会3 北朝鮮 社会主義と伝統の共鳴』四七頁。

（4） 戦後復興に際し中ソ両国から多大な支援を受けたことは言うまでもない。一九四五年から六〇年までの間にソ連が行った無償支援額が七・三億ドルに上った一方、中国による有償無償支援額は六・一億ドルに相当した。これらの支援が北朝鮮の全予算に占める比率は五四年に三一・四％、五五年に二一・六％であった。これらの支援は重工業部門に集中的に投入され、同部門の発展に寄与することになった。この点について、「2013年度　最近の北朝鮮経済に関する調査」日本貿易振興機構（ジェトロ）委託先：東アジア貿易研究会（二〇一四年二月）一七頁。

（5） 金日成による協同農業化の完遂宣言について、前掲書『金日成―思想と政治体制』一五九頁。また協同農場化について、前掲書『北朝鮮「虚構の経済」』九九‐一〇一頁。前掲書『東アジアの国家と社会3 北朝鮮 社会主義と伝統の共鳴』四八‐四九頁。

（6） スターリン批判と平和共存の二つの演説について、斎藤直樹『現代国際政治史(上)』(北樹出版・二〇〇二年)二六五‐二六六頁。

（7） フルシチョフによる要求について、前掲書『北朝鮮危機の歴史的構造1945‐2000』二三九頁。

（8） 「八月宗派事件」とその後の展開について、前掲書『金日成―思想と政治体制』一六四‐一七二頁。Andrei Lankov, ***From Stalin to Kim Il Sung: The Formation of North Korea 1945–1960***, Chapter 3: The Factors in North Korean Leadership in the 1940s and 1950s, (Rutgers University Press, 2002.) p. 109.; Juergen Kleiner, ***Korea, A Century of Change***, Chapter 16: The State of Kim Il Sung, (River Edge, N.J.: World Scientific, 2001.) pp. 277-278.; Sung Chull Kim, ***North Korea under Kim Jong Il: From Consolidation to Systemic***, Chapter 4: Military-First Politics and Changes in the Party-Military Relations, (Albany (N.Y.): State University of New York Press, 2006.) p. 85.; Jae-Cheon Lim, ***Kim Jong-il's Leadership of North Korea***, Chapter 2: Formative Period (1942-64), (Routledge, 2008.) p. 30. 前掲書『北朝鮮危機の歴史的構造1945‐2000』二三八‐二四二頁。

（9） 中ソ合同使節団の派遣について、前掲書『北朝鮮危機の歴史的構造1945‐2000』二四〇頁。

（10） 千里馬運動と千里馬作業班運動について、前掲書『金日成―思想と政治体制』一八六‐一八七頁。前掲書『東アジアの国家と社会3 北朝鮮 社会主義と伝統の共鳴』五〇頁。前掲「2013年度 最近の北朝鮮経済に関する調査」一八頁。前掲書『北朝鮮「虚構の経済」』一〇三‐一〇四頁。

（11） この点について、前掲書『金日成―思想と政治体制』一八六頁。

（12） 五ヵ年計画について、前掲書『北朝鮮「虚構の経済」』一〇三頁。同計画は工業生産を二・六倍、食糧生産量を三七六万トン、国民所得を二・二倍にする目標を打ち立てたが、達成率は三六・六％に止まった。関連する文献として、前掲書「朝鮮における鉱工業の発展」『経済から見た北朝鮮 北東アジア経済協力の視点から』五七頁。

(13) この点について、前掲書『北朝鮮「虚構の経済」』一〇七―一一〇頁。三村光弘「朝鮮における鉱工業の発展」小牧輝夫編『経済から見た北朝鮮 北東アジア経済協力の視点から』(明石書店・二〇一〇年)五九頁。

(14) 第一次七ヵ年計画について、前掲書『北朝鮮「虚構の経済」』一一三―一一四頁。

(15) 軍事クーデターについて、前掲書『金日成―思想と政治体制』二五五―二五六頁。前掲書『北朝鮮「虚構の経済」』一一五頁。

(16) 第四回朝鮮労働党大会での満州派の勝利について、前掲書『金日成―思想と政治体制』二四一頁。

(17) 「自立的民族経済建設路線」の採択について、前掲「2013年度 最近の北朝鮮経済に関する調査」一八頁。前掲書『東アジアの国家と社会3 北朝鮮 社会主義と伝統の共鳴』四七―四八頁。

(18) この点について、金尚基「金正日時代における北朝鮮の経済政策―変化過程と評価―」総合研究開発機構(二〇〇三年七月)五―六頁。

(19) この点について、前掲書『金日成―思想と政治体制』二四二―二四三頁。

(20) キューバ危機について、斎藤直樹『現代国際政治史(下)』(北樹出版・二〇〇二年)三一三―三一九頁。

(21) 同スローガンについて、前掲書『金日成―思想と政治体制』二四三頁。

(22) 「国防・経済並進」政策の採択について、前掲「2013年度 最近の北朝鮮経済に関する調査」一八頁。前掲書「朝鮮における鉱工業の発展」『経済から見た北朝鮮 北東アジア経済協力の視点から』五八頁。

(23) 四大軍事路線の採択について、前掲書『金日成―思想と政治体制』二四四頁。前掲書『北朝鮮「虚構の経済」』一一六―一一七頁。前掲書『東アジアの国家と社会3 北朝鮮 社会主義と伝統の共鳴』五二頁。

(24) 第四回大会における満州派の勝利と軍備増強の主張について、前掲書『金日成―思想と政治体制』二五二頁、二五四頁。このことは軍事予算が国家予算全体に占める比率の激増という形になって表れた。一九六一年に二・六％であった軍事予算は六四年に五・八％、六六年に一〇％、六七年に三〇・四％に膨れ上がった。軍事予算の膨張について、前掲書『金日成―思想と政治体制』二五〇頁。

(25) 七ヵ年計画の延長について、前掲書『金日成―思想と政治体制』二五一頁。前掲書『北朝鮮「虚構の経済」』一一九頁。

(26) 文革について、前掲書『現代国際政治史（下）』三四一-三四五頁。

(27) 金日成に対する紅衛兵の指弾について、前掲書『金日成―思想と政治体制』二一七頁。

(28) 金日成による独自路線の提示について、前掲書『金日成―思想と政治体制』二五一頁。前掲書『北朝鮮「虚構の経済」』一一九頁。前掲書『東アジアの国家と社会3 北朝鮮 社会主義と伝統の共鳴』五二一-五五五頁。

(29) 首領への言及について、前掲書『金日成―思想と政治体制』二一七頁。前掲「2013年度 最近の北朝鮮経済に関する調査」一八頁。前掲書『東アジアの国家と社会3 北朝鮮 社会主義と伝統の共鳴』五五八頁。

(30) 主体思想について、前掲書『金日成―思想と政治体制』三四四-三四七頁。前掲書『東アジアの国家と社会3 北朝鮮 社会主義と伝統の共鳴』四一-四四頁。

(31) 主体思想への金日成の言及について、前掲書『金日成―思想と政治体制』三五〇-三五一頁。一九六三年二月八日の朝鮮人民軍の創建一五周年記念式典の席で、金日成は政治的独立と経済的自立について語った。続いて、六三年一〇月の金日成軍事大学第七期卒業式において軍事的自衛に触れ、六五年四月に訪問先のインドネシアにおいて金日成は中ソ両国から政治的独立を実現したと断言した。金日成によれば、スターリン時代からフルシチョフ時代を通じ長年に及びソ連への従属を強いられた。また文化大革命において紅衛兵達に修正主義者と名指しされるといった汚名を着させられた。これに対し自主路線に従い毅然と対応し、主体思想を完成するに至ったと金日成は言明したのである。

(32) 一九七〇年代の成長率は次の通りである。七〇年は三一%、七一年は一五・九%、七二年は一六%、七三年は一八・九%、七四年は一七・一%、七五年は二〇%、七六年は一〇・九%と著しく高い成長率を記録した。七七年はマイナス四%に下落したが、それでも七八年は一六・九%、七九年は一四・九%を標した。金向東「北朝鮮の経済成長に関する論争の一考察―1965年から80年代までを中心に―」『立命館国際地域研究』第二四号(二〇〇六年三月)一三三頁。

(33) この点について、前掲書『北朝鮮「虚構の経済」』一二二頁。

(34) デタントについて、前掲書『現代国際政治史(下)』三六三-三六七頁。

(35) 資本主義国からの借款の推移は次の通りである。一九七〇年に三〇〇〇万ドル、七一年に一七〇〇万ドルであったのが、七二年に二億四〇〇〇万ドル、七三年に三億七五〇〇万ドル、七四年に四億ドルに激増し、七五年に二億四三〇〇万ドルを記録したが、それ以降はない。前掲「北朝鮮の経済成長に関する論争の一考察―1965年から80年代までを中心に―」一三六頁。関連する文献として、前掲書『北朝鮮「虚構の経済」』一二二頁。前掲「2013年度　最近の北朝鮮経済に関する調査」一八-一九頁。前掲書「朝鮮における鉱工業の発展」『経済から見た北朝鮮 北東アジア経済協力の視点から』六〇頁。

(36) 非鉄金属の価格の下落について、前掲書『北朝鮮「虚構の経済」』一二三頁。

(37) この点について、前掲書『北朝鮮「虚構の経済」』一二四頁。前掲書「朝鮮における鉱工業の発展」『経済から見た北朝鮮 北東アジア経済協力の視点から』六一-六二頁。

(38) 六ヵ年計画について、前掲書『北朝鮮「虚構の経済」』一二〇-一二七頁。

(39) 第二次七ヵ年計画について、前掲書『北朝鮮「虚構の経済」』一二七-一三三頁。前掲書「朝鮮における鉱工業の発展」『経済から見た北朝鮮 北東アジア経済協力の視点から』六〇頁。
(40) 同計画の完遂宣言について、前掲書『北朝鮮「虚構の経済」』一三一頁。前掲書「朝鮮における鉱工業の発展」『経済から見た北朝鮮 北東アジア経済協力の視点から』六四頁。
(41) 第六回党大会について、*Kim Jong Il: Short Biography*, Chapter 4: October 1980-December 1989. 1: A New Milestone for the Development of the Party and the Revolution, The Sixth Party Congress. (Pyongyang: Foreign Languages Press, 1998.) 前掲書『金日成―思想と政治体制』三二一-三二二頁。前掲書『北朝鮮危機の歴史的構造1945-2000』四〇七頁。前掲書『北朝鮮「虚構の経済」』一二九-一三〇頁。
(42)「十大展望目標」について、前掲書『北朝鮮「虚構の経済」』一二八頁。
(43)「八〇年代速度創造運動」について、同上、一三〇頁。
(44) 記念碑的建造物の建設について、前掲書『金日成―思想と政治体制』三二五頁。前掲書『北朝鮮「虚構の経済」』一三〇頁。
(45) この点について、*op. cit., Kim Jong Il: Short Biography*, Chapter 4: October 1980-December 1989. 前掲書『北朝鮮危機の歴史的構造1945-2000』四〇七頁。
(46) 一九八〇年代の成長率は次の通りである。八〇年は一・七%、八一年は二・五%と成長率は鈍化したが、八二年は一二・二%に回復すると、八三年も同率を記録した。ところが八四年に一・七%に激減すると、八五年も同率、さらに八六年は二・一%に止まった。八七年は少し持ち直して三・三%、八八年は三%であった。前掲「北朝鮮の経済成長に関する論争の一考察―1965年から80年代までを中心に―」一三三頁。
(47) 同方針の採択について、前掲「2013年度 最近の北朝鮮経済に関する調査」一九頁。
(48) 同法の制定について、前掲書「朝鮮における鉱工業の発展」『経済から見た北朝鮮 北東アジア経済協力の視点から』六四頁。前掲書『北朝鮮「虚構の経済」』一三二頁。

(49) この点について、前掲「2013年度 最近の北朝鮮経済に関する調査」一九頁。

(50) 硬貨決済での支払い要求について、前掲書『北朝鮮「虚構の経済」』一四〇頁。前掲書「朝鮮における鉱工業の発展」『経済から見た北朝鮮 北東アジア経済協力の視点から』六五頁。

(51) 輸入原油の激減について、前掲「金正日時代における北朝鮮の経済政策―変化過程と評価―」四-五頁。

(52) 一九九一年はマイナス三・五%、九二年はマイナス六%、九三年はマイナス四・二%、九四年はマイナス二・一%、九五年はマイナス四・一%、九六年はマイナス三・六%、九七年はマイナス六・三%、九八年はマイナス一・一%という厳しい状況が続いた。その後、九九年からプラス成長を示したものの、二〇〇六年にまたしてもマイナス一・一%、〇七年にはマイナス二・三%へと成長率は下落した。この点について、Dick K. Nanto and Emma Chanlett-Avery, "North Korea: Economic Leverage and Policy Analysis," CRS Report for Congress, (Updated: January 22, 2010.) p. 24.

(53) 第三次七ヵ年計画について、前掲書『北朝鮮「虚構の経済」』一三三頁。前掲書「朝鮮における鉱工業の発展」『経済から見た北朝鮮 北東アジア経済協力の視点から』六五頁。

(54) 第三次七ヵ年計画の失敗の承認について、前掲「金正日代における北朝鮮の経済政策―変化過程と評価―」九頁。前掲書「朝鮮における鉱工業の発展」『経済から見た北朝鮮 北東アジア経済協力の視点から』六八頁。前掲書『北朝鮮「虚構の経済」』一四一-一四二頁。

(55) 緩衝期経済の実施について、前掲書「朝鮮における鉱工業の発展」『経済から見た北朝鮮 北東アジア経済協力の視点から』六八頁。前掲書『北朝鮮「虚構の経済」』一四二頁。

(56) 同開発計画について、前掲「金正日時代における北朝鮮の経済政策―変化過程と評価―」一一-一三頁。前掲書『北朝鮮「虚構の経済」』一九二-一九三頁。前掲書「朝鮮における鉱工業の発展」『経済から

見た北朝鮮 北東アジア経済協力の視点から』六七頁。

（57） これらの法律の採択について、前掲「金正日時代における北朝鮮の経済政策―変化過程と評価―」一一二頁。

（58） 同計画の頓挫について、前掲「２０１３年度 最近の北朝鮮経済に関する調査」二一〇頁。

（59） 大韓航空機爆破事件について、"Suspect in Korean Crash Recovers from Poisoning," *New York Times,* (December 6, 1987.); and "Woman Says She Sabotaged Plane on Orders from N. Korean Leader," *Washington Post,* (January 15, 1988.) 前掲書『北朝鮮危機の歴史的構造１９４５-２０００』四〇四頁。

（60） 同祭典への巨額の出費について、黄長燁『金正日への宣戦布告 黄長燁回想録』（文春文庫・二〇〇一年）二八〇-二八一頁。前掲書『北朝鮮「虚構の経済」』一三五頁。

（61） カーター訪朝とカーター・金日成会談について、前掲書『北朝鮮危機の歴史的構造１９４５-２０００』三五三-三七三頁。

（62） 金日成の死去について、"Kim Il Sung, N. Korea's Longtime Leader, Dies," *Los Angeles Times,* (July 9, 1994.); "Death Adds a Dangerous Uncertainty to the Warming with U.S.," *New York Times,* (July 9, 1994.); "Kim Il Sung Dead at Age 82; Led North Korea 5 Decades; Was Near Talks with South," *New York Times,* (July 9, 1994.); and "North Korea, Its Chief Dead, Leaves World Guessing," *New York Times,* (July 10, 1994.) 前掲書『北朝鮮危機の歴史的構造１９４５-２０００』三七九頁。

（63） 金日成の公式伝記について、*Kim Il Sung: Condensed Biography,* (Pyongyang: Foreign Languages Publishing House, 2001.) 前掲書『北朝鮮危機の歴史的構造１９４５-２０００』四〇二-四〇三頁。

第三章　苦闘する金正日

第一節　緩衝期経済の継続

(1) 金正日、無為無策

一九九四年七月に金日成が急逝したことに伴い、金正日が事実上、権力を継承した。その後、九七年一〇月に金正日が朝鮮労働党総書記に推挙されるものの[1]、その三年間、金正日は確固たる政策を打ち出すことはなかった。と言うよりはその余裕は全くなかった。絶対的権力者であった金日成の威光に消り、虎の威を借りる狐のように振る舞うことにより直面する難題に金正日は対処しようとした。これが遺訓統治であった。金正日は遺訓統治をあらゆる政策の礎とした。経済政策においても然りであった。金正日は農業、軽工業、貿易に力点を置いた金日成の晩年の緩衝期経済を続けると共に経済特区への外資導入を図る方策を続けた[2]。

他方、金正日は山積する深刻な経済問題に真剣に取り組むことができなかった。その背景には様々な事由が存した。一つは金正日の肩に重く伸し掛かかった金日成の遺した負の遺産であった。その縛りの中で金正日は思うように身動きが取れなかった。金日成時代を特徴付けた統制経済の悪弊が一層顕著になり出した。金日成が重工業重視を打ち出した反面、「自立的民族経済建設路線」を執拗に強要した結果、北朝鮮経済は外部世界から益々隔離する格好となった。

(2) 疲弊する統制経済

そうした中で、父親譲りの統制経済の信奉者であった金正日はこれといった対応策を施すこともなかった。この結果、相変わらず厳格な統制経済が我が物顔で幅を利かせた。総ての生産手段を国家中央当局が独占的に所有した。最上位の機関である中央当局から下位の機関である企業所や工場に至るまで階層的な構造となっており、上意下達の指揮命令系統は明白であった。これこそ統制経済と言われる所以であった。総ての意思決定は中央当局の権限に帰属した通り、総ての生産活動に関する計画の立案に始まりその実施の指令に至る全過程を当局が司った。[3] 従って、現場である企業所や工場が行うことは当局が決定した事項を忠実に実施に移すことであった。統制経済は様々な制約や歪みを露呈し始めた。当局の統制下に置かれた国営企業は当局の意向に反するものに徹底的に縛りを掛けられた。現場の状況を的確に把握していない当局が企業所や工場の運営に一々口出ししたことは生産面で無視できない非効率を招く要因となった。反面、弱肉強食とも言える市場経済と隔離した統制経済の下で、国営企業は当局によって手厚く保護された。[4] このため、幸か不幸か国営企業は厳しい競争に曝されることもなかった。経営が著しく悪化しても国営企業は破産を免れた。そうした微温湯に浸かり企業内部から生産効率を高めようとする意識は希薄であった。また産業構造が脆弱かつ非効率であるが故に、とても外国の企業と張り合えるような競争力を持つ商品を製造することができなかった。

企業実績の評価基準も統制経済の悪弊であった[5]。企業実績を評価する目安とされたのは生産した量でありその額であった。企業側はひたすら生産量と生産額の達成に拘った。反面、販売実績を何ら気にする必要がなかった故に、品質向上のための努力も疎かになり、劣悪な製品が出回ることに繋がった。さらに労働賃金の均一的分配も足枷となった[6]。ある労働者が幾ら働いたとしても、その労働に対する報酬として特段の計らいがある訳でなく支払われる賃金が他の労働者と同等であるとすれば、労働意欲が多かれ少なかれ削がれることに繋がる。実際に賃金の均一的分配の下ではこれといった金銭的な動機も生まれず、ややもすれば労働者は無気力になりがちであった。

世界を眺めても厳格な統制経済を堅持している国は北朝鮮を除いてほとんど見当たらなくなった。北朝鮮はグローバル化時代の流れに逆行していた。慢性的な外貨不足が続く状況の下で、工場を本来通り稼動させるため十分な燃料が確保できないばかりか、設備や機材を購入できないため、少なからずの工場が閉鎖に追い込まれ、残った工場で操業を続けざるをえなかった。金日成が国家経済の成長を牽引する産業部門として長年にわたり重工業重視路線を堅持した結果、産業部門間の著しい不均衡が生まれた。しかも一九七〇年代前半から累積した膨大な額に上る対外債務を返済するのが精一杯であり、産業の発展に必要不可欠な設備や機材を確保するまで手が回らなかった。

しかもソビエト・ブロック圏の崩壊を受け輸出額が激減し対外債務がさらに累積したが、十分な外貨の蓄えがないため返済が滞った。そのため食糧や原料の確保もままならなかった。大規模な外資の導入もうまく進んでいなかった。工業部門だけでなく農業部門の生産も回復の目処が立たない状態の下で、食糧不足は日々深刻化した。これに追討ちを掛けたのが既述の「国防・経済並進」政策であった。金日成時代から長年にわたり著しく疲弊した経済を回復させることが最優先課題であったはずにも拘わらず、金正日は父同様に何にも増して軍事部門への財源支出を最優先させた。これらの足枷が相乗し、北朝鮮経済は日増しに悪化の一途を辿った。そこに待ち受けていたのが一九九五年の夏に始まる大水害と、それに起因する深刻な食糧不足、大飢饉、膨大な数に上る餓死者の発生であった。

他方、表向きの「自立的民族経済建設路線」と裏腹に冷戦時代を通じ金日成指導部は中ソ両国を初めとする社会主義圏による支援に多くを依存することになった。ところが、ソ連や東欧諸国からの支援はソビエト・ブロック圏の崩壊により途絶える結果となった。その後、中国による支援が北朝鮮の支えとなった。一九九〇年代半ば以降は韓国や日本などからの食糧支援が北朝鮮の食糧不足を補った。他方、外部世界による大規模の支援に依存しない限り、存続も危ないという極端な依存体質が作り上げられることになった。金正日が父親譲りの「自立的民族経済建設路線」を掲げれば、掲げるほど、外部世界から遊離せざるをえず、これに伴い供給不足が深刻化し、その不足を埋め合わせるために益々支援に依存するといった真に矛盾した体質を生むに至ったのである。

(3) 大水害と飢饉

疲弊する北朝鮮経済に追討ちを掛けたのが自然災害であった。夏季の雨量が多い北朝鮮では、大水害が発生し農作物の生産が深刻な被害を受け、大規模の飢饉を招くことがあった。ところが一九九五年以降、度重なる水害は甚大な被害をもたらすに及んだ[7]。この期に及んで、金正日指導部は国連人道問題局（ＤＨＡ）に緊急食糧支援を求めるに至った。九五年夏の水害で五二万人もの被災者と総額一五〇億ドルにも及ぶ被害を被ったと北朝鮮当局が公表した。九五年だけで五〇万もの人が餓死したとされた。救援物資の到着が遅延することがあれば、九六年と九七年の二年間で三〇〇万もの犠牲者が出兼ねないことが憂慮された[8]。中国や韓国など近隣諸国は膨大な数の難民の流入といった不測の事態を視野に入れ、様々な支援に乗り出した。また事態を深刻に受け止めた国連世界食糧計画（ＷＦＰ）を始めとする人道支援機関は懸命に食糧支援を行った。九五年の夏以降、四年続きで発生した大規模水害は深刻な食糧不足、大規模な大飢饉、膨大な数の餓死者を生んだ。しかし被害を大きくした原因は水害だけでなく金正日の失政や失策にも負っている。金正日の対応のまずさが状況の悪化をさらに後押ししたのである。

（４）食糧配給制度の動揺と市場の隆盛

一九五〇年代以来、国民への食糧供給の基盤となったのは食糧配給制度であった。食糧から衣服に至るほとんど総ての生活必需品が配給によって賄われた。国民の約七割が配給制により食糧などを確保してきたとされる[9]。九五年以前には一日当りの穀物の配給量は約六〇〇から七〇〇グラム水準であったとされる。食糧や生活必需品などが配給制となっていたため、住民はその他の物資を国営商店や協同商店で入手した。これが北朝鮮の国営商業部門による流通であった。言葉を換えると、配給制と国営商店や協同商店を通じ住民が日々必要とする食糧や生活必需品を当局は統制できたのである[10]。

一九九六年にも水害に見舞われたため、二年間続きの水害となった。しかも今度は深刻な旱魃に見舞われたため、必要とされる食糧の僅か一五％程度しか確保できなかった。これらが相乗した結果、穀物生産は大幅な減産を余儀なくされた。また穀物生産の減産は多くの住民にとって生活基盤であった食糧配給制度の事実上の破綻をもたらした。九六年には食糧配給が滞るようになった。

一年当りの穀物生産量は三五〇万から四三〇万トン程度に落ち込んだとされる。しかも肥料や農薬の不足、穀物の保管問題、輸送上の問題などが事態の悪化に拍車を掛けた。最小限の穀物の必要量が五〇〇万トン程度であることを踏まえると、毎年一五〇万トン近く不足したことになる[11]。これが膨大な数に上る餓死者を生むことに繋がった。餓死者数は九六年だけで六〇万人を上回るとの憶測が流布された[12]。そうした中で、国民への配給制は厳しさを増した。九七年の終りの頃には食糧配給量は四〇〇グラムであったが、それが九八年一月になると三〇〇グラム、二月には二〇〇グラム、三月には一〇〇グラムに落ち込み、その後八月まで配給は途絶えてしまった[13]。これがいわゆる「未配給期」であった[14]。

この間、燃料や原料の不足が激しさを増し、これを受け国営企業の稼働率は三割程度にまで下落した。これにより国営企業が国営商店に商品を十分に供給できる目処が立たなくなった。この結果、配給制と国営企業に基礎を置く国営商業部門の流通が滞るという事態に陥った。そうした事態の下で、食糧、生活必需品、その他の物資を住民が自ら調達することを当局は黙認せざるをえなくなった。このことは公式の流通が機能麻痺状態に陥ったことを当局が認めたことを物語った。これに伴い、市場（いちば）が急速に伸張することになるのである。[15]

食糧や生活必需品を求めて住民は市場に殺到した。元々、市場の発生源は農民が生産した農産物を交換する場として発達した農民市場である。そこでは、食糧などは販売されなかった。ところが一九九〇年代に入り、深刻な食糧不足が進行し、配給が滞ると共に国営企業の物品の供給が激減すると、これに代わるかのように市場が活況を呈した。食糧、酒類、水産物、衣類、工産物、医薬品、資材など、あらゆるものが市場に立ち並んだ。市場では取引価格が公定価格よりも高いにも拘わらず、飛ぶように売れた。[16]住民が市場での商取引に関心を持つのは仕方がなかった。彼らにとって職場に出掛けるより、市場で商取引を行い現金を得る方が得策であった。職場を欠勤する人間が増えた。当局からみれば、闇取引の横行といったところであった。

(5) 飢饉、脱北者、崩壊の危機

この間、食糧不足は益々深刻化した。金日成時代から「自立的民族経済建設路線」を掲げ外部世界と関りを閉ざした閉鎖的な北朝鮮経済は極めて脆弱であった。一度、大規模の自然災害が発生すれば、経済は大打撃を被り兼ねず、その結果、外部世界に支援を懇願せざるをえなくなった。[17]一九九五年から九八年までの四年間に二二万人が餓死したと北朝鮮当局は発表した。餓死者の実数は一五〇万から三〇〇万以上に及ぶと言われ、しかも餓死者の大半が高齢者と年少者であった。[18]九五年以降、国連関係機関は一五億ドル相当の食糧を北朝鮮へ投入する一方、中国や韓国など近隣の国々も支援を展開した。北朝鮮国民の一日の摂取量の三分の一以上がこれらの支援によって賄われたとされる[19]。夏季の集中豪雨に伴い一度、河川が氾濫し大水害が発生すれば、食糧生産が止まり、一気に大規模な飢饉として跳ね返り、膨大な数の餓死者を生み兼ねない。

中国東北部の吉林省や遼寧省を目指し、多数の人々が脱出を図った。中途で捕まることがあれば、北朝鮮へと送還され、投獄や強制労働など厳罰が待ち受けている[20]。北朝鮮当局によれば、脱出者総数は約二〇万人程度であった[21]。しかし、何程の数の人が中国への脱出を試み、何程の数の人が北朝鮮へと送還されたのか、実数は明らかではない。夏季の集中豪雨、大水害、大規模な飢饉、莫大な数の餓死者の発生といった連鎖を招いた源泉を探求していけば、金日成と金正日の二人の金を頂点とした独裁体制そのものに行き着く[22]。迷走状態へと陥った金正日指導部がこの先、難所を切り抜けることができるであろうか、その前途が真剣に憂慮されるに至ったのである。

この間、金正日が事実上の権力を掌握していたとは言え、金日成の死去に伴う服喪が続き、金正日への権力継承が正式に行われることはなかった。一九九七年後半を迎え北朝鮮体制は崩壊の危機に立つとの観測が流れた。外部世界から孤立を深め、慢性的な食糧不足と燃料の枯渇がさらに進む中で、崩壊が何時、どの様に起こるのかに関心が集まった。崩壊の危機について幾多の研究が行われ、多数の報告書が公刊された。頻繁に引用されたのが九七年公刊のＣＩＡ報告である[23]。同報告によれば、北朝鮮経済は破綻の危機に瀕しており、経済の破綻は政治体制の崩壊へ転化する最終局面に突入したと観測した。全面的な改革に金正日指導部が打って出ない限り経済破綻は免れなく、仮に改革に打って出たとしても成果として結実するには時間が掛かる。この結果、金正日体制は恐らく五年以内の崩壊を余儀なくされるであろうと報告書は結論付けた。その他の報告の大半も遅かれ早かれ崩壊は免れないとの予測を行った[24]。

第二節　金正日の「苦難の行軍」

外部世界で北朝鮮の崩壊の可能性が盛んに囁かれている時、北朝鮮内部で激しい暗闘が繰り広げられているのではないか、様々な憶測が流布された。しかもこの時期に小型潜水艇座礁事件や黄長燁（ファン・ジャンヨプ）元朝鮮労働党国際担当書記の亡命事件など南北関係を震撼させる事件が続発した。これらの事件はそうした憶測を後押しした。

北朝鮮の小型潜水艇が一九九六年九月一八日に日本海に面する韓国北東部沿岸の江原道（カンウォンド）の江陵市（カンヌンシ）へ侵入を企てたが、潜水艇が故障のため座礁するという事故が起きた[25]。その後数日間に及び、韓国内に侵入した武装工作員と韓国軍兵士の間で激しい銃撃戦が繰り広げられた。続いて九七年二月一二日には黄長燁の亡命事件が起きた[26]。黄長燁は金日成の下で主体思想を理論化すると共に、金日成総合大学で学長を務め金正日を指導した人物であった。金正日体制の崩壊が囁かれている最中に黄長燁が亡命を目論んだことは、改めて崩壊が差し迫ったことを印象付けざるをえなかった。

この間、金正日は「苦難の行軍」というスローガンを持ち出し国民に対し服従と忍耐を求めた。「苦難の行軍」という文言は戦前及び戦中時代に満州地域を支配した関東軍に対し金日成らが繰り広げた抗日パルチザン闘争に由来する。一九三八年一二月から三九年三月まで百日以上に及び、金日成らの部隊が零下二〇度の極寒の中で行軍を敢行したとされる[27]。

金正日は直面した危機的状況を「苦難の行軍」として捉え、国民へ服従と忍耐を求めると共に体制への不満や反発を厳しく戒めた。そうした金正日の訴えは九七年元旦、九八年元旦の共同社説に示された。九七年元旦の『労働新聞』、『朝鮮人民軍』、『青年前衛』三紙の共同社説は「偉大な党の指導力の下で祖国を一層繁栄させよう」という表題の論説を掲載した[28]。その中で九六年は全党、全軍、全国民が党と指導者の下で勇敢に「苦難の行軍」を行った厳しい試練の年であったと社説は評した。他方、一年後の九八年元旦の三紙の共同社説は随分、趣を変えた。同社説は「偉大な党の指導の下で新年の行軍を前進させよう」と題する論説を載せた[29]。同社説によれば、九七年は厳しい闘争と勝利の年であった。同年は全党、全軍、全国民が不屈の忠誠心と堅固な意志により朝鮮革命を好転させた転機となった。「苦難の行軍」を行った年月は国民にとって実に苦難に満ちたものであった。しかし多難を極めた苦難に打ち勝ち、「苦難の行軍」により大きく前進することができた。

このように同社説は「苦難の行軍」が終りに近付いたことを示唆した。

(1)「深化組事件」

この間、国民に対し服従と忍耐を強要した背後で金正日は大掛りな粛清を断行していた。数年続きの大水害と、それがもたらした大飢饉と膨大な数に上る餓死者の発生は遠からずしてその矛先は最高指導者たる金正日自身に向かい兼ねないことを暗示させた。何とか手を打たなければならないと感じた金正日は自らの責任の所在を有耶無耶にするため、恰好の人物を大飢饉を招いた張本人に仕立てようとしたのである。この手法は父・金日成が朝鮮戦争において平壌が陥落し窮地に陥った際、自らの責任を延安派指導者であった武亭（ム・ジョン）など敵対派閥の指導者に転嫁した際に用いた手法であった[30]。

その標的とされたのが徐寛熙（ソ・グァンヒ）朝鮮労働党農業担当書記を初めとする十数名の人達であった。徐寛熙らの粛清は一九九七年九月頃に断行されたとされる[31]。一〇月八日に金正日は朝鮮労働党総書記に推挙され、金正日体制が正式に発進したことに標される通り、この時期は金正日にとって重大な転換期に当たった[32]。徐寛熙らの粛清はその後に起きる大規模な粛清の呼び水となった。徐寛熙らの粛清で弾みを付けた金正日は大規模な粛清に乗り出した。その標的は金日成の死後も金日成に忠誠を誓い、党内で隠然とした力を誇っていた古参の勢力であった。これらの勢力は中々金正日の思い通りにならなかった。この期を捉えそうした勢力の一掃を金正日は画策したのである。このために、金正日は公安組織の社会安全部の中に「深化組総指揮本部」という呼称の捜査機関を設置し、徹底的な摘発に乗り出した。これによって引き起こされた粛清が「深化組事件」であった[33]。金正日は深化組の指揮を執る人物に義弟の張成沢（チャン・ソンテク）を当てた。粛清は九七年から二〇〇〇年まで続いたとされる。粛清による死者は一万人を数え、一万五〇〇〇人もの人が政治犯収容所へ送られることとなった。ところが、「深化組事件」による粛清が進むに連れ、その副産物として社会安全部の権限が著しく強くなるという事態に及んだ。これに既存の公安機関である国家安全保衛部や人民武力保衛司令部などが不満を持つようになった。このことを知らされた金正日は御役御免とばかりに今度は「深化組」の解体を命じ、同機関の多数の関係者を粛清するに及んだ。

その後、社会安全部は名称を人民保安省に変更することを迫られた。こうして金正日は対内的な引き締めを首尾よく行うことができたのである。

第三節　金正日、「強盛大国」建設の狼煙を上げる

一九九七年は総ての経済指標において最悪を標した。貿易、石炭生産量、発電量、鉄鋼生産量もどん底状態であった。北朝鮮経済は二度と浮かび上がらない底なしの沼に引き摺り込まれた感があった。他方、「苦難の行軍」と「深化組事件」などで権力基盤を磐石なものとした金正日は自らの時代の幕開けを提示する。九八年は重大な転換点を標すことになるのである。

(1) テポドン1号発射実験

そのシグナルとなるのが一九九八年八月三一日に咸鏡北道（ハムギョンプクト）花垈郡（ファデグン）の舞水端里（ムスダンリ）の発射施設から打ち上げられた多段式ロケットであった。[34] 北朝鮮当局は人工衛星の打上げに成功し、人工衛星を地球周回軌道に投入させたと吹聴した。[35] ところが、人工衛星の打上げという名を借り、テポドン1号ミサイルの発射実験が行なわれたのではないかと疑義が持たれた。[36] 発射された多段式ロケットは二段式であったと推定された。一段目ロケットは発射地点から約三〇〇キロ・メートル離れた日本海に落下したが、二段目ロケットは日本列島領空を横断し、青森県八戸市から三三〇キロ・メートル離れた太平洋へと落下した。しかしその後ロケット

は三段式であり、三段目ロケットは人工衛星打上げロケットを搭載しており、地球周回軌道への進入には失敗したものの、その破片は遥か彼方の太平洋上に落下した。全航続距離は一六四六キロ・メートルに達したとされる。[37]

(2) 最高人民会議

テポドン1号ミサイル発射実験から五日後の九月五日に北朝鮮最高人民会議第一〇期第一回会議が開催された。[38] 同会議は重大な転換点となった。同会議において憲法が改正され、金日成は「永遠の元首」とされた。また国防委員会が国政に対する最高機関であり、国防委員長が国家の最高位であることが宣言され、委員長に金正日が再任された。[39] 従って、五日前のテポドン1号発射実験は国家の最高位に赴いた金正日を礼賛する祝砲となった。これにより、金正日体制が公式に発進した。さらに同人民会議において「強盛大国」の建設が提起された。[40] 今や金正日は自ら先頭に立ち、体制を先導せざるをえなくなった。危機に瀕する国家経済に正面から対処すべく自身の政策を打ち出す時が来た。父・金日成の時代と正式に決別し、自らの時代の到来を内外に示し、自らの体制を確固たるものにすることに迫られた。「強盛大国」の建設に向けて狼煙を上げることで自身の体制に息吹を与え、金日成の時代とその体制からの脱却を金正日は図るのである。

(3) 「強盛大国」の建設に向けて

「強盛大国」の建設が最初に示されたのは八月二二日の『労動新聞』社説であった。[41] 同社説は北朝鮮の建国五〇周年記念と朝鮮労働党の創建六六周年記念を祝した。社説の中で、金正日は自らの体制が完遂すべく最終目標として「強盛大国」の建設を据えた。これにより「強盛大国」の建設は金正日にとって最大の目標となったのである。

一九九九年元旦の『労働新聞』、『朝鮮人民軍』、『青年前衛』三紙の共同社説は金正日の意思と意図を明確にした。共同社説は「今年こそ強盛大国を建設する転換点としよう」という表題を掲げ、「強盛大国」の建設に向け課題の克服を訴えた。(42) ところで、「強盛大国」は経済的な繁栄と共に強大な軍事力の実現を意味する。この文言の由来は明治日本政府が掲げたスローガンであった「富国強兵」に肖ったものである。(43) それでは「強盛大国」の建設はどの様にして実現するのであろうか。富国は国家経済力の向上によりもたらされる一方、強兵は「先軍政治」の堅持により確保される。すなわち、「強盛大国」の建設は「先軍政治」と国家経済力の推進によって実現するのである。(44)

「先軍政治」は実際に金正日時代を特徴付ける最も基本的かつ代表的な戦略となった。(45) 一九九八年から金正日が公式に「先軍政治」という呼称を使い出したことで、何にも増して朝鮮人民軍の権益確保が優先されることになった。金正日の理解では、軍事的な強国はほぼ実現したという認識に立ち、今後、経済面において強国を実現できるのであれば、「強盛大国」が完成に至るのであった。つまり、国家経済力は「先軍政治」と一体を成すものであり、「強盛大国」の建設実現に向けた基礎であり、また「先軍政治」を支える基盤であった。「強盛大国」の建設には国家経済力の回復と改善が不可欠の課題となったのである。

（4）基幹産業重視路線への回帰

このような論理に従い、国家経済力の活性化に努力を傾注しければならなかった。金正日が辿り着いた国家経済力の躍進とは、一九九四年から九六年の緩衝期の目標であった農業、軽工業、貿易重視路線から重工業を中心とする基幹産業重視路線へと大きく舵を切ることを意味した。[46] この転換の背景には、緩衝期の経済路線が思うように経済の回復に寄与できなかったという認識がある。[47] 軽工業や貿易を促進させ外貨不足の解消を図ったものの、燃料や電力などが不足し、そのために工場の操業さえままならなかった。経済の再生には燃料、輸送、重化学産業のような基幹産業部門を最優先せざるをえないという結論が導かれた。言葉を換えると、基幹産業が復興しない限り、農業、軽工業、貿易の改善も覚束無いことを意味した。基幹産業の不調こそが経済回復に向けた障害になっているとの認識の下で、基幹産業の復興が喫緊の課題となった。そうした基幹産業部門への予算支出は以前に比べ年当り一割以上上回った。[48]

あらゆる点で最悪を記録した一九九七年以降、経済に多少、復調の兆しがみられた。とは言え、復調の兆しだけでは金正日は納得できなかった。しかも金正日が不満であったのは基幹産業部門の復調が順調でなかったことである。

（5）基幹産業重視路線の不振

一九九九年以後、燃料生産は微増した。とは言え、少なからずの工場の操業が停止したままであったことは運送部門にも悪影響を及ぼした。[49] 産業に不可欠な燃料、原料、機材、部品などを輸入せざるをえないが、そのためには輸出を拡大しなければならなかった。ただし二〇〇一年の輸出総額は一九九〇年の輸出総額に比べ僅か三割水準の六・五億ドルに低迷した。[50] 輸出が一向に好転しないため慢性的な外貨不足が続いた。このため燃料、原料、機材、部品などの確保がままならなかった。他方、九九年以降、経済成長は多少復調の様相を示した。九九年に経済成長率は約一〇年ぶりにプラスに転じた。九九年に示した六・二％のプラス成長率は二〇〇〇年に一・三％に下落したものの、〇一年に三・七％の成長率を標した。[51]

後述の太陽政策を通じた南北経済協力と南北共同事業などに代表される通り、外部世界による支援に支えられ、農業や鉱工業などは回復の兆候をみせた。食糧不足や燃料不足も幾分、改善した。貿易規模も多少、拡大した。深刻な経済危機は脱した感があったものの、実際には経済状態は低迷したままであった。基幹産業部門の回復・改善を金正日指導部が何よりも重視したが、同部門は一向に回復の兆しをみせなかった。あらゆる面での不足は中々解消しなかったのである。[52] さらに食糧と燃料不足が深刻であったため、自助努力では到底充足できず、外部世界からの支援に頼らざるをえなかった。こうした状況こそ、莫大な外資を確保することが不可欠であるという結論を生むことに繋がった。

(6) 配給制度の不全と市場の拡大——国営商業部門の回復の必要性

燃料、原料、機材、部品などの確保が覚束無いこともあり、企業所や工場の多くが操業を停止したままであった。国営商業部門が機能不全に陥り、国営商店に商品が十分にない。[53] 一九九〇年代に顕著になった経済不振と混乱を実質的に立て直す策に打って出る必要に金正日指導部は迫れた。慢性的な物不足のため、配給制度や国営企業による流通も滞った。食糧や生活必需品さえも入手することが困難であった。国営商業部門の行き詰りにより非国営商業部門が隆盛を標した。すなわち、間隙を縫うかのように市場が急速に繁茂した。物品が高値を付けたにも拘わらず市場で入手することを住民は余儀なくされた。[54] こうした状況を踏まえ、大胆な措置の導入が必須であると、金正日は判断する。この判断が二〇〇七年七月の「経済管理改善措置」と、経済特区事業を通じた外資導入へと繋がるのである。

(7) 金大中の太陽政策

「苦難の行軍」の最中にあって蹠き続けた金正日指導部に手を差し伸べたのが一九九八年二月に韓国大統領に就任した金大中であった。二月二五日の就任演説において金大中は平和、和解、協力を通じ南北間の関係改善を果たしたいとの目標を韓国民に訴えた。[55] 金大中が提示したのが太陽政策であった。[56] イソップ童話の『北風と太陽』にある通り、北風をイメージさせる高圧的な姿勢ではなく太陽をイメージさせる寛容な姿勢で臨むことにより、硬く閉ざした金正日の胸襟を開かせようとした。これに対し、金正日は警戒心を中々緩めなかった。それでも金大中は太陽政策を訴え続けた。遂に太陽政策に金正日は応じる姿勢を示した。二〇〇〇年六月中旬に初の南北首脳会談が実現した。[57]

六月一三日に金大中は平壌を公式に訪問した。そして一五日に和解と最終的な統一に向け両国が歩むことを誓った南北共同声明が発表された。[58] 共同声明には離散家族の再会、収監共産活動家の帰還、相手側への攻撃的軍事作戦を行わない誓約などに加え、南北間の鉄道の再連結、両首脳間の直接電話の開設、双方の首都での連絡事務所の開設、共同事業計画の実施などが盛り込まれた。共同声明を受け、金剛山（クムガンサン）観光事業、開城（ケソン）工業団地事業、離散家族再会事業など様々な南北共同事業が実施に移された。金大中は米国や日本にも金正日指導部との関係改善を呼び掛けた(59)。

この間、韓国と北朝鮮間の南北交易は激増の一途を辿った。一九八九年に僅か一八七〇万ドルであった交易額は一〇年後の九九年には約一八倍の三億三三〇〇万ドルを標した(60)。「苦難の行軍」の最中にあった金正日体制を側面から支えたのが太陽政策であったことは確かであった。

（8）「苦難の行軍」の終了宣言

金大中の発進した太陽政策は対立から協力に向けた新たな南北関係を切り開く原動力となった。既述の通り、二〇〇〇年六月の南北首脳会談は金正日に胸襟を開かせる重要な転機となった。これに呼応するかのように、金正日は朝鮮労働党の創設五五周年を迎えた同年一〇月に「苦難の行軍」の終結を宣言した。一〇月五日の『労働新聞』は「苦難の行軍」と強行軍の厳しい試練が朝鮮労働党を堅固な意志を備えた政党へと飛躍させる転換点となったとの署名記事を掲載した(61)。

（9）金正日、新世紀への抱負　政策転換？

上述の南北首脳会談に続きクリントンも関与政策への転換を図ると、関与の呼び掛けに応じるかのように金正日も劇的な路線転換を行った。二〇〇〇年一〇月九日から一二日まで金正日は腹心の趙明禄（チョ・ミョンロク）を特使として訪米させた。[62] 一〇月九日にホワイトハウスを訪問した趙明禄はクリントンから暖かい歓待を受けた。[63] 席上、趙明禄は金正日の親書をクリントンに手渡し、北朝鮮の核兵器計画とミサイル開発計画などについて譲歩する用意が金正日にあることを趙はクリントンに伝えた。そして趙はクリントンに対し訪朝を強く誘った。結局、クリントンの訪朝は実現しなかったが、米朝関係の改善は新しい時代の到来を示唆した。

このことは二〇〇一年一月一日の新年の『労働新聞』、『朝鮮人民軍』、『青年前衛』三紙の共同社説において金正日が示した積極的な姿勢にも映し出された。[64] 共同社説は「苦難の行軍」の精神に従い新世紀を切り開くよう訴えた。二〇世紀の最後の年を標した歴史的な年として朝鮮史において先例がない重要な出来事を標した転機の年として二〇〇〇年を振り返り、〇一年の課題について論及した。その中で、金正日は「先軍政治」の堅持、国家経済力の向上、南北平和統一に向け力説し、外部世界との関係改善を示唆したのである。

第四節　経済改革の試行的導入　「経済管理改善措置」

積極外交に呼応するかのように、金正日指導部は思い切って一連の経済改革の試行的導入に踏み切ることを決断した。ここに至り、改革こそが経済の不調と低迷を脱するための唯一の活路であることを金正日が理解した感があった。それまでの経済政策を一八〇度転換させるような金正日の路線転換は甚大な反響を及ぼすことになった。これが二〇〇二年七月一日に発進した「経済管理改善措置」であった。

同日の『朝鮮中央通信』は経済的に強大な社会主義国家の建設のための指針を伝えた。[65]「社会主義経済管理に関する主体思想に基づく理論で堅固に武装しよう」という一九九一年七月一日に金正日が著した業績の一〇周年を祝した署名記事が『労働新聞』に掲載された。同記事によれば、金正日は主体思想に基づき社会主義経済管理に関する主たる原理を解釈した。これにより人民が経済管理において実際の支配者となり、社会主義経済管理において生起する理論的かつ実際的課題に対し完璧な科学的解答を見出したとあった。上記の報道は何時もながら金正日をもて囃す内容であったとは言え、金正日は「強盛大国」の建設実現に向け国家経済力の向上が何と言っても鍵を握ることを認識した。そのためには基幹産業重視を唱えた従前の路線から一線を画する路線を採用する必要があった。そのための秘策が「経済管理改善措置」であった。

既述の通り、一九九〇年代を通じ配給制度と国営商店を通じた流通制度の根幹であった国営商業部門は機能不全状態に陥った。その根源的な原因は金日成の時代から続く重工業重視路線、「自立的民族経済建設路線」、「国防・経済並進」政策が融合した経済発展戦略に内在する問題、八〇年代の終りに起きたソビエト・ブロック圏の崩壊による貿易の劇的収縮とこれによる工業生産と農業生産の不振と低迷、そこに持ってきて発生した大規模な水害に伴う極度な食糧不足と膨大な数に上る餓死者の発生であった。

この間、配給制度による配給や国営商店による供給といった国営商業部門が機能不全に陥った間隙を縫うかのように、市場などに代表される非国営商業部門が活況を呈した。行商人達は様々なルートを通じ低価格で商品を手に入れては市場に持ち込んだ。食糧、生活必需品、工業製品など、ありとあらゆる商品が市場に溢れた。住民は我先にと市場に集った。これをよいことに行商人は消費者に商品を高く売り付け、いいように儲けた[66]。

こうした現実を目の当りにして金正日指導部は国営商業部門の流通の回復を何としても図る必要があると判断した。そのためには非国営商業部門から国営商業部門へ生産者や消費者を誘導しなければならなかった[67]。それでは、どうすればよいのか。何よりも公定価格が低く抑えられている一方、市場価格が不釣合に高くなっているところに根源的な問題があると金正日指導部は睨んだ。実際に市場では公定価格より高い価格で商品が取引されていることから、公定価格を市場での価格帯に近付くよう大幅に引き上げる必要があった。これにより非国営商業部門の流通に歯止めを掛け、配給制度と国営商店による供給に立脚する国営商業部門が再生できるはずであると、指導部は考えた[68]。またこれにより過重となっている国家財政負担が軽減できるはずだと指導部は踏んだ[69]。同措置が長年に及んだ統制経済を終止させ、市場経済への移行を図るものであったかどうかは解釈の分かれるところである。何れにせよ、同措置は少なくとも市場原理を取り入れた印象を与えた[70]。

（1）価格の引上げ

二〇〇二年七月をもって価格が大幅に引き上げられた[71]。あらゆる生産物の価格が引上げの対象となった。価格は軒並一〇倍から二〇倍に引き上げられた。米の買入れ価格は一キロ・グラム当り〇・

八ウォンから四四ウォンに引き上げられた。これは約五五倍の値上りを標した。他方、販売価格に至っては一キロ・グラム当り〇・〇八ウォンから四四ウォンに跳上がった。何と五五〇倍を超える値を付けたことになる。またトウモロコシ価格は四七一倍、軽油価格は三八倍、電気代は六〇倍という具合であった。市場と国営商店の間でみられた価格差が縮小され、公定価格は市場において取引される水準近くまで引き上げられた。その際、生産物の価格は米価に基づき決定された。[72] 農業従事者のインセンティブを高めることにより農業部門の再生を図ろうとしたのである。

（2）賃金の引上げ

生産物の価格引上げに伴い予想されるインフレを視野に入れ、労働者の賃金引上げが行われた。[73] その際、賃金を均一的に引き上げるのではなく職種に応じて格差が付けられた。約一〇〇から一五〇ウォン水準であった一般労働者の月収は二〇〇〇ウォンに引き上げられた。これは一五倍から一七倍水準の引上げを物語った。他方、優遇措置が講じられた兵士や炭鉱労働者の月収は一七倍から二〇倍相当に引き上げられた。特に炭鉱労働者は手厚く保護され約六〇〇〇ウォンもの賃金が支給されることになった。

（3）成果主義の導入

既述の通り、統制経済の悪弊の一つは労働賃金の均一的分配であった。これに従えば、ある労働者が他の労働者に比較して多く働いたとしても支払われる賃金において大した変りはなかった。これでは労働者の生産意欲が一向に沸かないとの判断に立ち、労働者の労働に見合う賃金を支払う方式が踏襲されることになった。労働者はまず一定の労働基準を果たすことにより基本給を頂き、それ以上の成果を挙げるに伴いそれに応じ賃金が追加されることになった。こうして労働賃金についてインセンティブを重視する成果主義が導入された。(74)

(4) 工場の裁量権の拡充と企業実績の業績評価の変更

統制経済においては中央当局が総ての生産活動の計画立案から実施の指令に至る全過程を取り仕切るとされたことは既述の通りである。この方式に従えば、現場である工場が行うことは当局が下した決定を忠実に実施に移すことであった。しかし当局が現場の生産活動の実態を的確に把握していないため、決定事項を実施するよう押し付けても現場はこれに即応してうまく動くことはできなかった。従前の遣り方が非効率や非生産性の温床となっていた点を改め、当局は大枠の指標を示す一方、運営はできるだけ現場に任せるとの判断の下で具体的内容について現場が担当することになった。すなわち、原料の購入から商品の製造、さらに販売に至る生産工程の全体についてより多くの経営責任が工場長に与えられることになった。(75) 既述の通り、統制経済の悪弊として挙げられたものの一つは企業実績の評価基準であった。これまで企業実績を評価する基準となったのはもっぱら生産量であり、その額であった。そうした評価基準の下で工場は生産物の品質に気を配る必要もないため、劣悪な品質の生産物が出回ることに繋がった。こうした点を改め、販売実績に基づき企業実績が評価されることになった。これにより、企業は販売実績を挙げるように迫られた。(76)

（5）農業部門の改善

農業部門についても「経済管理改善措置」が適用された。金日成時代から農業部門の不振の原因の一つは協同農場の非効率性にあることが認識されていた。この点を踏まえ採用されたのが分組管理制であった。一九九六年には一〇人から二五人程度であった分組単位を五人から七人程度の家族単位に組み換えられた。さらに「経済管理改善措置」の導入に伴い、一部で家族営農制の導入が図られた[77]。しかも農業従事者が自らの裁量でこれまで以上に余剰生産物を処分することを当局が認めたことにより[78]、個々の農業従事者の生産意欲は高まるであろうと期待された。また既述の通り、農業市場は長い歴史を持つが公に承認されたものではなかった。二〇〇三年六月に市場が晴れて公認されたことにより、個人間の取引が許可されることになった[79]。

（6）為替レートの引下げ

北朝鮮ウォンの為替レートも市場の相場に見合うよう引き下げられた[80]。ドルが公定価格に比べ遥かに高い比率で市場において交換されていることを踏まえ、海外市場と国内市場の比率における価格差を縮小する必要があると金正日指導部は判断した。ドルとウォンの交換為替比率は一ドル当り二・一五ウォンから一五〇ウォンに引き下げられた。これはウォン価にして約七五倍相当の引下げを意味した。他方、外貨兌換券の使用は廃止された。

「経済管理改善措置」の導入について幾つもの解釈が現れた。社会主義経済から市場経済への移行を標す動きであると受け取る解釈もあった。他方、いよいよ酩酊状態に陥った統制経済に対し付焼刃的に改革を行うものではないのかという解釈もあった[81]。また同措置が果して功を奏するかどうかについては多かれ少なかれ疑問視された。とは言え、同改善措置は統制経済という大枠の中での措置に止まり、市場経済の抜本的導入に向けた移行的な措置ではなかった。金正日指導部は統制経済の再建を目指したのであり、本格的な市場経済導入への転換を意味するものではなかった。あくまで名称の通り、「経済管理改善措置」なのであった[82]。

とは言え、「経済管理改善措置」を通じ市場経済を特徴付ける数々の施策が取り入れられたことは事実であった。その意味で、従前の金正日指導部の経済政策から大きく脱却する内容であった。こうした改善措置が国営商業部門を多少なりとも刺激し生産増大に貢献したかどうかは解釈によるであろう。とは言え、食糧、生活必需品、原料など物資の慢性的な供給不足が解消されなかったことは否めない事実であった。供給不足が続く限り、非国営商業部門がまたしても繁茂し兼ねないことが懸念された。供給不足を充分に補うためには、改善措置の実施だけに止まらず大規模な外資を導入する必要が改めて痛感された。以下にみる通り、改善措置の施行に続いて新義州（シニジュ）や開城（ケソン）などを経済特区に指定したことは、大規模な外資導入が不可欠であると金正日指導部が判断したことを物語った。改善措置が功を奏するかどうかは、外資導入を通じ供給の不足を解消できるか否かに掛かった[83]。

第五節「新義州経済特区事業」

「経済管理改善措置」と並行する形で、本格的な外資導入政策の試行に金正日指導部は打って出た。これが「新義州経済特区事業」である。平安北道（ピョンアンプクト）に位置する新義州市は中朝国境を流れる鴨緑江（アムノッカン）を挟んで中国と接する都市である。新義州市の対岸都市は中国の丹東（ダンドン）市である。

既述の通り、一九九一年に中露両国と接する羅津市や先鋒市などを「自由経済貿易地帯」に指定し外国企業からの大規模な投資の導入を狙ったが、間もなく行き詰まったという経緯がある。その後、金大中が発進した太陽政策の下で南北共同事業が展開された。九八年には韓国との共同事業として金剛山観光事業が始まった。また韓国企業を誘致して開城工業地区事業も開始された。南北共同事業を通じ外貨の獲得に活路を見出そうとした金正日指導部はこの流れに乗じ、外部世界からの大規模な外資導入を図りたいと目論んだのである。

本格的な外資導入に向け法制度も整備された。一九九八年九月開催の第一〇期最高人民会議第一次会議において憲法が改正され、「特別経済地区」が盛り込まれた。その上で、金正日は二〇〇二年九月に中朝国境の新義州特別行政区を経済特区に指定し、外資導入政策を華々しく打ち出した。[84]

新義州特別行政区は先行的に開設された羅津・先鋒特区に比較して統制が著しく緩和された印象を与えた。同行政区のモデルとなったのは香港であった。当局は新義州特別行政区に対し二〇五二年一二月末まで行政区土地賃貸期間を付与することを約した。これを受け、今後半世紀にわたり同行政区が立法権、行政権、司法権を有することになった。外国企業の投資活動は保証され、私有財産権も保証されることになった。しかも外交や国防分野以外には当局は口出ししないことになったので、外国企業としても魅力的な投資対象となった。金正日は新義州特別行政区の初代行政長官にオランダ国籍の中国系実業家の楊斌（ヤング・ビン）を指名し、改革・開放を外部世界に訴えた。この背景には、中国企業から大規模の投資を呼び込みたいとの思惑が金正日にあったからである。ところが、特区事業は出鼻を挫かれる格好になった。二〇〇二年一〇月に楊斌が脱税の容疑で中国当局に逮捕される始末となり、特区事業の先行きに黄色信号が灯ることとなった。〇四年に特別行政区としての新義州は頓挫を余儀なくされた。[85]

他方、新義州特別行政区と並行するかのように、金正日指導部は開放政策を促進しようとした。その対象とされたのは金剛山と開城であった。それまで南北協同事業の一環事業として進められてきたとは言え、両事業とも十分な法制度に裏付けられたものではなかった。この点を斟酌し、二〇〇二年一一月に金剛山観光地区法と開城工業地区法が制定されることになった。この結果、九二年の羅津・先鋒地区に加え、四つの経済・観光特区が指定されたことになる。新義州は独自の立法・行政・司法権限を備えた行政特区であったのに対し、金剛山と開城は経済・観光活動において一定の独自性を有する特区とされ、北朝鮮の法律によって管理される経済・観光地域に止まった。すなわち、当局からの独立性という点で開城や金剛山地区に比べ新義州は遥かに進んでいたことになる。[86]

新義州特別行政区のように外資が本格的に導入されることがあれば、市場経済の悪弊に侵され兼ねないと金正日は危惧した。外資導入が体制基盤を揺さ振ることがあってはならないと考えた金正日は中国、ロシア、韓国など周辺諸国と地理的に接する幾つかの地域に限り開放することで良しとした。その主眼は開放のアピールであり外資の導入による外貨の獲得であった。他方、開放に伴う悪弊がこれらの地域を越え他の地域へ波及するようなことがあっては絶対ならなかった。ところが限定的な開放政策さえうまくいかなかった。経済特区内においてさえも外資導入が招き兼ねない悪弊を危惧した金正日は一々邪魔立てをした。これをみた外国企業は投資に消極的とならざるをえなかった。この結果、外資の導入は行き詰ったままであった。

(1)「経済管理改善措置」の成果?

ところで、「経済管理改善措置」がどの様な結果をもたらすかは誰にも予想が付かなかった。これは間違いなく金正日にとって大きな賭けであった。既述の通り、生産物の大幅な価格引上げが急激なインフレを引き起こす可能性があることを想定し、当局は大幅な賃上げを行った。しかし賃上げは一気に急騰した生産物の価格に歩調を合わせるのには十分とは言い難かった。生産物の価格引上げは想定を遥かに超えた激しいインフレを引き起こしてしまう[87]。多くの国民にとって「経済管理改善措置」が実施に移される以前より、生活が改善されたとは言い難い状況を招くのである。

他方、外交面において金正日は積極的に動き出した。金大中の太陽政策に呼応するかのように、南北関係は徐々に融和関係へと転じた。またクリントン政権の末期には米朝関係は一時的ではあったが蜜月の時期を迎えた。クリントン大統領の訪朝も議題に載った。結局、大統領の訪朝は御流れになったが、米朝関係の改善は対外関係を展望する意味で重大性を持っていた。何故ならば、米朝関係こそ金正日にとって外部世界との関係を占うリトマス試験紙であったからである(88)。金正日にとって金大中との融和関係を基軸にした対韓関係を引き続いて推進することが肝要であった。他方、米国との関係改善は対中関係、対露関係の文脈において幾分なりとも牽制となりうることを意味した。さらに対日関係の文脈では一気に関係改善を図り、大規模の支援を日本から引き出す機会としてみることができた。この流れに乗じ、金正日はさらに積極外交を推し進めようとした。金正日の積極外交に呼応するかのように、小泉純一郎は決断する。二〇〇二年九月一七日に小泉は訪朝し、日朝首脳会談が開催されることになる。その意味においても、「経済管理改善措置」の発進は大きな転換点を標したのである。

【注】

（1）金正日の労働党総書記就任について、"Secretary Kim Jong Il elected WPK General Secretary," *KCNA*, (October 8, 1997.) 斎藤直樹『北朝鮮危機の歴史的構造1945-2000』(論創社・二〇一三年)四三七頁。

（2）緩衝期経済の継続について、金尚基「金正日時代における北朝鮮の経済政策―変化過程と評価―」総合研究開発機構(二〇〇三年七月)九頁。

（3）この点について、同上、五頁。

（4）国営企業の優遇について、同上、五頁。

（5）統制経済の下での企業実績の評価基準について、同上、三五頁。

（6）賃金の均一的分配について、同上、三三頁。

（7）一九九五年の大水害に端を発した飢餓状況について、"Floods Strike 5 Million, North Korea Reports," *New York Times*,（August 31, 1995.）; and "U.N. Warns of a Winter Famine in North Korea," *New York Times*,（December 19, 1995.）前掲書『北朝鮮危機の歴史的構造1945-2000』四一四-四一五頁。また飢餓に関する詳細な研究について、ステファン・ハガード、マーカス・ノーランド『北朝鮮 飢餓の政治経済学』杉原ひろみ・丸本美加訳（中央公論新社・二〇〇九年）。

（8）この餓死者推定数について、"Korean Famine Toll: More Than 2 Million," *New York Times*,（August 20, 1999.）前掲書『北朝鮮危機の歴史的構造1945-2000』四一六頁。

（9）配給制度への北朝鮮国民の依存の実態について、"Special Report: FAO/WFP Crop and Food Security Assessment Mission to the Democratic People's Republic of Korea," Food and Agriculture Organization/World Food Programme,（November 28, 2013.）p. 29.

（10）配給制などによる国民生活の統制について、前掲「金正日時代における北朝鮮の経済政策―変化過程と評価―」六頁。北朝鮮研究学会編、石坂浩一監訳『北朝鮮は、いま』（岩波書店・二〇〇七年）七六頁。

（11）一五〇万トンに及ぶ穀物量の不足について、前掲「金正日時代における北朝鮮の経済政策―変化過程と評価―」三頁。

（12）この推定について、"Hunger in North Korea: A Relief Aide's Stark Report," *New York Times*,（June 11, 1997.）; and "Relief Teams Say North Korea Faces Vast Drought Emergency," *New York Times*,（August 5, 1997.）前掲書『北朝鮮危機の歴史的構造1945-2000』四一五頁。

（13）食料配給量の激減について、前掲「金正日時代における北朝鮮の経済政策―変化過程と評価―」六頁。

（14）「未配給期」について、前掲書『北朝鮮は、いま』七六頁。

（15）市場の急激な伸張について、前掲「金正日時代における北朝鮮の経済政策―変化過程と評価―」六頁。

(16) この点について、同上、七頁。

(17) 北朝鮮経済の陥った深刻な悪循環について、前掲書『北朝鮮危機の歴史的構造1945-2000』四一五頁。

(18) 餓死者数の推定について、*op. cit.*, 〝Korean Famine Toll: More Than 2 Million.〟前掲書『北朝鮮危機の歴史的構造1945-2000』四一六頁。

(19) 二〇〇四年には一億七一〇〇万ドル相当の約四八四〇〇〇トンの食糧が同機関から提供された。これは六五〇万人分を賄う食糧に相当した。Esther Pan, 〝North Korea's Capitalist Experiment,〟Council on Foreign Relations, (June 8, 2006.)

(20) 脱出を図る人々の現実について、前掲書『北朝鮮危機の歴史的構造1945-2000』四一六頁。

(21) この推定について、*op. cit.*, 〝Korean Famine Toll: More Than 2 Million.〟前掲書『北朝鮮危機の歴史的構造1945-2000』四一六頁。

(22) 根源的な問題の所在を二人の金にあるとみる考察について、前掲書『北朝鮮危機の歴史的構造1945-2000』四一七頁。

(23) 同報告書について、〝Exploring the Implications of Alternative North Korean Endgames: Result from a Discussion Panel on Continuing Coexistence between North and South Korea,〟Intelligence Report, CIA, (January 21, 1998.) 前掲書『北朝鮮危機の歴史的構造1945-2000』四一八頁。

(24) 崩壊を予測する多数の報告書について、Robert A. Wampler, 〝North Korea's Collapse? The End is Near - Maybe,〟National Security Archive Electronic Briefing Book No. 205, (October 26, 2006.) 前掲書『北朝鮮危機の歴史的構造1945-2000』四一八頁。

(25) 潜水艇乗員侵入事件について、〝North Koreans Slip into South in Submarine,〟*New York Times*, (September 18, 1996.); 〝South Koreans Hunt Last of Infiltrators from Sub,〟*New York Times*,

(September 19, 1996.); "Koreans Kill 7 Northern Infiltrators as Manhunt Widens," ***New York Times***, (September 20, 1996.); "Korea Infiltrators still Elude Search," ***New York Times***, (September 21, 1996.); "South Koreans Kill 2 More Infiltrators," ***New York Times***, (September 22, 1996.); and "Infiltrator Sub's Captain is Killed in South Korea," ***New York Times***, (September 23, 1996.) 前掲書『北朝鮮危機の歴史的構造１９４５-２０００』四二四-四二六頁。

(26) 黄長燁の亡命事件について、"High North Korean Official Reported to Seek Asylum," ***New York Times***, (February 13, 1997.); "North Koreans May Yield a Bit," ***New York Times***, (February 17, 1997.); and "Allied Friction in Korea," ***New York Times***, (February 18, 1997.) 前掲書『北朝鮮危機の歴史的構造１９４５-２０００』四二六-四二九頁。

(27) 「苦難の行軍」について、前掲書『北朝鮮「虚構の経済」』一四四-一四七頁。平井久志『なぜ北朝鮮は孤立するのか』(新潮社・二〇一〇年)六七-六九頁。

(28) 一九九七年元日の共同社説について、"New Year Editorial," ***KCNA***, (January 1, 1997.)

(29) 一九九八年元日の共同社説について、"Joint New Year Editorial," ***KCNA***, (January 1, 1998.)

(30) 一九五〇年一二月二一日の朝鮮労働党中央委員会第二期第三次全員会議において、平壌陥落の責任は軍指導者達にあると金日成は糾弾した。粛清の対象となったのは朝鮮人民軍第二軍団長かつ平壌防衛司令官であった武亭であった。武亭の粛清について、徐大粛『金日成―思想と政治体制』訳・林茂(御茶の水書房・一九九二年)一三九-一四〇頁。Andrei Lankov, ***From Stalin to Kim Il Sung: The Formation of North Korea 1945-1960***, Chapter 3: The Factors in North Korean Leadership in the 1940s and 1950s, (Rutgers University Press, 2002.) pp. 91-92.; Andrei Lankov, ***Crisis in North Korea : The Failure of De-Stalinization, 1956***, Chapter 1: North Korea and its Leadership in the mid-1950s, (Honolulu : University of Hawaii Press, 2007.) p. 17.; and Balázs Szalontai, ***Kim Il Sung in the***

Khrushchev Era : Soviet-DPRK Relations and the Roots of North Korean Despotism, 1953-1964, Chapter 1: Historical Background, (Washington, D.C. : Woodrow Wilson Center Press, 2005), p. 33. 前掲書『北朝鮮危機の歴史的構造１９４５-２０００』二三五頁。

(31) 徐寛熙の粛清について、前掲書『なぜ北朝鮮は孤立するのか』七一-七二頁。

(32) 金正日の労働党総書記就任について、〝Secretary Kim Jong Il Elected WPK General Secretary,〟 ***KCNA***, (October 8, 1997.) 前掲書『北朝鮮危機の歴史的構造１９４５-２０００』四二七頁。

(33) 「深化組事件」について、前掲書『なぜ北朝鮮は孤立するのか』七二-七六頁。「金正恩氏の後見人、張成沢氏は冷血な忠臣　２万５千人粛清の総責任者！」『産経ニュース』(二〇一四年一月一四日)。

(34) 多段式ロケットの発射実験について、〝North Korean Missile Test Worries U.S., Japan,〟 ***CNN***, (August 31, 1998.) ; and 〝N. Korea Fires Missile into Sea of Japan,〟 ***CNN***, (August 31 1998.) 前掲書『北朝鮮危機の歴史的構造１９４５-２０００』四三五-四三六頁。

(35) 人工衛星打上げ成功を伝える『朝鮮中央通信』報道について、〝Successful Launch of First Satellite in DPRK,〟 ***KCNA***, (September 4, 1998.) ; and 〝Foreign Ministry Spokesman on Successful Launch of Artificial Satellite,〟 ***KCNA***, (September 4, 1998.) 前掲書『北朝鮮危機の歴史的構造１９４５-２０００』四三五頁。

(36) この点について、〝North Koreans Declare They Launched a Satellite, Not a Missile,〟 *New York Times*, (September 5, 1998.) ; and 〝A North Korean Satellite? U.S. is Searching,〟 *New York Times*, (September 6, 1998.) 前掲書『北朝鮮危機の歴史的構造１９４５-２０００』四三五頁。

(37) この計測について、Joseph S. Bermudez, 〝A History of Ballistic Missile Development in the DPRK〟, Occasional Paper No. 2, Monterey Institute of International Studies Center for Nonproliferation Studies, 1999, p. 29.; and 〝North Korea: A Second Taepo Dong Test?〟 North

Korea Special Collection, CNS, Monterey Institute of International Studies, 1999, p. 2. 前掲書『北朝鮮危機の歴史的構造１９４５-２０００』四三五-四三六頁。

(38) 同会議について、"First Session of 10th SPA Begins," *KCNA*, (September 5, 1998.) 前掲書『北朝鮮危機の歴史的構造１９４５-２０００』四三七頁。

(39) 金正日の国防委員会委員長の再任について、"Kim Jong Il Elected Chairman of DPRK National Defence Commission," *KCNA*, (September 5, 1998.) 前掲書『北朝鮮危機の歴史的構造１９４５-２０００』四三七頁。

(40) この点について、Greg Scarlatoiu, "Kangsong Taeguk and Political Succession: Problems and Prospects," ***International Journal of Korean Studies***, (Spring 2012.) p. 116.

(41) 同社説での「強盛大国」への言及について、Kenneth Quinones, Chapter 14 Kim Jong Il's "Strong and Great Nation" Campaign and the DPRK's Deterrence of the U.S. "Imperialist" Threat, in ***Bytes and Bullets: Information Technology Revolution and National Security on the Korean Peninsula***, edited by Alexandre Y. Mansourov, Asia Pacific Center for Security Studies, 2005, p. 283. また前掲「金正日時代における北朝鮮の経済政策―変化過程と評価―」一八頁。

(42) 共同社説について、"Joint Editorial Published on New Year," ***KCNA***, (January 1, 1999.) 共同社説は、最終勝利に確かな保証を与えた強行軍の年としてまた苦闘と進歩を標した年として一九九八年の成功に触れた。同社説によれば、同年は指導者、党、人民、朝鮮政治体制が一枚岩のごとく団結したことにより社会主義国家朝鮮の国力を十分に実証した。さらに九九年を偉大な党の指針の下で強盛国家を建設する新たな転換点の年であると評した。「今年こそ強盛大国を建設する転換点としよう」は労働党と人民が支持すべき戦闘的なスローガンである。今年の行進は強行軍の継続であり、成功を収め九〇年代を見送るための最後の攻勢である。強盛大国の建設のために新たな躍進がなされなければならない。国家経済の総ての領域において安定した生産を確保するため、経済を正しい方向に導き人々の生活を改善することこそが、今年の経済建設の課題である。

(43)「富国強兵」への言及について、*op. cit.,* "Kangsong Taeguk and Political Succession: Problems and Prospects," p. 116.

(44) この点について、前掲「金正日時代における北朝鮮の経済政策―変化過程と評価―」一九-二〇頁。

(45)「先軍政治」について、前掲書『北朝鮮 飢餓の政治経済学』二四七-二四九頁。北朝鮮研究学会編、石坂浩一監訳『北朝鮮は、いま』(岩波書店・二〇〇七年)二九-三五頁。平井久志『なぜ北朝鮮は孤立するのか』(新潮社・二〇一〇年)八八-九〇頁。Byung Chul Koh, "Military-First Politics and Building a 'Powerful and Prosperous Nation' in North Korea," Nautilus Institute Policy Forum Online, (April 14, 2005.)

(46) 基幹産業部門重視への回帰について、前掲「金正日時代における北朝鮮の経済政策―変化過程と評価―」二一頁。Ihk-pyo Hong, "A Shift toward Capitalism? Recent Economic Reforms in North Korea," ***East Asia Review***, vol. 14, (Winter 2002.) pp. 98-99.

(47) こうした認識について、*op. cit.,* "A Shift toward Capitalism?" p. 98.

(48) この点について、前掲「金正日時代における北朝鮮の経済政策―変化過程と評価―」二一頁。

(49) 二〇〇一年の発電量は一九九〇年に比較して七二・九%、石炭生産量は六九・七%まで回復した反面、原油輸入量は僅か二三・〇%に低迷した。前掲「金正日時代における北朝鮮の経済政策―変化過程と評価―」三-四頁。

(50) 輸出の低迷について、同上、四頁。

(51) 成長率の推移について、同上、四頁。

(52) あらゆる面での不足について、同上、二九頁。

(53) 国営商業部門の機能不全について、同上、六―七頁。

(54) 市場への住民の依存について、*op. cit.*, "A Shift toward Capitalism?" pp. 100-101.

(55) 金大中の就任演説について、"South Korea's New President Appeals to North to End Decades of Division," *New York Times*, (February 25, 1998.); "Words of Kim Dae Jung: Call for Reconciliation," *New York Times*, (February 25, 1998.); and "South Korea Proposes Exchange of Special Envoys, Summit with the North," *Agence France Presse*, (February 25, 1998.) 前掲書『北朝鮮危機の歴史的構造１９４５―２０００』四六〇頁。

(56) 政権発足当日の世論調査において太陽政策は圧倒的多数の支持を韓国民から得た。この点について、"The Government of the People's Sunshine Policy toward North Korea and Plans for Implementation," 1999 South Korea Special Weapons: Nuclear, Biological, Chemical and Missile, Proliferation News, the Federation of American Scientists. 前掲書『北朝鮮危機の歴史的構造１９４５―２０００』四六一頁。

(57) 二〇〇〇年六月の南北首脳会談について、"Landmark Event in Korean History': North-South Summit may be Beginning of Final Chapter in Cold War Struggle," *CNN*, (June 13, 2000.); "Seoul Leader Lands in North for Meeting," *New York Times*, (June 13, 2000.); and "2 Korean Leaders Speak of Making 'A Day in History,'" *New York Times*, (June 14, 2000.) 前掲書『北朝鮮危機の歴史的構造１９４５―２０００』四八三頁。

(58) 南北共同声明について、"Korean Leaders Sign Agreement to Work toward Reunification," *AP*, (June 14, 2000.); "Koreas Reach Accord Seeking Reconciliation after 50 Years," *New York Times*, (June 15, 2000.); "For the South, a TV Stunner; in the North, Fanfare is Lacking," *New York Times*, (June 15, 2000.); "Korean Summit Ends with Historic Agreement in Hand," *UPI*, (June 15, 2000.);

and "Seoul Celebrates Dawn of 'New Day' as Talks Conclude," *New York Times*, (June 16, 2000.)『朝鮮中央通信』報道について、"North-South Joint Declaration Signed," *KCNA*, (June 15, 2000.) 前掲書『北朝鮮危機の歴史的構造１９４５-２０００』四八三頁。

(59) 米朝、日朝関係の改善を求める金大中の認識について、"South Korea's New President Appeals to North to End Decades of Division," *New York Times*, (February 25, 1998.) 前掲書『北朝鮮危機の歴史的構造１９４５-２０００』四八四頁。

(60) なお二〇年後の二〇〇九年には約九〇倍の一六億七九〇〇万ドルに達した。二〇一〇年の交易総額は一九億一二〇〇万ドルであった。前掲「２０１３年度　最近の北朝鮮経済に関する調査」五二頁。

(61) 同署名記事を伝える報道について、"Rodong Sinmun on Rosy Future of WPK," *KCNA*, (October 5, 2000.) これを伝える『朝鮮中央通信』報道によれば、「苦難の行軍」を通じ社会主義に忠実である朝鮮労働党の決意と意志はより堅固となり、また党の統一と団結はより強固となった。「苦難の行軍」の期間において党は失ったもの以上に多くのものを得た。歴史の挑戦にも拘わらず勝利に向け朝鮮革命を指揮することにより党は無敵の意志を持つ堅固な党となった。党の無敵さは金正日の偉大さを物語る。金正日は党を偉大な指導者・金日成の党として革命的性格を備えるよう懸命に導いた。「苦難の行軍」を通じ鉄の意志を党は獲得するに至ったのである。

(62) 趙明禄の訪米を伝える報道について、"Top North Korean Official En Route to Washington," *CNN*, (October 10, 2000.); and "Clinton may Visit North Korea if Relations with U.S. Improve," *CNN*, (October 13, 2000.) 前掲書『北朝鮮危機の歴史的構造１９４５-２０００』四八六-四八七頁。

(63) クリントン・趙明禄会談について、"North Korean Visits U.S.," *New York Times*, (October 10, 2000.); "North Korean at White House, Continuing a Warming Trend," *New York Times*, (October 11, 2000.); and "Albright Says She will Visit North Korea Soon," *New York Times*, (October 12,

2000.）前掲書『北朝鮮危機の歴史的構造1945-2000』四八七頁。

（64）共同社説を掲載した『朝鮮中央通信』報道について、"Joint New Year Editorial of Newspapers," *KCNA*, (January 1, 2001.)

（65）『朝鮮中央通信』報道について、"Guideline for Building Economically Powerful Socialist Nation," *KCNA*, (July 1, 2001.)

（66）こうした考察について、前掲「金正日時代における北朝鮮の経済政策―変化過程と評価―」三二頁。

（67）この点について、*op. cit.*, "A Shift toward Capitalism?" p. 100.

（68）金正日指導部の目論見について、前掲「金正日時代における北朝鮮の経済政策―変化過程と評価―」三一-三二頁。*op. cit.*, "A Shift toward Capitalism?" pp. 98-101. 前掲書『北朝鮮「虚構の経済」』五五頁。

（69）同指導部の判断について、*op. cit.*, "A Shift toward Capitalism?" p. 100.

（70）この点について、Dick K. Nanto and Emma Chanlett-Avery, "North Korea: Economic Leverage and Policy Analysis," CRS Report for Congress, (Updated: January 22, 2010.) p. 28. 北朝鮮研究学会編、石坂浩一監訳『北朝鮮は、いま』（岩波書店・二〇〇七年）六四-六七頁。

（71）価格の引上げについて、前掲「金正日時代における北朝鮮の経済政策―変化過程と評価―」三一-三三頁。*op. cit.*, "A Shift toward Capitalism?" pp. 94-95.; and *op. cit.*, "North Korea: Economic Leverage and Policy Analysis," p. 29. 前掲書『北朝鮮「虚構の経済」』五二-五三頁。朴在勲「朝鮮における経済再建の動き」、小牧輝夫編『経済から見た北朝鮮 北東アジア経済協力の視点から』（明石書店・二〇一〇年）三七-三八頁。前掲書『なぜ北朝鮮は孤立するのか』一三一頁。

（72）この点について、前掲「金正日時代における北朝鮮の経済政策―変化過程と評価―」三二頁。*op. cit.*, "A Shift toward Capitalism?" p. 95.

（73）賃金の引上げについて、*op. cit.*, "A Shift toward Capitalism?" p. 95. 前掲「金正日時代における北

朝鮮の経済政策―変化過程と評価―」三三―三四頁。前掲書『北朝鮮「虚構の経済」』五三頁。前掲書「朝鮮における経済再建の動き」『経済から見た北朝鮮 北東アジア経済協力の視点から』三八―三九頁。前掲書『なぜ北朝鮮は孤立するのか』一三一―一三二頁。

(74) 成果主義の導入について、前掲「金正日時代における北朝鮮の経済政策―変化過程と評価―」三三頁。前掲書『北朝鮮「虚構の経済」』五四頁。

(75) 工場長の裁量権の拡充について、前掲「金正日時代における北朝鮮の経済政策―変化過程と評価―」三四―三六頁。*op. cit.*, "A Shift toward Capitalism?" pp. 95-97. 前掲書『北朝鮮「虚構の経済」』七四頁。北朝鮮研究学会編、石坂浩一監訳『北朝鮮は、いま』(岩波書店・二〇〇七年)九六頁。

(76) 企業実績の業績評価について、前掲「金正日時代における北朝鮮の経済政策―変化過程と評価―」三五頁。

(77) この点について、*op. cit.*, "A Shift toward Capitalism?" pp. 97-98.「北朝鮮の農業と食糧問題」『経済から見た北朝鮮 北東アジア経済協力の視点から』(明石書店・二〇一〇年)九五頁。前掲書『なぜ北朝鮮は孤立するのか』一三六―一三七頁。

(78) 余剰生産物の処分許可について、*op. cit.*, "North Korea: Economic Leverage and Policy Analysis," p. 29. 前掲書『なぜ北朝鮮は孤立するのか』一三六―一三七頁。

(79) 市場の公認について、"Capitalist Experiments Seen Expanding into DPRK," *Joong Ang Ilbo*, (October 19, 2003.); and *op. cit.*, "North Korea: Economic Leverage and Policy Analysis," p. 29. 前掲書『北朝鮮「虚構の経済」』八六頁。前掲書「朝鮮における経済再建の動き」『経済から見た北朝鮮 北東アジア経済協力の視点から』四〇頁。前掲書『北朝鮮は、いま』九八頁。前掲書『なぜ北朝鮮は孤立するのか』一三二頁。

(80) 為替レートの引下げと外貨兌換券の廃止について、*op. cit.*, "A Shift toward Capitalism?" p. 95. 前

掲「金正日時代における北朝鮮の経済政策—変化過程と評価—」三六頁。前掲書『北朝鮮「虚構の経済」』五三頁。前掲書「朝鮮における経済再建の動き」『経済から見た北朝鮮　北東アジア経済協力の視点から』四一頁。前掲書『なぜ北朝鮮は孤立するのか』一三二頁。

(81) 様々な解釈について、*op. cit.*, "A Shift toward Capitalism?" p. 93.

(82) この点について、前掲「金正日時代における北朝鮮の経済政策—変化過程と評価—」四一頁。*op. cit.*, "North Korea: Economic Leverage and Policy Analysis," pp. 28-29.

(83) この点について、前掲「金正日時代における北朝鮮の経済政策—変化過程と評価—」四二頁。

(84) 新義州特別行政区について、前掲２０１３年度　最近の北朝鮮経済に関する調査」二一頁。前掲書『北朝鮮「虚構の経済」』一九三-一九五頁。前掲書『北朝鮮は、いま』七二頁。前掲書『なぜ北朝鮮は孤立するのか』一三五頁。

(85) この結果、新義州の特別行政区制度が撤廃され、「新義州—大鶏島経済開発地区」と変更された。前掲「２０１３年度　最近の北朝鮮経済に関する調査」二二頁。

(86) この点について、前掲「金正日時代における北朝鮮の経済政策—変化過程と評価—」三八-三九頁。

(87) 想定以上のインフレについて、*op. cit.*, "North Korea: Economic Leverage and Policy Analysis," p. 29. 前掲書『北朝鮮は、いま』六七-六八頁。

(88) こうした解釈について、前掲書『北朝鮮危機の歴史的構造１９４５-２０００』四八二頁。

第Ⅱ部　「第二の危機」

第四章　ブッシュ政権と「第二の危機」の勃発

第一節　ブッシュ政権内の確執と暗闘

ブッシュ政権は二一世紀の記念すべき最初の年に当たる二〇〇一年一月二〇日に門出を祝した。しかし、その門出から深刻とも言える内部亀裂を抱えていた。いわゆるネオコン（新保守主義：Neoconservatism）と揶揄された強硬派の人脈と穏健派の人脈の間の激しい確執と暗闘であり、これにより政権の対北朝鮮政策を含め外交政策全般は激しく揺さ振られることになった。[1] リチャード・チェイニー（Richard B. Cheney）副大統領、ドナルド・ラムズフェルド（Donald H. Rumsfeld）国防長官、ジョン・ボルトン（John R. Bolton）国務次官、ポール・ウォルフォウィッツ（Paul D. Wolfowitz）国防副長官、ダグラス・ファイス（Douglas Feith）国防次官などがネオコンの代表格であり、彼らの傘下には若いスタッフ達が連なった。特にチェイニーとラムズフェルドは七〇年代にフォード（Gerald R. Ford）政権の下でそれぞれ大統領補佐官と国防長官を務めた旧知の間柄であり、それ以降言わば二人三脚で政権に潜り込んだり、あるいは政権外部から圧力を加えてきたコンビであった。これに対し、コリン・パウエル（Colin L. Powell）国務長官やリチャード・アーミテージ（Richard

L. Armitage）国務副長官が穏健派の代表格であった。これとは別に、国務省内でも地域専門家達と不拡散専門家達が激しく競い合った。担当柄から地域専門家達は北朝鮮への関与を常々主張したのに対し、不拡散専門家達は北朝鮮への手厳しい態度を終始変えなかった。政府機関を交差するように根を張った強硬派の人脈は政権を牛耳った。この結果、北朝鮮危機への対応は強硬派と穏健派の確執と暗闘が先鋭化するのに伴い、閉塞状況に陥った政権がこれといった指導力を発揮できないまま、いたずらに時間と労力が消耗されることになった。

この両派の激しい闘ぎ合いの中で、ジョージ・ブッシュ大統領は踊らされたが、ブッシュ自らも大いに踊った。強硬派と穏健派の両方に相通じるところがあったブッシュは頭では穏健派の言うことをなるほどと思ったが、体の方は多分に強硬派の方を向いていた節があった。その結果、軍事進攻一辺倒であった対イラク政策とは対照的に北朝鮮危機の平和的解決をブッシュは事ある毎に力説しながら、金正日を激しく嫌悪し、罵り、愚弄した。

とは言え、ブッシュを筆頭に強硬派も穏健派も八年間も続いたクリントン民主党政権とその政策には辟易していた。特に強硬派には反クリントンの傾向が顕著であった。クリントン時代を想起させるものは総て拒否であり、このことは米朝高官協議にも米朝枠組み合意についてもそうであった(2)。強硬派の反応はほとんどアレルギー症状に近かった。これに対し、穏健派は基本的には反クリントンであったが、前政権の政策に良いものがあれば、吸い上げたいとするもので、言わば是々非々と言うべき姿勢であった。

この強硬派と穏健派の確執には真に厳しいものがあり、その闘ぎ合いと暗闘はブッシュ政権の第一期の外交政策の局面、局面で繰り広げられた。この間を通じ常に優勢であったのは強硬派であり、これに対し穏健派がその度、軌道修正を求めても、再び強硬路線へと逆戻りするといった調子で、実際の交渉に当たった担当者達はその都度、右往左往することになった。

ところで、ブッシュ政権は政権発足に伴い前政権の外交・内政政策の全面的な再検討を始めた。その際、対イラク政策や対北朝鮮政策が重大な課題として浮上した。とは言え、これらの両政策は好対照を示していた。対イラク政策でクリントン政権が全くの行き詰りをみせていた一方、対北朝鮮政策はこれとは反対に極めて良好で、政権の任期の終りに米朝関係は蜜月の時期を迎えていた。しかし、日和見で軟弱な前政権の対北朝鮮政策について抜本的な再検討が必要であることをブッシュ政権の面々は痛感していた。

(1) ブッシュ・金大中会談

そうした時の三月上旬に金正日指導部との融和を標榜し太陽政策を推進する金大中が訪米したことは、ブッシュ政権の対北朝鮮政策を占う意味で重要な試金石となった。一九九八年二月の政権発足以来、悪戦苦闘しながらも太陽政策を堅持し何とか金正日との南北首脳会談を実現し、これを足掛りに本格的な南北融和へと転じたいとの思惑を持っていた金大中はブッシュ政権がクリントン政権時代の関与政策を放棄し、外交上、舵を大きく切るのではないかと密かに案じていた。居ても立っても居られない金大中は関与政策の継続をブッシュに懇願するため、急遽韓国から飛んできたのである。これに対し、金大中の訪米はブッシュ政権にどの様に映ったであろうか。三月六日にパウエル国務長官は金正日とのミサイル規制協議について前向きな発言を行った。同日、クリントン政権が残した功績を視野に入れ、北朝鮮との関係改善に取り組む用意があり、ミサイル規制協議において善処する用意があることをパウエルが示唆したことは、是々非々で対処しようとする穏健派の路線を明示したものであった[3]。

ところが、翌日の三月七日に状況は一変した。同日、金大中とブッシュの首脳会談がホワイトハウスで行われた。関与政策の継続をお願いすると金大中がブッシュに訴えたところ、関与政策に全く関心のないブッシュは表向き上、太陽政策に最大級の外交辞令を発っしたものの、懸案の北朝鮮とのミサイル規制協議は当面、政権の議題にはないと、金大中に厳しく釘を刺した[4]。

その上で、ブッシュは対北朝鮮政策について抜本的な再検討を行っていると金大中に伝えた。このことは少なくとも、前政権の関与政策とは一枚も二枚も異なる政策を準備していたことを示唆した。そもそも金大中の訪米をブッシュは待ち望んでいた訳ではなかった。関与政策の最たる太陽政策を押し売りするかのように、金大中が訪ねて来たと多少なりとも不愉快な印象をブッシュは持っていた。首脳会談での浮かない両首脳の表情は会談が全くの擦れ違いで終わったことを物語った。そして会談後の記者会見でミサイル規制問題について北朝鮮と直ぐに協議を開始することはないとブッシュは記者団に語り、北朝鮮は依然として脅威であると言明した。そうしたブッシュ発言は前日のパウエルの発言と食い違うものであった。ブッシュに直に訂正を求められたパウエルはブッシュ発言と符合するかのように、慌てて前日の見解を引っ込め喫緊の交渉の可能性を否定した[5]。

このブッシュ発言が米韓首脳会談の成行きを凝視していた金正日を著しく刺激したことは想像に

難くない。これへの反発として、三月一三日に南北間の和解と融和を掲げた閣僚級会議を無期限に延期せざるを得ないと、金正日指導部は会議の直前になり韓国側に突然、通告した。[6]

加えて、ブッシュ政権の言動は南北対話を著しく傷つけるものであり、そうした姿勢に対し対話と戦争の両面の備えができているとの趣旨の論説が『労働新聞』に掲載された。[7] これを伝える三月一五日の報道によれば、緊張緩和の徴候がみえてきた朝鮮半島情勢に対し挑戦的な態度で臨む米国の姿勢は、武力で北朝鮮を押さえ込みたいとの侵略的な性格と野心と、南北対話を打ち毀し、再統一に向けての動きに歯止めを掛けるという腹黒い意思を物語る。これに対し、対話と戦争の両面の備えが十分にできている。侵略者に対し千倍返しの報復を行う決意がある。米帝国主義者は敵視姿勢を打ち切り、誠実に米朝枠組み合意を実施しなければならない。対立の道を続けるならば、取返しが付かないことになるであろう。その結果に対し、米国は総ての責任を負わなければならないと、報道は凄んだ。

他方、五月二七日に米・日・韓の対北政策調整会議（TCOG）の席上、対北朝鮮政策について抜本的な再編成は最終段階にあると、ジェームズ・ケリー（James Kelly）国務次官補（東アジア・太平洋問題担当）が語った。[8] 後述の通り、「第二の危機」の発端となる高濃縮ウラン計画の存在を姜錫柱（カン・ソクジュ）北朝鮮第一外務次官が認めたと暴露するのがケリーであり、ケリーはブッシュ政権の政権第一期にあって対北朝鮮政策の鍵を握る役割を担うことになる。

(2) 新対北朝鮮政策の採択

間もなく六月六日に対北朝鮮政策がブッシュ大統領から正式に公表された[9]。ブッシュの言及した新政策によれば、北朝鮮による米朝枠組み合意の真摯な履行、北朝鮮のミサイル計画について検証可能な規制とミサイル輸出の禁止の実施、韓国に対し脅威を与える通常戦力の低減など、広範な課題について北朝鮮と真剣な議論を行うよう国家安全保障チームに指示した。また南北和解に向けた進展、朝鮮半島の平和、米国との建設的関係と地域のより一層の安定を促す内容を盛り込んだ北朝鮮への包括的アプローチを政権は採択するとし、もし北朝鮮が適切な措置を講ずるならば、米国は北朝鮮国民を支援すると共に、制裁を緩和し他の政治的措置を講ずると、ブッシュは語った。言葉を換えると、金正日が上記の要件を充足するのであれば、経済制裁の緩和、食糧支援、他の政治的措置を講ずる用意があることを明らかにしたのが新政策の骨子であった。とは言え、金正日にとってこれらの要件が前政権の政策と比較して後退したばかりか挑発的であると映ったのは明らかである。予想通り、金正日は猛反発に転じた[10]。

包括的アプローチが採択されたとブッシュが大々的に発表したとは言え、こうした路線が採択されるまで半年も要したことは、その内容はともかくとして疑義の残るところであった。後述するところであるが、この時期からブッシュ政権は米朝関係の膠着状態を打開すべく大統領特使の派遣の検討を始めていた。ただし派遣をできるだけ先延ばししたい強硬派と早く実現したい穏健派の間で激しい闘ぎ合いが続けられていた[11]。

第二節　ブッシュ政権のミサイル防衛

この間、強硬な対北朝鮮政策を踏襲するに至ったブッシュ政権は政権の中核的な政策としてミサイル防衛に全力を挙げることを明らかにした。これには開発中のテポドン2号ミサイルの脅威への対応という意味合いが看取された。

元々ミサイル防衛は一九八〇年代にレーガン（Ronald Reagan）政権が推進した戦略防衛構想（Strategic Defense Initiatives: ＳＤＩ）に遡る。[12] その後、ＳＤＩ計画は父ブッシュ（George H. W. Bush）政権時代に縮小され、クリントン政権時代に打切りとなった。とは言え、ミサイル防衛政策自体が放棄された訳ではなかった。実際にクリントン政権は冷戦後における米国に対する脅威への対応策としてミサイル防衛を位置付け、国土ミサイル防衛（ＮＭＤ）と戦域ミサイル防衛（ＴＭＤ）の二本立てでミサイル防衛政策を推進した。[13] とは言え、同政権にあってミサイル防衛は必ずしも高い政策順位を占めた訳ではなかった。ところが、九八年八月のテポドン1号発射実験に深刻な衝撃を受けたのは日本政府だけでなく米政府も同様であった。開発中のテポドン2号に技術改良が加われば、何れ米西海岸の大都市も射程に捉えられ兼ねないと警鐘を鳴らしたテネット（George Tenet）ＣＩＡ長官による議会証言はミサイル防衛に対し改めて脚光を集める重大な転換点を標した。[14] これ以降、クリントン政権は本土ミサイル防衛の必要性を見直すと共に任期内の配備を視野に入れ邁進したものの、任期内のミサイル配備は見送りとなった。[15]

二〇〇一年五月一日にブッシュ大統領がミサイル防衛（MD）計画の推進を宣言したのは、こうした経緯を踏まえてのことであった[16]。クリントン政権時代のNMDとTMDという二本立ての区分けに代わり、ミサイル防衛（BMD）構想という名の下に両者は統合されると共に、〇四年からミサイル防衛の初期配備に移ることをブッシュは明言した[17]。このミサイル防衛構想を支える人脈こそ、ブッシュ政権の強硬派の面々であった。この中でも、ラムズフェルド、チェイニー、ウォルフォウィッツ、ファイスなど、かねてからミサイル防衛を唱導してきた人脈であり、ブッシュもその熱烈な支持者であった。

第三節　同時多発テロ事件と対テロ戦争の発進

この間、漸次悪化し出した米朝関係に甚大な影響を及ぼしたのは、紛れもなく二〇〇一年九月一一日に起きた同時多発テロ事件であった[18]。同日、テロリスト達に乗っ取られた複数の旅客機が世界貿易センタービルと国防総省ビルに突っ込むという前代未聞のテロ事件は三〇〇〇人近くの犠牲者を生む大惨事を招いたことは未だに脳裏から離れない。同事件は米国民に対し計り知れない憤りと危機感を与えた。これを期に、テロリズムへの断固たる決意を固めたブッシュが全面的な対テロ戦争を宣言することになった[19]。またこの時、その後に繰り広げられるブッシュ政権の対テロ戦争を後押ししたのが、テロ事件によって火が付いた米議会と米国民の憤りと危機感であった。実際にテロ事件直後のそうした心理状態をブッシュ政権は巧みに対テロ戦争へと駆り立てた。そして後述の通り、対テロ戦争の遂行に向け中心的な役回りを演じるのがブッシュ本人であった。

間もなくブッシュ政権は同テロ事件がウサマ・ビンラディン（Usāma bin Lādin）とそのテロ組織アル・カーイダ（Al-Qaeda）による犯行であると断定した。そして首謀者ウサマ・ビンラディンがアフガニスタンを実効支配するタリバン（Taliban）政権によって匿われていたことから、タリバン政権に対し首謀者の引渡しを要求すると共に、引渡しに応じない場合にはタリバンへの攻撃に移るとブッシュは警告した。しかし一筋縄では行かないタリバンが引渡しに一向に応じないことで、業を煮やしたブッシュはタリバンへの攻撃を決断した。その際にブッシュ政権が持ち出したのがテロ支援国家という極めて便宜的な文言であった。これは一言で言えば、テロリスト達を匿ったり、テロリスト達を支援する国家（政府）はテロ支援国家として攻撃対象となるとの考え方に基づく。国家を拠り所としないテロリスト達への対応には極めて難しいものがあるが、逃げも隠れもできない国家であれば、容易に攻撃対象となりうる。実際にこの概念を巧みに援用することにより、対テロ戦争の矛先はテロ支援国家に向けられることになる。

ブッシュ政権は対テロ戦争の第一幕としてアフガニスタンのタリバン政権をテロ支援国家として断定し、一〇月七日にタリバンへの攻撃へと移った[20]。その後、米軍による猛烈な空爆に曝され著しく消耗を来したタリバンは、北部同盟と呼ばれた反タリバン勢力による攻勢を受け、脆くも瓦解した。しかし、アフガニスタン攻撃をもって対テロ戦争が終結した訳ではなかった。アフガニスタン攻撃は第一幕に過ぎず、その後第二幕としてサダム・フセインの支配するイラクにブッシュ政権の矛先が向けられた。この結果、ブッシュ政権とフセイン政権の間でイラク危機が発生した。

この間、テロ組織やテロ支援国家を標的とした対テロ戦争にブッシュ政権が奔走し出したことに伴い、その対象国としてイラクだけでなく北朝鮮が俎上に載ると、当然のことながら、テロ支援国家の名簿に加えられた北朝鮮との関係も確実に険悪化した。同時多発テロ事件以来、ブッシュ政権が対テロ戦争に打って出たことに照らし、対テロ戦争の矛先が何時北朝鮮に向いてもおかしくない状況の下で、朝鮮半島は何時になく不穏な状況にあった。そうした中で、金正日を激しく挑発したのが、二〇〇二年一月二九日のブッシュ大統領による一般教書演説であった[21]。演説も佳境に入ったところで、米国とその同盟国に対しテロ支援国家が大量破壊兵器を用いて脅すことを米国は全力を挙げて阻止しなければならないと、ブッシュは語気を強めた。そして数あるテロ支援国家の中でも、イラクとイランと並んで北朝鮮の三国を「悪の枢軸」であると糾弾し、しかも金正日体制は大量破壊兵器と弾道ミサイルで武装しながら国民の多くを飢餓状態に曝している体制であるとブッシュは罵倒した。世界の三大問題児の一人であると名指しされた当の金正日とすれば、心外至極であった。この発言は金正日の態度を一気に硬化させることになる[22]。

(1)「ブッシュ・ドクトリン」

イラク危機の煽りを受ける形で、朝鮮半島中央部での緊張が再び高まり出した。韓国軍と朝鮮人民軍の両軍が厳しく対峙する最前線である軍事境界線が一九五三年七月の朝鮮戦争の休戦以来大規模の武力衝突が発生し兼ねない地域であることを踏まえれば、重大な危惧の念を覚えさせるものであった。しかも七五年四月の南ベトナムの陥落後、アジア・太平洋地域で武力衝突の最も高い危険がある地域は間違いなく朝鮮半島中央部であると米政府は認識してきた。

ブッシュが日本、韓国、中国への訪問に旅立ったのは二〇〇二年一月二九日の「悪の枢軸」発言から二週間後の二月中旬であった。片や、金正日との融和路線を掲げ太陽政策を推進する金大中と、数週間前に北朝鮮を「悪の枢軸」国家と名指ししたばかりのブッシュの会談ということで、二月一九日の米韓首脳会談に世界中の関心が集まった。「悪の枢軸」発言でブッシュが金正日を激しく罵倒したことを金大中は深刻に案じていた。何故ならば、ブッシュ発言を突き詰めていくと、北朝鮮への全面侵攻はないまでも核関連施設への限定的な空爆を行う可能性は決して排除されていないことを金大中に知らしめるのに十分であったからである。

別段、北朝鮮の核関連施設だけでなく大量破壊兵器の開発を目指すならず者国家やテロ支援国家の軍事施設や関連施設に対し言わば予防的に攻撃を加えることは米政権が堅持してきた選択肢であった。とは言え、一九九四年六月に「第一の危機」に直面したクリントン政権が核関連施設への空爆の断行を熟考したことを踏まえた時、「悪の枢軸」発言は容易く聞き流すことができるものではなかった。この軍事施設の破壊やその無能力化に限定する攻撃はしばしば「外科手術的攻撃(〝surgical strike〟)」と呼ばれてきた。しかし軍事境界線の北側に張り付いた朝鮮人民軍の大機甲部隊がこれへの報復として軍事境界線を一気に突破し韓国領内に雪崩れ込むという危険性が極めて高いため、同作戦は対北朝鮮の文脈では極めて難しい事情を抱えていた。すなわち、米国にとって北朝鮮の悪性腫瘍と言うべき核関連施設だけを切除する外科手術であっても、それだけに止まる保証は全くないといった現実がそこにあったからである。

「第一の危機」の最中には最悪の事態を想定して大規模な増派、さらには空爆作戦の詰めをクリントン政権が行っており、空爆が実際に断行された場合、全面的な武力衝突へと至り兼ねない可能性が実在した[23]。「第一の危機」はカーター訪朝によって土壇場で収束したものの、カーター訪朝が功を奏さなかったとすれば、クリントン政権は大規模の増派に着手した可能性は高く、それに対し窮鼠猫を嚙むが如く、追い詰められた朝鮮人民軍が韓国領内へと雪崩れ込むことも予想され、またそうした予想の下で在韓米軍が機先を制するかのように核関連施設への空爆を断行するといった可能性もあった。そうした事態の下で、遅かれ早かれ韓国防衛を掲げた在韓米軍の大規模介入を招き、「第二次朝鮮戦争」といった悪夢の展望が開かれ兼ねなかった。金大中がブッシュに伝えたかったのはこのことであった。これにはブッシュも配慮せざるをえなかった。ブッシュが金正日体制を激しく罵倒した通り、金正日についての認識には変更はないと前置きしたが、北朝鮮への軍事進攻の意図はないとし、北朝鮮の核・ミサイル問題については対話を通じた解決を希望すると、ブッシュは金大中に語った[24]。当時、イラクへの武力行使に向け準備を始めたブッシュ政権が「悪の枢軸」国家総てに照準を定めているのではないかと憶測が流れる中で、北朝鮮問題についてはあくまで平和的解決を目指すと、案ずる金大中を安心させたのである。

とは言え、翌二〇日に軍事境界線上の非武装地帯を訪れたブッシュは南北間の国境を開放し、圧政の下に置かれた北朝鮮国民を解放せよと、北朝鮮側に向け呼び掛けるという、ブッシュ一流のパフォーマンスを行った。しかも我々は準備ができているから、掛かって来いと発言したことは金正日を挑発するには十分であった[25]。さらに挑発の手をブッシュは緩めなかった。一九五二年七月の朝鮮戦争休戦以来、最大規模の米韓合同軍事演習チームスピリットが三月二一日から二七日まで一週間にわたり実施された。[26] これがまた金正日を激しく刺激した。

その後六月一日にはブッシュ大統領はウエストポイント陸軍士官学校の卒業式に出向き、事と次第によってはテロ支援国家やならず者国家への先制的行動、すなわち先制攻撃が必要であると訴えた。[27] この発言は一月二九日のブッシュによる「悪の枢軸」発言と合わせ、イラクやイランに加えて北朝鮮も先制攻撃の対象となり兼ねないことを示唆するものであった。その主たる対象はイラクであったものの、同じくテロ支援国家、しかも「悪の枢軸」の一角に名指しされた北朝鮮の独裁者たる金正日が憤激したであろうことは容易に想像が付く。

そして九月一七日には、ならず者国家やテロ支援国家への先制攻撃を正当化した報告書である『米国家安全保障戦略』がブッシュ大統領名で刊行された。[28] この報告書は「ブッシュ・ドクトリン」としばしば揶揄される。同ドクトリンは一連の仮説に基づく。[29] それによれば、第一に、テロ支援国家は秘密裏に大量破壊兵器を開発・保有している。第二に、これを入手したテロリスト達は米国やその友好国に大量破壊兵器を用いて重大なテロ事件を引き起こす。第三に、そうした事態を断固阻止するためにテロ支援国家への先制攻撃が必要となる。またそうした先制攻撃は主権国家に認められた自衛権の行使に当たる故に、国際法上、合法である。しかしこれらの仮説の一つ一つが立証困難であり、その真偽は限りなく疑わしいものであった。しかも真偽の疑わしい仮説の上に築かれた結論がテロ支援国家と名指しされた国家への先制攻撃であり、それが国際法上、合法であるとする論理には甚だ危ういものがあった。これでは先制攻撃目標として選定された国家の指導部にとっては重大事であった。

同報告書は当面、対イラク武力行使を念頭に入れたものであり、北朝鮮を必ずしも想定したものではなかったが、遠くない将来、北朝鮮がその俎上に載りうることは十分に推測できることであった。従って、「悪の枢軸」の一角に名指しされた北朝鮮の金正日がこの「ブッシュ・ドクトリン」を深刻に受け止めない訳はなかったのである。

第四節　小泉訪朝と日朝関係の改善の展望

ブッシュ政権の対北朝鮮強硬政策への反発として金正日が急に態度を硬化したことで、米朝関係が悪化の一途を辿り出した。他方この間、日朝関係は反対に改善の方向へと向かいつつあった。それは外でもない北朝鮮との関係改善に向けて重大な決断を小泉純一郎が行ったからである。

ただし、それに至るまでには諸々の背景が横たわる。数年前から金正日は強硬　辺倒の姿勢を一先ず鞘に収め、近隣諸国との関係融和に向け積極外交に乗り出していた。この積極外交は金大中政権やクリントン政権の関与政策に応じる形で始まった。一九九九年一二月の村山富一元首相一行による訪朝などを契機として日朝関係にも関係改善の兆しが差し掛けていた[30]。しかしその後、ブッシュ政権の発足に伴い米朝関係が漸次悪化へと向かい出したことで、日本との関係改善は金正日にとって別の意味を持ち出した。日朝関係の改善を足掛かりとして米朝関係へ正の影響を及ぼしたいと考えた金正日は発足したばかりの小泉内閣に関係改善に向けシグナルを送った。

他方、二一世紀を迎え平和的台頭の掛け声の下で躍進を続ける中国の経済発展と核軍拡や金大中政権の太陽政策による南北融和などに代表される通り、激変を続ける北東アジア情勢の下で、日本は後手、後手に回っていた。金正日からのシグナルを前向きに捉え、独自外交を通じ活路を開こうと小泉は真剣に考えた。小泉が切札と考えたのは日朝国交正常化を最終的な視座に捉えた日朝関係の改善であった(31)。ところが、これに深刻な影を落としたのが日本人拉致事件であった。一九七〇年代の終りから八〇年代の初めに引き起こされた拉致事件はそれ以降、実在しない問題として不問とされ、日本の主要メディアも不気味な沈黙を続けた。しかし拉致事件の究明と被害者の救済なくして、日朝関係の改善という展望を描くことは不可能であった。この間、田中均外務省審議官と北朝鮮当局者の間で事件の妥結に向け水面下での交渉が進められていた(32)。しかし当局者は日本側に肝心な拉致の全容を決して明かさなかった。拉致の実態は全くもって不明であった。取引するため値段を吊り上げるために明かさないのか、それとも明かすことができない事由があるのか。小泉は金正日に直に質すことでしか事態の打開はないと考えるようになった。

しかし、北朝鮮との関係改善は一つ間違えば関係国に対する頭越し外交になり兼ねない弊害を併せ持っていた。韓国への配慮もそうであるが、何と言っても米国への配慮は日本にとって重大な意味を持っていた。対韓国関係の文脈では金大中の太陽政策が道を開いた(33)。対北朝鮮強硬派で鳴らした金泳三時代には日本の首相が訪朝することなどとても想定できなかったが、近隣諸国との友好関係樹立の上に南北間の融和を図りたいといった太陽政策の恩恵に預かり、日朝間の融和は日韓関係に取り立てて悪影響を与えることはなくなった。問題は対米関係であった。拉致問題打開のための水面下の動きは当初、ブッシュ政権には報告されていなかった。そもそもブッシュ政権の強硬派の横槍が入る蓋然性は高いとの判断に従い、同政権の知らないところで日朝当局者は日朝関係の改善と拉致問題の解決に向けぎりぎりの探り合いを演じていた。このため、ブッシュ政権は小泉内閣から唐突に小泉訪朝の方針を聞かされる格好となった。

しかもこの頃、米情報機関は北朝鮮の極秘の高濃縮ウラン計画が着実に進んでいることを示す情報をブッシュ政権に提出していた[34]。そうした情報が何程信憑性を持ったものであったかは疑問視されているとは言え、ウラン計画を巡る情報自体の発覚はこの時が初めてではなかった。クリントン政権時代から米情報機関はその存在を疑っていた。しかし政権の末期、北朝鮮への関与政策を推進していたクリントン政権はウラン計画の存在について沈黙を続けることを得策と考えた。ブッシュ政権が発足してからも暫くの間、ウラン計画を巡る話は立ち消えていた。ところが、訪朝に向け小泉内閣が動き出したこの時期になり、同計画の存在が忽然と注目された。このため訪朝に向けた小泉の動きとウラン計画の発覚の時期が奇しくも一致してしまった。極秘計画を進めていると疑惑視された北朝鮮との関係改善を日本が図ることはブッシュ政権にとって必ずしも歓迎される展望ではなかった。多少なりとも懸念を喚起することは自明であった。

九月一二日のブッシュの国連総会演説の日、急遽ニューヨークで持たれたブッシュ・小泉会談において焦点となったのは両政府の対北朝鮮政策を調整することであった[35]。小泉とブッシュの思惑には相当の隔たりがあった。米朝関係が身動き取れないところに持ってきて、日本の首相が日朝間の関係改善に向け訪朝することはブッシュ政権に難問を突き付けた。他方、父ブッシュ大統領時代から長年の懸案であったフセイン体制の打倒に本腰を入れ始めたブッシュにとって、同盟国からの確固たる支持と協力が不可欠であった。フランスやドイツなど、欧州の同盟国が対イラク武力行使に懐疑的であった中で、日本からの支持と協力の取付けは極めて重要であった。他方、ブッシュの了承なしに訪朝は成立しえないことを小泉は熟知していた。小泉は訪朝の意思をブッシュに直接伝えた。ブッシュは小泉の訪朝の意思を尊重し、快諾した。訪朝は小泉一流の外交ではあったが、盟友ブッシュとの個人的な繋がりあってこそのものであった。とは言え、気掛りなブッシュは小泉に北朝鮮が極秘の高濃縮ウラン計画を進めていることを告げると共に、訪朝の際にはウラン計画には触れないよう進言した。

その後も、小泉訪朝の直前までブッシュ政権はウラン計画について警戒を要すると、日本政府関係者にシグナルを送り続けた。九月一三日にパウエル国務長官は高濃縮ウラン計画について川口順子外相に説明したのに続き、小泉訪朝の前日の一六日にはベーカー（Howard H. Baker）米駐日大使が小泉の側近にウラン計画についての情報を提供した[36]。

（1）小泉・金正日首脳会談

こうして九月一七日に小泉は平壌で金正日との首脳会談に臨んだ[37]。ところが、想像を遥かに上回る拉致の実態に日朝正常化に向けた動きは足元を掬われることになる。会談は午前と午後の二回に分けて行われた。午前の会談で小泉は拉致の実態の公表と謝罪を求めたが、金正日は中々拉致問題に触れようとはしなかった。小泉とすれば、拉致問題の解決のために平壌に乗り込みながら、最高権力者から謝罪についての言質を取れないままでは日朝平壌宣言に署名できる訳はなかった。その際は、会談は決裂という最悪の事態を覚悟せざるをえなかった。しかし午後の会談で小泉が拉致問題への回答を執拗に求めると、金正日は遂に語り始めた。金正日によれば、一九七〇年代から八〇年代の初め頃まで、特殊機関の一部の妄動主義者が英雄主義に駆られ、拉致事件を引き起こした。その目的は特殊機関での日本語の教育にあった。しかし責任ある者は厳重に処罰された。金正日は国家の関与を認め謝罪した。最高権力者自身による証言とも告白とも言えるものであるが、その真偽のほどは全く不明であった。それでも、小泉は日朝平壌宣言への署名を決意した。その状況がメディアを通じ流された。あたかも敵地へ乗り込み迷宮入りしていた拉致問題を抉じ開けようとする小泉の表情と、ばつの悪さを抱え込んで、心そこにあらずといった金正日の表情の好対照はこの場の状況をあますことなく物語った。

日朝関係の改善に向けての小泉訪朝は重大な転機となる可能性を秘めたものであった。しかし一三人の拉致被害者の内、八人の死亡、五人の生存という発表が北朝鮮当局から行われたその瞬間、関係改善に向けた流れは一気に萎んだ。しかも死亡したとされる八人の死因や死亡時期についての釈明もずさんであり、とても信用に足るものではなかった。多くの日本国民、拉致被害者家族が密かに抱いていた被害者の生存への期待を当局の発表は粉々に砕いた。日朝平壌宣言が署名されたその時に、拉致の実態によってその脈絡は事実上絶たれることになった。拉致事件の解明と被害者の救済という小泉の目論見と莫大な支援を頂きたい金正日の目論見が取引される格好となったが、とても釣合の取れる内容ではなく、また拉致について金正日が触れたがりたくなかった理由の一つもそこにあった。その後、小泉内閣は生存するとされた五人の拉致被害者を日本へ帰国させることを決めた。その裏には、後述の通り一〇月上旬の米大統領特使訪朝によって極秘のウラン計画が発覚するといった状況の下で、被害者の帰国を急がせなければならないとする内閣の思惑があった[38]。

一〇月一五日に五人の拉致被害者が二四年ぶりに帰国した時、国民の多くは感動と歓喜で迎えた。しかし五人の帰国には永住帰国ではなく拉致被害者の家族を北朝鮮に残したままの一時帰国という縛りが掛かっていた。問題の一時帰国の期限が近付いたことで、北朝鮮へ帰すか、それとも帰すべきではないかを巡り小泉内閣は揺れた[39]。結局、一〇月二四日に被害者本人の意思を確認した上で、五人の被害者は帰さないと共に家族の帰国を北朝鮮当局に求めることを小泉内閣は決めた。一時帰国とした政府間の約束を履行しなければならないという小泉内閣にとって苦渋の選択であったかもしれないが、拉致という極悪の非人道行為の対象にされた被害者を侵害を受けた国に帰すというのは人道上当然、あるべき対応ではなかった。しかも被害者を一旦北朝鮮に帰すものならば、家族と一緒に日本の土を再び踏めるという保証はなかった。国民世論の上からも、被害者を帰すことが許されるような状況では到底なかった。

他方、被害者が北朝鮮に戻って来ない可能性があることを知りながら一時帰国を金正日指導部が認めたかどうかは不明である。何れにしても、拉致の実態は日朝関係に致命的とも言える一撃を加えた。そうした状況の下で、日朝平壌宣言に基づく国交正常化に向けての展望は事実上、頓挫した[40]。ところが、小泉の独自外交が同時多発テロ事件以降、対テロ戦争へと邁進するブッシュ政権に思わぬ波紋を投げ掛けたことは想像に難くない。大統領自身から快諾を得た上での訪朝であったが、北朝鮮を含めテロ支援国家への強硬な姿勢を一段と鮮明にしたブッシュ政権、特に政権を牛耳った強硬派の面々にとって小泉訪朝と日朝関係の改善に向けた展望は複雑な状況を作り出した。「悪の枢軸」の一角を占める金正日指導部が日本との関係改善を目論むことは、ブッシュ政権の強硬派にとってとても歓迎されるところではなかったからである。そうした日朝関係の改善を牽制するかのように、ブッシュ政権は北朝鮮へ毅然とした対応を講ずることを決めた。政権はこれを機に大きな布石を打つこととなる。

第五節　高濃縮ウラン計画の発覚――ケリーと姜の化かし合い

(1) ケリー訪朝

米大統領特使として上述のケリー国務次官補を筆頭とする訪朝団が一〇月三日から五日まで訪朝したのは、こうした状況の下であった。元々、特使の訪朝は以前から企図されたものであり、一〇月上旬に組み込まれたものではなかったが、延び延びになってこの時期にずれ込むこととなった。この裏には、ブッシュ政権の強硬派と穏健派の確執と暗闘による特使訪朝の遅延と、小泉訪朝に触発された形での特使訪朝に向けた動き、その訪朝団の特命を巡る対立など、複雑に捩じれた鬩ぎ合いがあった。[41]

数ヵ月前から訪朝を阻止するか、仮に阻止できなくともできるだけ遅れさせようとする強硬派と、訪朝を通じ糸口を模索しようとする穏健派が対立し、特使訪朝は事実上、棚上げになっていた。ところが、この間に小泉訪朝が急遽実現し、日朝関係が改善に向けて動き出した。しかも金正日の内心を探った小泉が特使派遣に向けてブッシュへシグナルを送った事態の下で、特使の派遣は強硬派にとっても引き止められない流れとなった。ここで強硬派は特使訪朝の阻止そのものから特使訪朝にある特命を持たせることに力点を移した。ケリー訪朝の裏には強硬派の目論見が働いていたことは明らかである。すなわち、強硬派の狙いは極秘の高濃縮ウラン計画の存在を示す独自情報を突き付け、金正日指導部に認めさせることであった(42)。

これに対し、日頃から警戒心と猜疑心を緩めない狡猾で強かな金正日とは言え、そうした裏があることまでは想定できていなかった。それには相応の事由がある。クリントン政権末期の米朝蜜月時代のオルブライト(Madeleine K. Albright)訪朝以来の二年ぶりの特使の訪朝、しかも小泉訪朝から数週間後の特使訪朝ということで、ブッシュ政権には多分に懐疑的であったものの、並々ならぬ期待を金正日が抱いていたことは事実であった。すなわち、日朝関係の改善に続き硬直状態にあった米朝関係を改善に向け立て直したいとの願望を金正日は持っていた。このことは特使訪朝について熱い思いを寄せる『朝鮮中央通信』の報道に映し出された(43)。待ち焦がれた大統領特使が飴をぶら下げて遣って来るとの思いがあったからであった。

ところが、現実は金正日にとってそれほど甘くはなかった。ケリー訪朝は明確な意図と意思を持って行われたものであった。金正日の淡い思いは粉々に粉砕されることになる。この訪朝こそ、「第二の危機」の発端となる高濃縮ウラン計画を姜錫柱北朝鮮第一外務次官が認めたことを掴む契機となる。まず一〇月三日、ケリーは姜錫柱や金桂冠(キム・ゲグァン)外務副相と向かい合った(44)。北朝鮮が進めている核開発計画及びミサイル開発計画、ミサイル機材の海外移転、膨大な通常戦力の展開、さらに深刻な人権侵害と悲惨な人道状況などなど、ブッシュ政権がいかに憂慮しているか繰り返して苦言を呈すると共に、これらの問題の包括的な解決を通じ初めて米朝関係は改善へと向かうことになるとケリーは北朝鮮側を諌めた。こうしたケリーの一方的な発言は姜錫柱や金桂冠に高圧的かつ傲慢に響いたことは想像に難くない。その上で、ケリーは問題の核心に迫った。核兵器の製造に向けて高濃縮ウラン計画を北朝鮮当局が極秘で進めていることを示す、遠心分離機に使用される強化アルミニウム管を大量に購入しようとしたことに関する独自の証拠があると言明し、同計画の存在を認めるよう姜錫柱や金桂冠にケリーは質した。これに対し、ウラン計画の所在を突如突き付けられた姜錫柱や金桂冠はウラン計画の存在を真っ向から否定した。

一つ一つ金正日を愚弄する耳障りな文言を並べられた挙句、ケリーから確信めいた独自情報を突き付けられたことは、特使訪朝に淡い期待感を持っていた金正日指導部の幹部達に激しい衝撃と動揺を与えた。同指導部の幹部達が集まり、ウラン計画の存在を否定すべきかあるいは敢えて認めるべきか論じ合った結果、同計画の所在の一端を米国側に握られたことを踏まえ、指導部は同計画を敢えて認め、その上で同計画を梃子にさらなる取引に打って出ることを決めたのである。

翌一〇月四日に憤然とした姜錫柱が金正日指導部の総意を伝えるとケリーに断言した。米国による不誠実な行動により米朝枠組み合意がもはや無効になったとし、枠組み合意の下でプルトニウム計画が凍結されている状況の下で、ウラン計画を進めて一体、何が悪いのか、ウラン計画の存在を保持することは当然の権利であると姜錫柱は忽然と猛反発に転じた[45]。ウラン計画の存在を真っ向から否定するものだと勘繰っていたケリーを初めとする訪朝団は、姜錫柱から居直るかのような言葉を聴いて驚いた。

問題はそこからであった。二年ぶりにようやく実現した米朝高官同士の会談であったことを踏まえれば、姜錫柱が認めたとする極秘計画についてどの様に双方が話し合うかが重要であった。居直った態度を見せ付けた姜錫柱の狙いもそこにあった。ところが、姜錫柱から虎の子とも言うべき言質を取ったことで、ケリーは席を離れた[46]。特使の特命が北朝鮮当局者からウラン計画について言質を取るという一点にあったとすれば、特命は達成されたことになる。今度は姜錫柱が驚いた。ケリーの行動は姜錫柱の想定を超えるものだったからである。とは言え、姜錫柱は間もなくケリー訪朝団がどの様な意思と意図の元で行われたのか気付く。一杯食わされたことを知った金正日は怒りを爆発させることになるのである。

北朝鮮外務省の声明を伝える一〇月七日の『朝鮮中央通信』報道からは、金正日の怒りが如実に伝わってくる[47]。こうした反応は金正日一流のものであったが、金正日に動揺と衝撃があったことは確かであった。これに対し、ケリーは帰国後直ちにブッシュ政権の面々に伝えた。これにはブッシュ大統領を初め政権上層部の面々は一様に驚かされた。ウラン計画の存在を梃子に北朝鮮への断固たる対応を模索しようとした政権からみて、隠し球と言える計画を姜錫柱が自分の方から認めてしまったからである。この時、重大な局面にブッシュ政権は直面していた。

一〇月一六日に高濃縮ウラン計画を極秘で進めていることを北朝鮮政府高官が認めたとブッシュ政権が公表した[48]。問題のウラン計画はＮＰＴ（核拡散防止条約）、ＩＡＥＡ（国際原子力機関）との保障措置協定、南北共同宣言、米朝枠組み合意などに対する重大な侵犯に該当するとブッシュ政権は断言すると共に、枠組み合意はもはや破綻したと結論付けた。これに対し、同計画が存在するとするブッシュ政権の主張は事実無根であると金正日指導部は繰り返し否定することになる。何れにしても、高濃縮ウラン計画の存在を北朝鮮高官が認めたとするケリー発言がこの段階から独り歩きしてしまい、同計画の存在が一気に既成事実化した。これを受け、強硬な対応をブッシュ政権が間髪を容れずに決めたことにより、米朝枠組み合意が事実上の破綻を余儀なくされる。この意味で、ケリー発言は重大性を持つのである。

ケリー発言を受ける形で、一〇月二〇日にパウエル国務長官は極秘に高濃縮ウラン計画を進めていたことを北朝鮮高官が認めたため、米朝枠組み合意は破綻したと言明した[49]。このことは事実上、ブッシュ政権が枠組み合意を破棄したことを物語った。ウラン計画の存在をその後北朝鮮当局は否定し続けるが、これにより勃発したのが今日に続く「第二の危機」である。

(2) 激憤する金正日

米朝枠組み合意は一九九〇年代から少なくとも表向きは米朝両国にとって友好と協調関係の象徴であった。枠組み合意とは、核問題だけでなく朝鮮半島の非核化に関する問題と米朝間の関係正常化に関する問題の三つの分野からなる包括的な合意であった[50]。この中でも、北朝鮮当局がことさら神経を使ったのは朝鮮半島の非核化の問題であった。と言うのは、米国の履行義務として核による威嚇とその使用を行わないとの保証を北朝鮮に与えなければならなかったからである。言葉を換えると、軽水炉の提供を別にしても、同合意が堅持されている間、金正日体制は安泰であるとの一定の保証が担保されるという意味合いがあった。従って金正日指導部にしてみれば、ブッシュ政権の言い掛かりによって枠組み合意が葬り去られたことは、体制保証の根幹が揺らぎ兼ねないことを意味した。枠組み合意の破棄を伝えるパウエルの発言に金正日が激憤したのは、こうした諸々の事情を踏まえてのことであった。

一〇月二五日にブッシュ政権の姿勢に猛反発する北朝鮮外務省の声明を『朝鮮中央通信』が伝えた[51]。報道から伝わってくるのは、いかに金正日が事態を深刻に受け止めていたかであった。金正日にとって、敵性国家への先制攻撃を謳った「ブッシュ・ドクトリン」は途轍もなく脅威に映ったはずである。と言うのは、米朝枠組み合意の事実上の破棄によって体制保証が取り払われた以上、米国による先制攻撃は起こり兼ねないと疑心暗鬼の金正日は受け止めざるをえなくなったからである。そうであるならば、先制攻撃の可能性に的確に対処するためには核抑止力の確保が不可欠であり、そのために核兵器開発が至上命令とならざるをえない。従って、米国が枠組み合意を破棄したことに伴い朝鮮半島の非核化を謳った南北共同宣言はもはや無効であり、それに拘束される必要はないと声明が言明したのである。とは言え、米国が体制保証を認める不可侵条約の締結に応じるのであれば、この限りではないと声明が論じたところが肝要であった。すなわち、一方で枠組み合意の破棄に対し過激な反応を示しながらも、他方で米国との対話の可能性を模索するという金正日一流の反応がみられる。ややもすれば金正日の過激な発言に左右され勝ちであるが、この両側面にこそ金正日の真意があるのであり、そこを正確に見定めないと、対応に少なからず狂いが生じてくる。それでは、ブッシュ政権は金正日の意図と意思をどの様に見定めたのであろうか。

(3) ブッシュ・江沢民会談

同日、ブッシュ大統領の御膝下であるテキサス州クロフォード(Crawford)を訪問した江沢民(チアン・ツォーミン)中国国家主席に対しブッシュが「第二の危機」の収拾に向け積極的な関与を求めると、これに対し江沢民は前向きな姿勢を示した[52]。ちょうどブッシュ政権が高濃縮ウラン計画の存在を明らかにした時であることを踏まえると、政権が同計画の存在を公にした時点から、金正日に対し相応の影響力を中国指導部は行使しうるとブッシュ政権は考え、また中国指導部が同危機への対応で鍵を握ると位置付けていたことを物語った。とは言え、中国指導部がこの危機の打開に向けどの様な役割を演ずるべきかについて、ブッシュ政権の強硬派と穏健派の双方が確固たる考えを共有していたかどうかは疑問である。

単独行動主義の誇りを受けたブッシュ政権がイラク危機と同時並行するかのように進行した「第二の危機」で江沢民指導部に関与を求めたことはある意味で意外とも受け取られることであった。とは言え、危機の打開に向け中国指導部が全面的に取り仕切ることを政権が望んだ訳ではないし、手柄となるような機会を中国指導部に与えることを政権が良しとした訳ではない。イラクへの武力行使に向け焦るブッシュ政権としては、しばしの間、北朝鮮への対応には手が回らないといったのが本当のところであった。さりとて野放しにしたならば金正日がどの様に暴走するやも知れず、金正日に対し相応の影響力を持つはずの中国指導部にしばし宥めて欲しいと考えたのである。フセイン体制を打倒するという最大の懸案事項が首尾よく片付けば、今度は「第二の危機」への対応も可能となる。それまでの間、核活動の再開に向け金正日指導部が暴走することを食い止めることが肝要であり、この方針に資する程度の役割を中国指導部に果たして頂きたい。すなわち、中国にはより控えめで謙虚な役回りに徹してもらいたいとブッシュ政権が望んだのである。

他方、中国指導部が「第二の危機」をどの様な視座から捉えていたであろうか。同危機は一九九〇年代前半の「第一の危機」のように、一触即発の事態を孕んだ事態であり、事と次第によっては思わぬ余波に曝され兼ねない憂慮すべき危機であった[53]。ところが、この危機は対応如何によっては中国指導部に利する可能性を秘めていたことも確かであった。勢い暴走し兼ねない金正日を適宜に論し、宥め、諫めることで、危機を沈静化の方向へと導くことができるならば、ブッシュ政権の警戒心や猜疑心を解き、信頼を勝ち取ることができるといった展望も開ける。ところが、ブッシュ政権が想定した以上に、遥かに大きな役割を中国指導部が演じることになる。ブッシュによる天の声は以降、「第二の危機」を通じ中国指導部にとって願ってもない多大な外交機会となる。とは言え、ブッシュに突然懇願された段階で江沢民がこの危機から引き出しうる外交上の成果を的確に認識していたかは明らかではない。

ところで、九月一七日の小泉訪朝から間もなくブッシュ政権が北朝鮮の高濃縮ウラン計画の存在を暴露する形で「第二の危機」が発生したことには様々な憶測が入り込む余地があるとは言え、明らかであったのは日朝関係の改善に向けた流れがこれにより萎んだことである。拉致被害者への過酷極まりない扱いへの日本国民の不信、不満、怒りも然る事ながら、突如「第二の危機」が発生したことで日朝正常化の掛け声の下で日本から莫大な支援を獲得することを見込んだ金正日の目論見は捕らぬ狸の皮算用に終わった。こうなれば、金正日一流の恫喝外交の出番であった。強烈な恫喝が必要であると感じた金正日が数年来の弾道ミサイルの脅威を呼び覚まそうと目論んだことは何の不思議でもない。一一月五日に日朝正常化交渉に前進がみられないのであれば、長距離ミサイルの発射実験についてのモラトリアムを解除すると、金正日は凄んでみせた(54)。

ブッシュ政権がイラクへの武力行使に向け奔走し出したことに伴い、その煽りを受け米朝関係が漸次悪化へ向かう中で、一方的な日朝関係の改善をブッシュ政権が快く思わなかったことには一理があった。この一〇月上旬という時期を推量すると、「第二の危機」を生み出した原因が高濃縮ウラン計画にあるとしてもこの機会を捉まえ同計画を摘発することで重大な危機へと転じたのは、ブッシュ政権の思惑通りであったと言えない訳ではない。これを契機としてブッシュ政権は対北朝鮮という文脈でも金正日を挑発すべく先手を取る。それは慢性的エネルギー不足に喘ぐ金正日指導部にとって重大性を持つ重油の提供を絶つという、兵糧攻めを想わせる策であった。

(4) KEDO、重油提供停止決定

高濃縮ウラン計画を米朝枠組み合意とNPTに対する深刻な侵犯であると断定したブッシュ政権は、間髪を容れずに重油の提供を断つという策を決めた。とは言え、これはブッシュ政権だけで決めうる筋の問題ではなかった。重油の提供停止の意思を米国は固めていた一方、日韓両国は重油の提供を続けたいと考えていたからである。これに対し米国は一一月一三日に総ての核兵器計画を北

朝鮮が放棄しない限り、一一月の重油提供を最後として北朝鮮への重油提供を停止することを決めてしまった。これを受け、一二月から重油提供を停止することがKEDO（朝鮮半島エネルギー開発機構）理事会で決定をみた。[55]米朝枠組み合意において繋ぎ燃料として位置付けられた重油の提供が停止されるという事態の下で、発電目的を大義名分として北朝鮮が核関連施設の再稼動に打って出て、それに伴い枠組み合意が破棄されてしまうことを踏まえると、これこそ重大な意味を持つ決定であった。重油提供の停止決定が紛れもない敵対行為であると金正日指導部に映ったことは疑問の余地はない。重油が絶たれる格好になった同指導部はいよいよ決定的な行動に出ることを決めた。金正日は核関連施設の再稼動に打って出るのである。

ところが、今以て疑問が残るのはブッシュ政権がどの様なシナリオを描いた上で、重油の提供停止という行動に至ったかである。これに猛反発する金正日の過剰反応へのさらなる対応をブッシュ政権は迫られることになるが、この時強硬派と穏健派の暗闘に揺れ動く政権の意思と意図が何処にあったのか、必ずしもみえてこない。

（5）高濃縮ウラン計画を巡る謎

姜錫柱がケリーの前でその存在を認め、その後に否定した高濃縮ウラン計画の存否には多くの推測と憶測が入り込む余地がある。それにしても何故、姜錫柱は同計画の存在を敢えて認めたのであろうか。

金正日指導部が二〇〇〇年に特別査察の実施をまたしても拒否したことに照らし、米朝枠組み合意への批判は燻り続けた。にも拘わらず、任期末期を迎え迷走し出したクリントン政権は北朝鮮への関与政策を発進させ、大統領訪朝と米朝正常化を視野に入れ米朝蜜月時代を演出しようと企図した。しかしブッシュ政権の成立によりそうした関与の時代は終わった。〇一年六月の対北朝鮮新政策の発表、九月の同時多発テロ事件後の対テロ戦争の発進、〇二年一月の「悪の枢軸」国家の名指しなどにより、米朝関係は漸次悪化の一途を辿った。とは言え、〇二年一〇月の段階では枠組み合意に基づく重油の供給は続いており、枠組み合意が形骸化しつつあったものの、破綻に至っていた訳でなかった。ケリーがウラン計画の所在について質すという特命を受け訪朝したのはそうした時期であった。かりにブッシュ政権がウラン計画の所在、特にその秘匿された場所、同計画の進捗状況などについて金正日が憶測した以上のことを掴んでいたとしても、姜錫柱が計画の存在を認めることが、あるいは認めかのように振る舞うことが、吉と出るか、それとも凶と出るかが大きな賭けであったことは間違いがない。

極秘計画の存在を敢えて認めれば、米国による強硬な反発、当然、重油の供給停止と米朝枠組み合意の破綻は予測されたはずであり、そうした反発を視野に入れる必要があった。これは慢性的な電力不足に窮する北朝鮮にとって極めて痛い損失であったはずであるが、その可能性を姜錫柱は想定してなかったのであろうか。もしもかつての枠組み合意での取引のように、米国から莫大な支援を勝ち取ることができる取引材料にウラン計画がなりうると姜錫柱が本気で考えたとすれば、あまりに独り善がりで見通しの利かない、一方通行の発想であった。

しかも、敢えて認めたのは姜錫柱の判断によるものであったとしても、姜に絶大な信頼を寄せる金正日が姜の方針に異論を挟まなかっただけでなく、姜の方針を支持した可能性が高い。これに朝鮮人民軍幹部を含めた指導部の面々が同意した上で、姜錫柱がそのような態度に出たのであろう。そうであるとすれば、金正日の発想と行動が相当、軸のぶれたものであったことに改めて気付かざるをえない。

常日頃からブッシュ政権に対し限りない猜疑心と警戒心を抱き、情報戦と心理戦に長けているはずの金正日がケリーの発言に対し真っ向から否定するのではなく敢えて認めたことは依然として謎である。ただしある程度言えることは、思い描いた淡く一途な期待感の下で、本来の研ぎ澄まされた猜疑心と警戒心が鈍る時がある。このためケリー訪朝団の策に嵌ったのであろうか。他方、ケリーにしても、もう少し臨機応変に振る舞うことはできなかったであろうか。姜錫柱が極秘計画の存在をほのめかした時、会合を打ち切るのでなく同計画を今後の検討対象とするかのように振る舞うこともできたはずである。しかし、そのままケリーが席を離れたことは訪朝団の意図と意思が何処にあったかを姜に図らずもみせてしまった。

ケリーと姜錫柱の遣り取りは、一見、手が込んだ芝居にみえながらも、実は双方とも相手側がどう対応するかについて、先々までの読みなど実はなく、自らに都合のよいように描いたシナリオに従い下手な芝居を演じ合ったような印象を与える。そして読みが外れた時、相手を罵倒しながら勢い過剰反応に打って出ると、相手側によるさらなる過剰反応を招き、これに伴い危機が醸成されるという特徴がみられるのである。事の真実は未だに霧の中であるが、双方とも自ら準備したシナリオに従いながら、相手を術策に陥れようと、心理戦とも言えない、奇妙な化かし合いを演じていたことになる。ところが、この化かし合いが今日に続く「第二の危機」を引き起こすことになる。そしてこうした手の探り合いが常態であるとすれば、信頼関係の構築などいざ知らず北朝鮮危機を解決するために不可欠の信頼醸成などできるはずもなかった。

【注】

（1） 強硬派と穏健派の人脈描写について、船橋洋一『ザ・ペニンシュラ・クエスチョン—朝鮮半島第二次核危機』（朝日新聞・二〇〇六年）二二〇―二三四頁。

（2） この点について、同上、二四二―二四三頁。

（3） パウエル発言について、〝Excerpts: Powell March 6 Remarks on S. Korea, N. Korea, China,〟 Department of State, ***Washington File***, (March 7, 2001.)

（4） ブッシュ・金大中首脳会談について、〝Bush Talks Tough on North Korea,〟 ***CNN***, (March 7, 2001.); 〝Joint Statement by US President George W. Bush and ROK President Kim Dae-jung,〟 ***NAPSNet SPECIAL REPORT***, (March 8, 2001.) and 〝Joint Press Conference by US President George W. Bush and ROK President Kim Dae-jung,〟 (Transcript), ***NAPSNet SPECIAL REPORT***, (March 8, 2001.); 〝Bush Tells Seoul Talks with North won't Resume Now,〟 ***New York Times***, (March 8, 2001.); and Alex Wagner, 〝Bush Puts N. Korea Negotiations on Hold, Stresses Verification,〟 ***Arms Control Today***, (April 2001.)

（5） パウエルによる記者会見について、〝Press Conference by US Secretary of State Powell (Transcript),〟 ***NAPSNet SPECIAL REPORT***, (March 8, 2001.); and 〝Powell Wants a Reduction on Size of N. Korea's Million-Man Army,〟 ***Washington Times***, (March 9, 2001.)

（6） 北朝鮮による通告について、〝North Korea Cancels Talks with South Korea,〟 ***New York Times***,

(March 12, 2001.); "N. Korea Cancels Talk, Sets Reconciliation Back," ***CNN***, (March 13, 2001.); "5th Inter-Korea Ministerial Talks Postponed," ***Chosun Ilbo***, (March 13, 2001.); and "North Abruptly Calls off Meeting," ***Joongang Ilbo***, (March 14, 2001.)

(7) 『労働新聞』に掲載された論説を伝える『朝鮮中央通信』報道について、"U.S. Hostile Policy toward DPRK under Fire," ***KCNA***, (March 15, 2001.) 関連する文献として、"North Korea Turns up the Heat; Calls U.S. a Nation of Cannibals," ***New York Times***, (March 15, 2001.); and "North Korea Slams Bush Stance," ***Washington Times***, (March 15, 2001.)

(8) ケリー発言について、"Briefing on Policy toward North Korea", James Kelly, Assistant Secretary for East Asian and Pacific Affairs, Press Briefing Following the Trilateral Coordination and Oversight Group (TCOG) Meeting, Honolulu, Hawaii, (May 26, 2001.)

(9) 六月六日に公表されたブッシュ政権の対北朝鮮政策について、"Text: Bush Statement on Undertaking Talks with North Korea," White House, White House Office of the Press Secretary, (June 6, 2001.); "Bush: 'Broad Agenda' for N Korea Talks," ***CNN***, (June 6, 2001.); "Bush Reopens North Korea Arms Talks," ***CNN***, (June 6, 2001.); and Alex Wagner, "Bush Outlines Terms for Resuming Talks with North Korea," ***Arms Control Today***, (July/August 2001.)

(10) 北朝鮮当局の反駁を伝える『朝鮮中央通信』報道について、"Spokesman of DPRK Foreign Ministry on Bush's Statement on Resuming Negotiations with DPRK," ***KCNA***, (June 18, 2001.) 関連する文献として、"North Korea Rebuffs U.S. on Troop Talks," ***New York Times***, (June 19, 2001.)

(11) この点について、前掲書『ザ・ペニンシュラ・クエスチョン』二三六頁。

(12) 米国で一九八〇年代に繰り広げられた〝ミサイル防衛論争について、斎藤直樹『戦略防衛構想――〝ミサイル防衛論争を振り返って』(慶応通信・一九九二年)。Naoki Saito, "***Star Wars" Debate: Strategic***

Defense Initiative and Anti-satellite Weapons, Ph D. Dissertation, University of Miami Coral Gables, Florida, (July, 1987.)

（13）この点について、"National Missile Defense," Federation of American Scientists; "National Missile Defense," *Online NewsHour*; and William D. Hartung and Michelle Ciarrocca, "The Marketing of Missile Defense 1994-2000," Arms Trade Resource Center, (May 2000.)

（14）北朝鮮の弾道ミサイルの脅威に関するテネット長官の議会証言について、"Statement of the Director of Central Intelligence George J. Tenet before the Senate Armed Services Committee Hearing on Current and Projected National Security Threats," DCI Statement: Current and Projected National Security Threats," CIA, (February 2, 1999.)

（15）ミサイル防衛配備に関するクリントン大統領による中止決定について、"Clinton Leaving Missile Defense to Next President," *CNN*, (September 1, 2000.); and "Clinton Leaves Missile Defense Shield Decision to Successor," *CNN*, (September 1, 2000.)

（16）ミサイル防衛構想の推進を宣言するブッシュ大統領声明について、"Remarks by the President to Students and Faculty at National Defense University," Office of the Press Secretary, Washington, D.C., (May 1, 2001.) ウォルフォウィッツ国防副長官による議会証言について、Paul Wolfowitz, "Prepared Testimony on Ballistic Missile Defense," Senate Armed Services Committee, U.S. Department of Defense, (July 17, 2001.); and "Missile Defense Plans could Violate ABM Treaty," *CNN*, (July 12, 2001.)

（17）他方、ミサイル防衛システムの配備にとって重大な障害として槍玉に挙げられたのが一九七二年五月に米ソ間で調印されたＡＢＭ制限条約であった。ミサイル防衛を厳しく制限した同条約は冷戦時代、米ソ間の戦略上の安定の象徴として位置付けられ、クリントン政権時代においても堅持された。

これに対し、弾道ミサイル攻撃から防護する限定的ミサイル防衛システムの配備計画である初期配備計画に予定された候補兵器の幾つかが同条約に抵触するとの判断から、ブッシュ政権は脱退を決めた。二〇〇一年一二月一三日にブッシュ政権はＡＢＭ制限条約からの脱退をロシアに通告した。ＡＢＭ制限条約からの脱退を宣言するブッシュ大統領声明について、"President Discusses National Missile Defense," White House, White House Office of the Press Secretary, (December 13, 2001.); and "U.S. Quits ABM Treaty," *CNN*, (December 14, 2001.) これに対するプーチン・ロシア政権の冷やかな反応について、"Russia Accepts U.S. ABM Withdrawal," *AP*, (December 14, 2001.); and "Russian Reaction to US Withdrawal," ***NAPSNet Daily Report***, (December 14, 2001.) この間の二〇〇二年一二月一八日に初期配備計画をブッシュ大統領が発表した。米国民へ脅威を及ぼす大量破壊兵器とその運搬手段を保有する敵性国家やテロ組織がもたらし兼ねない破滅的な危害から米国民を保護するためにあらゆる必要な手段を講ずる用意があるとの意思を表明し、その上で飛来する弾道ミサイルを迎撃するため地上配備防衛システム（ＧＭＤ：Ground-based Mid-course Defense System）、海上配備防衛システム（ＳＭＤ：Sea-based Mid-course Defense System）、ペイトリオット・ミサイル（ＰＡＣ-３：Patriot Advanced Capability-3）、地上・海上・宇宙配備センサーの配備などからなるミサイル防衛システムの初期配備を行うとブッシュは言及した。ブッシュによるミサイル防衛システムの配備決定について、"Bush Rolls out Missile Defense System: First Interceptors to be Deployed by 2004," *CNN*, (December 18, 2002.); and "Bush Vows to Build Missile Defenses, *Washington Times*, (December 18, 2002.)

（18）同事件について、斎藤直樹『イラク戦争と世界』（現代図書・二〇〇四年）四八-五二頁。

（19）ブッシュ大統領による対テロ戦争宣言について、George W. Bush, "Remarks by the President in Photo Opportunity with the National Security Team," U.S. Capital, White House Office of the Press

Secretary, (September 12, 2001.)

(20) 米国によるアフガニスタン攻撃について、前掲書『イラク戦争と世界』五三-五五頁。

(21) ブッシュ大統領による二〇〇二年の一般教書演説について、George W. Bush, "President Delivers State of the Union Address," U.S. Capital, White House Office of the Press Secretary, (January 29, 2002.); and Alex Wagner, "Bush Labels North Korea, Iran, Iraq an 'Axis of Evil,'" *Arms Control Today*, (March 2002.) 斎藤直樹『検証・イラク戦争』（三一書房・二〇〇五年）四三-四五頁。

(22) この点について、"Spokesman for DPRK Foreign Ministry Slams Bush's Accusations," *KCNA*, (January 31, 2002.); and "KCNA on Bush's Belligerent Remarks," *KCNA*, (February 2, 2002.) 関連する文献として、"North Korea Assails 'Axis' Label," *Washington Times*, (February 1, 2002.); "N Korea Hits Back at Bush's 'Evil' Tag," *CNN*, (February 1, 2002.); and "NK Likens Bush's Remarks to Declaration of War," *Korea Times*, (February 1, 2002.)

(23) この可能性について、斎藤直樹『北朝鮮危機の歴史的構造１９４５-２０００』（論創社 二〇一三年）三三九-三四四頁。

(24) ブッシュ大統領の訪韓について、"Bush to Talk 'Evil Axis' in Korea," *CNN*, (February 19, 2002.); "Bush's South Korean Challenge," *CNN*, (February 19, 2002.); "Korean Visit," *Online News Hour*, (February 20, 2002.); "Bush 'Committed' to South Korean Security," *CNN*, (February 20, 2002.); "Bush Peers into 'Evil' North Korea," *CNN*, (February 20, 2002.); "Bush at DMZ," *CBS News*, (February 20, 2002.); "Bush Takes First Look at 'Despotic' North Korea," *CNSNews.com*, (February 20, 2002.); "Bush Ends Korea Visit with Rallying Call for Troops," *CNN*, (February 20, 2002.); and "Bush Urges N Korea to Open up," *BBC News*, (February 20, 2002.)

(25) ブッシュのパフォーマンスに激憤した金正日は二月二〇日にブッシュ政権との交渉は不可能であ

ると断言した。ブッシュ訪韓を非難する『朝鮮中央通信』報道について、"Bush's Visit Opposed in S. Korea," ***KCNA***, (February 20, 2002.) 関連する文献として、"North Korea Rejects 'Useless' Dialogue Offer," CNN, (February 22, 2002.)

(26) 米韓合同軍事演習について、"Korean War Games Spark Warning," CNN, (March 21, 2002.) 軍事演習を罵倒する『朝鮮中央通信』報道について、"U.S.-S. Korea Joint War Exercises under Fire," ***KCNA***, (March 21, 2002.) 関連する文献として、"North Korea Condemns New U.S. Military Exercises," ***Militant***, (April 1, 2002.)

(27) ウェストポイント陸軍士官学校でのブッシュ演説について、George W. Bush, "President Bush Delivers Graduation Speech at West Point," West Point, New York, White House Office of the Press Secretary, (June 1, 2002.)

(28) ブッシュ大統領名で公刊された『米国国家安全保障戦略』について、George W. Bush, "The National Security Strategy of the United States of America," White House, White House Office of the Press Secretary, (September 17, 2002.)

(29) この点について、前掲書『検証・イラク戦争』一七六頁。

(30) 日朝関係改善の兆しについて、前掲書『北朝鮮危機の歴史的構造１９４５-２０００』四八二頁。

(31) この点について、前掲書『ザ・ペニンシュラ・クエスチョン』一〇九-一一〇頁。

(32) 水面下の交渉について、同上、一一三頁。

(33) 金大中は北朝鮮と日米両国の関係改善に向けシグナルを送った。この点について、"South Korea's New President Appeals to North to End Decades of Division," ***New York Times***, (February 25, 1998.) 前掲書『北朝鮮危機の歴史的構造１９４５-２０００』四六三頁。

(34) この点について、前掲書『ザ・ペニンシュラ・クエスチョン』一八八-一九五頁。

(35) ブッシュ・小泉会談について、"Hints on N. Korea Surfaced in 2000; U.S. Informed East Asia Nations of Nuclear Effort," ***Washington Post***, (October 19, 2002.); and "U.S. Begins Diplomatic Offensive on North Korea; The White House Asks Nations in the Region to Help Stop the Nuclear Program. China is Key," ***Los Angeles Times***, (October 19, 2002.) 前掲書『ザ・ペニンシュラ・クエスチョン』一二七頁。

(36) 米国による情報提供について、"Tokyo Knew of N. Korean Nuclear Program Details before Summit," ***Kyodo News Service***, (December 2, 2002.)

(37) 小泉訪朝と金・小泉首脳会談を伝える『朝鮮中央通信』報道について、"Japanese Prime Minister Arrives Here," ***KCNA***, (September 17, 2002.); "DPRK Foreign Ministry Spokesman on Issue of Missing Japanese," ***KCNA***, (September 17, 2002.); "Talks between Kim Jong Il and Koizumi Held," ***KCNA***, (September 17, 2002.); and "DPRK-Japan Pyongyang Declaration Published," ***KCNA***, (September 17, 2002.)「「横田さん、有本さんら拉致の8人死亡」北が安否情報示す　金総書記謝罪、5人は生存」『読売新聞』(二〇〇二年九月一八日)。「日朝首脳が初会談、首相「拉致」解決を要求　金総書記「遠い国に終止符を」」『読売新聞』(二〇〇二年九月一七日)。"N. Korea Admits Abducting Japanese: Startling Concession Comes during Summit between Nation's Leaders," ***CBS News***, (September 17, 2002.); "N. Korea Admits Japanese Kidnappings," ***CNN***, (September 17, 2002.); "N. Korea Admits it Abducted Japanese; Disclosure Clears Way for Historic Accord," ***Washington Post***, (September 18, 2002.); and "North Koreans Sign Agreement with Japanese," ***New York Times***, (September 18, 2002.)

(38) 小泉内閣の思惑について、前掲書『ザ・ペニンシュラ・クエスチョン』六四頁。

(39) この点について、同上、六五-六六頁。

（40）同宣言には、無期限のミサイル発射実験の凍結、朝鮮半島における核問題の包括的解決、国際合意の完全な尊重などが盛り込まれた。本来であれば、一〇月中に国交正常化交渉が再開されるという道筋で合意が成立していた。前掲「「横田さん、有本さんら拉致の8人死亡」北が安否情報示す　金総書記謝罪、5人は生存」。前掲「日朝首脳が初会談、首相「拉致」解決を要求　金総書記「遠い国に終止符を」」。

（41）この点について、前掲書『ザ・ペニンシュラ・クエスチョン』一四一頁、一七八-一八二頁。

（42）強硬派の狙いについて、同上、一八二頁。

（43）ケリー訪朝を伝える『朝鮮中央通信』報道について、"U.S. President's Special Envoy Arrives, ***KCNA***, (October 3, 2002) 関連する文献として、"U.S. Envoy Meets N. Korea's No. 2," ***Reuters***, (October 4, 2002)

（44）ケリー・姜錫柱会談について、"US Special Envoy Leaves Pyongyang," ***Xinhua News Agency***, (October 5, 2002.); Press Statement, Richard Boucher, Spokesman, "North Korean Nuclear Program," U.S. Department of State, (October 16, 2002.); James A. Kelly, "U.S.-East Asia Policy: Three Aspects," Remarks at the Woodrow Wilson Center, Washington, D.C., (December 11, 2002.); "Government Stresses Dialogue on Nuclear Issue," ***Chosun Ilbo***, (October 17, 2002.); "U.S. Followed the Aluminum: Pyongyang's Efforts to Buy Metal was Tip to Plans," ***Washington Post***, (October 18, 2002.); "North Continued Nuclear-Arms Project," ***Joongang Ilbo***, (October 18, 2002.); "U.S.: North Korea Admits Nuke Program," ***CNN***, (October 16, 2002.); and Paul Kerr, "North Korea Admits Secret Nuclear Weapons Program," ***Arms Control Today***, (November 2002.) 前掲書『ザ・ペニンシュラ・クエスチョン』一五四-一五六頁。

（45）この点について、前掲書『ザ・ペニンシュラ・クエスチョン』一四六-一五〇頁。

(46) この点について、同上、一五〇頁。
(47) 同報道によれば、ブッシュ政権が対話再開に向け特使の派遣を打診したので問題解決を期待して特使を迎えたが、核兵器、ミサイル、通常戦力、人権問題などについての米国の要求を北朝鮮が受諾して初めて米朝間、日朝間、南北間の関係が円滑に解決しうると特使は主張した。米国が提起した「懸念問題」は北朝鮮への米国の敵視政策の産物である。特使による説明はブッシュ政権が対話の方針ではなく北朝鮮を跪けるべく敵対的な強硬政策を進めていることを物語った。ブッシュ政権が「悪の枢軸」かつ先制核攻撃の標的リストから北朝鮮を解除することを拒否すると共に北朝鮮へ強硬政策を堅持していることを踏まえ、あらゆる必要な対抗手段を講ずることを特使に明らかにしたと、同報道は断言した。"Spokesman for DPRK FM on DPRK Visit of Special Envoy of U.S. President," *KCNA*, (October 7, 2002.)
(48) ブッシュ政権による公表について、*op.cit.*, "North Korean Nuclear Program."; "N. Korea Admits Having Secret Nuclear Arms," *Washington Post*, (October 17, 2002.); "North Korea Says it Has a Program on Nuclear Arms," *New York Times*, (October 17, 2002.); "North Korea Adm'ts Nuclear Program," *Washington Times*, (October 17, 2002.); *op.cit.*, "U.S. Followed the Aluminum: Pyongyang's Efforts to Buy Metal was Tip to Plans."; and Paul Kerr, "North Korea Admits Secret Nuclear Weapons Program," *Arms Control Today*, (November 2002.)
(49) 米朝枠組み合意が破綻したと言明したパウエル国務長官の見解について、"Powell: U.S.-N. Korea Nuke Deal Dead," *CBS News*, (October. 20, 2002.)
(50) 米朝枠組み合意について、"Agreed Framework between the United States of America and the Democratic People's Republic of Korea," (October 21, 1994.)
(51) 同報道によれば、ブッシュ政権が「悪の枢軸」と先制核攻撃の標的の一つとして北朝鮮を名指ししたことは、共同声明と枠組み合意を無効にしたものであり、北朝鮮への明白な宣戦布告を意味する。北朝鮮への先制核攻撃を企む動きはNPTの依拠する精神に対する露骨な違反であり、非核化に関する南北共同宣言を死文化させるものである。政治的、経済的、軍事的圧力のために北朝鮮の生存権が深刻に脅かれている状況の下で、北朝鮮が何もしないと思う者はいないであろう。米国による核の脅威から自主権と生存権を守るため、核兵器だけでなくより強力なあらゆる種類の兵器を北朝鮮が保有する権利がある。そして三つの条件に関し交渉を通じた問題の解決を模索する用意がある。第一に、米国が北朝鮮の自主権を認めること。第二に、米国が北朝鮮への不可侵を保証すること。第三に、米国が北朝鮮の経済発展を阻害しないことである。そして朝鮮半島の重大な事態が克服されるためには、米朝間で不可侵条約を結ぶことが核問題に対する合理的かつ現実的な解決であると考えられる。同条約の締結を通じ北朝鮮への核の不使用を含む不可侵を保証するならば、北朝鮮は米国の安全保障上の懸念を取り除く準備ができていると、声明は結んだ。北朝鮮外務省声明を伝える『朝鮮中央通信』報道について、"Conclusion of Non-aggression Treaty between DPRK and U.S. Called for," ***KCNA***, (October 25, 2002) 関連する文献として、"North Korea Demands U.S. Agree to Nonaggression Pact," ***New York Times***, (October 26, 2002.); "N. Korea Seeks Compromise on Nukes?" ***AP***, (October 26, 2002.); "N. Korea Sets Nuke Talks Conditions," ***CNN***, (October 25, 2002.); and "N. Korea Seeks 'Non-Aggression Treaty: DPRK Willing to Negotiate if U.S. Recognizes its Sovereignty,'" ***AP***, (October 24, 2002.)

(52) ブッシュと江沢民の首脳会談について、"President Bush, Chinese President Jiang Zemin Discuss Iraq, N. Korea," (Remarks by the President and Chinese President Jiang Zemin in Press Conference.) Crawford, Texas, White House Office of the Press Secretary, (October 25, 2002.); and "Bush, Jiang Talk N. Korea Nukes: Presidents also Discuss Iraq, Taiwan during Texas Ranch

Talk," *AP*, (October. 25, 2002.)

(53) 「第一の危機」での中国指導部の危惧について、前掲書『北朝鮮危機の歴史的構造１９４５－２０００』三三六－三三七頁。

(54) 金正日の牽制について、"N. Korea Warns of Lifting Freeze on Missile Tests," ***Washington Post***, (November 5, 2002.); "North Korea Warns of New Tests unless Japan Ties Improve," ***New York Times***, (November 5, 2002.); and N. Korea may Reconsider Missile Test Moratorium, ***Reuters***, (November 5, 2002.)

(55) 重油供給停止を決めたＫＥＤＯ理事会の決定について、"KEDO Executive Board Meeting Concludes - November 14, 2002," (November 14, 2002.); "KEDO Statement on North Korea, November 14," ***Disarmament Documentation***.; and Paul Kerr, "KEDO Suspends Oil Shipments to North Korea," ***Arms Control Today***, (December 2002.)

第五章　北朝鮮の核活動再開と米朝対立の激化

第一節　核関連施設の再稼動

突如、重油の提供が断たれたことでそれでなくとも厳しい状況にある金正日指導部に追撃ちを掛けたのが、高濃縮ウラン計画の査察を求めたＩＡＥＡ（国際原子力機関）の要求であった。ブッシュ政権による働き掛けに応じる形で、伝えられているウラン計画について遅滞なく査察を受け入れることを北朝鮮に求めた決議がＩＡＥＡ理事会で一一月二九日に採択された(1)。

これに対し金正日指導部は猛反発したがその主張と対応には重要な意味が隠されていた。査察の受入れを求める決議の採択に激憤した金正日は、中立公平であるべきＩＡＥＡが米国側に偏向しているとして決議を拒絶する姿勢を明らかにした。確かに金正日の反論にも一片の道理はあった。とは言え、一九九〇年代前半の「第一の危機」の最中だけでなく米朝枠組み合意の締結以降も査察を事実上、拒否し続けてきた金正日に対し、査察に応じなければならないとしたＩＡＥＡの要求は必ずしも一方的な対応ではなかった。ウラン計画の存在を金正日が否定したいのであれば、査察の受入れに対し正々堂々と応じればよい訳であり、それ故に査察の実施を求めた決議は極めて当然の措置であった。査察の受入れを金正日が拒否したことはウラン計画の存否について疑義を持たれても仕方がない状況を作り出した。ウラン計画の存否は別にして査察の受諾拒否によって同計画についての疑惑は深まる結果となった。

これ以降、米朝枠組み合意の下で定められた寧辺（ニョンビョン）の核関連施設の凍結を解除し核活動の再開に打って出た金正日指導部の言動には驚くべきものがある。これはブッシュ政権としても想定を超える事態であった。それでは、金正日はどの様に動いたのであろうか、またこれに対しブッシュ政権はどの様に対応したのであろうか。まず、一二月一二日付の『朝鮮中央通信』に掲載された北朝鮮外務省の声明に金正日一流の強弁が看取できた。同報道によれば、北朝鮮が高濃縮ウラン計画の存在を認めたとして枠組み合意への侵犯が明らかになったために、一二月から重油の提供停止に米国は打って出たと、ブッシュ政権は世論を欺いた。北朝鮮がウラン計画を認めたとするのは、一方的な言い掛かりに過ぎない。「悪の枢軸」国家であり先制核攻撃の標的の一つになると北朝鮮を米国が名指ししたことにより、北朝鮮への核の脅威は現実のものとなった通り、枠組み合意の精神と条項への侵犯という責任を米国は逃れることはできない。重油の提供停止後、査察を通じ核開発計画の放棄を実現すべく米国は北朝鮮に圧力を加えている。これは力尽で北朝鮮を武装解除すると共に体制転覆を目論む米国の意図を明らかにするものである。北朝鮮への重油提供は支援でも協力でもなく原子炉の凍結に伴う電力の損失を補償する米国の義務以外の何物でもない。その履行義務を米国が放棄したため、北朝鮮は電力の損失を被る結果となった。従って、北朝鮮が核施設を凍結するか否かは総て米国の姿勢に依拠する、と声明は断言した(2)。この声明は枠組み合意の下で約束された重油の提供が停止されたため、発電のため核施設の凍結を解除し、その再稼働を迫られたとする金正日からみた反駁であった。要するに、枠組み合意を侵犯した非は重油提供を停止した米国側にあり、重油を絶たれた北朝鮮としては発電目的のために核施設の再稼動に移らざるをえないというのが金正日の論理であった。

一二月二一日に金正日指導部は行動を開始した。同日、五MW黒鉛炉に設置された監視カメラに覆いを被せると共に、八〇〇〇本の使用済み核燃料棒が収納された再処理施設などに貼られた封印を剝がすという挙に出た[3]。続いて一二月二六日には金正日指導部が黒鉛炉に新たに燃料棒の挿入を始めたことをＩＡＥＡが伝えた[4]。ところで、ラムズフェルド国防長官がイラクと北朝鮮の両国へ米軍を同時に投入できると不気味な警告を発したのは、こうした時であった[5]。北朝鮮が核活動を再開した裏には現下に差し迫ったイラクとの武力衝突の可能性を踏まえ、米軍の軍事力がそれによって削がれ兼ねないという幻想を抱いたからであると、ラムズフェルドは推論を披露し、その上で金正日へ警鐘を鳴らした。同時に二つの主な地域紛争を米軍は戦うことができるとラムズフェルドは言い切った。すなわち、米国は一方の戦域で決定的な勝利を収め、直ちに他方の戦域で相手を打ち負かすことができるとし、米軍の軍事力について誤解をしてはならないと、ラムズフェルドは付け加えた。このことは、まずイラクを叩きその勝利後、北朝鮮を叩くことを示唆した。ラムズフェルド自身、北朝鮮への軍事行動が必ずしも差し迫ってはいないと強調した訳であるが、この発言は金正日を挑発するには十分であった。一二月二七日にＩＡＥＡ査察官を国外退去処分とすることを金正日は決定し[6]、三一日に査察官を国外へ退去させるという挙に出たのである。

(1) 北朝鮮、NPTとIAEA保障措置協定からの離脱

金正日指導部による核活動の再開があまりにも大胆かつ性急なところから、この先どの様な事態へと及ぶか危ぶまれた。しかも、二〇〇三年一月を迎え湾岸地域では、イラク危機の尖鋭化に伴い米国とイラクがいよいよ全面的な軍事衝突の様相を帯び出したことで、北朝鮮を巡る情勢もイラク危機の余波を受ける形で緊迫の度を加え出した。核関連施設の再稼動決定を強く非難する決議が一月六日のIAEA緊急理事会で採択されたのは、こうした時であった。同決議は封印の貼り直しと監視カメラの再稼動、IAEAによる査察の受入れ、高濃縮ウラン計画についての詳細の公表を北朝鮮に強く求める内容であった[7]。

疑惑を金正日指導部が晴らすためには何らかの形でIAEAの求めに応じなければならなかった。求めを頑に拒否するようでは、ウラン計画の存在が確実視されても仕方のない状況を作り出すことを意味した。これに対し、IAEAの要請に対し真っ向からの挑戦と思える行動を金正日が決めた。一月一〇日に米国による深刻な脅威に曝されているとして金正日はNPTとIAEAの保障措置協定からの脱退宣言を行ったのである[8]。金正日の主張には、深刻な電力不足に見舞われたたけでなく先制攻撃の目標とされ兼ねないとの認識の下で、核抑止力の確保のため核兵器開発が何としても必要であり、そのためにNPTからの脱退は仕方がないとの含蓄が込められていた。金正日の主張に一片の理があったとしても、NPTからの脱退によって査察の可能性は当分、不可能になった。この時、緊迫のレベルはさらに一段上がったことになる。

事態を重くみたブッシュは江沢民に電話を入れ、金正日に自制を促すよう江沢民に働き掛けた。[9]江沢民こそ、制御不可能な事態へと暴走し兼ねない金正日の行動に待ったを掛けることができるとの目算に基づくものであった。このことは、ブッシュにとって江沢民が金正日を何とか宥める頼みの綱になったことを物語る。この間、江沢民が少なくとも表向きは金正日へ自制と自重を促したが、[10]金正日の動きにブレーキを掛けることができるかどうかは別問題であった。金正日指導部は実際に核兵器開発に狂奔し出したのである。[11]

第二節　ブッシュの挑発と猛反発する金正日

ところで、こうした推移の下で行われたのが一月二八日のブッシュによる一般教書演説であった。[12]対イラク軍事侵攻を目前に控えたブッシュはイラクへの武力行使の必要を切々と訴えた一方、北朝鮮への対応についても言質を与えた。その中で、イラクへの対応とは異なり、「第二の危機」についてはあくまで平和的解決を目指すとした上で、金正日が核計画を通じ世界を脅かすことで譲歩を得ようとしているが、そうした脅しに米国は決して屈しないと金正日を指弾した。

他方、ブッシュが平和的解決を呼び掛けたとは言え、矛先が一度狂えば、自らの頭上にも及び兼ねないことは金正日も十分に自覚できた。ここで、北朝鮮外務省はブッシュが先の一般教書演説で北朝鮮に対し重大な挑発を行ったとしてブッシュを痛烈に罵倒する声明を発した。同声明を伝える一月三〇日の『朝鮮中央通信』報道から、金正日の怒り心頭ぶりが伝わってくる。[13]同報道によれば、ブッシュはこれまで感情的な口を叩く人間として悪評を得てきたが、ブッシュ演説は白日の下で白黒を逆さにしようとしている恥知らずな食わせ者であり、好みに沿わない人間を埋もなく排斥する人間嫌いの化身であることを立証した。その上で、この演説は北朝鮮体制の打倒を目論む公然とした侵略宣言である故に、北朝鮮は自らの体制を死守すべく最大限のことを行うと声明は結んだ。過敏な反応が御決りであるとは言え、ブッシュをこれほど中傷する表現は異例のことであった。

一方、ブッシュ政権の求めに応じ北朝鮮の核開発問題を安保理事会へ付託することをIAEAが決めた。二〇〇二年一一月と二〇〇三年一月に採択された核査察の受入れを求めた決議が北朝鮮当局によって拒否されたことを重大視したIAEA理事会は、二月一二日にNPTへのさらなる侵犯を北朝鮮が犯したことを確認すると共にこの問題を安保理事会に上程することを盛り込んだ決議を採択した(14)。これにより緊迫のレベルはもう一段、上がった。

これは同時進行していたイラク危機を想起させた。イラク政府は査察の受入れを求めた安保理事会決議一四四一を散々批判した挙句に二〇〇二年一一月一三日に受諾した。これを受け、一一月末から国連監視検証査察委員会(UNMOVIC)とIAEAの両査察団がイラク内の疑わしい軍事施設や工場などで大量破壊兵器を発見すべくくまなく査察を行うことになった(15)。これと同様の道筋に従い、ウラン計画の存否についての査察が北朝鮮内の施設において実施できたのであれば望ましかった。しかしこの道筋は取られなかった。重油提供が断たれるという兵糧攻めに苦しむ金正日指導部が間髪を容れず核活動を再開してしまった以上、実際問題として査察の実施は難しくなった。

この結果、核活動を早急に停止させるため安保理事会での経済制裁決議の採択に尽力することをブッシュは決めた。

(1) テネットとケリーの証言

金正日指導部による核活動の再開とそれに続くNPTからの脱退宣言などを契機として緊張が高まる中で、北朝鮮の脅威を著しく煽るような情報戦と心理戦が活発化し出した。二月一二日に北朝鮮の弾道ミサイルの脅威についてテネットCIA長官が証言した。[16] 米上院の公聴会において米西海岸に着弾可能な弾道ミサイルを北朝鮮が保有しているかどうかについて回答を求められたテネットは、そうであると証言した。このことは開発中のテポドン2号ミサイルの発射実験が仮に行われなくとも、アラスカやハワイだけでなく米西海岸を攻撃できる可能性があることを意味した。テネット証言で想起されるのは、一九九九年九月にテポドン2号の潜在能力に対し警鐘を鳴らした発言である。このテネット証言通りであるならば、米本土へ脅威を与えるとしたテポドン2号は格段の進歩を遂げたことを物語った。とは言え、テポドン2号が米西海岸を叩く能力があるとしたテネット証言の信憑性には大きな疑問が残った。九九年のテネット証言が北朝鮮のミサイルの脅威を呼び覚まし、クリントン政権をしてミサイル防衛に真剣に取り組む契機となったことを踏まえれば、この発言は重大な反響が起きることを念頭に入れた証言であった。しかしテネット証言はどの様にみても、大袈裟な話としか聞こえなかった。

またテネット証言は、その一週間前の二月五日に安保理事会でイラクの大量破壊兵器の脅威についてパウエル国務長官が長々と米国の独自情報を開示したことを想起させた。[17] 生放送で行われたパウエルによる情報開示は、イラクの大量破壊兵器の開発・保有があからさまになったとの心象を視聴者の多くに持たせると共に、これでは遅かれ早かれ米国による軍事進攻も止むなしとの感を抱かせるほど迫力を持った報告であった。ところが、パウエルの語った独自情報のはとんどが亡命イラク科学者達の作り話であり、事実に即したものではなかったことがイラク戦争後に判明した。このことは、作り話に乗っかる形で米国によるイラク進攻が断行されたことを物語った。世界で最も優れた情報収集能力を有する米政府が信憑性の乏しい情報にいいように踊らされ、この結果、政策決定上、重大な瑕疵を露呈したことは皮肉なことであった。このことはイラクでの査察を総括した国連監視検証査察委員会（UNMOVIC）のブリックス（Hans Blix）委員長が後に厳しく批判したことからも明らかである。そうした事実関係を踏まえるとき、先のテネット証言に確たる信憑性があったかどうかは真に怪しい。これ以降、北朝鮮の脅威についてしばしば信憑性の疑わしい発言を政権の高官が繰り返した。

さらに北朝鮮の脅威を煽る趣旨の証言をケリー国務次官補が米上院外交委員会の公聴会で行った。これまで懸念対象となっている高濃縮ウラン計画が実用化へと向かうのは遠い将来のことと思われてきたが、そうではないと、三月一二日にケリーは証言した。ウラン計画がプルトニウム計画に後れているのは、何年間といった単位ではなく恐らく数ヵ月間のことであるとケリーはほのめかした。言葉を換えると、ウラン計画の完成は数年後ではなく数ヵ月後の問題であるとケリーは示唆したのである(18)。

これまた誇張された証言であり、この時期にこうした大袈裟な内容の証言がしかも米上院で行われたことは、明らかに北朝鮮の脅威を著しく煽ることを企図したものと考えられる。とは言え疑問であるのは、ブッシュ政権の対北朝鮮政策における真意が何処にあるのか、必ずしも明確ではなかったことである。こうして二〇〇三年の初めからイラク危機と連動するかのように北朝鮮の核兵器開発を巡る緊張は一段と高まり出した。こうした状況の下で北朝鮮が行ったのは原子炉の再稼動であった(19)。米朝枠組み合意の下で凍結された寧辺の五MW黒鉛炉の稼働が二月二七日に再開されたが、これについて三月七日に深刻な電力不足に対処するためであると金正日指導部は弁明した。

第三節　イラク戦争の勃発と緊迫する米朝関係

ところで、対イラク武力行使を急いだこの間のブッシュ政権の狂奔ぶりには特筆すべきものがあった。イラクへの武力行使について御墨付を頂くべく安保理事会へ決議案を持ち込んだものの、同盟国であるはずのフランスやドイツが猛反発しそれにロシアや中国が加わり、性急な武力行使に対する反対に向け大合唱を唱え出した。その結果、安保理事会から御墨付を頂けなかったことに憤激したブッシュは三月一七日に安保理事会がその責任を果たしていないとし、その上で自ら立ち上がると希代の名台詞を残すと共に、フセインに対し四八時間以内の亡命に応じろと最後通告を突き付けた。それが拒否されるや否や、思惑通りに開戦へと踏み切った。こうして三月二〇日に約二〇数万を数える米英連合軍の大部隊がイラクへ進攻するという、イラク戦争が勃発したが、米英連合軍の圧倒的優位なままに戦局は進み、四月九日にはバクダッドは陥落し、四月の終りまでに本格的な戦闘は事実上収束するに至った[20]。これに続いて、イラクでの主な戦闘は終わったが対テロ戦争はまだまだ続くと、五月一日に事実上の戦闘終結宣言をブッシュが行った。

この間、イラクへの大規模の軍事進攻という事態と連動する格好で金正日の声明が過激さを一段と増すと、これに負けじとブッシュの声明も激しさを加えた[21]。軍事対決の可能性をほのめかす双方の激しい遣り取りは米朝間での軍事衝突もありえることを予感させるものであった。三月三日に、もしも米帝国主義者によって朝鮮半島で戦争が引き起こされるのであれば、核戦争へと発展するであろう。その結果、南北朝鮮の人々だけでなくアジアや世界中の多くの国の人々が核による恐ろしい災害で苦しむことになるであろうと、金正日は一流の恫喝で凄んでみせた[22]。これは北朝鮮が黒鉛炉の再稼働に踏み切って以降初めての金正日による公式の表明であった。これに対し、ブッシュも負けてはいなかった。翌日の三月四日に外交交渉を通じ核兵器計画を放棄させることができないならば、北朝鮮への軍事力の行使も辞さないと、ブッシュは警鐘を鳴らした。外交的に上手くいかなければ、軍事的に対処せざるをえないとしたこの発言は北朝鮮への武力行使の可能性にブッシュが触れた最初のものであった[23]。

対イラクと対北朝鮮の両面の軍事作戦をラムズフェルドがほのめかした通り、イラクだけでなく朝鮮半島でも大規模の武力衝突が勃発し兼ねない印象を与えた[24]。とは言え、対イラクの文脈で武力行使に向けブッシュ政権が確固たる指針を持っていた反面、対北朝鮮という文脈では明確な指針に沿って政策が練られたとは必ずしも言えず、政権の目的が何処にあったのか図り兼ねるものがあった。対イラク軍事進攻に向け暴走し出したブッシュが自らを鼓舞するかのように心理的に戦闘モードに入ると、対北朝鮮の文脈においてもそれに準じた心理状態に陥り、歯止めが掛からなくなり出した感がある。このことは緻密な思慮と合理的な判断に基づき政策決定が必ずしもなされていないことを物語るものであり、チェイニー、ラムズフェルド、ウォルフォウィッツ、ボルトン、ファイスなどを含め、政権を牛耳った強硬派の面々を想起すれば、なるほど頷けるところであった。

既述の通り、この時期、信憑性に疑義が残る証言が次から次へと行われた。テポドン2号ミサイルが米本土に到達可能であると吹聴したテネット証言、ウラン計画が数ヵ月後の問題であると吹聴したケリー証言など、証言の事実関係は傍目からみても疑わしいものがあった。しかも上述の通り、同じ時期にイラクでの大量破壊兵器の存在を生々しく伝えたパウエル証言がその後事実に即したものでなかったことを踏まえると、これらの証言は鵜呑みにでき兼ねるものであった。米議会証言であれ、安保理事会での証言であれ、正確な事実関係について証言を行う責任を証言者が負うことは言うまでもない。とは言え、議会証言さえもブッシュ政権による情報操作の対象となった感がある。信憑性に乏しく真偽の怪しい証言を議会で行ったことの責任問題は別としても、議会を誘導すべく行われた情報操作であったとの謗りを受けざるをえない。

ところが、こうした事実関係の怪しい証言に対し、金正日が過敏に反応したことで米朝間において過剰反応が繰り返されるのが常態となり、その度毎に緊張と緊迫の度が加わるという悪循環が繰り返された。その間、既述の通り、双方が軍事作戦の可能性をほのめかすという局面に及んだ。しかも片や有事を何ら厭わない金正日と、片や非常時の大統領を自負するブッシュと大統領を取り巻く強硬派の面々を踏まえると、気付いた時には、またしても一触即発の事態に及んでいたということとが起こり得たのである。

（1）NPTからの脱退発効

この間、別の問題も表出した。イラク戦争に世界の目が注がれる中で、NPTからの北朝鮮の脱退がいよいよ発効するという事態に及んだからである。一月一〇日に北朝鮮がNPTからの脱退を宣言したことでNPTからの脱退が発効する九〇日後の四月一〇日が迫った。脱退発効はその帰結として安保理事会での経済制裁論議へと発展することを示唆したが、イラク戦争の最中という時期だけにこれは実に厄介な事態を引き起こした。イラク危機の対応を巡り安保理事会の理事国では深刻な亀裂が生じていた。しかも論理的な駆引きというよりも感情的な縺れや不和の下で、安保理事会は冷戦時代の機能麻痺を想起させる状況にあった。また、反目し合ったのがかつての西側自由主義陣営と東側社会主義陣営ではなく西側陣営が米・英両国と仏・独両国の間で対立し、しかも仏・独を東側陣営のロシアと中国が後押しするという極めて歪な捩れ現象を呈したのである。

そうした安保理事会に北朝鮮の脱退発効問題が持ち込まれたのは脱退の発効を控えた四月八日であった。五つの常任理事国は同日、理事会開催に先立ち協議を行ったが、制裁決議に猛反発する中国代表は安保理事会による介入が北朝鮮危機を収拾する上で何ら役立つものではないとして決議の採択だけでなく北朝鮮への非難声明にも強い拒否反応を示した。またロシアも決議の採択に反対した。しかも、もし安保理事会が北朝鮮を非難する決議を採択するようなことがあれば、北朝鮮は公式に核保有国であると宣言すると、ロシアは米国を脅した。結局、四月九日開催の安保理事会では北朝鮮への経済制裁論議には至らず、安保理議長による議長声明も発出されずに閉会となった[25]。

ただし、金正日指導部が核兵器を製造するような事態へと至ることがあれば、中露両国ともその立場を再検討せざるをえないとしたのは、一九九四年半ばの「第一の危機」と明らかに状況が異なっていた。とは言え、四月一〇日に北朝鮮のNPT脱退が現実となったことは大量破壊兵器の拡散の阻止を中核的な政策とするブッシュ政権にとって忌々しい事態であった。しかも経済制裁論議が安保理事会で歓迎されなかった以上、同理事会を通じた対応に多くは期待できなかった。反面、イラク戦争で圧倒的優位に立てたことは金正日への対応でも重要な鍵を握っていたことは間違いがない。何故ならば、放逐されたフセイン達の二の舞になり兼ねないことをこれ以上ない形で金正日に教授することができたからである。

第四節　米・朝・中三ヵ国協議

テロ支援国家でありかつならず者国家であり、その中でも「悪の枢軸」国家として名指しされた金正日体制とフセイン体制の間に不思議なくらい共通項が存したことを踏まえると、フセインに起きたことは金正日にも起き兼ねないことを示唆した。対岸の火事とは言え、明日は我が身という教訓をイラク戦争から金正日は授かった。従って、内心穏やかなはずはない金正日がブッシュとの対話を是が非でも持ちたいと感じたのは容易に想像できることであった[26]。

四月一二日に対北朝鮮政策を転換する用意がブッシュにあるならば、米朝二国間協議とは別の形式の話し合いに応じる用意があると金正日がほのめかしたのは[27]、そうした戦局の推移に危機感を抱いたからであり、四月一六日に米国、北朝鮮、中国の三ヵ国協議が開催されることが決まったのは、こうした経緯を踏まえてのことであった[28]。

とは言え、強気一辺倒なところは相変わらずであった。イラク戦争を通じ核抑止力の確保が不可欠であるという教訓を得たとのことで、八〇〇〇本以上の使用済み核燃料棒の再処理を行っていると、『朝鮮中央通信』は四月一八日に伝えた[29]。この報道には一理があった。国家の生存権を確保するには米国に対し確固たる抑止力があることを示す必要があり、そのためには通常兵器だけではなく韓国や日本を震え上がらせることができる核兵器があれば、このうえなしであった。そうした核兵器があれば、北朝鮮に武力攻撃を米国が加えることはできないとの展望が開ける。すなわち、フセイン体制のように簡単にはいかないぞとの意味が隠されていた。またブッシュに実力を見せ付けることでブッシュから最大限の譲歩を得るべく行った示威行動の意味も込められていた。

これに対し、自暴自棄とも形容しうる金正日指導部の核兵器開発を止める必要に迫られたとは言え、クリントン時代の米朝枠組み合意に纏わる不愉快な経験から、米朝二国間協議といった協議形式にブッシュは嫌悪感を抱いていた。このことは「第二の危機」が勃発した二〇〇二年一〇月からブッシュが江沢民に直接打診し、危機の収拾に向け中国指導部の関与を強く求めたことに映し出された通りである。こうしたこともあり、ブッシュからの意向を受ける形で中国指導部が金正日に積極的に働き掛けたことにより開催へと辿り着いたのが、米・中・朝三ヵ国協議であった[30]。もっとも、それではブッシュが積極的に三ヵ国協議方式を支持していたかと言えば、必ずしもそういう訳ではなかった。三ヵ国協議とは、言葉を換えると、中国を仲介者として米朝両国が向き合う二国間協議と実質的には変わらないという危惧がブッシュにあったからである。[31]

ブッシュ政権にとって関心があったのは最初から日本や韓国を含めた多角的協議であった。当初、幾つかの協議形式が浮上しては消えた。この時検討されたものに北朝鮮を協議から外して北朝鮮に核の放棄を迫るという方式があった。これは政権にとって好都合のものであったが、そういう訳にもいかなかった。[32] 結局、北朝鮮を協議参加国に加えざるをえないが、米・日・韓三国が連携して北朝鮮包囲網を張り巡らすことで金正日への外交圧力を最大限に高めることができるとの線でブッシュ政権は落ち着いた。これに対し、金正日が日韓両国を部外者であるとしてその参加を激しく拒んだため、一先ず三ヵ国協議に落ち着いた。従って、ブッシュにとって三ヵ国協議はあくまで一度限りの暫定的な協議であり、協議での政権の関心は北朝鮮側の出方をみることであった。

四月二三日から二五日まで三日間に及び北京で持たれた三ヵ国協議の開催に意義があるとしても、同協議で米朝両国が歩み寄ることはなかったばかりか、激しく反目するという事態に至った。しかしこれはブッシュからみれば想定内のことであった。北朝鮮代表団は協議で成果を挙げることに必死であったものの、米代表団が最初から成果を期待しない形で協議に臨んだのであれば、結果は自ずと明らかであった。外交関係の正常化、経済支援、不可侵条約の締結にブッシュが誠意を持って応じるのであれば、それと引換えに核計画の放棄、査察の受入れ、ミサイル輸出の凍結の用意があると北朝鮮代表団は語った。これに対し、北朝鮮が補償措置の提供を云々する前に行うべきは、総ての核兵器計画について「完全かつ検証可能で不可逆的な放棄（Complete, Verifiable, and

Irreversible Dismantlement)」であると米代表団は言明し、北朝鮮側を容赦なく突き放した。

ところで、北朝鮮代表団と直接接触を控えるよう本省から訓令を受けていた米代表団が北朝鮮代表団と公の席で二ヵ国間の協議に応じようとしなかったため、何としても接触を持ちたい李根（リ・グン）北朝鮮外務省米州副局長はケリーを呼び止める格好で、いきなり切り出した。[33] 核兵器を既に保有している。八〇〇〇本の使用済み核燃料棒を再処理する。ブッシュの対応次第では、核実験を断行する。さらに核を移転する可能性があるなど、驚くべき内容が含まれていた。米国に振り向いて貰いたい一心で北朝鮮側は事実とも恫喝とも取れる発言を行ったが、これが米国側に正確に届いたかどうかは不明であった。しかしその後、北朝鮮代表団の言葉通りに核兵器開発への狂奔といった道筋を辿ったことを踏まえると、この時「第二の危機」は重大な転換点を迎えていたのである。

【注】

（1）この点について、〝Report by the Director General on the Implementation of the NPT Safeguards Agreement between the Agency and the Democratic People's Republic of Korea,〟 Resolution Adopted by the Board on 29 November 2002, Document GOV/2002/60, (November 29, 2002.); and 〝IAEA Board of Governors Meeting, Vienna,〟 *Disarmament Documentation*, (November 28-29, 2002.)

（2）同声明について、〝DPRK Gov't to Immediately Resume Operation and Constr. of its Nuclear Facilities,〟 *KCNA*, (December 12, 2002.); and 〝Operation and Building of Nuclear Facilities to be Resumed Immediately,〟 *KCNA*, (December 12, 2002.) これに関連する文献として、〝North Korea

Issues Nuclear Threat," *BBC*, (December 12, 2002.); "North Korea to Reopen Nuclear Plant over Oil Cutoff by U.S.," *New York Times*, (December 12, 2002.); "Report: N. Korea Tells IAEA to Unseal Nuke Plant," *Reuters*, (December 12, 2002.); and "N. Korea to Reactivate Nuke Plants," *CNN*, (December 12, 2002.)

（3） この点に関する『朝鮮中央通信』報道について"Work of Removing Seals and Monitoring Cameras from Frozen Nuclear Facilities to Start," *KCNA*,(December 22, 2002.) 関連する文献として"N. Korea Presses on with Nuclear Plans," *CNN*, (December 22, 2002.); and "N. Korea Disables U.N. Nuclear Monitors," *AP*, (December 21, 2002.)

（4） この点について"N Korea Nuclear Moves Alarm UN," *BBC*, (December 26, 2002.); "North Korea Readies Nuclear Reactor," *Washington Times*, (December 26, 2002.); and "UN Atomic Agency Says N. Korea Nukes 'Very Serious,'" *AFP*, (December 27, 2002.)

（5） 両面軍事作戦を可能とみるラムズフェルド発言について"U.S. Warns North Korea, Nuclear Moves won't be Tolerated, Rumsfeld Says," *Los Angeles Times*, (December 24, 2002.)

（6） 国連査察官の国外退去に関する『朝鮮中央通信』報道について"DPRK Government Decides to Order IAEA Inspectors out of DPRK," *KCNA*,(December 27, 2002.) 関連する文献として"North Korea to Expel Inspectors, Drawing White House Criticism," *New York Times*, (December 27, 2002.)

（7） この点について"Report by the Director General on the Implementation of the NPT Safeguards Agreement between the Agency and the Democratic People's Republic of Korea, International Atomic Energy Agency, GOV/2003/3,(January 6, 2003.); and "IAEA Says N. Korea may Have Some Plutonium-Report," *Reuters*, (January 7, 2003.); and "Atomic Agency is Giving North Korea a Last Chance," *New York Times*, (January 7, 2003.)

（8）核拡散防止条約からの脱退を伝える『朝鮮中央通信』報道について、"Statement of DPRK Government on its Withdrawal from NPT," *KCNA*, (January 10, 2003.) 関連する文献として、"North Korea Pulls out of Non-Proliferation Treaty: U.S., Allies Condemn Move, Work to Stem Crisis," *Washington Post*, (January 10, 2003.); "North Korea Assailed for Withdrawing from Arms Treaty," *New York Times*, (January 10, 2003.); "North Korea Says it is Withdrawing from Arms Treaty," *New York Times*, (January 10, 2003.); "North Korea Withdraws from Nuclear Arms Control Treaty, Warns of 'Third World War,'" *AP*, (January 10, 2003.); and Paul Kerr, "North Korea Quits NPT, Says it will Restart Nuclear Facilities," *Arms Control Today*, (January/February 2003.)

（9）ブッシュと江沢民の電話会談について、"Bush, Jiang Discuss N. Korean Treaty Move," *Washington Times*, (January 10, 2003.)

（10）この点について、"Beijing Urges Restraint on N. Korea," *CNN*, (January 6, 2003.)

（11）例えば、NPTからの脱退宣言の後、北朝鮮当局者から高濃縮ウラン計画を否定する発言が繰り返された。一月一二日、北朝鮮が高濃縮ウラン計画を認めたというブッシュ政権の主張は悪意でこしらえた作り話であり、北朝鮮に対し経済制裁を科すならば、「宣戦布告」とみなすと警告すると共に「帝国主義者の砦を火の海に変える」と北朝鮮当局は警告したことを『労働新聞』は伝えた。この点について、"N. Korea Warns of 'Sea of Fire,'" *AP*, (January 13, 2003.) これに続き一月一二日には中国駐在北朝鮮大使はクリントン政権時代の一九九九年に行った長距離ミサイル発射実験の凍結の解除をほのめかした。この点について、"N. Korea Vows 'Holy War' on U.S.," *Washington Times*, (January 12, 2003.); and "N. Korea Threatens to Resume Missile Tests," *Washington Post*, (January 12, 2003.)

（12）ブッシュによる一般教書演説について、George W. Bush, "President Delivers 'State of the Union,'" U.S. Capital, White House Office of the Press Secretary, (January 28, 2003.)

(13) ブッシュ演説を罵倒する『朝鮮中央通信』報道について、"Bush Hit for Slandering DPRK," *KCNA*, (January 30, 2003.); and "KCNA Terms Bush's State of Union Address Declaration of Aggression," *KCNA*, (February 1, 2003.)

(14) IAEAの決議採択について、"IAEA Board of Governors Adopts Resolution on Safeguards in North Korea," International Atomic Energy Agency, *Media Advisory 203/48*, (February 12, 2003.); and "IAEA Resolution on North Korea, I. Text of Resolution. 'IAEA Board of Governors Adopts Resolution on Safeguards in North Korea,'" International Atomic Energy Agency (IAEA), Disarmament Documentation, (February 12, 2003.)

(15) イラクでの査察について、斎藤直樹『検証：イラク戦争』(三一書房・二〇〇五年)六四-七四頁。

(16) テネット証言について、US Senate Committee on Armed Services, Threats to U.S. National Security: Hearing of the U.S. Senate Committee on Armed Services, 108th Congress, 1st session, (February 12, 2003.); and "Tenet: North Korea Has Ballistic Missile Capable of Hitting U.S." *CNN*, (February 12, 2003.)

(17) パウエル国務長官が安保理事会で行ったイラクの大量破壊兵器の開発・保有に関する機密情報の開示について、Colin L. Powell, "Remarks to the United Nations Security Council," Security Council, New York, U.S. Department of State, (February 5, 2003.)

(18) ケリー証言について、James A. Kelly, Testimony before the Senate Foreign Relations Committee, "Regional Implications of the Changing Nuclear Equation on the Korean Peninsula," 108th Congress, Session 1, (March 12, 2003.)

(19) 北朝鮮の黒鉛炉の再稼動について、"N. Korea Restarts Nuclear Facility: U.S. Expects 2nd Site to Go Online," *Washington Post*, (February 27, 2003.); "N. Korea Making Point by Starting Reactor,"

AP, (February 27, 2003.); "N. Korea Defies U.S., Restarts Reactor," *AP*, (February 27, 2003.); and Paul Kerr, "North Korea Restarts Reactor; IAEA Sends Resolution to UN," *Arms Control Today*, (March 2003.)

(20) イラク戦争について、斎藤直樹『イラク戦争と世界』（現代図書・二〇〇四年）九七―一〇三頁。前掲書『検証：イラク戦争』九三―九五頁。

(21) 軍事衝突の可能性に関する金正日の警告について、"N. Korea Warns of 'Nuclear Disasters,'" *AP*, (March 2, 2003.); and "N. Korea Tells Nation to Ready for War," *CBS News*, (February 25, 2003.) ブッシュによる軍事作戦の検討について、"U.S. Weighs All Korea Options," *CBS News*, (February 21, 2003.)

(22) 金正日の発言について、"North Korea Says a U.S. Attack could Lead to a Nuclear War," *New York Times*, (March 3, 2003.)

(23) ブッシュ発言について、"Force is Next Resort, Bush Tells Pyongyang," *Guardian*, (March 5, 2003.) ところで、ブッシュ発言に猛反発した『朝鮮中央通信』報道について、"KCNA Refutes Bush's Bellicose Remarks," *KCNA*, (March 7, 2003.) 加えて、三月四日から四月二日まで大規模な米韓合同軍事演習が実施されたことは、北朝鮮当局をさらに煽ることに繋がった。軍事演習を非難した『朝鮮中央通信』報道について、"Joint U.S.-S. Korea Military Exercises under Fire," *KCNA*, (March 7, 2003.)

(24) ラムズフェルド発言について、*op. cit.*, "U.S. Warns North Korea, Nuclear Moves won't be Tolerated, Rumsfeld Says."

(25) この点について、"Security Council Holds Talks on DPR of Korea Nuclear Issue," *UN News Service*, (April 9, 2003.); "North Korea's Neighbors Seek Crisis Role," *New York Times*, (April 9,

2003.); "China Blocks U.N. Statement Condemning N. Korea: Move Hampers Security Council's Efforts to Pressure Pyongyang over Nuclear Weapons Program," ***Washington Post***, (April 9, 2003.); "N. Korea Treaty Withdrawal Concerns," ***AP***, (April 10, 2003.); and "Security Council Averts Standoff on North Korea Nuclear Issue," ***New York Times***, (April 10, 2003.)

(26) 金正日の姿勢軟化について、"N. Korea Softens on Multilateral Talks," ***AP***, (April 12, 2003.); "North Korea Hints it would Accept Multilateral Nuke Talks," ***CNN***, (April 12, 2003.); and "Iraq War Influenced N. Korea Stance, S. Korea Says War Caused North to Ease Policy toward U.S.," ***CBS News***, (April 14, 2003.)

(27) この点について、"Spokesman for DPRK Foreign Ministry on Peaceful Solution to Nuclear Issue," ***KCNA***, (April 12, 2003.)

(28) 三ヵ国協議の開催決定について、"U.S., N. Korea Sit-Down Set for Beijing: North Abandons Demand for One-On-One Talks, China will Participate," ***AP*** (April 16, 2003.); and "U.S., N. Korea Agree to Nuclear Talks," ***CNN***, (April 18, 2003.)

(29) 金正日指導部による燃料棒の再処理を伝える『朝鮮中央通信』報道について、"Spokesman for DPRK Foreign Ministry on Expected DPRK-U.S. Talks," ***KCNA***, (April 18, 2003) これに関連する文献として、"North Korea Says it is Extracting Plutonium from Fuel Rods," ***New York Times***, (April 18, 2003.); "N Korea's Reprocessing Claim Threatens Talks," ***Financial Times***, (April 18, 2003.); and "N. Korea Says It's Extracting Plutonium," ***AP***, (April 18, 2003.); and "Pyongyang Statement Puzzles Cites Banned Work on Spent Fuel Rods; Translation Disputed," ***Boston Globe***, (April 19, 2003.)

(30) 米・中・朝三ヵ国協議に関して、"US-DPRK-China Talks," ***Disarmament Documentation***, (April

23/25, 2003.); and Paul Kerr, "North Korea, U.S. Meet; Pyongyang Said to Claim Nukes," ***Arms Control Today***, (May 2003.) 船橋洋一『ザ・ペニンシュラ・クエスチョン―朝鮮半島第二次核危機』(朝日新聞・二〇〇六年)五二六-五三八頁。三ヵ国協議に関する『朝鮮中央通信』報道について、"KCNA Urges U.S. to Approach DPRK-U.S. Talks from Sincere Stand," ***KCNA***, (April 24, 2003.); and "DPRK Foreign Ministry Spokesman on U.S. Attitude toward DPRK-U.S. Talks," ***KCNA***, (April 25, 2003.)

(31) この点について、前掲書『ザ・ペニンシュラ・クエスチョン』四四〇頁。

(32) 元々この方法は、旧ユーゴスラビアのボスニア・ヘルツェゴビナ紛争の収拾の際に悪玉とされたセルビア人勢力に対し適用されたものであり、また新ユーゴスラビアでのコソボ紛争でこれまた悪玉とされたミロシェビッチ指導部に対し適用されたものであった。その際講じられたのは、当事者を除いた米、英、仏、独、伊の五ヵ国からなるコンタクト・グループを編成し、そこで和平案を練り上げ、当事者へ突き付け、これに応じない場合には武力行使を辞さずとした策であった。当時、ボスニア・ヘルツェゴビナ内のセルビア人勢力や新ユーゴスラビアのミロシェビッチ指導部は民族浄化を行った張本人として認識されており、これに対する武力行使を視野に入れた断固たる対応という点ではこれらの諸国で合意がみられた。とは言え、関係国の強固な共同歩調を前提としたこの方法は対北朝鮮の文脈では適用できなかった。この方法に中国は乗り気でなかったし、北朝鮮が断固反対することは明らかであった。このためこの方法は適用外となった。同上、一五四頁。

(33) この点について、"N. Korea Reiterates Plans for Fuel Rods; Starts Talks Vowing Reprocessing Work," ***Washington Times***, (April 24, 2003.); "North Korea Says it Now Possesses Nuclear Material," ***New York Times***, (April 25, 2003.); "N. Korea Says it Has Nuclear Arms; At Talks with U.S., Pyongyang Threatens 'Demonstration' or Export of Weapons," ***Washington Post***, (April 25, 2003.);

and "US and North Korea Break off Dialogue on Nuclear Issue," *ITAR-TASS*,（April 25, 2003.）前掲書『ザ・ペニンシュラ・クエスチョン』五三三頁。

第六章　六ヵ国協議の発進――対立と反目

第一節　第一回六ヵ国協議の開催に向けて

中国を仲介者とした米朝協議であると捉えた三ヵ国協議にブッシュ政権が微塵の関心を払わなかったことを踏まえると、協議での米朝間の擦れ違いは政権にとって想定内のことであった。他方、金正日指導部にとってはそういう訳にはいかなかった。核兵器開発の本気さがブッシュに中々伝わっていないのか、真剣な気配が米国側から全く感じられないことに金正日は不満と失望を隠しきれなかった。直接対話を避けようとしたケリーをわざわざ捉まえるかのように、核燃料棒の再処理、核保有、核実験、核移転の可能性など、李根北朝鮮外務省米州副局長が捲し立てた通り、金正日側は必死であった(1)。他方、金正日は崩落したフセイン体制の二の舞を避けたいはずであり、精々強がってみているとしかブッシュは感じていなかった。とは言え、核実験や核移転の可能性など、ブッシュにとって端から無視できる発言ではなかった。その意味で、切羽詰まった李根の発言は殊の外、功を奏したことになる。

三ヵ国協議で米代表団が北朝鮮代表団との公式の接触を断固拒んだことに表れた通り、米朝枠組み合意の素地となった米朝二国間協議形式にはブッシュ政権は辟易していた。クリントン政権時代を想起させるもの総てに対し拒否反応を示した点では、ブッシュ政権の強硬派も穏健派も大同小異であった。ブッシュ政権が関心のあったのは米国、北朝鮮、中国の三ヵ国に加え日本や韓国が加わる多角的協議の形式であり、三ヵ国協議の開催前からこの協議形式を模索していた。その背景には、金正日をして総ての核兵器計画を放棄させるためには米・日・韓が堅固なスクラムを組むことにより北朝鮮包囲網を張り巡らす必要があるとブッシュが判断していたからである。水も漏らさぬ共同歩調が北朝鮮に核兵器計画を放棄させる上で不可欠であると考えられた。とは言え、参加国の拡大によって一層の圧力が加えられ兼ねない金正日にしてみれば、これといった見返りがない限り多角的協議への参加に応じる意味はなかった。第一回六ヵ国協議の開催に向けた動きと連動する形で激しい鬩ぎ合いが繰り広げられた。

(1) ブッシュ・小泉会談と小泉・盧武鉉会談

多角的協議の開催に向け日・米・韓三国の間で首脳会談が持たれ連携が図られた。とは言え、そうした首脳会談は日・米・韓の連携の可能性だけでなくその限界を占う意味でも重要な機会となった。五月二三日にテキサス州クロフォードでブッシュ・小泉両首脳による日米首脳会談が開かれた(2)。折しも四月の終りまでに事実上、収束をみたイラク戦争後の会談ということもあり、イラク復興支援への対応の在り方について話題が集中したが、多角的協議についても話題が及んだ。会談後の共同会見の席上、北朝鮮の総ての核兵器計画の「完全かつ検証可能で不可逆的な放棄(Complete,

Verifiable, and Irreversible Dismantlement)」以外に妥協の余地はないとする姿勢で協議に臨むことをブッシュは明らかにした。また日本人拉致被害者全員の救済が実現するまで米政府は日本政府と手を携え真正面から拉致問題の解決に取り組むと、ブッシュは小泉を擁護した。この二点は極めて重要であった。多角的協議での米国の姿勢は三ヵ国協議と同様に極めて厳格であり譲歩の余地は少ないことに加えて、北朝鮮の核の放棄を協議する場に拉致問題を載せることを物語った。

これを受ける形で六月七日に東京で小泉・盧武鉉会談が持たれた[3]。同会談で多角的協議への参加に向け抱負を双方が表明したものの、双方の間に微妙な溝があることが露呈する結果となった。北朝鮮の核武装という悪夢の展望の阻止では一点の相違もない両者ではあったが、日本人拉致問題の解決を含め米国との連携態勢で金正日に対し強硬な姿勢で臨みたい小泉と、これに対し金正日を勢い刺激したくない盧武鉉の間には少なからずの温度差があることが会談後の共同記者会見で図らずも明らかとなった。米・日・韓三国は連携して北朝鮮に毅然と対応しなければならないと小泉が断言したのに対し、北朝鮮への対応において対話と圧力の両方が重要であり、韓国は対話をまず重視したいとの見解を盧武鉉が力説したことは、両政府間、両首脳の間に抜き差しならぬ齟齬があることと、米・日・韓三国の連携が意外に脆いものであること、さらに状況次第では連携が空洞化する可能性があることを映し出したのである。

(2) 金正日、六ヵ国協議への参加表明

事態の推移をしばし静観した金正日にとって多角的協議への日本の参加は歓迎されるところでは

なかった。拉致問題の解決が国民世論上、重要課題として浮上した日本は金正日からみれば全くの招かれざる客であった。来るべき多角的協議の場において拉致問題で日米が大合唱する状況を思い浮かべれば、核問題だけでなく拉致問題の解決を含めた包括的解決が俎上に載り、法外な譲歩を要求され兼ねないと、金正日が危惧したからである。

とは言え、多角的協議の参加に向けメッセージを金正日指導部が発した。五月二四日に同協議への参加と引換えに応分の見返りを期待した金正日はそうした協議形式に取り立てて反対はしないものの、同協議に先立ち米朝両国の二国間協議が開催されるのであれば、多角的協議はより実りの多いものとなると、『朝鮮中央通信』は伝えた。(4) すなわち、多角的協議に応ずる前提条件は、ブッシュ政権による大幅な譲歩を視野に入れた米朝二国間協議の開催であることを示唆した。

八月一日に米国、北朝鮮、中国、日本、韓国、ロシアが参加する六ヵ国協議に北朝鮮が参加する意向であると『朝鮮中央通信』が伝えた。(5) その際、敵視政策の解除を約することと核開発計画の凍結に伴う補償措置についてブッシュ政権が配慮するよう金正日指導部は強く求めた。ところで、金正日が執拗に拘った敵視政策の解除とは端的に言えば、米朝不可侵条約の締結を意味した。米朝不可侵条約の締結とは金正日体制の体制保証を確約することを意味するが、朝鮮有事や日本有事といった次元でも重大性を持つものであった。と言うのは、米朝不可侵条約が締結されるということは、有事の際日米安全保障条約や米韓相互防衛条約に応じ米軍が出動するといった悪夢のシナリオが回避される可能性があることを意味したからである。米国が不可侵条約の締結に応じてくれるのであれば、未来永劫、体制の存続は保証されたも同然であると金正日は淡い期待を抱いた。しかし、米政府はこれまで何の政府とも不可侵条約を締結したことはない。また米上院がそうした条約を批准する可能性は極めて低かった。ブッシュにとって不可侵条約の締結など問題外であった。そこで北朝鮮との不可侵条約に関心がないが、多国間の集団的安全保障条約についてはこの限りではないと、八月七日にパウエル国務長官が御茶を濁した。(6) これに対し、何としても不可侵条約に拘る金正日は同条約の締結こそ危機を収束させる唯一の方法であるとし、ブッシュが敵視政策を改めない限りブッシュの求める核関連施設への査察は不可能であると、八月一三日に反駁した。(7)

それまでの経緯を踏まえ、金正日の狙いが何の辺りにあるのか、ブッシュの知るところとなった。これに対し、中国政府の説得に応じる形で不承不承、金正日が多角的協議への参加を決めた背景には、ブッシュに対し相応の譲歩と配慮を期待した節がある。従って注目されるべきは協議でブッシュがどう出るかであった。

第二節　第一回六ヵ国協議

八月二七日から二九日までの三日間、北京で開催されたのが第一回六ヵ国協議であった。(8) 協議は冒頭から紛糾の様相を呈したが、このことは事前の予想を超える事態であった。その原因の一つは北朝鮮側に突き刺した強硬な米国案によるところが大きい。協議の終了に際し北朝鮮当局が痛烈な米国批判を繰り広げるが、ブッシュ政権にとってみれば想定内の展開であった。

（1）米国案と北朝鮮案

ケリー米首席代表が提示した米国案の骨子は、既述の通り総ての核計画について「完全かつ検証可能で不可逆的な放棄」を北朝鮮は真摯に果たせというものであり、しばしば「ＣＶＩＤ原則」と揶揄されるものであった。(9) そして米国の要求通り北朝鮮が総ての核計画を放棄すれば、エネルギー支援、安全の保証、外交関係の樹立などについて交渉を行う用意があると示唆したのに加え、金正日指導部に対し曰く付きの高濃縮ウラン計画の存在を正直に認めるよう厳しく質した。

総ての核計画の放棄と引換えに補償措置、いわゆる見返りを検討するという、「一括妥結方式（″package solution″）」を示唆したのが米国案の内容であった。ただし、北朝鮮による「完全かつ検証可能で不可逆的な放棄」が先行するものでなければならず、以下にみる通り、問題の解決に向け双方が段階を追って同時並行的に措置を講ずるという、北朝鮮の求めた「同時並行行動方式（″simultaneous actions″）」ではなかった。つまり、総ての核計画の放棄は最初の段階で北朝鮮が果たすものであり、放棄を検証するために国際査察機関による厳格な査察を受けなければならない。また補償措置についても明確に提供するといった表現は避け、それに向けて交渉を行う用意があるとしただけに止まった。こうした厳しい姿勢を踏まえると、金正日指導部が米国案をどの様に受け取るかについてブッシュ政権が真剣に考慮していたかどうか疑わしいことは明らかであった。

こうしたブッシュ政権の姿勢の背景には、一九九四年一〇月の米朝枠組み合意にも拘わらず疑惑を招く活動を北朝鮮が度々行ってきたこと、特に高濃縮ウラン計画によって枠組み合意が事実上、破綻したことへの憂慮と反省があった。つまり、核計画を凍結するとしたのでは、何れ凍結が解除

された たら元の木阿弥であるし、核の平和利用を認めるとすれば、そうした名目の下で核兵器開発が温存されることが憂慮された。それ故に、核計画の凍結や核の平和利用という抜け穴をブッシュは何としても塞ごうとしたのである。

こうした主旨の米国案に対し金永日（キム・ヨンイル）北朝鮮首席代表が提示した北朝鮮案は全く噛み合っていなかった。[10] 北朝鮮案は次の骨子から成り立った。第一に、凍結された重油の供給を再開すると共に人道食糧支援を米国が拡充すれば、核計画の放棄の意思を北朝鮮が宣言する。第二に、米国は北朝鮮と不可侵条約の締結を行い、これまでに発生した電力の損失を補償する。北朝鮮は核関連施設と核物質を再凍結し、それらの施設と核物質について査察の実施を許可する。第三に、米朝間、日朝間で外交関係が樹立されるに伴い、北朝鮮はミサイル問題の解決に応じる。またミサイル製造・実験・移転を北朝鮮は行わない。第四に、米朝枠組み合意の下で提供を約束された軽水炉の完成に伴い北朝鮮は核施設を解体する。他方、高濃縮ウラン計画の存在について金永日は真っ向から否認した。

このように「同時並行行動方式」を北朝鮮案が踏襲したが、肝要であるのは北朝鮮への敵視政策の放棄が先行しなければならないとした点である。そしてその判断の鍵となるのが、米朝間での不可侵条約の締結に続き、外交関係の樹立、さらには日朝間や南北間の経済協力を米国が妨害しないことであった。これらが確保されて始めて敵視政策を米国が放棄したとの判断が行われ、その上で北朝鮮は核計画の放棄へと歩を進めることができるとした。[11] 不可侵条約の締結に金正日指導部が何としても拘ったのは体制保証の確保こそ大前提であるからであり、このことが北朝鮮案の中に巧みに組み込まれていた。

(2) 反目し合う主張

米朝両代表団が真っ向から衝突したことは自明であった。このことは単刀直入に総ての核計画を放棄すべしとしたブッシュ政権の要求に対し、段階を追って同時並行的に問題の解決に取り組み、最終段階で核計画の放棄を行うとした金正日指導部の反発に集約された。

米朝間で際立った相違点の一つは、北朝鮮が放棄する核計画の対象範囲とその実施方法に関した。米国案が放棄対象としたものは、北朝鮮の総ての核計画を包摂した。つまり、軍事目的であれ平和目的であれ、総ての核計画が放棄されなければならないのがブッシュ政権の基本的な立場であった。これには、金正日指導部が極秘で進めているとされた高濃縮ウラン計画が当然、含まれた。また放棄の実施方法についてのブッシュの要求は「完全かつ検証可能で不可逆的な放棄」であった[12]。これに対し、北朝鮮案が放棄対象として掲げたのは核関連施設に止まった。高濃縮ウラン計画の存在について金正日は否認した。他方、北朝鮮案は放棄の前段階として核関連施設の凍結に言及した。さらに放棄の実施方法について金正日は何ら言及しなかったが、「完全かつ検証可能で不可逆的な放棄」には猛反発した[13]。

もう一つの大きな相違点は北朝鮮による核計画の放棄が先なのか、それとも米国による補償措置の提供が先なのかという問題であった。この点について、ブッシュ政権の基本姿勢は北朝鮮による核計画の放棄が先であり、米国による補償措置の提供が後となるというものであった[14]。つまり、金正日指導部が総ての核計画を放棄することが補償措置の大前提となった。しかも放棄が完了した段階で補償措置の提供に向け準備を行うとするに止まった。これに対し、金正日の基本姿勢はあくまで補償措置の提供が先であり、放棄は後になるとした。ただし核放棄とエネルギー支援、不可侵条約の締結、外交関係の樹立などの補償措置について一括で妥結するという、いわゆる「一括妥結方式」と、しかも米朝両国が並行的に行う「同時並行的行動方式」を北朝鮮は求めた[15]。

上記の通り、米朝双方の提案は全く噛み合っていなかった。多少、外交辞令的な表現を使えば、お互いが相手側の出方をみたとも表現できるし、次回協議への叩き台となる提案を提示し合ったと表現できよう。とは言え、事前の予想以上にブッシュ政権の要求には厳しいものがあった。以下にみる通り、金正日指導部が猛反発しただけでなく議長を務めた中国首席代表も金正日に同情を寄せる発言を行ったのである。

(3) 憤る北朝鮮と議長総括

協議への不満と米国への激しい敵意を露にする北朝鮮外務省の声明を『朝鮮中央通信』が八月三〇日に伝えた[16]。同報道は北朝鮮への敵視政策を放棄するという意思を示すことなく、総ての核兵器計画の「完全かつ検証可能で不可逆的な放棄」を講じて始めて北朝鮮の抱く懸念問題について論ずることができると米代表団が要求したことに加え、北朝鮮の提案した「一括妥結方式」と「同時並行行動方式」を米代表団が拒絶したばかりか、米朝関係正常化のためには核計画の放棄に続き、ミサイル、通常兵器、人権を含む一連の問題が解決されなければならないと断言したとして米代表団の対応を厳しく叱責した。その上で、米国には北朝鮮との関係を改善したいという意欲も対北朝鮮政策の転換を行う意思も、平和裏に北朝鮮と共存したいという意図もなく、いかなる犠牲を払っても北朝鮮の武装解除を目論むのが米国の狙いである故に、自主権を守る自衛措置として核抑止力の増強以外に他の選択肢がないことを協議は裏付けたと言明した。

他方、対応に苦慮したのは協議議長を務めた王毅（ワン・イー）中国首席代表であった。議長声明など纏まったものを発出できないと感じた王毅は苦肉の策として議長総括を行い、参加国間で幾つかの合意に達したとして第一回協議の成果を称えるという演出を行った(17)。とは言え、協議前に高まった期待にも拘わらず、第一回協議での実質的な前進は皆無であった。こうした中で、九月一日に協議での主な障害は何であったのかと問われた王毅は協議の前進を阻害し問題の平和的解決を阻む主な障害となったのはブッシュ政権の強硬な姿勢であったと述べ、その上で北朝鮮の安全保障上の懸念についての配慮を求めると金正日指導部を懸命に擁護した(18)。この議長発言は金正日寄りに立った中国側の配慮であるが、それにも増して頭ごなしに強硬姿勢を突き付けた米国案に対する婉曲な反発であった。さしたる成果がなかった協議の中で成果を探すとすれば、協議の継続について全参加国が合意したという一点に求められた(19)。

ただし、お互いの主張が全く噛み合わなかった米朝両代表団の提案に照らし、歴然とした相違が米朝間に存在することが浮彫になった。もし米朝両国の姿勢に何らかの軟化がみられないのであれば、次回協議でも同じことが繰り返えされることが予測されたのである。

第三節　第二回六ヵ国協議に向けて

(1) 北朝鮮、使用済み核燃料棒の再処理終了

金正日にすれば、ブッシュの意向を汲む形で局外者とも思える他の国を含めた六ヵ国協議に応じたのはブッシュに応分の譲歩を期待してのことであった。これに対し、「完全かつ検証可能で不可逆的な放棄」を突き付けた第一回協議でのブッシュの姿勢は無誠実であり、卑劣なしっぺ返しであると金正日に映った。これに不満と怒りを露にした前述の北朝鮮当局の声明はその意味で理解しうるところであった。ブッシュに要求を受け入れさせるためには改めて実力を示す以外に策はないと、金正日は判断した。第一回協議の終了に際し核抑止力を是が非でも確保するとの方針を金正日が打ち出したのは、そうした策を念頭に置いたものであった。

言葉通り、核抑止力の確保に向け金正日指導部が猛進し出した。その意味するところは、使用済み核燃料棒の再処理を通じたプルトニウムの増産であり、プルトニウムの増産こそあくまで突き放そうとするブッシュに聞く耳を持たせる必須の策であることを意味した。それを裏付けるべく、北朝鮮外務省はブッシュ政権が敵視政策を放棄しない限り、プルトニウムの増産に邁進することを示唆する内容の声明を発した。一〇月二日の『朝鮮中央通信』報道は、寧辺（ニョンビョン）の五MW黒鉛炉を再稼働すると共に黒鉛炉の建設準備を進めていることに加え、約八〇〇〇本の使用済み燃料棒の再処理を完了したと伝えた。[20] そして今後、米国の敵視政策が生み出した事態へ対処するた

め、核抑止力の増強を図るべく燃料棒の再処理を通じプルトニウムの抽出を行うと明言した。

続いて、ブッシュ政権が頑な姿勢を続けるのであれば、物理的に核抑止力を示す策を講ずる用意があるとの声明を北朝鮮外務省が発した。声明を伝える一〇月一六日の『朝鮮中央通信』報道によれば、ブッシュは北朝鮮を「悪の枢軸」と名指しすると共に先制核攻撃の標的とした。核問題が最悪の事態へと及んだのは、ひとえに米国の敵視政策によるものである。もし北朝鮮に対し核開発計画を放棄しなければならないと要求し、頑に「同時並行行動方式」に反対するのであれば、自衛手段として核抑止力の堅持並びにその増強のための措置を講ずる他に選択肢はない。そして適当な時が来た時、物理的戦力として核抑止力を周知せしめる措置を北朝鮮は講じるとし、これ以上の議論の余地はないと声明は断言したのである[21]。

この発言は前回の発言をもう一歩進めたもので、文言通り受け取れば、近い将来、核実験に金正日指導部が踏み切る可能性を示唆した。多少真剣な対応が必要であることをブッシュも感じ取った。金正日を宥める必要を感じたブッシュは金正日が一番神経を使っている安全保障の確保について配慮の余地のあることをほのめかした。ちょうどバンコック開催のアジア太平洋経済協力(APEC)サミットへ出向いたブッシュは一〇月二〇日の盧武鉉との会談の席上、不可侵条約に応じる意思は全くないが、核計画の放棄の見返りに書面での多国間の安全保障を北朝鮮に提供する用意があることに触れた。これに対し一〇月二一日にそうした安全保障の提供を拒絶し、あくまで米国との不可侵条約を求める要求を金正日は繰り返した[22]。

（２）二回六ヵ国協議の開催へ向けての綱引き

第一回協議が終了してこのかた、米朝両国が厳しく反目する一方、その背後で協議の再開に向け接点の探り合いが続けられた。金正日指導部が燃料棒の抜取り作業を行えば、それへの罰則として軽水炉建設事業を停止する一方で、北朝鮮への安全の配慮を視野に入れ多国間の安全保障協定の構想をブッシュ政権が示唆したのもその表れであった。

また第二回協議を睨んだ激しい綱引きは北朝鮮案とそれへの米国の対応にも看取された。一二月九日に安全の保証や経済支援などの補償措置の提供を念頭に、金正日が核活動の凍結実施をほのめかすと、[23]これに対し、金正日が実行しなければならないのは核活動の凍結ではなくその完全放棄にあると言明し、北朝鮮案をブッシュは一蹴した。[24]この間の一二月二五日から二七日まで、王毅中国首席代表は第二回協議に向け急遽訪朝し、姜錫柱（カン・ソクジュ）北朝鮮第一外務次官や金桂冠（キム・ゲグァン）外務副相などと会談し、二〇〇四年初めの第二回協議の開催に同意を取り付けた。これを受け、王毅が第二回協議への参加を北朝鮮当局が受け入れたことを明らかにした。[25]

ところで、第二回協議の開催を念頭に米国側から譲歩を引き出したい金正日指導部は奇怪とも言うべき示威行動に出た。米代表団を非公式に招聘し核兵器開発の実態を誇示したのである。一月六日から一〇日までの五日間、ロスアラモス国立研究所のヘッカー（Siegfried Hecker）元所長を筆頭とする五人からなる米代表団一行が訪朝した。一月八日に一行が寧辺の核関連施設を訪問した際、技術責任者はプルトニウムとされる物質の入った収納容器をヘッカーらにみせ、五ＭＷ黒鉛炉から抜き取った使用済み燃料棒を再処理したものであると真顔で語ったと言う。[26]

帰国したヘッカーは一月二一日に上院外交委員会で訪朝を踏まえた証言を行った。五MW黒鉛炉では八〇〇〇本の使用済み燃料棒を収納する燃料棒容器が空であった。またプルトニウムのサンプルらしきものをみせられたが、当該物質がプルトニウムであるかどうか確認できなかったものの、その可能性は極めて高いと、ヘッカーは語った[27]。これは核抑止力の確保を公言する金正日がそれを裏付ける証拠を誇示することで、第二回協議を前にしてブッシュから大幅な譲歩を引き出すべく行った示威行動であった。こうした演出を通じ準備は十分に整ったと判断した金正日は六ヵ国協議への復帰を決めた。二月二五日に開催される第二回協議への参加の意向を二月三日に金正日は正式に表明した[28]。

これに対しブッシュ政権の姿勢は全く軟化していなかった。二月一七日にボルトン国務次官補は中国当局者に対し北朝鮮は見返りを受ける前に総ての核計画の放棄を果たさなければならないと改めて凄んでみせた。すなわち、第二回協議においても第一回協議と同様の強硬姿勢を堅持することをボルトンは明らかにしたのである[29]。

第四節　第二回六ヵ国協議

期待と懸念が交互に入り交じる中で二〇〇四年二月二五日から二八日までの四日間、北京で開催されたのが第二回六ヵ国協議であった[30]。

(1) 米国案、北朝鮮案、韓国案

協議での主な審議対象となったのは米国案、北朝鮮案、韓国案であった。ケリーが提示した米国案は、総ての核計画について「完全かつ検証可能で不可逆的な放棄」について金正日指導部が公約すれば、「調整された三段階（"coordinated three steps"）」措置を講ずる用意があることを示した[31]。三段階措置の第一段階として、北朝鮮への多角的な安全の保証について議論する。第二段階として、検証を通じた核計画の放棄が進捗するのに伴い、その放棄に伴う技術と経済の両面での支援を準備し、北朝鮮のエネルギー需要が充足される方策について討議する。第三段階として、核計画の放棄がほぼ完了した段階で、北朝鮮との国交正常化と朝鮮戦争の休戦協定を恒久的メカニズムと置き換える包括的な交渉を開始する、とした。

これに対し、金桂冠北朝鮮首席代表が行った提案は、敵視政策をブッシュ政権が放棄すれば、核計画を放棄する用意があるとし、他の参加国がそれに見合った行動を講じるならば、第一段階として核活動を凍結するというものであった[32]。

他方、折衷案と言うべき三段階案が韓国から提示された[33]。それによれば、第一段階として、金正日指導部が総ての核計画についての「完全かつ検証可能で不可逆的な放棄」の約束を行う一方、これに対し参加五ヵ国は北朝鮮へ安全の保証を与える。第二段階として、総ての核計画を北朝鮮が放棄することを前提として核計画の凍結と共に国際査察機関による査察の受入を行う一方、韓・中・露の三国が北朝鮮へのエネルギー支援を実施する。第三段階として、総ての核計画の放棄を北朝鮮が完遂する一方、北朝鮮の安全を文書で保証し米国は北朝鮮をテロ支援国家の指定リストから解除する、とした。韓国案によれば、北朝鮮が総ての核計画について「完全かつ検証可能で不可逆的な放棄」を行わなければならないが、その前段階として講じられる措置は総ての核計画の凍結であった。核計画の凍結対象として総ての計画が含まれることから、高濃縮ウラン計画もこれに入った。また国際査察機関による査察を金正日は受け入れなければならない。そして総ての核計画の凍結に続き、短期間の内に「完全かつ検証可能で不可逆的な放棄」の実施に金正日は移らなければならない。この提案は安全の保証やエネルギー支援など補償措置を比較的早い段階で北朝鮮に提供することにより、金正日の懸念を緩和することを狙ったもので、厳しく対立する米朝間の膠着状態の打開を目的とした折衷案と言えるものであった。韓国案に対し中国とロシアが支持表明を行った一方、米国と日本は明確な意思表示を敢えて控えた。同案は結局立消えとなった。[34]

(2) 食い違う主張

第一回協議に続き放棄の対象範囲と実施方法が第二回協議の主要争点となった。上記の通り、北朝鮮が行わなければならないのは総ての核計画についての「完全かつ検証可能で不可逆的な放棄」であるとブッシュ政権は改めて断じた。このことは「CVID原則」に対しブッシュが改めて拘泥したことを物語る。[35] これにはプルトニウム計画だけでなく高濃縮ウラン計画も当然、含まれたし、核の平和利用も含まれた。これに対し、総ての核計画の「完全かつ検証可能で不可逆的な放棄」の要求について金正日指導部が猛反発したことに加え、ウラン計画についてのブッシュの主張は事実無根であると改めて反駁した。[36] 他方、主張を裏付ける確かな証拠がブッシュから提示されていないとして、ウラン計画の存否を巡り中露両国は金正日の顔を立てる姿勢を示した[37]。これに対し、北朝鮮がウラン計画を極秘で進めているとしても協議が一層進展した段階で審議されるべきであると、これまた金正日に理解を示す考えを韓国が表明した[38]。他方、平和利用のための核計画は認められなければならないと金正日が反論した。つまり、放棄対象はあくまでも核兵器計画に限定されなければならないとするのが金正日の主張であった[39]。これに対して、中露はまたしても金正日の顔を立てる姿勢を示した[40]。

金正日指導部が核計画の凍結を示唆したことで凍結問題が重要な論点として浮上した。暫定措置という条件付で核計画の凍結について幾分の理解をブッシュ政権が示したことは事実であるが、凍結だけでは不十分であり最終目標はその放棄の完遂にあるとブッシュは明言した[41]。

さらに前回協議と同様、補償措置の提供が先か、それとも放棄が先かに関し双方は激しく反目した。既述の通り、核計画の放棄が補償措置提供の前提となるとするブッシュ政権の姿勢は前回と同様であった[42]。しかも北朝鮮による放棄が完了した段階で初めて補償措置の提供に向け米国は準備を行うとしたもので、以下にみるような「同時並行的行動」ではない。加えて、補償措置の提供については言及しておらず、そのための交渉を行う準備があるだけに止まったのは既述の通りである。これに対し、金正日指導部は凍結への補償措置の提供を要求しただけでなく、先に補償措置が提供される場合に限り凍結を受け入れるとした。北朝鮮による凍結が先であり米国による補償措置の提供が後になるのであれば、これには断固応じられないと金正日は遣り返した[43]。

加えてその実施方法として、核の放棄、エネルギー支援、不可侵条約の締結、外交関係の樹立などの問題について一括で妥結する「一括妥結方式」と、その際、両国が同時並行的に実施するとした「同時並行行動方式」を金正日指導部は要求した。こうした遣り取りを踏まえた時、第二回協議が多難を余儀なくされたことは無理からぬことであった。

(3) 北朝鮮の反発と難航する協議

第一回協議に続き一向に譲歩の余地をみせないブッシュ政権の姿勢は金正日にとって憤懣遣る方なしと映った。協議でのブッシュの姿勢を激しく罵倒する声明を北朝鮮外務省が発した。北朝鮮外務省声明を伝える二月二九日の『朝鮮中央通信』報道によれば、北朝鮮は同時並行的一括妥結案に従い核開発計画を放棄する意思を明確にし、第一段階行動のための措置を実施するため公平かつ柔軟な提案を行った。しかし総ての核開発計画について「完全かつ検証可能で不可逆的な放棄」を講じて始めて北朝鮮の懸念を議論することができると改めて米国は反駁した。しかも総ての核開発計画の放棄に続きミサイル、通常兵器、生物・化学兵器、人権など他の問題が解決されない限り、外交関係の正常化に応じることはできないと米国は断言した。北朝鮮との共存に向け善処する姿勢を示すどころか、北朝鮮の孤立を目論む方策を画策し時間をただただ浪費させた。北朝鮮への政策転換を行う意思を米国が示さない限り核問題の解決に六ヵ国協議が資するとは到底言えない。核問題の解決はひとえに米国の姿勢転換に依拠すると、報道は結んだ(44)。

協議の終了に際し王毅協議議長は議長報告を行い、その中で全参加国の代表が朝鮮半島の非核化、二〇〇四年六月末までに第三回六ヵ国協議が開催されること、その準備のために作業部会が事前に開催されることで合意が成立したと、御決りの通り協議の成果を称えたものの[45]、協議は全くの平行線のままであった。総ての核計画の「完全かつ検証可能で不可逆的な放棄」に執着し、金正日への見返りは放棄の実現後になるとの姿勢をブッシュが貫く限り、金正日の歩み寄りはないことを第二回協議は物語った。協議の先行きが不安になり出したのである。

第五節　第三回協議の開催に向けて――作業部会での対立とその後

二〇〇四年二月の第二回協議においてブッシュ政権が原則論を繰り返したことは、金正日指導部にとっても他の参加国政府にとっても想定外であった。このため暗礁に乗り上げた協議は八月の再開へ向けて動き出す。それではどの様な経過を辿り、協議の再開へと至ったのであろうか。

協議の再開に向け期待されたのが六ヵ国から構成される作業部会であった。作業部会において協議での争点について地ならしを行い、その上で協議の場で話し合うことにより協議が円滑に進むであろうと判断されたのである。こうして作業部会が五月一二日から一五日まで北京で持たれたが、地ならしどころか協議での厳しい対立が所を変えて作業部会に持ち込まれることとなった[46]。

その原因は高濃縮ウラン計画の存否を巡る米朝間の確執によるところが大であった。ウラン計画の存否に纏わる対立に拍車を掛けたのが、アブドル・カーン（Abdul Q. Khan）の「告白」であった。二〇〇四年二月四日にパキスタンの「核兵器計画の父」と呼ばれたカーン率いるカーン・グループがリビア、イラン、北朝鮮などに核関連技術を極秘に流出させていたことをムシャラフ（Pervez

Musharraf）大統領の前でカーンが告白するという放送がパキスタンで放映された。[47] しかも北朝鮮にウラン濃縮装置を提供したとカーンが供述したという。また四月一三日にカーンが九九年に訪朝した際、極秘の地下核施設に案内され、三つの核関連機材と思われるものをみせられたと語ったと、『ニューヨーク・タイムズ紙』に報じられた。[48] カーン「告白」を通じ改めて確信を得た米代表団は作業部会の場で北朝鮮代表団に対しウラン計画の存在を認めるよう質した。これに対し、計画の存在を真っ向から否定すると共にそうした根拠のない主張を米代表団は取り下げるべきであると北朝鮮代表団が激しく反発したため、作業部会が紛糾事態へと陥った。これに関連して、ウラン計画について米国側から十分に裏付けられた証拠が提示されていないとして、確かな証拠が示されないのであれば、米国は主張を取り下げるべきだと中国高官が『ニューヨーク・タイムズ紙』とのインタビューで語ったことが六月九日に報道された。[49] ロシア政府も同様の姿勢を示した。[50]

地下施設などでの秘匿が容易とされるウラン関連施設が一体何処に存在し、その開発が何の程度進んでいるのかについて根拠となりうる客観的かつ確固たる物証を米国が示していなかったことを踏まえると、中露が物証の提示を米国に求めたことによりウラン計画を巡る争点はさらに迷路に入った。実際に北朝鮮が同計画の存在を真っ向から否定したのは、中露両国からこうした援護を受けてのことであった。他方、日本は当然ながら米国と同様の姿勢を堅持した一方、六ヵ国協議での審議がもっと煮詰まってからこの問題を議論すべきであるとしたのが韓国の姿勢であった。[51]

何れにしても、総ての核計画の「完全かつ検証可能で不可逆的な放棄」に執着するブッシュの一点張りの姿勢に他の参加国が次第に憂慮の念を抱き出した。そうした状況の下で、協議が再開されたとしても同じことの繰返しになり兼ねず、悪くすれば協議の存続すら危ぶまれ兼ねないとの悲観的な観測が漂い出した。先行きを不安視した関係国はブッシュに柔軟な対応を求めるよう再三にわたり示唆した。[52]

第六節　第三回六ヵ国協議

二〇〇四年六月二三日から二六日までの四日間、北京で開催されたのが第三回六ヵ国協議であった。[53]第三回協議に至った背景には、ブッシュ政権の姿勢に多少の軟化がみられたことがあった。既述の通り、原則論をひたすら貫いてきたブッシュの姿勢に他の参加国が憂慮したことは事実であった。それに多少なりともブッシュが配慮した格好で協議の開催が決まった。金正日もそうした流れを掴んでいたことから、多少雰囲気が異なっていた。とは言え、問題は本質面であった。つまり、米朝双方が実際に歩み寄るかどうかが試されることになった。

(1) 米国案と北朝鮮案

第三回協議においてケリーはより具体的かつ柔軟な提案を提示した。膠着状態の打開の必要を感じたブッシュ政権はそれまでのように「CVID原則」に拘ることを控え、核放棄に向けて段階的な提案を提示した。

米国案は三段階から成り立つものであった。[54]第一段階として、北朝鮮は高濃縮ウラン計画を含む、総ての核計画の放棄を表明し、核放棄に向けた具体的な計画で合意する。これに北朝鮮が応じるならば、米国を除く参加国は北朝鮮に対し重油を提供する。第二段階として、総ての核活動を北朝鮮が凍結し国際査察機関の管理の下で核物質の廃棄を開始するために、三ヵ月間の準備期間を与える。北朝鮮は核物質と兵器の展示を開始し、これらの措置が米情報機関により検証されるに伴い、北朝鮮の安全や領土保全の尊重などについて米国と他の参加国は暫定的な保証を提供する。続いて米国は北朝鮮のエネルギー需要の研究を行い、経済制裁を解除し、テロ支援国家の指定リストから北朝鮮を解除する議論を検討する。第三段階として、北朝鮮は完全な核放棄に向けた措置を履行する。これに北朝鮮が応じれば、国交の樹立と経済協力問題に米国は取り組む。他方、これらの条件が充足されなければ、補償措置が講じられることはない、とした。

総ての核計画の放棄に向けた意思表示を金正日指導部が行えば、これに応じ米国以外の参加国が北朝鮮への重油提供を開始することに始まる一連の行動が米国案に盛り込まれた[55]。このエネルギー支援は北朝鮮の核計画を放棄に向かわせるための動機付け策であったが、この考えは既述の通り前回協議での韓国案にみられるものであった[56]。また上記の通り、米国案は金正日指導部が一連の行動を取るのに並行して補償措置をその都度講ずることを盛り込んだものであり、金正日が求めてきた「同時並行行動方式」に基づく「一括妥結方式」に類似したものであった。さらに検証方法についても、「効果的な検証に基づく恒久的、徹底的かつ透明性を備えた方法（"permanent, thorough and transparent manner subject to effective verification"）」に従い核計画の放棄を金正日に求め、北朝鮮案を詳細に検討するとした[57]。

他方、北朝鮮案は核兵器計画の放棄に向けた第一段階措置としてその凍結を行う用意があるとした。凍結対象は総ての核兵器関連施設と再処理済みの核物質を含むとされ、凍結期間中には核兵器の製造・実験・移転は行わない。また凍結期間の長さは北朝鮮へ補償措置が十分に提供されるかどうかによる[58]。そして凍結の補償措置として金正日指導部がブッシュ政権に要求したのは、テロ支援国家の指定リストからの解除と経済制裁の解除を約束することであった。加えて、米朝枠組み合意の下で提供が約束されていた二基の軽水炉が生み出すはずであった二〇〇万キロ・ワット相当のエネルギー支援へブッシュが加わらなければならないと金正日は要求したのである[59]。

（2）反目し合う主張

第一回、第二回協議に続き、補償措置の提供が先か、それとも放棄が先かという問題がまたしても主な争点として浮上した。加えて主な争点となったものの一つは北朝鮮の放棄対象と実施方法に関した。この内、放棄の対象範囲について、ブッシュ政権の姿勢は従前通り、総ての核計画が放棄されなければならないとするものであり、これにはウラン計画が含まれ、さらに核の平和利用も含まれた[60]。他方、ブッシュは放棄の前段階措置としての凍結の実施に一定の評価を下した。また放棄の実施方法として「完全かつ検証可能で不可逆的な放棄」を控え、「効果的な検証に基づく恒久的、徹底的かつ透明性を備えた方法」を通じた放棄といった若干、柔軟な姿勢をブッシュは示した[61]。これに対し、金正日指導部は放棄対象に特に言及せず、放棄に向けた第一歩として凍結措置の実施を示唆し、その対象として核関連施設と核物質を掲げた[62]。他方、その放棄の実施方法には言及がないことに加え、ウラン計画の存在を金正日は改めて否定した(63)。他の主な争点は補償措置の提供が先か、それとも放棄が先かに関した。この点について、米国案が北朝鮮による放棄が先であり補償措置の提供が後であるという意味でこれまでと変更はない一方、核計画の放棄と補償措置の提供を繋ぎ合わせた「同時並行行動方式」に基づく「一括妥結方式」を打ち出した(64)。これに対し、補償措置が講じられて初めて凍結が始まるとしただけに北朝鮮案は止まった(65)。

(3) 議長声明と行き詰まる協議

これといった前進が第三回協議でみられた訳ではないが、ブッシュ政権が「CVID原則」を控えたことで閉塞感のあった六ヵ国協議に活路がみえた感があった。このことは合意と非核化に向け新しい段階に協議が到達したと、王毅六ヵ国協議議長が囃し立てた議長声明に表れた(66)。

とは言え、米朝間の厳しい対立が解消された訳では全くなかった。確かに、問題の妥結に向けブッシュ政権が本腰を入れ始めたと言えたが、金正日指導部からみて不満が大いに残るブッシュの姿勢であった。北朝鮮へのエネルギー支援に加わることに難色を示しただけでなく、北朝鮮への直接支援に応じることも、また米朝二国間協議を行うこともブッシュが拒否し続けたことに金正日は不満を隠さなかった。加えて、総ての核計画の凍結期間として三ヵ月間を設定し、それに続き核計画の完全な放棄に速やかに移ることを要求したことに金正日は憤慨した。凍結に続き放棄の実施に移らなければならないとしたことを踏まえれば、核計画の放棄を単刀直入に求めたそれまでの要求と大差がないからであった。三ヵ月間という凍結期間が一体何を根拠としたものであるのか到底、承服できないと金正日は反発した[67]。米国案は北朝鮮に対し段階的な武装解除を求める工程表以外の何物でもないと、金正日に受け取られたのである[68]。激憤した北朝鮮当局者は第一回協議に続き核実験を行う可能性を再び示唆した[69]。米国案には協議の前途を憂慮する他の参加国へ配慮した提案であった側面はあるとは言え、金正日が受諾する余地は少ない提案であった。

これに対し、北朝鮮案もブッシュ政権を納得させるにはほど遠かった。補償措置の提供については堂々と要求するが、自ら用意があるとしたのは凍結措置の実施であり、それ以上の譲歩の余地があるかどうかは不明であった[70]。ブッシュ側の視点に立てば、凍結措置に続く放棄についての言及は全く不十分であり、その放棄方法は甚だ不透明であった。凍結だけに言及した北朝鮮案はブッシュからみれば、凍結倒れで終わった米朝枠組み合意の苦い経験を想起させた。放棄を前提とする凍結であるならば評価の余地はある反面、核兵器開発の再開へと結びつき兼ねない凍結であるのであれば、全く意味がない。従って、核計画の凍結を北朝鮮側が示唆したとしても、ブッシュがそれに動かされるという余地は少なかった。しかも核の平和利用が認められなければならないとしたことに加え、高濃縮ウラン計画の存在を改めて否定すると共に、同計画についての要求を取り下げるべきであると北朝鮮が居直ったことは、ブッシュを改めて憤らせた[71]。

協議において米朝両外交団が表向き上、妥結に向け前向きの姿勢を演出し合ったことを別にすれば、米朝間の対立は歴然としていた。協議の終了に際し、米朝両国が相手側の提案を検討することを示唆したが、実際には外交辞令的な意味合いしかなかった。米朝以外の参加国が協議での妥結に真剣であっても、肝心の米朝両国が激しい綱引きを演じたというのが実際であった。こうしたことから、ブッシュの強硬な姿勢が第三回協議でも何ら解消していないと、金正日は改めて感じた。それ故に、ブッシュから譲歩を引き出すには金正日が好んで使う表現である、核抑止力のさらなる確保が必須であると金正日は判断した。二〇〇四年九月までの第四回協議と作業部会の開催が一応予定されたものの、六ヵ国協議の行方がいよいよ不安視されたのである。

【注】

（1）この点について、船橋洋一『ザ・ペニンシュラ・クエスチョン—朝鮮半島第二次核危機』（朝日新聞・二〇〇六年）五三三頁。

（2）ブッシュ・小泉会談について、〝President Bush Meets with Japanese Prime Minister Koizumi,〟Bush Ranch, Crawford, Texas, Office of the Press Secretary,（May 23, 2003.）; 〝Bush, Koizumi Present United Front against North Korean's Nuclear Program,〟 *AP,*（May 23, 2003.）; and 〝Bush, Koizumi Vow to not be Intimidated by Pyongyang,〟 *Deutsche Presse-Agentur,*（May 23, 2003.）

（3）多角的協議への参加意思を伝える小泉と盧武鉉による共同声明について、〝Joint Statement by President Roh Moo-hyun of the Republic of Korea and Prime Minister Junichiro Koizumi of Japan following a Summit Meeting,〟 *GlobalSecurity.org,*（June 7, 2003.）

（4）『朝鮮中央通信』報道について、〝U.S. Urged not to Raise Format of Talks as Precondition,〟 *KCNA,*（May 24, 2003.）

（5）『朝鮮中央通信』報道について、〝Spokesman for DPRK Foreign Ministry on Recent DPRK-U.S. Contact,〟 *KCNA,*（August 1, 2003.）これに関連する文献として、〝North Korea Agrees to Nuke Talks,〟 *AP,*（August 1, 2003.）

(6) この点について、"Powell: U.S. will not be Defeated in War against Terror: Discusses World Issues in Briefing for Foreign Journalists," *usinfo.state.gov*, (August 7, 2003.)

(7) この点を伝える『朝鮮中央通信』報道について、"DPRK's Stand on Six-party Talks Clarified," *KCNA*, (August 13, 2003.) 八月一八日にも同様の声明が繰り返された。同日、北朝鮮への敵視政策を米国が抜本的に改めない限り、北朝鮮は核抑止力を放棄することができないと断言し、その上で不可侵条約の締結と外交関係の樹立に応じると共に、北朝鮮の対外貿易に米国は干渉しないで頂きたい趣旨を『朝鮮中央通信』は伝えた。『朝鮮中央通信』報道について、"KCNA Urges U.S. to Show Will to Make Policy Switchover," *KCNA*, (August 18, 2003.)

(8) 参加国の首席代表は以下の通りである。王毅（中国）、ケリー（米国）、金永日（キム・ヨンイル）（北朝鮮）、李秀赫（イ・スヒョク）（韓国）、藪中三十二（日本）、ロシュコフ（ロシア）。『六者会合（概要と評価）』、（二〇〇三年八月二七–二九日）（六者会合・外務省ホームページ）。

(9) 米国案について、"US to Urge N. Korea Nuclear Disarmament Commitment," *Washington Post*, (August 24, 2003.); Nicola Butler, "North Korea Nuclear Talks End in Stalemate," *Disarmament Diplomacy*, Issue No. 73, (October - November 2003.); and Paul Kerr, "Countries Meet to Discuss N Korean Nuclear Stand-off," *Arms Control Today*, (September 2003.)

(10) 北朝鮮案について、"Keynote Speeches Made at Six-way Talks," *KCNA*, (August 29, 2003.) 関連する文献として、*op. cit.*, "North Korea Nuclear Talks End in Stalemate."

(11) この点について、*op. cit.*, "Keynote Speeches Made at Six-way Talks."; *op. cit.*, "North Korea Nuclear Talks End in Stalemate."; and *op. cit.*, "Countries Meet to Discuss N Korean Nuclear Stand-off."

(12) この点について、"US to Urge N. Korea Nuclear Disarmament Commitment," *Washington Post*,

(August 24, 2003.); *op. cit.*, "North Korea Nuclear Talks End in Stalemate."; and *op. cit.*, "Countries Meet to Discuss N Korean Nuclear Stand-off."

(13) この点について、*op. cit.*, "Keynote Speeches Made at Six-way Talks."; *op. cit.*, "North Korea Nuclear Talks End in Stalemate."; and *op. cit.*, "Countries Meet to Discuss N Korean Nuclear Stand-off."

(14) この点について、"US to Urge N. Korea Nuclear Disarmament Commitment," *Washington Post*, (August 24, 2003.); *op. cit.*, "North Korea Nuclear Talks End in Stalemate."; and *op. cit.*, "Countries Meet to Discuss N Korean Nuclear Stand-off."

(15) この点について、*op. cit.*, "Keynote Speeches Made at Six-way Talks."; *op. cit.*, "North Korea Nuclear Talks End in Stalemate."; and *op. cit.*, "Countries Meet to Discuss N Korean Nuclear Stand-off."

(16) この点について、"DPRK Foreign Ministry on Six-way Talks," *KCNA*, (August 30, 2003.) これに関連して、八月二九日の協議の終了に際して、北朝鮮案を米国がなおざりにするならば、核抑止力を強化する方策しか残されていないと北朝鮮首席代表は言及した。この言及について、"N. Korea List Demands, End to US 'Hostile Policy' Key," *Reuters*, (August 29, 2003.) さらに核兵器保有を宣言すると共に核実験を行う以外に選択の余地はないと同代表は語った。この点について、"N. Korea Threatens Nuclear Arms Test," *Washington Post*, (August 29, 2003.) 関連する文献として、"N Korea Says Beijing Talks Convinced it of Need for Nuclear Arsenal," *AFP*, (August 30, 2003.); "N. Korea against More Talks, Wants More Atomic Arms," *Reuters*, (August 30, 2003.); "N. Korea Retreats from Further Talks on Weapons," *Washington Post*, (August 31, 2003.); and "North Korea Ends Disarmament Talks," *New York Times*, (August 31, 2003.) 他方、これとは反対に九月二日に対話を

通じ米朝間の核問題を平和的に解決する意思があることを北朝鮮当局は示唆した。この点について、〝North Korea Says it will Continue Nuclear Talks,〟 *New York Times*, (September 2, 2006.)

(17) 議長総括について、前掲「六者会合(概要と評価)(平成一五年八月二七日－二九日)」。〝The Six-Party Talks Ended,〟 Chinese Foreign Ministry Statement, *Disarmament Documentation*, (August 29, 2003.)

(18) この点について〝Chinese Aide Says US is Obstacle in Korean Talks,〟 *New York Times*, (September 2, 2003.)

(19) この点について、〝Korea Nuke Summit Delegates to Meet Again,〟 *AP*, (August 29, 2003.); and 〝N. Korea Crisis Talks End, New Round Planned,〟 *Reuters*, (August 29, 2003.)

(20) 使用済み燃料棒の再処理方針を示唆する金正日指導部声明を伝える『朝鮮中央通信』報道について、〝DPRK to Continue Increasing its Nuclear Deterrent Force,〟 *KCNA*, (October 2, 2003.) 関連する文献として、〝Analysis: N. Korea's Nuke Game Going Further,〟 *UPI*, (October 2, 2003.); 〝N Korea Completes Nuclear Fuel Rod Reprocessing - Foreign Ministry,〟 *AFP*, (October 2, 2003.); and 〝North Korea Says Fuel Rods Processed for Nuclear Bombs,〟 *Online NewsHour*, (October 2, 2003.) 金正日指導部の発表がどの程度の信憑性を持つか疑問であるものの、核兵器開発の進捗に対し重大な懸念をブッシュ政権が表明した。この点について、〝U.S. Doubts over N. Korean Claims,〟 *CNN*, (October 2, 2003.)

(21) この点について、〝Bush Offers Guarantees to N. Korea,〟 *Washington Times*, (October 20, 2003.); 〝Bush Says Pact with N. Korea Possible: Security Guarantee Linked to Steps on Nuclear Programs,〟 *Washington Post*, (October 20, 2003.); 〝Bush Proposes a Security Accord for North Korea,〟 *New York Times*, (October 20, 2003.); 〝Bush Pushes for Compromise in Nuclear Standoff

with North Korea,〟 *AP*, (October 20, 2003.); and 〝Bush, Roh Discuss Possible North Korea Compromise,〟 *AFP*, (October 20, 2003.)

(22) この点について、〝DPRK's Stand on Talks with U.S. Clarified,〟 *KCNA*, (October 23, 2003.) 関連する文献として、〝N Korea Rejects as 'Laughable' US Offer of Multilateral Security Guarantee,〟 *AFP*, (October 22, 2003.); and 〝North Korea Reportedly Rejects US Security Guarantee Offer,〟 *BBC*, (October 22, 2003.)

(23) この点について、〝Spokesman of DPRK Foreign Ministry on Issue of Resumption of Six-Way Talks,〟 *KCNA*, (December 9, 2003.)『朝鮮中央通信』報道によれば、一括妥結に向けた北朝鮮案を受け入れる用意がないのであれば、次期協議において「語に対する語」の関与を行うことで第一段階行動について同意する必要がある。このためには、「テロ支援国家」の指定リストからの解除、経済制裁の解除、重油と電力の供給を含むエネルギー支援などの措置が核活動の凍結の見返りとして講じられる必要がある。これが六ヵ国協議の土台となるし、そうした見返りがない限り、北朝鮮は核活動の凍結を行うことはできない。

(24) 北朝鮮案に対するブッシュの酷評について、〝Bush: N. Korea's Nuke Offer Falls Short,〟 *AP*, (December 9, 2003.); 〝Bush Says North Korea's Nuclear Freeze Offer isn't Good Enough,〟 *AP*, (December 9, 2003.); 〝U.S. Rejects N. Korea's Terms for Talks,〟 *UPI*, (December 9, 2003.); 〝Bush Rejects North Korea's Nuclear 'Freeze' Offer,〟 *AFP*, (December 9, 2003.); and 〝Bush Rejects N Korea's Nuclear Freeze Offer,〟 *Xinhua Financial News*, (December 10, 2003.)

(25) この点に関する『朝鮮中央通信』報道について、〝DPRK Foreign Ministry Spokesman on Six-way Talks,〟 *KCNA*, (December 28, 2003.) 関連するものとして、〝Chinese Official in DPRK for Preparation for Six-way Talks,〟 *Xinhua News Agency*, (December 26, 2003.); and 〝Chinese Vice Foreign Minister

Visits North Korea to Discuss Six-party Talks,〟 *BBC*, (December 26, 2003.)

(26) ヘッカーによれば、プルトニウムであるか否かを確認する機材を所持していなかったため、確認はできなかった。また訪朝団は貯蔵池にある使用済み燃料棒の収納容器の一部を検査したが、そこには燃料棒はなかった。これに対し、北朝鮮の技術責任者は二〇〇三年一月から六月までの半年間に総ての使用済み燃料棒を再処理したと語った。米代表団による核関連施設の視察について、〝N. Korea OKs U.S. Visit to Complex,〟 *USA Today*, (January 2, 2004.); 〝N. Korea Allows U.S. Delegation to Tour Nuclear Complex,〟 *Online News Hour*, (January 2, 2004.); 〝North Korea Invites U.S. Delegation to Visit Nuke Site,〟 *Korea Herald*, (January 3, 2004.); 〝Group of Private U.S. Experts Visits North Korea Nuclear Plant,〟 *New York Times*, (January 10, 2004.); 〝American Delegation Visits Disputed North Korean Nuclear Facility but won't Say What it Saw,〟 *AP*, (January 10, 2004.); and Paul Kerr, 〝U.S. Delegation Visits North Korea, Questions Remain over Pyongyang's Weapons Claims,〟 *Arms Control Today*, (March 2004.)

(27) ヘッカーの議会証言について、〝Visit to the Yongbyon Nuclear Scientific Research Center in North Korea,〟 Testimony of Siegfried S. Hecker, Los Alamos National Laboratory, before the Senate Foreign Relations Committee, (January 21, 2004.) 関連するものとして、〝Scientist Describes N. Korea Nuclear Evidence,〟 *USA Today*, (January 22, 2004.)

(28) 金正日指導部による第二回協議の参加表明について、〝KCNA Report on Resumption of Six-way Talks,〟 *KCNA*, (February 3, 2004.); 〝Nuclear Talks to Resume, North Korea Says,〟 *Reuters*, (February 3, 2004.); 〝North Korea Agrees to New Talks on Nuclear Program,〟 *Washington Post*, (February 3, 2004.); and 〝U.S., North Schedule 6-way Nuke Talks in Beijing: Second Round to Begin Feb. 25 on Willingness to 'Dismantle,'〟 *Washington Times*, (February 4, 2004.)

(29) この点について、"U.S.: China is Ally against Proliferation, Diplomat's Assertions Follow Reports on Ties to Pakistan," *Washington Post*, (February 17, 2004.)

(30) 参加国の首席代表は以下の通りである。王毅（中国）、ケリー（米国）、金桂冠（北朝鮮）、李秀赫（韓国）、藪中三十二（日本）、ロシュコフ（ロシア）。『第2回六者会合（概要と評価）』（二〇〇四年三月一日）（六者会合・外務省ホームページ）。

(31) 米国案について、"N. Korea Repeats Uranium Denial: Delegation Meet with U.S. on Day One of Talks in Beijing," *Washington Post*, (February 26, 2004.); Nicola Butler "'Differences, Difficulties and Contradictions' at North Korea Nuclear Talks," *Disarmament Diplomacy*, Issue No. 76, (March/April 2004.); and Paul Kerr, "North Korea Talks Stymied," *Arms Control Today*, (April 2004.)

(32) 北朝鮮案について、*op. cit.*, "'Differences, Difficulties and Contradictions' at North Korea Nuclear Talks."; and *op. cit.*, "North Korea Talks Stymied."

(33) 韓国案について、*op. cit.*, "'Differences, Difficulties and Contradictions' at North Korea Nuclear Talks."; *op. cit.*, "North Korea Talks Stymied."; and "N Korea Offered Energy Aid," *BBC News Online*, (February 26, 2004.)

(34) この点について、*op. cit.*, "'Differences, Difficulties and Contradictions' at North Korea Nuclear Talks."; *op. cit.*, "North Korea Talks Stymied."; and *op. cit.*, "N Korea Offered Energy Aid."

(35) この点について、*op. cit.*, "N. Korea Repeats Uranium Denial: Delegation Meet with U.S. on Day One of Talks in Beijing."; *op. cit.*, "'Differences, Difficulties and Contradictions' at North Korea Nuclear Talks."; and *op. cit.*, "North Korea Talks Stymied."

(36) この点について、*op. cit.*, "'Differences, Difficulties and Contradictions' at North Korea Nuclear Talks."; and *op. cit.*, "North Korea Talks Stymied."

(37) 中国の姿勢について、“Chinese Official Challenges U.S. Stance on North Korea,” *New York Times*, (June 9, 2004.) ロシアの姿勢について、“N Korea Refuses to Disclose Details of its Nuclear Programme,” ***ITAR-TASS***, (February 26, 2004.)

(38) 韓国の姿勢について、“Seoul Urges U.S. ‘Flexibility’ in Nuclear Talks with North,” ***Washington Post***, (February 21, 2004.)

(39) この点について、“Key Quotes: Korea Nuclear Talks,” ***BBC News***, (February 28, 2004.)

(40) 例えば、北朝鮮は総ての核兵器開発計画を放棄する用意はなく、またその放棄を北朝鮮に要求するのは必ずしも現実的ではないとロシア首席代表は語った。ロシアの姿勢について、“U.S. won't Leave Nuclear Talks Early,” ***AP***, (February 26, 2004.)

(41) この点について、“North Korea may Get Aid if it Pledges Nuclear Curb,” *New York Times*, (February 25, 2004.) また凍結は目的ではなく手段であるとの認識に立ち、ロシア首席代表は北朝鮮の核計画は完全な放棄に至らなければならないのに加え、いかなる凍結もその検証が不可欠となると強調した。ロシアの姿勢について、“N Korea Condemns US Tough Position on Six-party Talks,” ***ITAR-TASS***, (February 26, 2004.)

(42) この点について、*op. cit.*, “‘Differences, Difficulties and Contradictions’ at North Korea Nuclear Talks.”; and *op. cit.*, “North Korea Talks Stymied.”

(43) この点について、“North Korea Seeks Compensation for Freeze,” ***AP***, (February 24, 2004.)

(44) この点について、“DPRK Foreign Ministry Spokesman on Six-way Talks,” ***KCNA***, (February 29, 2004.) この声明に関連して、外務省声明を伝える三月一〇日の『朝鮮中央通信』報道は米国の姿勢を大いに皮肉った。同報道によれば、「完全かつ検証可能で不可逆的な放棄」の要求を繰り返す米国には北朝鮮と共存するという意思も協議を通じ核問題の解決を図りたいとの意思もみられないと、御決りの反応を示した。もし米国が「完全かつ検証可能で不可逆的な放棄」という言回しを好むならば、「完全かつ検証可能で不可逆的」に北朝鮮への敵視政策の放棄に専念しなければならない。さらにウラン計画を北朝鮮当局が進めていると米国が断定したが、このことは対イラク軍事進攻と同じ手口で北朝鮮への攻撃を米国が企んでいることを物語る。これに対し北朝鮮としては核抑止力の増大を図ること以外に方策はないと、報道は言明した。この点について、"Spokesman for DPRK FM Denounces U.S. Reckless Stand at Six-way Talks," ***KCNA***, (March 10, 2004.)

(45) この点について、"Chair's Statement for the Second Round of Six-Party Talks, February 28, 2004," ***Disarmament Diplomacy***, Issue No. 76, (March/April 2004.)

(46) 頓挫した作業部会会合について、"US, North Korea may Meet Bilaterally on Sidelines of Beijing Talks," ***BBC Monitoring***, (May 12, 2004.); "Working Level Talks End as N Korea Vows Never to Accept US Demands," ***AFP***, (May 14, 2004.); Nicola Butler, "Little Progress as North Korea Working Group Meets," ***Disarmament Diplomacy***, Issue No. 77, (May/June 2004.); and Paul Kerr, "U.S., North Korea Jockey for China's Support as Working Group Nuclear Talks Approach," ***Arms Control Today***, (May 2004.)

(47) カーンが北朝鮮などに行ったとされる核関連技術の海外移転について、Christopher Clary, "Dr. Khan's Nuclear WalMart," ***Disarmament Diplomacy***, Issue No. 76, (March/April 2004.) 前掲書『北朝鮮危機の歴史的構造１９４５-２０００』三九-四〇頁。

(48) この点について、"Pakistani Says He Saw North Korean Nuclear Devices," ***New York Times***, (April 13, 2004.) 関連する文献として、"Pakistani Scientist Says He Saw Three North Korean Nuclear Bombs: Report," ***AFP***, (April 13, 2004.); "Pakistan Silent on Claims Khan Saw Nuclear Bombs in N Korea," ***AFP***, (April 14, 2004.); and "US Says it has Much Information on Disgraced Pakistan

Scientist," *AFP*, (April 14, 2004.)

(49) 高濃縮ウラン計画の存在を否定する北朝鮮当局の立場を庇う中国政府高官の発言について、"Chinese Official Challenges U.S. Stance on North Korea," *New York Times*, (June 9, 2004.) 関連する文献として、"Beijing Doubts U.S. Claims on North Korean Nuclear Effort," *International Herald Tribune*, (June 10, 2004.)

(50) ロシアの姿勢について、"N Korea Refuses to Disclose Details of its Nuclear Programme," *ITAR-TASS*, (February 26, 2004.)

(51) 韓国の姿勢について、"Seoul Urges U.S. 'Flexibility' in Nuclear Talks with North," *Washington Post*, (February 28, 2004.)

(52) このような時に突如実現したのが五月二二日の小泉首相の二度目の訪朝であった。小泉再訪朝と金正日との首脳会談について、「家族5人帰国、蓮池・地村さんと再会…日朝首脳会談　曽我さん第三国で対面へ」『読売新聞』(二〇〇四年五月二三日)。「首相　再訪朝　平壌宣言確認へ」『読売新聞』(二〇〇四年五月二二日)。また同会談に関する『朝鮮中央通信』の報道について、"Report on Meeting and Talks between Kim Jong Il and Koizumi," *KCNA*, (May 22, 2004.) 同首脳会談において金正日がブッシュとの対話を強く望んでおり、次期協議で北朝鮮側からみて検討可能な提案を米国が行うことを金正日が望んでいることを小泉が掴んだことは大きな成果となった。その後、六月八日に開始されたジョージア州でのシーアイランド・サミットが第三回協議への布石となった。六月九日のブッシュ・小泉会談で、小泉は六ヵ国協議の再開に向け重要な助言を行った。先の訪朝で金正日の意思と意図を探った小泉は金正日が対話を強く望んでいることをブッシュに伝え、次期協議で柔軟な姿勢で臨んで頂くよう助言した。小泉の進言が第三回六ヵ国協議でのブッシュ政権の包括的提案に多少なりとも寄与したと言えよう。小泉の発言について、"Koizumi Says N. Korea Open

to Deal on Nukes," *Reuters*, (June 8, 2004.); and "Japan Leader Calls on North Korea to Dismantle Nuclear Program," *New York Times*, (June 8, 2004.)

（53） 参加国の首席代表は以下の通りである。王毅（中国）、ケリー（米国）、金桂冠（北朝鮮）、李秀赫（韓国）、藪中三十二（日本）、アレクセーエフ（ロシア）。「第三回六者会合に関する議長声明」（二〇〇四年六月二六日）、『北朝鮮の核問題に関する第3回六者会合（概要と評価）』（平成一六年六月二七日）（六者会合・外務省ホームページ）。

（54） 米国案について、"U.S. Revises Proposal at North Korea Nuclear Talks: Fuel Aid, Security Statement Possible During 3-Month Test," *Washington Post*, (June 24, 2004.); Nicola Butler, "One Step Forward, Two Steps Back: Six Party Talks on North Korea's Nuclear Programme," *Disarmament Diplomacy*, Issue No. 78, (July/August 2004.); and Paul Kerr, "U.S. Unveils Offer at North Korea Talks," *Arms Control Today*, (July/August 2004.)

（55） この点について、*op. cit.*, "U.S. Revises Proposal at North Korea Nuclear Talks: Fuel Aid, Security Statement Possible During 3-Month Test."; *op. cit.*, "One Step Forward, Two Steps Back: Six Party Talks on North Korea's Nuclear Programme."; and *op. cit.*, "U.S. Unveils Offer at North Korea Talks."

（56） 韓国案は中露両国から支持を得ていた一方、日米両国は明確な意思表示を避けたことで廃案となった。前回協議で提唱された韓国案について、*op. cit.*, "'Differences, Difficulties and Contradictions' at North Korea Nuclear Talks."; *op. cit.*, "North Korea Talks Stymied."; and "N Korea Offered Energy Aid," *BBC News Online*, (February 26, 2004.)

（57） この点について、*op. cit.*, "U.S. Revises Proposal at North Korea Nuclear Talks: Fuel Aid, Security Statement Possible During 3-Month Test." とは言え、この提案の意図は金正日指導部による受入れ

を期待したと言うよりも、金正日の真意を推量することにあったとケリーは後に語った。この点について、*op. cit.*, 〝U.S. Unveils Offer at North Korea Talks.〟

(58) 北朝鮮案について、〝DPRK Foreign Ministry Spokesman on Six-Party Talks,〟 ***KCNA***, (June 28, 2004.); and 〝N. Korea Says it can 'Show Flexibility': Possible Dismantling of Nuclear Arms Programs Tied to Broader Aid Package,〟 ***Washington Post***, (June 26, 2004.)

(59) この点について、*op. cit.*, 〝DPRK Foreign Ministry Spokesman on Six-Party Talks.〟 また協議においてこれらの核関連施設を凍結するだけではなく、状況に応じ寧辺の核施設を含み関連施設を解体することを北朝鮮側は示唆した。さらにエネルギー支援への参加に米国が応じるのであれば、北朝鮮が経済制裁とテロ支援国家の指定リストからの解除要求について譲歩する余地があることを示した。なお、北朝鮮代表が凍結措置を提案する上で軍部内の強硬意見を諌める上で苦労したと語った。*op. cit.*, 〝N. Korea Says It Can 'Show Flexibility.'〟

(60) この点について、*op. cit.*, 〝U.S. Revises Proposal at North Korea Nuclear Talks: Fuel Aid, Security Statement Possible During 3-Month Test.〟; *op. cit.*, 〝One Step Forward, Two Steps Back: Six Party Talks on North Korea's Nuclear Programme.〟; and *op. cit.*, 〝U.S. Unveils Offer at North Korea Talks.〟

(61) この点について、*op. cit.*, 〝U.S. Revises Proposal at North Korea Nuclear Talks: Fuel Aid, Security Statement Possible During 3-Month Test.〟

(62) この点について、*op. cit.*, 〝DPRK Foreign Ministry Spokesman on Six-Party Talks.〟; and *op. cit.*, 〝N. Korea Says It Can 'Show Flexibility.'〟

(63) この点について、*op. cit.*, 〝U.S. Unveils Offer at North Korea Talks.〟

(64) この点について、*op. cit.*, 〝U.S. Revises Proposal at North Korea Nuclear Talks: Fuel Aid, Security

Statement Possible During 3-Month Test.〟; ***op. cit.***, 〝One Step Forward, Two Steps Back: Six Party Talks on North Korea's Nuclear Programme.〟; and ***op. cit.***, 〝U.S. Unveils Offer at North Korea Talks.〟

（65） この点について、***op. cit.***, 〝DPRK Foreign Ministry Spokesman on Six-Party Talks.〟; and ***op. cit.***, 〝N. Korea Says it can 'Show Flexibility.'〟

（66） 議長声明によれば、北朝鮮が核活動の凍結を行う一方、他の参加国がこれに対応する措置を講ずることが北朝鮮の核放棄を実現するための第一段階であることについて参加国は合意した。そして参加国による提案を歓迎し参加国の間には相違点が存在することを認める一方、参加国間の共通認識の拡充を通じ相違点を克服することに合意した。そのために九月末までに第四回協議を開催すること、またその準備として作業部会をできるだけ速やかに開催することで参加国は合意した。議長声明について、前掲「議長声明（平成一六年六月二六日）」（六者会合・外務省ホームページ）。〝Chairman's Statement of the Third Round of the Six-Party Talks,〟 Six Party Talks on North Korea's Nuclear Programme, Third Plenary Session, June 23-26, 2004, ***Disarmament Documentation***, (June 26, 2004.)

（67） この点について、***op. cit.***, 〝DPRK Foreign Ministry Spokesman on Six-Party Talks.〟

（68） この点について、〝North Korean U.N. Envoy Visits Capitol Hill, Visit, Which Bush Administration Approved, may be First by One of Nation's Top Officials,〟 ***Washington Post***, (July 21, 2004.)

（69） 北朝鮮当局による核実験の示唆について、〝U.S. Meets with N. Korea over Nuclear Program,〟 ***Washington Post***, (June 25, 2004.)

（70） この点について、***op. cit.***, 〝N. Korea Says it can 'Show Flexibility.'〟

（71） この点について、***op. cit.***, 〝U.S. Unveils Offer at North Korea Talks.〟

第七章　「共同声明」――見せ掛けの合意

第一節　第四回六ヵ国協議に向けて

第三回協議でブッシュ政権が包括提案と言うべき提案を提示したものの、総ての核計画を北朝鮮が放棄しない限り、補償措置が提供されることはないとした従前の政権の姿勢と同提案は大同小異であった。第三回協議が盛上りをみせながら結局尻すぼみで終わったことから、二〇〇四年九月に作業部会と六ヵ国協議の再開が予定されたとは言え、参加国間では落胆と冷めた空気が支配した。再び前途に暗雲が垂れこめた下で、交渉テーブルを離れた米朝両国はまたしても情報戦と心理戦へと突入した。

(1) 攻勢に出る金正日

その発端となったのは金正日に向けられたブッシュの罵倒発言であった。(1) 二〇〇四年一一月の大統領選のキャンペーンも佳境に入った八月一八日に遊説先のウィスコンシン州で米国、中国、日本、韓国、ロシアなど六ヵ国協議の五国が連携し合うことで北朝鮮の圧政者を武装解除しようではないかと、ブッシュが二度にわたり呼び掛ける一幕があった。

ブッシュ発言が予め企図されたものであったかどうかは別にして、この罵倒発言は金正日を激しく刺激した。金正日指導部は『朝鮮中央通信』を通じ猛反発に転じた。八月二三日に伝えられた声明によれば、上記のブッシュ発言は確固たる理性と感受性を備えた政治家ではなく愚か者しかできない叱責としか解釈できないとし、ブッシュは人間として最低限の道徳さえ持ち合わせない政治的未熟児であり、政治家以下の悪者である。続いて、ブッシュはヒトラー（Adolf Hitler）を上回る圧政者でありブッシュ一味は政治ギャングであると愚弄すると共に北朝鮮への敵視政策がより露骨となったため、六ヵ国協議の作業部会への参加は不可能となったことに加え、前回協議での合意から北朝鮮は手を引かざるをえなく、これにより協議に北朝鮮が参加することはもはや不可能となったと断言したのである。(2)

過剰反応とも受け取れる金正日指導部の声明には明らかにある種のメッセージが隠されていた。そのメッセージとは、ブッシュに譲歩を期待するのは当分無理である判断した金正日が六ヵ国協議の交渉テーブルをしばし離れると共に、その間、核兵器開発に向け一層邁進することを示唆した。これに割を食う形で作業部会の開催ばかりか九月予定の第四回六ヵ国協議の開催も事実上、不可能となった。(3)

金正日によるブッシュ批判で状況が一気に暗転し出した時に関係諸国を一時震撼させる事態が発生した。意を決した金正日指導部が核実験を企てたのではないかと、関係諸国を慌てさせる事態であった。(4) 核実験を巡る報道は全くの誤報であったが、先のブッシュ批判を契機として金正日指導部が情報戦に打って出たことは確かであった。今回、情報操作の対象となったのは過去に韓国政府が極秘に行ったとされる核関連実験に纏わるものであった。この背景には、韓国科学者がＩＡＥＡに通告することなく一九八二年に少量の兵器級プルトニウムを抽出したことを韓国政府が九月上旬に公表したことに端を発する[5]。

これに金正日指導部が噛み付かない訳はなかった。韓国の極秘核計画と称するものに疑惑が向けられた。同疑惑を伝える九月一八日の『朝鮮中央通信』によれば、一九八二年に一連のプルトニウム抽出実験を行ったことに加え、二〇〇〇年に極秘裡にレーザー補助ウラン濃縮実験を行ったことを韓国政府は認めた。これらの核関連実験が核兵器開発とは無関係であると米韓両国は激しく反駁したが、こうした実験は米国政府による支援なしには到底不可能であったと、同報道は厳しく叱責した[6]。

しかも、日頃から疑惑を向けられた金正日指導部による指弾であっただけに、捩じれた展開をみせた。九月二七日に第五九回国連総会へと足を運んだ崔秀憲（チェ・スホン）北朝鮮外務次官は国連総会の場から世界に向けメッセージを発っした[7]。米国による先制攻撃の脅威が増すに連れ、戦争の危険性は雪達磨式に膨れ上がっていると語気を強め、米国政府による支援を受け一九八二年と二〇〇〇年に韓国政府が極秘裡に核関連実験を行ったと糾弾すると共に、六ヵ国協議への復帰はもはや不可能となったと断言した。しかも直後の記者会見において既に八〇〇〇本の核燃料棒の再処理を完了し、プルトニウムを既に兵器化したと、崔秀憲は明言した一方、北朝鮮へ見返りを提供することに米国が同意すると共に、韓国の核関連実験についての疑惑が解明されるのであれば、協議再開もありうることを示唆した。韓国が極秘裡に核関連実験を行ったとの指弾はウラン開発計画について散々非難されてきた金正日指導部による撹乱戦術であった。

(2) 反攻に転ずるブッシュ

こうした金正日による撹乱戦術に対しブッシュも黙ってはいなかった。実際にこの間、米国内では金正日を著しく刺激する動きがみられた。それは金正日とすれば最も触れられたくない体制の暗部への追及が立法化されるという動きであった。九月二八日に北朝鮮人権法(the North Korean Human Rights Act)という呼ばれる法律が米上院で採択されたことは、(8)金正日を激しく憤慨させた。六ヵ国協議に同指導部が参加する理由がもはやなくなったと共にブッシュの真意は北朝鮮政府の転覆にあると、金正日指導部は言明した。(9)

第二節　北朝鮮の核兵器保有宣言と核開発への狂奔

ところで、二〇〇五年一月を迎え政権二期目に入ったブッシュ政権がどの様な対北朝鮮政策を講ずるかに注目が集まった。この間、イラクではテロ事件の頻発と武装勢力による激しい抵抗に象徴される通り治安が一向に改善せず、また駐留米軍の死傷者が急増するに伴い、ブッシュ政権のイラク政策への支持は漸次下降を辿り出した。しかもこれに連動する形で政権内で顕著な人事異動がみられた。パウエルやアーミテージといった穏健派の人脈が政権を離れる決断をした。彼らからすれば、イラク危機に際し行った助言も聞き入れられず、イラク進攻に突入した挙句に、混乱と混迷に拍車が掛かった責任を負わされるのは御免だと言うことであろう。こうした人脈が政権から離れたことでチェイニー、ラムズフェルド、ボルトンなど強硬派の面々がさらに幅を利かせることが容易に予想されたことから、以前に増して政権があらぬ方向へ暴走し兼ねないことが案じられた。

案の定、政権二期目の対北朝鮮政策に実質的には変化はないことが間もなく判明した。ブッシュは改めて金正日を挑発するメッセージを選んだ。国務長官に就任したライス（Condoleezza Rice）が発した「圧制の前線基地（outposts of tyranny）」という文言がそれであった。二〇〇五年一月一八日にライスが米上院外交委員会においてキューバ、イラン、ミャンマー、ジンバブエ、ベラルーシと並んで北朝鮮を民主主義と人権を無視する抑圧政府であるとし、これらの政府を「圧制の前線基地」であると罵倒したのである[10]。

この挑発がよほど堪えたのか、激憤した金正日指導部は猛反駁へと転じた。二月一〇日に激昂する北朝鮮外務省の声明を『朝鮮中央通信』が伝えた[11]。声明はブッシュ政権が北朝鮮を「圧政の前線基地」であると罵倒すると共に、北朝鮮への敵視政策を続ける限り協議への参加は不可能であるとし、協議への参加が可能となる十分な条件と環境が整うまで参加を北朝鮮は無期限に中断せざるをえないと切り出した。その上で米国による北朝鮮体制の打倒を目指す企みに毅然と対処するため、自衛のために核兵器を製造したと宣言すると共に北朝鮮の核兵器はいかなる状況の下でも自衛のための核抑止力であり続けるとした。このように一方で凄みながら、対話と交渉を通じ問題の解決を目指す指導部の姿勢に変更はないと、声明は対話の可能性をほのめかした。

対北朝鮮政策上、「圧制の前線基地」の文言を通じブッシュ政権は一体何を企図していたのか曖昧である反面、金正日の過剰反応と取れる対応からは明確な意思と意図が読み取れた。金正日指導部がそれまで数度にわたり核実験の可能性をほのめかしていたとは言え、公式な核保有宣言が改めて重大な衝撃を与えたことは疑う余地はなかった。この間、核保有宣言を契機として北朝鮮の核兵器開発に一段と勢いが加わり出した。四月一八日に寧辺の五MW黒鉛炉が稼働を停止したことを韓国政府が公式に伝えた。[12] 黒鉛炉の稼働停止は原子炉から抜き取られた使用済み核燃料棒の再処理を通じプルトニウムが抽出される可能性を示唆した。二月の核保有宣言に続き憶測が憶測を呼ぶという事態を生んだ。そうした状況の下でにわかに囁かれたのは、北朝鮮がいよいよ核実験の準備段階に入ったのではないかとの憶測であった。[13]

核実験の可能性があるとの情報を掴んだブッシュ政権は実験を断固阻止すべく関係諸国との接触を図った。ここで奮闘したのがケリーに代り米首席代表に就任したヒル（Christopher R. Hill）であった。二六日から二九日にかけヒルは足早に関係諸国を飛び回った。まずソウルで盧武鉉（ノ・ムヒョン）と会談しその足で北京と東京を慌しく訪問した。北京での中国当局者との会談で北朝鮮が核実験を断じて行わぬよう説得するよう求めた一方、東京では佐々江六ヵ国協議首席代表と細田官房長官などと会談した。その後、ソウルに戻ったヒルは鄭東泳（チョン・ドンヨン）韓国統一相に北朝鮮が核実験を準備している可能性が高いと警鐘を鳴らした。[14]

これに対し、五月一一日に五MW黒鉛炉から八〇〇〇本の使用済み燃料棒の取り出しを完了したと北朝鮮当局は宣言した。[15] 燃料棒の取り出しについての声明は数度目であり、度重なる声明を合わせれば、相当量のプルトニウムが保有されているとの観測には相応の根拠があった。

(1) ブッシュによる呼び掛けと米朝接触

二月の核保有宣言以降、核兵器開発に猛進する動きを前に一刻の猶予もならないと感じたブッシュは是が非でも協議に北朝鮮を復帰させることが喫緊の課題であると判断した。五月三一日にブッシュが金正日に六ヵ国協議に復帰するよう「ミスター・キム・ジョンイル」と呼び掛けたのは、こうした時であった[16]。それまでブッシュから浴びせられた「悪の枢軸」、はたまたライスによる「圧制の前線基地」などといった金正日体制を侮蔑する文言を通じブッシュ政権が金正日を挑発する度に金正日が一々過敏に反応したことを念頭に、今回は反対に「ミスター・キム・ジョンイル」と金正日を精一杯持ち上げるという芝居を打った。案の定、このシグナルに金正日が間もなく応じた。六月三日に北朝鮮当局は「圧政の前線基地」との呼称の撤回を要求する一方、六ヵ国協議への復帰の可能性を示唆した[17]。

ブッシュの読みは当たった。六ヵ国協議への復帰の呼掛けに金正日指導部が応じる形で五月と六月にニューヨークで米朝が接触する機会が持たれた。五月一三日と六月六日に北朝鮮国連代表部で持たれた朴吉淵（パク・キルヨン）北朝鮮国連大使とデトラニ（Joseph DeTrani）六ヵ国協議担当米特使の会談で、何としても金正日指導部を協議に引き戻したいブッシュ政権は表向き上、この間の非を言外に認めるような譲歩を行った。席上、北朝鮮が主権国家であることを容認すると共に六ヵ国協議の中で米朝二国間協議を別途行う用意があるとブッシュ政権が表明したことに加え、米国の敵視姿勢の放棄、特に「圧制の前線基地」という文言の撤回を金正日側が求めると、これにブッシュ側が善処することを明らかにした。[18]二度に及ぶ米朝接触は協議再開に向けた御膳立てとなった。こうして米朝両国の六ヵ国協議首席代表が七月九日に北京で顔を合わせる運びとなった。席上、北朝鮮が主権国家であり米国には侵攻する意思がないことに加え、六ヵ国協議において米朝二国間協議を行うことをヒルが明らかにすると、これに対し金桂冠北朝鮮首席代表は「圧政の前線基地」が撤回されたものと解釈し、六ヵ国協議への復帰を了承した。こうして七月下旬の第四回六ヵ国協議の開催が決まった。[19]

この間、もう一つ重要なことが起きた。七月一二日に核の放棄に北朝鮮が合意すれば、韓国は送電線を使い二〇〇万キロ・ワットの電力を北朝鮮に提供する用意があることを韓国政府が発表した。[20]この発表の伏線になったのは六月一七日に行われた金正日と、金正日の良き理解者の一人でもある鄭東泳の会談であった。[21]二〇〇〇年の南北首脳会談から五周年の記念行事への出席のため平壌を訪問した鄭東泳は二〇〇万キロ・ワット規模の発電量の提供の用意があることを金正日に示唆した。この二〇〇万キロ・ワットという発電量は元来、米朝枠組み合意に従いKEDOが提供予定であった軽水炉二基の発電量に相当する。このことは過去における損失の補償に韓国が応じる用意があることを言外に匂わせたことを意味した。

この会談が七月一二日の韓国政府発表に繋がった。ところが韓国から送電線を通じ電力を確保するということは、言葉を換えると、電力源が韓国に握られることを意味する訳であり、首根っこを韓国側に押さえられ兼ねないことに金正日が気付かない訳はなかった。とは言え、独自で大量の電力を提供する用意があるとの含みを残した韓国側の申し出が多少なりとも金正日を動かす動機付けになった感はあった。これまで重油の停止や軽水炉建設事業の停止といった、言わば兵糧攻めを続けてきたブッシュにすれば、金正日に飴を与える韓国の独自提案は横槍と言えるものであったが、事態が事態だけにブッシュも歓迎せざるをえなかった。

第三節　第四回六ヵ国協議一次会合

二〇〇五年七月二六日に第四回六ヵ国協議が北京で開幕された[22]。第四回協議ではそれまでの協議にはない真剣さが各国代表団の姿勢に看取された。と言うのは、核武装化へ向け北朝鮮の核兵器開発が殊の外進んでおり、これ以上野放しにできないとの共通認識が参加国の間であったからに他ならない。あれだけ突き放していたブッシュが金正日に譲歩の姿勢を示したことで、協議の風向きは微妙ではあるが確実に変わり始めた。第四回協議は二〇〇三年八月に六ヵ国協議が開始されて以来最大の成果と言うべき「共同声明」の成立を生むことになる。第四回六ヵ国協議の開催の背景にはこうした紆余曲折の経緯が隠されていた。

(1) 第四回六ヵ国協議の争点――核の平和利用と軽水炉の提供問題

一一ヵ月ぶりに開催の運びとなった第四回六ヵ国協議での冒頭発言で、自陣営に有利な流れを作るべく金桂冠は大見得を切った[23]。核戦争の脅威を除去するためには確固たる政治的意思と戦略的決断を必要とするが、十分な準備ができていると金桂冠は切り出した。具体的な方策について言及した訳ではなかったが、核計画を放棄する決断の用意があるかのような印象を金桂冠は与えた。協議での大きな流れを作ったこの発言の背後には、金正日指導部による強かな計算があった。今回の発言は、核の放棄に向け譲歩を小刻みに申し出るという、それまでの協議でみせてきたサラミ戦術とは一線を画した。二月の核保有宣言から核武装に向け邁進している金正日指導部が核の放棄を示唆したことで、見返りを真剣に参加国が考慮せざるをえなくなるという、受身に立たされた格好となったからである。それではどの様な問題が協議の争点となったのであろうか。

まず争点となったのは核の放棄対象の範囲であった。核の放棄に応じる姿勢を披露したものの、その放棄対象から核の平和利用を除外することを金正日指導部は改めて要求した。核の平和利用の権利に金正日が執着したことは何時も通りの主張であった。とは言え、それまで北朝鮮が事ある毎に査察を拒んできた経緯を踏まえると、北朝鮮の言うところの平和利用に慎重にならざるをえない。実際に核の平和利用が認められることになれば、それを隠れ蓑として核兵器計画が温存されることは明らかであり、これはブッシュ政権にとって重大な懸念材料であった。放棄対象から平和利用を除外としない、すなわち、総ての核の放棄を要求するという立場を米国が改めて明白にしたのは、こうした事由からであった[24]。

第四回協議では米朝両代表団の主張を取り入れる格好で中国代表団が数次にわたり草案を提示するといった形が取られた。総ての核を放棄するとの内容を骨子とする中国草案に対し、北朝鮮を除く参加国が支持を表明した。これに対し、核の放棄対象から平和利用が除外されない限り、草案は受諾できないとの姿勢を金正日指導部は崩さなかった。加えて協議の行方を難しくしたのは、軽水炉の提供を受けるべきだと金正日が突然、要求したことであった[25]。深刻なエネルギー不足に喘ぐ北朝鮮にとって軽水炉は魅力的な選択肢であった。ところで、二〇〇三年一一月に停止されたKEDOの軽水炉建設事業の停止期限は〇五年一一月に迫っていた。軽水炉の提供に微塵の関心もなかったブッシュ政権はこの停止期限の終了に伴い、軽水炉事業を打ち切りたいところであった。そこに軽水炉の提供を改めて金正日が要求したため、協議を取り巻く空気が一変した。

北朝鮮が総ての核開発の放棄に応じない限り、本当の意味での問題の解決はないとは言え、核の全面放棄という選択肢に執着すれば、核の平和利用と軽水炉提供を要求する金正日が益々頑になり兼ねない。そうなれば、米国内の強硬意見も絡み安保理事会への核開発問題の上程、そして経済制裁論議へと図らずも進展する一方、またそれを横目でみながら核兵器開発に向け金正日指導部がさらに奔走するという事態が憂慮された。その結果、協議がいよいよ破綻に向かい兼ねない。協議の破綻だけは避けたいとの共通認識が参加国にあったことで、第四回協議は八月七日に一先ず休会入りの運びとなった[26]。

北朝鮮の核の平和利用と軽水炉の提供について米朝両国が厳しく対立しただけでなく参加国の間でかなりの温度差が存在したことは無視できない問題を生み出した。案の定、金正日に同情しがちな中国とロシアに加え、韓国まで軽水炉の提供に前向きの立場を表明した[27]。これに対し、ブッシュ政権の姿勢は断固反対であった[28]。日本は当然、ブッシュに近い立場を取った。振り返ると、韓国が北朝鮮に擦り寄り出したこの時、米・日・韓のスクラムが徐々に崩れ出した。二〇〇四年初めから竹島問題や靖国問題を巡り日韓関係がぎくしゃくしていたところに以てきて、軽水炉の提供への賛否がその不協和音に拍車を掛けた。休会以降、協議の再開へ向け見解の摺合せを図るべく参加国の間で様々な二国間会合が行われたが、これといった成果は期待できなかった。米・日・韓の足並みの乱れは揺さ振りを掛ける恰好の機会を金正日に提供したのである。

第四節　第四回六ヵ国協議二次会合

第四回協議二次会合が九月一三日に開始されたとは言え、核の平和利用や軽水炉提供を巡り米朝両国が対立を続けた[29]。その後一八日に第六次草案が中国首席代表から提示された[30]。北朝鮮が核兵器と核計画を放棄することに加えＮＰＴへ復帰することが同草案に明記された一方、北朝鮮の核の平和利用の権利が容認されることに加え、軽水炉の提供の可能性が盛り込まれた。言葉を換えると、第六次草案は金正日指導部の要求がほぼ通った内容であった。その背景には、核の平和利用と軽水炉の提供には断固、応じられないと突き放してきたブッシュ政権が容認の方向を示唆したからである。これを受ける形で一九日に第六次草案を金正日は受諾すると表明した[31]。これにより同日、六項目からなる「共同声明」が採択され、二次会合は閉会の運びとなった[32]。

（1）「共同声明」の採択

二〇〇五年九月一九日の「共同声明」には北朝鮮による核兵器と核計画の放棄、ＮＰＴへの早期復帰、ＩＡＥＡの査察の受入れに加え、他の参加国による北朝鮮の核の平和利用の権利の尊重、軽水炉の提供などが盛り込まれた[33]。

これまでの協議での主な争点は北朝鮮による放棄対象と放棄の方法に加え、米国による補償措置が先なのか、それとも北朝鮮による放棄が先なのかという問題であった。この点について後述の通り、放棄対象について合意が成立した一方、その他の争点については言及がなされなかった。つまり、「共同声明」は実質的な争点を迂回した形で纏められたものであった。「共同声明」の中で特に重要と思われる点は以下の通りであった[34]。

第一は、核の放棄対象に関した。「共同声明」によれば、「朝鮮民主主義人民共和国は、総ての核兵器及び既存の核計画を放棄すること、並びに、核兵器不拡散条約及びＩＡＥＡ保障措置に早期に復帰することを約束した。」この通り、北朝鮮の「総ての核兵器及び既存の核計画」が核放棄の対象範囲となった。米国が核の平和利用を容認したことにより放棄対象が核兵器計画に絞られた。ただし北朝鮮は高濃縮ウラン計画の存在を改めて否定したため、ウラン計画の取扱いは先送りとなった。ところで、放棄対象となる「総ての核兵器及び既存の核計画」の凍結とその後の放棄に至る手順には触れられなかった。またその検証方法についても一切、言及されなかった。さらにＮＰＴとＩＡＥＡに「早期に復帰することを約束した」とあったが、その復帰の期限が定められなかったことは軽水炉の提供の時期と絡み重大な火種となり兼ねなかった。

第二は、核の平和利用に関した。「朝鮮民主主義人民共和国は、原子力の平和的利用の権利を有する旨発言した。他の参加者は、この発言を尊重する旨述べるとともに、適当な時期に、朝鮮民主主義人民共和国への軽水炉提供問題について議論を行うことに合意した。」上述の通り、他の参加国は北朝鮮が「平和的利用の権利」を持つことを認めるというのではなく「尊重する」と言及された。また「適当な時期に、……軽水炉提供問題について議論を行うことに合意した」とある通り、提供するとの言及はなくただ「提供問題について議論を行う」に止まった。さらに「適当な時期」とは何時のことなのか、触れられなかった。

さらに、軽水炉が提供されるとしても北朝鮮による核兵器計画の放棄が先なのか、それとも提供が先なのかという問題も先送りとされた。これまでの協議において補償措置が先なのか、それとも放棄が先なのかは重大な争点であったが、いずれが先なのかは相変わらず不明確であった。

この点について、反撃の機会を窺っていた米代表団は協議の閉幕演説で注文を付けた。ヒル曰く、軽水炉提供の「適当な時期」とは、北朝鮮が核兵器と核計画を放棄し、NPTに復帰し、IAEA査察を受け入れた後であると断言した。[35] これは九月一三日の協議再開以降、金正日指導部の執拗な要求に譲歩を続けた格好のブッシュ政権が鋭く釘を刺したことを物語った。

中国議長が音頭を取り提示した一連の草案は、米朝双方の言い分を取り入れたものであり、どの様にも解釈しうるものであった。とは言え、核の平和利用と軽水炉の提供という文言が盛り込まれたことは、最後まで言い分を通そうとした金正日指導部の主張を中国議長が斟酌したことを物語った。ここにきて、中国が金正日の主張に媚びるばかりか、韓国までが金正日に擦り寄り出した感がある。これに対し、ブッシュ政権としては必要なことは言わざるをえなかった。これがヒルによる閉幕演説であった。

他方、「共同声明」で核兵器計画の放棄の約束に応じた以上、核の平和利用である軽水炉は確保されなければならず、しかも核の放棄に先立ち軽水炉の提供が行われないのであれば、提供という約束は空手形に終ってしまい兼ねないと金正日指導部は危惧した。憤激した北朝鮮外務省は軽水炉の提供が先であると猛反発した[36]。これに対し、ブッシュ政権は対極の視座から今後の推移を展望した。軽水炉の提供が先であるとした金正日の要求通り、北朝鮮に軽水炉を渡してしまえば、肝心の核兵器の放棄を約した「共同声明」の履行を怠り、核兵器開発に向け奔走することが予測された。ウラン計画を含めた総ての核兵器計画を北朝鮮が先に放棄しなければならないと、改めて金正日に釘を刺したブッシュの主張はこうした認識に基づいたものであった。

実は、この協議の終了間際での一悶着で「共同声明」は空洞化を余儀なくされた。合意が原則的な点について限られ細目については何の合意もないことから、残された本質的な争点は総て第五回協議に先送りとなった。成立したばかりの「共同声明」を余所に双方は再び激しい綱引きを始めたのである。

【注】

（1）ブッシュによる金正日批判について、"President's Remarks at Ask President Bush Event," Wisconsin, White House Office of the Press Secretary,（August 18, 2004.）

（2）同声明について、"DPRK Foreign Ministry Spokesman Blasts Bush's Reckless Remarks," *KCNA*,（August 23, 2004.）関連する文献として、"North Korea Rejects New Talks with US, Calls Bush an 'Imbecile,'" *AFP*,（August 23, 2004.）; and "North Korea Insults Bush, in Seeming Talks Ploy," *New*

York Times,（August 23, 2004.）

（3） この点について、Paul Kerr, "North Korea Skips Six-Party Talks," ***Arms Control Today,***（October 2004.）

（4） 九月九日に中朝国境付近で巨大なきのこ雲が発生したとの情報が飛び交ったため、これは核実験が断行された可能性があるとの憶測が広がった。九月九日が朝鮮民主主義人民共和国の建国記念日であったことに加え、金正日指導部の激しい論調の下で起きただけに憶測が憶測を呼ぶ事態となった。他方、当局は水力発電ダムと関連する爆発事故から巨大雲が発生したとの声明を発した。間もなく雲は核実験によるものではないことをブッシュ政権も確認した。憶測を呼んだ巨大雲の発生について、"U.S.: Korea Cloud not from Nuclear Blast," ***AP,***（September 12, 2004.）; "Atomic Activity in North Korea Raises Concerns," ***New York Times,***（September 12, 2004.）; "Suspicious Blast Seen in N. Korea," ***Washington Post,***（September 12, 2004.）; and "Huge Blast in North Korea not a 'Nuclear Event,' Powell Says," ***New York Times,***（September 12, 2004.）

（5） この点について、"S. Korea Admits Extracting Plutonium: Acknowledgment of '82 Test Follows Disclosure on Uranium," ***Washington Post,***（September 10, 2004.）; "Rumsfeld Surprised by Secret South Korean Nuclear Research," ***AFP,***（September 10, 2004.）; and "South Korea Nuclear Case likely to Go to U.N. Security Council," ***Reuters,***（September10, 2004.）

（6） 韓国の核関連実験を非難する『朝鮮中央通信』報道について、"KCNA on Nuclear Scandal in S. Korea," ***KCNA,***（September 18, 2004.）関連する『朝鮮中央通信』報道について、"Spokesman for DPRK FM on Issue of Uranium Enrichment in South Korea," ***KCNA,***（September 11, 2004.）

（7） この点について、"North Korea Delegate Warns of 'Snowballing' War Danger," ***Reuters,***（September 28, 2004.）

(8) 米上院での北朝鮮人権法の採択について、"An Act to Promote Human Rights and Freedom in the Democratic People's Republic of Korea, and for Other Purposes," Senate of the United States, (September 28, 2004.) その後、一〇月一八日にブッシュ大統領は同人権法に署名した。署名について、"President's Statement on the North Korean Human Rights Act: President Signs the North Korea Human Rights Act," White House, White House Office of the Press Secretary, (October 21, 2004.)

(9) 北朝鮮人権法を非難する一〇月四日の『朝鮮中央通信』報道について、"U.S. 'North Korean Human Rights Act' Flailed," ***KCNA***, (October 4, 2004.) 続いて、一〇月二二日に北朝鮮外務省は『朝鮮中央通信』を通じ北朝鮮が六ヵ国協議に復帰する前提条件は、ブッシュ政権が敵視政策を直ちに止め、北朝鮮への経済支援に加わると共に韓国が極秘に行った核関連実験の論議へ同意しなければならないと、注文を付けた。この点について、"Foreign Ministry Spokesman on Issue of Resuming Six-Party Talks," ***KCNA***, (October 22, 2004.) さらに一一月一日に米国政府が北朝鮮人権法を破棄し、経済制裁を全面的に解除すると共に敵視政策を抜本的に改めない限り、六ヵ国協議への復帰はあり得ないと北朝鮮国連代表部副部長が語った。この点について、"N Korea Lays out Terms for Rejoining Six-way Nuclear Talks: Report," ***AFP***, (November 3, 2004.)

(10) ライス国務長官の「圧制の前線基地」声明について、Condoleezza Rice, "Opening Statement by Dr. Condoleezza Rice Senate Foreign Relations Committee," Washington, D.C. (January 18, 2005.)

(11) 北朝鮮当局による核兵器保有宣言を伝える『朝鮮中央通信』報道について、"DPRK FM on Its Stand to Suspend Its Participation in Six-party Talks for Indefinite Period," ***KCNA***, (February 10, 2005.) 関連する文献として、"N. Korea Declares Itself a Nuclear Power, Withdraws from Talks," ***Online News Hour***, (February 10, 2005.); "North Korea Has Nukes, Refuses Negotiations," ***CNSNews.com***, (February 10, 2005.); and "North Koreans Say They Hold Nuclear Arms," ***New York Times***,

(February 11, 2005.)

(12) 五MW黒鉛炉の稼働停止について、"Steps at Reactor in North Korea Worry the U.S.," ***New York Times***, (April 18, 2005.); Daniel A. Pinkston and Andrew F. Diamond, "Special Report on the Shutdown of North Korea's 5MW(e) Nuclear Reactor," North Korea Special Collection, Center for Nonproliferation Studies, (April 28, 2005.); and "North Korea Shuts Down Reactor, Raising New Fears," ***NewsReleaseWire.com***, (April 28, 2005.)

(13) 核実験準備の憶測について、"North Korea Preparing for Underground Nuke Test: U.S. (as Early as June 2005)," ***Kyodo***, (April 30, 2005.)

(14) この間のヒルの一連の行動について、"Roh Meets Hill over Ways to Resolve Stalled Six-Party Talks," ***Yonhap News Agency***, (April 26, 2005.); "Chief U.S. Negotiator Leaves for Beijing," ***Yonhap News Agency***, (April 26, 2005.); "Hill Meets Beijing Officials on North Korea Nuclear Dispute," ***Yonhap News Agency***,(April 26, 2005.); "U.S. Envoy on N. Korea Holds Talks in Beijing," ***Xinhua Financial Network News***, (April 26, 2005.); "U.S Envoy Leaves Beijing Concerned over Possible North Korean Nuclear Test," ***Xinhua Financial Network News***, (April 27, 2005.); "Allies Doubt Future of North Korea Talks," ***International Herald Tribune***, (April 28, 2005.); "Top Washington Envoy on Nuclear Talks Warns Pyongyang against Conducting Nuclear Test," ***AP***, (April 29, 2005.); and "U.S. Weapons Envoy Pessimistic about Talks with North Korea," ***New York Times***, (April 30, 2005.)

(15) 北朝鮮当局による燃料棒取出し完了声明について、"DPRK FM Spokesman: DPRK Unloaded 8000 Spent Fuel Rods: DPRK to DPRK 'Bolster' 'Nuclear Arsenal,'" ***KCNA***, (May 11, 2005.); "N. Korea 'Boosts Nuclear Arsenal,'" ***CNN***, (May 11, 2005.); "N. Korea Closer to More Nukes: Removal of

Reactor Fuel Rods Allows Harvesting of Plutonium,〟 *AP*, (May 11, 2005.); and 〝North Korea Advancing Nuclear Program,〟 *AP*, (May 11, 2005.)

(16) 金正日へのブッシュの呼掛けについて、〝Diplomatic Options Remain on North Korea, Bush says,〟 *Rueters*, (June 2, 2005.) また北朝鮮当局による評価について、〝North Korea Praises Bush for Use of 'Mr.',〟 *AP*, (June 3, 2005.)

(17) 『朝鮮中央通信』報道について、〝Spokesman for DPRK Foreign Ministry on Bush's Remarks,〟 *KCNA*, (June 3, 2005.) 関連する文献として、〝N. Korea Elated by Bush's Use of 'Mr.' for Kim Jong-Il,〟 *Yonhap News Agency*, (June 3, 2005.)

(18) この間の米朝接触について、〝U.S. Envoy to Discuss N. Korea Standoff,〟 *AP*, (May 13 2005.); 〝U.S. Officials Met with North Korea Officials in New York Last Week,〟 *AP*, (May 19, 2005.); and 〝U.S., North Korean Diplomats Back in Touch,〟 *AP*, (June 6, 2005.)

(19) 第四回協議の開催決定について、〝N. Korea Comes to Nuke Table: After Yearlong Boycott, Agrees to Rejoin International Nuclear Talks,〟 *AP*, (July 9, 2005.); and 〝N. Korea Agrees to Return to Nuclear Talks in July,〟 *Reuters*, (July 9, 2005.)

(20) 韓国による電力供給案について、〝South Korea Offers Energy-for-Nuclear Deal,〟 *New York Times*, (July 12, 2005.); and Paul Kerr, 〝Kim Willing to Talk, Does not Say When,〟 *Arms Control Today*, (July/August 2005.)

(21) この中で、金正日指導部は七月中の六ヵ国協議への復帰の条件を明示したという。その条件とは金正日が一番拘るところの金正日体制への敵視政策を止め、金体制の存続を容認することであった。同会談を伝える『朝鮮中央通信』報道について、〝Kim Jong Il Receives Special Envoy of S. Korean President,〟 *KCNA*, (June 17, 2005.)

(22) 参加国の首席代表は以下の通りである。武大偉(中国)、金桂冠(北朝鮮)、宋旻淳(ソン・ミンスン)(韓国)、佐々江賢一郎(日本)、アレクセーエフ(ロシア)、ヒル(米国)。「第4回六者会合に関する共同声明(二〇〇五年九月一九日)」『第4回六者会合(平成一七年七月、九月)』(六者会合・外務省ホームページ)。

(23) 核放棄の用意があることを伝える北朝鮮首席代表の冒頭演説について、“North Korea ‘Ready to Denuclearise,’” ***smh.com.au,*** (July 26, 2005.); “New Talks on North Korea Open with Fresh Strategy,” ***Washington Post,*** (July 26, 2005.); and “Improved Atmosphere is Seen as N. Korea Arms Talks Resume,” ***Washington Post,*** (July 27, 2005.)

(24) この点について、“Six Party Talks on North Korea's Nuclear Programme, Selected Comment: United States,” ***Disarmament Documentation,*** (July 26 - August 7, 2005.)

(25) 軽水炉提供を要求する金正日指導部の主張について、“Korean Demand Torpedoed Arms Talk,” ***Washington Post,*** (August 8, 2005.)

(26) 第四回協議の休会入りについて、“Six Party Talks on North Korea's Nuclear Programme, Chair's Statement,” ***Disarmament Documentation,*** (August 7, 2005.); “Stalled Nuclear Talks Take Recess: Impasse over Pyongyang's Demand for Peaceful Nuclear Activities,” ***CNN,*** (August 7, 2005.); “N. Korean Demand Torpedoed Arms Talk: Diplomats Balked at Guaranteeing Right to Reactor,” ***Washington Post,*** (August 8, 2005.); and Paul Kerr, “North Korea Talks Resume, Then Stall,” ***Arms Control Today,*** (September 2005.)

(27) この点について、“South Korea Sides with North over Nuclear Issue,” ***Watching America,*** (August 12, 2005.)

(28) この点について、“U.S. Optimistic about Nuclear Agreement with North Korea,” ***International***

Herald Tribune, (August 11, 2005.)

(29) この点について、"North Korea Insists on Peaceful Nuclear Program," *AP*, (September 13, 2005.)

(30) 第六次草案について、"Six-Party Talks Continue into Final Day, 'Deal Possible,'" *People's Daily Online*, (September 19, 2005.)

(31) 金正日指導部による第六次草案の受諾について、"North Korea Says It will Abandon Nuclear Efforts," *New York Times*, (September 19, 2005.); and "The North Korean Agreement," *Online News Hour*, (September 19, 2005.)

(32) 共同声明の採択について、"North Korea Agrees to Abandon Its Nuclear Weapons Programs: Bush Welcomes Breakthrough, Insists on Thorough Verification of Process," U.S. State Department, *usinfo.state.gov*, (September 19, 2005.); and Paul Kerr, "North Korea Talks Achieve Breakthrough," *Arms Control Today*, (October 2005.)

(33) 「共同声明」の概要について、"Joint Statement of the Fourth Round of the Six-Party Talks Beijing, September 19, 2005," U.S. State Department, (September 19, 2005.); and "Joint Statement on North Korea's Nuclear Programme, September 19, 2005," *Disarmament Documentation*, (September 19, 2005.) 前掲「第4回六者会合に関する共同声明（二〇〇五年九月一九日）」。

(34) 同上。

(35) この点について、"Six Party Talks on North Korea's Nuclear Programme, Selected Comment, September 13 - 19, 2005: United States," *Disarmament Documentation*, (September 13 - 19, 2005.); and "US to Wait and See on North Korea Nuke Deal," *AP*, (September 20, 2005.)

(36) この点について、"Spokesman for DPRK Foreign Ministry on Six-Party Talks," *KCNA*, (September 20, 2005.); and "North Korea Demands Reactor First," *CNN*, (September 20, 2005.)

第八章　暴走する金正日

第一節　金融制裁の問題

第四回六ヵ国協議で纏まった「共同声明」は協議における最初の重要な合意となった。とは言え既述の通り、北朝鮮による核計画の放棄と、それに対する補償措置の提供を記したものの、「共同声明」は肝心のところで何ら確定したものではなかった。実際、「共同声明」直後から米朝双方が相手側による真摯な行動が先行しなければならないと激しく争ったことは、「共同声明」の抱えた制約と限界を映し出した。

再び、反目モードに入った米朝間の対立に油を注いだのがブッシュ政権による金融制裁の発動であった。金融制裁とは、前回協議二次会合の最中の九月一五日に北朝鮮がこれまでマカオで資金洗浄など不正な活動を行ったと米財務省が突然、摘発したことに端を発する。マカオは資金洗浄の規制上、特に警戒を要すると目されてきた都市である。マカオを拠点とするバンコ・デルタ・アジア銀行（the Banco Delta Asia）が北朝鮮による紙幣偽造や麻薬密売活動などの資金洗浄に深く関与したとし、米財務省は米愛国法（the U.S. Patriot Act）に従い同銀行を摘発した(1)。

これに応じ、マカオ当局は同銀行を閉鎖し総額二四〇〇万ドルに及ぶ四〇以上の北朝鮮関連口座を凍結処分とした。この摘発の時期を斟酌すると、「共同声明」を面白く思わないブッシュ政権が金正日指導部を敢えて挑発する狙いがあったと解される。ところが、金融制裁はその後協議にとって思わぬ障害となる。ブッシュが同銀行の北朝鮮関連口座の凍結措置に打って出ると、これに激憤した金正日が凍結解除を叫び出したため、一一月予定の第五回協議の雲行きは怪しくなった。

金融制裁は金正日指導部に決定的と思われる強硬な行動に出る機会を付与する契機になった。同制裁をあたかも逆手に取ったかのようにミサイル発射実験と地下核実験に金正日が打って出る。この一連の実験の強行はそれまでの六ヵ国協議の性格を変質させる転機となる。またこれと連動する形で、経済制裁、ミサイル防衛、「敵基地攻撃」、核保有論議と、日本の安全保障にとって検討を要する論議が一気に浮上することになるのである。

(1) 第五回六ヵ国協議一次会合

こうした最中の一一月九日から三日間、開催されたのが第五回協議一次会合であった[2]。協議の焦点は「共同声明」での合意内容を実施に移す工程表の策定であった。すなわち、北朝鮮による核計画の放棄と他の参加国による補償措置の手順を盛り込んだ工程表の作成と、工程表を煮詰める作業部会の設置が焦点となった[3]。

核活動の凍結、現存する核兵器の廃棄、査察を通じた核兵器生産の放棄、NPTとIAEAへの復帰といった四段階からなる核放棄案を金桂冠北朝鮮首席代表が提示した。これが金正日指導部の核放棄に至る工程表であった。ところが、金桂冠は工程表とは別に難題を蒸し返すという手段に打って出た。北朝鮮への不可侵、韓国内に核兵器が不在であることの立証、韓国への核抑止の保証の中止、朝鮮半島での核兵器の通過の禁止と核活動の停止、軽水炉の提供の要求などなど、ブッシュ政権にすれば辟易する内容であった。(4) これに対し、ヒル米首席代表も黙ってはいなかった。「共同声明」の発出後も黒鉛炉の稼働を通じ使用済み燃料棒を北朝鮮が再処理しているという事実を踏まえ、黒鉛炉の停止とその再処理の停止など、核計画の放棄に向け直ちに行動を取らなければならないと、ヒルは警告した。(5) こうした中で、武大偉中国首席代表は一一日に「共同声明」の実施を確認するといったおぞましい議長声明を発表しただけで、休会入りを決めざるをえなかった。(6)

その後も、金融制裁の解除問題が尾を引いた。二〇〇六年四月上旬に東京で持たれた同協議の首席代表による会合で、日米両国が協議へ無条件で復帰することを北朝鮮に要求すると、これに対し北朝鮮が猛反発するといった調子で、金融制裁の解除を求める北朝鮮との溝は深く膠着状態は容易に解けなかった。(7) これ以降、暴走モードに入った金正日の動きに、ブッシュは後手、後手に回る羽目となるのである。

第二節　北朝鮮のミサイル発射実験とその余波

二〇〇五年九月の「共同声明」の採択を境として思惑通りに進まない六ヵ国協議に不満を募らせた金正日はいよいよ実力行使に移る時が来たと考えた。それはブッシュの動揺と困惑を誘うカードを切ることで、突き放そうとするブッシュを動かす策であり、以前にも度々行われてきた常套手段であった。金正日が切った一枚目のカードはテポドン2号を含む一連の弾道ミサイルの発射実験であり、これによりそれまでの閉塞状況は一気に切り裂かれた。テポドン2号の発射実験は多くの疑問を提起した。この時期に外部世界から度重なる警鐘があったにも拘わらず、金正日が実験を強行した背景にはどの様な動機と事由があったのか。実験は成功であったのか、それとも失敗であったのか。そしてミサイル発射実験はどの様な影響をもたらしたのか。

(1) 米朝ミサイル規制協議とテポドン2号ミサイル

テポドン2号のミサイル実験の背景にはクリントン政権時代に遡る諸々の経緯が横たわる。同政権は一九九四年一〇月に米朝枠組み合意を結び、北朝鮮の核兵器計画の凍結をもって一応の区切りを付け、将来の軽水炉の提供までの繋ぎとして重油を供給するなど、同合意の履行を進めると共に、北朝鮮の長距離ミサイル開発の規制に主眼を置いた。その最大の契機となったのは、九八年八月三一日のテポドン1号の発射実験であった。テポドン1号が三段式ロケット様式で発射され、二段目ロケットが日本列島領空を横断したことに加え、三段目として人工衛星打上げロケットが搭載されたことに標された通り同ロケットが長距離射程能力を備えていたことは、日本を震撼させただけでなく米国にも深刻な懸念を喚起させた。このテポドン1号を進展させたのが対米長距離弾道ミサイルと目されるテポドン2号である。[8] 九九年二月二日の議会証言でテネットCIA長官はテポドン1号の性能がさらに改善されれば、アラスカやハワイへの着弾が可能となる一方、テポドン2号が三段式ロケット様式で発射されれば、命中精度が相当劣るとは言え米本土への着弾も可能となりうると警鐘を鳴らした[9]。さらに〇三年二月一二日の証言において、テポドン2号は今後実験が行われなくともアラスカやハワイだけでなく米西海岸を叩く可能性があるとテネットはほのめかした[10]。

何れにしても、テポドン計画が野放しのままでは、将来、米本土を射程に捉える能力を開発することは免れないと判断したクリントン政権は、長距離ミサイル開発に楔を打つために金正日指導部への積極的な関与が必要であるとの結論に至った。関与政策へと劇的な路線転換を図った背景にはこうした経緯が存在した。一九九六年四月から断続的に米朝間で長距離ミサイルの規制協議が行われた[11]。同協議で金正日はミサイルの輸出を控える見返りとして年間一〇億ドルもの支援をクリントンに要求した。クリントンはこれに応じなかったものの、経済制裁措置の解除を対抗提案として提示した。これにより成立したのが、主な経済制裁措置の解除の見返りに長距離ミサイルの発射実験を凍結するとした九九年九月のベルリン合意（the Berlin Agreement）であった[12]。ベルリン合意に従いクリントンが二〇〇〇年六月に制裁解除を決めると、金正日は長距離ミサイルの発射実験モラトリアムを続けた。ところが、今回の金融制裁はこのモラトリアムを破棄する格好の機会を金正日に提供することになった。同モラトリアムは下記の通り〇六年七月五日に強行されたテポドン2号ミサイルの発射実験によって破られるのである。

（2）テポドン2号発射実験

六月中旬に同ミサイルの組立てに続き燃料の注入も終えたことを踏まえ、事態の深刻さを理解した関係各国がミサイル発射を何とか思い止まるよう金正日指導部に自粛を強く求めた[13]。世界の目が北朝鮮のミサイル発射実験に注がれる中で、七月五日の早朝（現地時間）に立て続けに七基のミサイルの発射実験が行われた[14]。同時刻は米東部時間で米国の独立記念日に当たったことに加え、七基のミサイルが短時間の内に続いて発射されるという同時多発を印象付けるものであった。この内、一基はテポドン2号ミサイル、三基はノドン・ミサイル、三基はスカッド・ミサイルCとみられ、七基とも日露間の日本海に着弾した。一九九八年八月のテポドン1号発射実験以来の衝撃が日本に走った。テポドン2号の発射実験は一段目ロケットが新型ブースター、二段目がノドンからなる二段ロケット様式で行われたが、発射から僅か約四〇秒後に一段目ロケットの飛行中に自損し失敗に終わった。他方、スカッドとノドン・ミサイルの実験は成功したとみられた。特に多様な目標に対する複数のミサイルの連続発射を行うことができたことは、指揮・統制能力が予想以上に進歩していることが証明される格好となった。

（3）『朝鮮中央通信』報道

ミサイル発射に関する北朝鮮外務省声明を『朝鮮中央通信』が七月六日に伝えた。それによれば、ミサイル発射実験は自衛力確保のため朝鮮人民軍の軍事演習の一環として実施されたに過ぎない。主権国家としての権利の行使であり、国際法からも日朝平壌宣言や六ヵ国協議の「共同声明」からも拘束されるものではない。北朝鮮はミサイル関連技術輸出規制への署名国ではなく、それからも束縛されない。長距離ミサイル実験のモラトリアムについて一九九九年にクリントン政権と合意したが、ブッシュ政権が米朝枠組み合意を破棄し米朝対話をないがしろにした以上、モラトリアムも無効である。[15] 同報道の趣旨は日米などが騒ぎ立て北朝鮮へ経済制裁を科すべく安保理事会への案件の上程を要求しているが、冷静に対応して頂きたいとする内容であった。

金正日の政策決定は、外部世界から観察し難い故に多かれ少なかれ推測が混入せざるをえないためあくまで推論の域を出ない。弾道ミサイル発射実験にしても後述の地下核実験にしても、金正日がその時期を見計らい周到に準備を調えていたと推察される。長距離ミサイルのモラトリアムに従い表向き上、ミサイル発射実験は凍結された反面、テポドン計画は金正日指導部にとって最優先計画の一つとして進められていた。二〇〇二年終りに核活動が再開されて以降、テポドン2号の開発について警戒を要する報告はしばしば行われており、発射実験が何時実施されてもおかしくはなかった。そこにもってきてブッシュ政権が金融制裁を科したことはミサイル発射実験に打って出る絶好の機会を金正日に与えることになった。ミサイル発射の決定に強硬派である朝鮮人民軍の意向が反映されたことは確かであった。[16] とは言え、金正日が発射実験に消極的であったとか、権力維持のために朝鮮人民軍の意向を尊重したが故の決定だった訳ではない。人民軍幹部による全面支持が金正日にとって不可欠であるとしても、自らの意思に反する形で発射実験を金正日が認めた訳ではない。金正日もミサイル発射実験と後述の地下核実験の強行を強く望んだのである。

(4) 安保理事会決議一六九五の採択と北朝鮮による決議の受諾拒否

強硬な対応策に打って出たいブッシュ政権は北朝鮮への経済制裁の発動を盛り込んだ安保理事会

決議の採択を狙った。これに対し、中国やロシアも表向き上、事態を重く受け止めざるをえなくなったものの、経済制裁の発動には難色を示した。この結果、七月一五日に全会一致で採択されたのが安保理事会決議一六九五であった[17]。同決議はミサイル発射実験が地域と周辺の平和、安定、安全に脅威を与えると非難し追加ミサイル発射実験について重大な懸念を表明した。その上で、北朝鮮に対しミサイル計画関連の活動の中止、ミサイル発射凍結の再確認、核開発の放棄などを要求した。また加盟国に対し北朝鮮のミサイル、大量破壊兵器関連物資や技術、金融資産などの移転阻止を要請した。とは言え、同決議は実際には非難決議の内容に止まり、その拘束力も最小限に止まった。

同決議へ真っ先に反発したのは朴吉淵北朝鮮国連大使であった。一五日の決議の採択を受け、間髪を容れずに朴吉淵が拒否すると安保理事会で宣言すると[18]、決議拒否の「最短記録」であるとボルトン米国連大使が皮肉った。続いて、決議拒否を北朝鮮外務省が正式に行ったことを『朝鮮中央通信』が一六日に伝えた[19]。報道によれば、北朝鮮への敵視政策と安保理事会の無責任が故、北朝鮮の自主権と安全保障が深刻な侵害を受けたとの認識に立ち、北朝鮮外務省は以下のように宣言した。第一に、米国の敵視政策の産物である安保理事会決議を非難すると共にそれに拘束されるものではない。第二に、米国の敵対的行為の故最悪の事態へと及んだため、あらゆる手段と方法により自衛的戦争抑止力を強化する。加えてさらなるカードを切ることが示唆された。抑止力を強調したところをみると、これまで再々にわたりほのめかしてきた核実験の可能性が高いことを物語った。

(5) ミサイル防衛論議への波紋

ミサイル発射実験は様々な波紋を呼んだ。その一つは米国や日本が配備を開始したミサイル防衛への波紋である。米国民へ最大の脅威を及ぼす大量破壊兵器とその運搬手段を保有する敵性国家やテロ組織がもたらし兼ねない破滅的な危害から米国民を保護することを掲げ、ブッシュ政権は政権発足当初からミサイル防衛システムの配備を優先課題としてきた。大統領は二〇〇二年一二月一八日にミサイル防衛システムの第一段階として、いわゆる初期配備計画を発表した(20)。

ところで、米国のミサイル防衛システムの初期配備計画はブースト段階、ミッドコース段階、ターミナル段階の三段階からなる多層防衛である(21)。ただし航空機搭載レーザーを使用するブースト段階での迎撃には依然として技術的な課題が残ることを踏まえ、二〇〇四年に始まった初期配備計画はミッドコース段階での地上配備防衛システム(GMD:Ground-based Mid-course Defense System)及び海上配備防衛システム(SMD:Sea-based Mid-course Defense System)と、ターミナル段階でのペイトリオット改善3型(PAC-3:Patriot Advanced Capability-3)から編成されたものであった。GMDとSMDが大気圏外を飛行する弾道ミサイルをミッドコース段階で迎撃し、この防衛網を突破したミサイルを地上配備のPAC-3が着弾直前のターミナル段階で迎撃する二層防衛であり、後述の日本の初期配備と類似した内容である。

ところで、テポドン2号の発射実験は初期配備を進めていたブッシュ政権に迎撃の機会をもたらした。同政権にすれば、アラスカ州フォート・グリーリー(Fort Greely)空軍基地に九基、カリフォルニア州ヴァンデンバーグ(Vandenberg)空軍基地に二基配備されたGMDに出動機会が回って

「米国の多層ミサイル防衛システム」

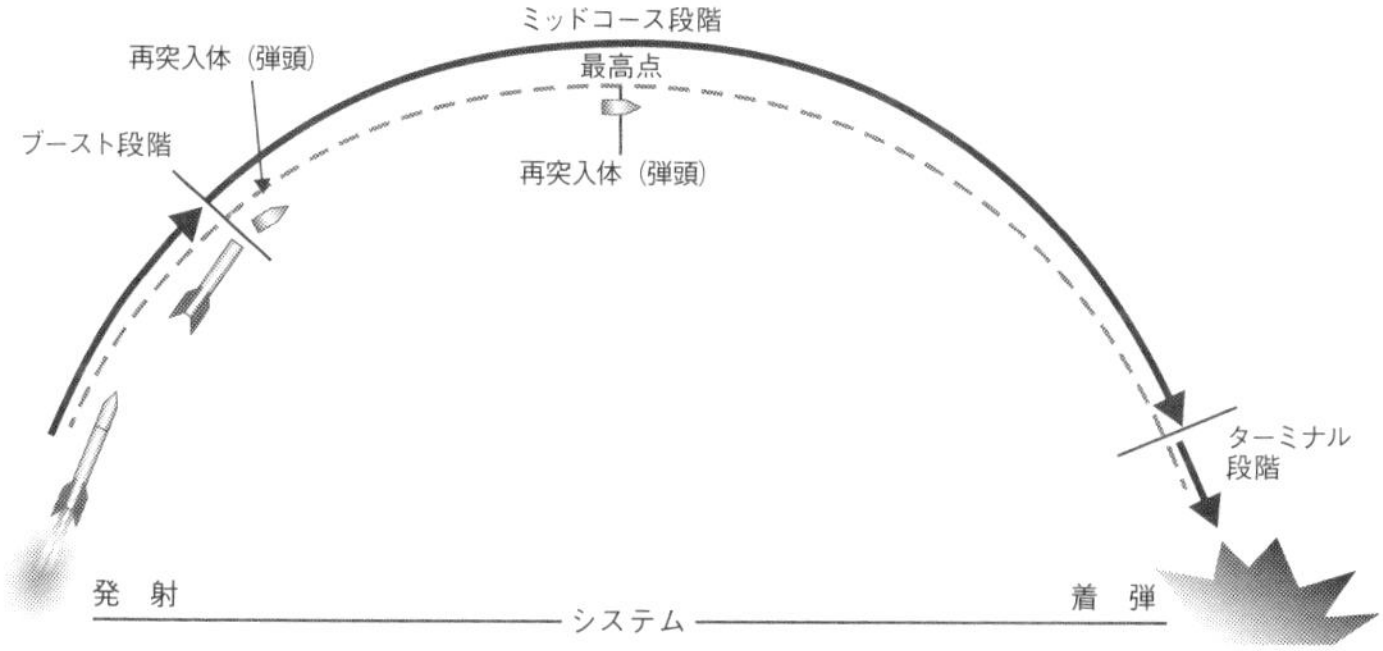

〔出典：『（平成 18 年度版）日本の防衛（国防白書）』（防衛庁・2006 年）130 頁を参照〕

「日本のミサイル防衛初期配備」

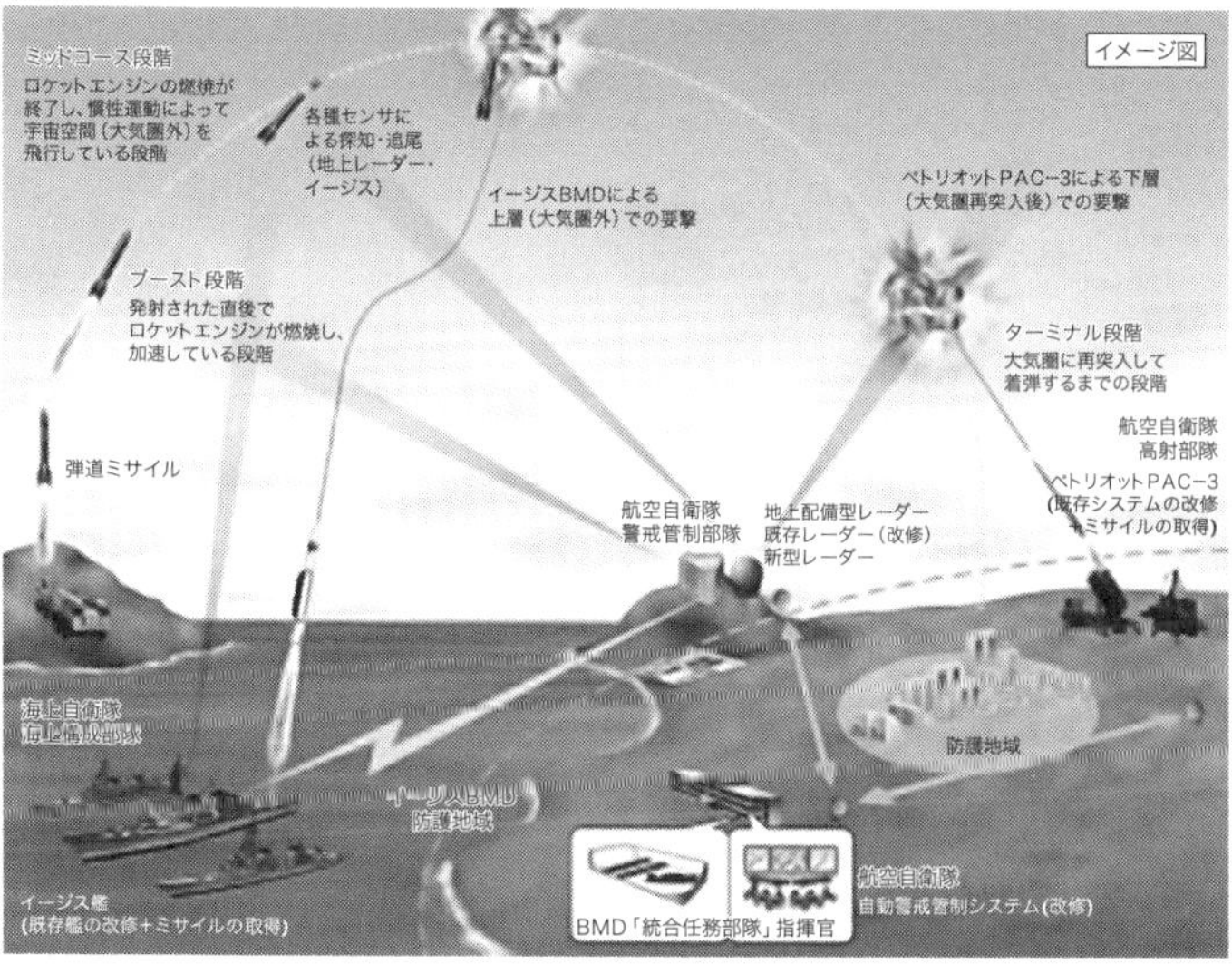

〔出典：前掲書『（平成 18 年度版）日本の防衛』125 頁を参照〕

きたことになる。もしテポドン2号の迎撃に成功すれば大々的に宣伝できることを念頭に、ブッシュ政権はミサイル発射実験に備え実戦モードに切り替えた。[22] しかしテポドン2号が発射直後に自損したため迎撃実験に至らなかった。ブッシュは七月七日にテポドン2号の発射実験が成功していたならば、その迎撃に成功していただろうと大見得を切った。[23] とは言え、同政権が行った迎撃実験において度々失敗が繰り返された通り、GMDの迎撃能力には多分に疑問が残った。ブッシュ声明はそのまま鵜呑みにでき兼ねる内容であった。[24]

他方、連続ミサイル発射実験は日本にとっても遺憾かつ忌々しい事態であった。特に日本の国土全体を射程に捉えたノドン・ミサイルが三発も発射されたことは、日本に重大なメッセージを金正日が伝えたかったことが読み取れた。日本の防衛システムの初期配備は当初、二〇〇七年春に始まる予定であった。[25] このミサイル発射実験は後述の一〇月九日の地下核実験と共に日本のミサイル防衛システムの導入が喫緊の課題であることを物語った。

日本のミサイル防衛の初期配備はミッドコース段階でのSM－3（イージス艦搭載迎撃ミサイル）とターミナル段階でのPAC－3の組合せからなる二層防衛システムである。[26] すなわち、SM－3がミッドコース段階を飛行中の弾道ミサイルの迎撃を担当し、この防衛網を突破したミサイルをターミナル段階でPAC－3が迎撃することが想定されている。

ミサイル防衛の主たる目的は上述の通り、大都市に飛来し兼ねない核弾頭搭載の弾道ミサイルを確実に迎撃することでその脅威から国民を保護することにある。[27] 従って、その迎撃が確実に達成可能であるならば、仮に多大な予算措置を伴うものであったとしても支持されよう。ところが、問題は正しく防衛システムの迎撃能力にある。現状では初期配備の迎撃能力には少なからず疑義が残ると言わざるをえない[28]。

（6）「敵基地攻撃」能力論議への波紋

日本の初期配備のような不完全かつ限定的なミサイル防衛に全幅の信頼を置くことは難しいと言える。これに対し克服する手立てがない訳ではない。相手側がミサイル攻撃を行う前に相手側のミサイル基地や核関連施設に対し予防攻撃、いわゆる「敵基地攻撃」を断行することがこれに該当する。このことは日本に向け北朝鮮が弾道ミサイルの発射準備に入る段階において、ミサイル基地や関連施設を予防的に叩く能力を保持することの是非を問うものである[29]。これが「敵基地攻撃」能力と呼称される論議であり、これまでしばしば国会で論議の対象となってきた[30]。

二〇〇六年七月のミサイル発射実験はこの「敵基地攻撃」能力論議に飛び火することに繋がった。七月九日に「敵基地攻撃」能力の保持を検討する必要があるとの意思を額賀防衛庁長官が表明すると[31]、これに対し、日本政府関係者が先制攻撃論議を打ち上げたと盧武鉉韓国大統領が過敏に反発した[32]。北朝鮮への「敵基地攻撃」が功を奏するいかんに拘わらず、その煽りを受ける形で朝鮮半島での大規模の武力衝突を触発する危険性が極めて高いと盧武鉉が認識していたからであった。盧武鉉発言は日本政府の厳しい反発を招いた。その一つは一二日の安倍官房長官の発言であった。安倍曰く、「敵基地攻撃」は厳格な前提条件の下で実施されるものであり、盧武鉉が勝手に言っている先制攻撃批判は全くの的外れである[33]。

金正日指導部から矛先を向けられた日韓両国とは言え、朝鮮半島中央部の地政学上の現実を踏まえると、日韓両国の置かれた立場には相当の隔たりがあった。自民党内からも「敵基地攻撃」能力への批判が噴出した。山崎拓前自民党副総裁は同日、「敵基地攻撃」能力保持論は日本の専守防衛に反すると共に憲法違反である逆に遣り返した(34)。「敵基地攻撃」能力の是非について自民党内でも賛否両論が噴出したことは同選択肢の持つ意味を踏まえれば理解できるところであった。この時期と前後して、危機の収拾には平和的努力が肝要であり「敵基地攻撃」の断行を考えるべきではないと、ラムズフェルドと並んで最強硬派のチェイニー副大統領が力説した(35)。

それでは、「敵基地攻撃」により北朝鮮のミサイル基地や関連施設を破壊することでミサイルの発射を実際に阻止することができるであろうか。実はこの選択肢は北朝鮮によるミサイル発射の阻止が不確実なばかりか、朝鮮半島の中央部での武力衝突を誘発するといった危険性を著しく高め兼ねない。と言うのは、日本領土を射程に捉えたノドン・ミサイルの一部が移動式で配備されていることを踏まえると、「敵基地攻撃」によっても同ミサイルの相当部分は残存する可能性は高いとみる必要がある。加えて、「敵基地攻撃」が断行されることになると、その報復として韓国領内に向け意を決した朝鮮人民軍の大機甲部隊が雪崩れ込むという事態を招来させることが予想される。これと前後して、軍事境界線の北側に展開する朝鮮人民軍の長距離砲や多連装ロケット砲の一斉砲撃が首都ソウルに向けて行われ、ものの五、六分でソウルが「火の海」と化すといった事態が予想される。朝鮮人民軍の猛攻の前に韓国軍は緒戦では後退を余儀なくされるが、在韓米軍の来援を受け米韓連合軍が猛反攻に転ずれば、戦火が朝鮮半島全体を包み込む可能性が極めて高く、しかも時間の経過に伴い主導権を握った米韓連合軍が北朝鮮領内へ北進するのに合わせ、莫大な数に上る難民が中国との国境へと押し寄せるといった事態が予想される。こうした点を踏まえると、「敵基地攻撃」が北朝鮮指導部への牽制となりえるとしても、果たして現実的な選択肢たりえるかとなると疑わしいのである。(36)

第三節　北朝鮮の地下核実験と各国の対応

(1) 第一回地下核実験

既述の通り、七月五日のミサイル発射実験を通じ米・日・韓などへメッセージを伝えた金正日の狙い通りに、状況が推移したかというと必ずしもそうではなかった。金正日からみれば、金融制裁の解除を示唆するシグナルはブッシュから一向に発進されなかった。これに苛立ちを覚えた金正日は決定的とも言える次なるカードを用意した。これが地下核実験であった。

一〇月三日に自衛的戦争抑止力を強化すべく新たな措置を講ずるとした上で、北朝鮮外務省は以下の声明を発した。それによれば、米国による核戦争の脅威に加え経済制裁や外交的圧力に曝され、北朝鮮の至高の国益と安全保障が深刻に侵害される事態に至った。北朝鮮の孤立を企む米国の行動が最悪の事態へ及んだ事態の下で、北朝鮮はもはや傍観者でいられない。自主権と国家の尊厳をブッシュ政権による露骨な敵対行動から守るべくあらゆる必要な対抗策を講ずる。自衛的戦争抑止力の強化のため新たな措置として北朝鮮科学研究部門は安全性が確実に保証された条件の下で核実験を行うと、北朝鮮外務省は宣言した[37]。

ところが、この期に及んで断固核実験の取止めを求めるべく積極的な外交努力をブッシュ政権が行っていたかどうかは疑問であった。政権がもっぱら期待したのは金正日指導部に対し相応の影響力を持つとされる胡錦濤（フー・チンタオ）中国指導部が金正日に同実験を思い止まるよう説得することであった。胡錦濤が金正日に度々自粛を促したが、金正日の耳には一向に届かなかったようである。このことは形振り構わず核実験に突き進んだ金正日の並々ならぬ強固な意思と意志を物語った。世界が固唾を呑んで北朝鮮の動向を注視する中、一〇月九日に地下核実験が遂に断行された。同日、北朝鮮科学研究部門が安全な条件の下で地下核実験を成功裏に行ったとの声明を『朝鮮中央通信』が伝えた[38]。核実験が科学的な裏付けと緻密な計算の下で実施されたことにより、放射性漏れの危険がなかったことが確認された。また核実験は一〇〇パーセント、自前の知恵と技術に基づくものであり、強大な防衛能力を渇望する朝鮮人民軍と国民にとって大きな励ましとなる歴史的出来事を標したと、声明は自画自賛した。核実験は「第二の危機」にとって引き返すことができない重大な分岐点となったのである。

当初、実験が果たして本当に核実験であったのか、それとも核実験を偽装した何らかの爆発であったのか。また核実験であったとしても、果たして成功であったのか、それとも失敗であったのか、様々な疑問が提示された。核武装化に向け狂奔する金正日指導部が核実験に打って出ることがあるとしても遥か先のことであると予想されていたことから、地下核実験の断行は世界各国をそれこそ震撼させたといっても過言ではない。北東アジア地域の核不拡散体制の根底に澱んだ幾つもの矛盾や歪みを一気に表層に押し上げたのがこの実験であった。六ヵ国協議の参加国にとって核実験は一大事となった。それまで日本と米国が金正日の言動に過敏に反応した嫌いがあったが、七月五日の弾道ミサイル発射実験から三ヵ月しか経たない一〇月九日にまさか核実験まで金正日指導部が一気に突き進んだことは、金正日の良き理解者とも言えた胡錦濤、プーチン、盧武鉉にとっても想定を超えるところであった。もしも金正日が今後、追加核実験に打って出ることがあれば、北東アジアでの核拡散の動きと共に全く予測不可能な事態へと繋がる危険性を併せ持っていたのである。

(2) 米国

ブッシュ政権にとって決して許容できないレッド・ラインは第三国やテロ組織への核技術の移転を意味した。このことは同政権が核技術の移転などによる核拡散を最大の懸念対象として捉えてきたことを物語る[39]。しかし、レッド・ラインへと続く不透明かつ不明瞭な線上に核実験が位置付けられていたことは間違いがない。このことは政権の強硬派にとって特にそうであった。その不透明な線はいとも容易く超えられてしまった。核武装化に向け一気に加速してしまい兼ねないことと連動して、日本や韓国など近隣の非核国家へ核拡散の動きが拡がり兼ねない可能性が急浮上した。核実験に対する懲罰的行動と追加核実験の阻止に向けブッシュ政権は全力を挙げざるをえなくなった。

国際社会の総意として安保理事会での経済制裁決議の採択を通じ北朝鮮に厳格な経済制裁を科すことが当面の課題となったが、もし経済制裁を通じても効果的な圧力が掛からず金正日が追加核実験へと歩を進めるようだと、軍事的な圧力を加重することが肝要となり、このためには核関連施設への「外科手術的攻撃」の準備も必要になるとブッシュ政権は認識していた。後に明らかになるが、数ヵ月前から米国防総省は寧辺（ニョンビョン）の再処理施設や他の核関連施設などを叩くという計画の策定に着手していた。この計画によれば、潜水艦や艦艇搭載のトマホーク巡航ミサイルやその他の精密誘導兵器でこれらの施設を叩くというものであった。再処理施設を破壊するには六基程度のトマホーク・ミサイルで可能であり、一度破壊することができれば、同施設の再稼動まで五年から一〇年は要するとみられた[40]。当然のことながら、核実験の強行は同空爆計画の実施に拍車を掛けたのである。

(3) 中国

ブッシュ政権からの強い要請もあり、地下核実験の強行を自重するよう金正日に説得を重ねた胡錦濤指導部にとって、地下核実験が強行されたことで威信と面目は酷く傷ついた。また地下核実験が生み出し兼ねない核拡散への影響は中国にとっても気掛かりな懸念材料であった。北朝鮮の核武装化が引き起こす核拡散は近隣の日本や韓国が核保有への道を選択する可能性を導き兼ねない。すなわち、北朝鮮の核武装化の可能性を見据え、日本の防衛力強化への動き、その中でも核保有論議に火を付け兼ねない事態は中国としては何としても忌避したいところであった[41]。

他方、北朝鮮による核兵器開発と弾道ミサイル開発への対抗策として、日本や韓国がミサイル防衛の整備に一層努力を傾注することは必至であり、またこれと並行して日米、米韓の防衛協力に拍車が掛かることが想定される。そうした状況の下で、自国の核抑止力が漸次、侵食され兼ねないと胡錦濤指導部が懸念を表明した[42]。核弾頭を搭載した弾道ミサイルの照準が中国へ向けられるといった見方は現実的ではないとは言え、中国の主要都市を射程に捉えた北朝鮮の核攻撃能力は中国にとっても厄介な事態をもたらし兼ねないと胡錦濤指導部は捉えていた[43]。金正日指導部の得意とする術策は軍事挑発を繰り返すことで危機を醸成し、それに怯えた相手から多大な譲歩を勝ち取るとした瀬戸際外交である。これと関連して、そうした能力を背景として、米、日、韓に向けてきた瀬戸際外交の矛先が一度狂うことがあれば、中国にも向けられ兼ねない可能性がない訳ではなかった。こうしたことを踏まえ、核武装した北朝鮮の脅威を視野に捉え、それへの対応を模索せざるをえないと胡錦濤指導部は感じた。また地下核実験や核兵器開発が引き起こし兼ねない安全管理に北朝鮮当局が無頓着であることなどを踏まえる時、放射能汚染関連事故を招き兼ねない可能性が存在し、北朝鮮と国境を接する中国東北地方に深刻な環境被害を及ぼし兼ねないことも心配材料であると胡錦濤指導部の目に映った[44]。

さらに核兵器開発や弾道ミサイル開発に歯止めが掛からない状況が続くようでは、業を煮やした米政府が北朝鮮内の核関連施設や弾道ミサイル基地に空爆を断行するといった可能性は一九九四年六月の「第一の危機」の頃から云々されてきた[45]。米軍による空爆作戦が断行されることがあれば、ただならぬ状況に中国が巻き込まれ兼ねない可能性がある。米軍による空爆作戦への報復として膨大な数に上る朝鮮人民軍の大機甲部隊が猛然と韓国領内へと雪崩れ込むといった事態が勃発すれば、予測も付かない事態へと発展し兼ねない。中国にとって想定される最悪の事態は、北朝鮮への米軍の侵攻を許し、これに伴い金体制が瓦解し、親米政権が成立するといった展望である。その結果、中国と韓国の間に存する緩衝地帯が消滅し、一気に米国の勢力圏が眼前に迫り兼ねないといった事態は中国にとって何としても避けたいところであった。[46] また金体制が突発的に倒壊するという危険性は韓国主導の下で南北が統一へと向かうという道筋を導き兼ねない。[47] このため有事の際に北朝鮮へ緊急派兵に踏み切ることを念頭に、緊急派兵計画を胡錦濤指導部は練り上げていたとされる。[48]

これと関連して、朝鮮半島で一触即発の事態が発生することがあれば、北朝鮮と国境を接する中国東北地方の吉林省や遼寧省へ膨大な数に上る難民が殺到し大混乱を引き起こし兼ねないという可能性があり、これに対しどの様に対処するかという難しい課題に迫られる。[49] しかもこうした憂慮すべき事態は連動して生じ兼ねないと中国指導部の目に映る。一九九〇年代から順風満帆で発展してきた中国経済が少なからず損害を被ることは必至である。従って、朝鮮半島での大規模の軍事衝突と金体制の崩壊は是が非でも回避したいという認識に中国指導部は至る。[50] 朝鮮半島の安定と軍事衝突の回避は中国にとって最優先事項ということになる。

(4) 韓国

この間、盧武鉉大統領は日米両国と距離を取りながら北朝鮮との平和・繁栄政策を推進したが、結局、金正日の強かな術策に弄ばれることに繋がった。二〇〇六年七月上旬の連続弾道ミサイル発射実験に対し日本政府内では厳しい非難が相次いだが、これに対し盧武鉉が日本政府による非難は過剰反応であると諌める一幕もあった。[51] しかし地下核実験は韓国民の多くを戦慄させるほどの衝撃を与えた。融和政策が続く限り、金正日が核実験に打って出ることはないと信じていた韓国民の多くは金正日への警戒心を多少ならずとも解いていた[52]。しかし、予告通り核実験が強行されたことにより、北朝鮮による脅威が厳然と実在することを韓国民は改めて感じさせられた。

狼狽した盧武鉉は努めて平静を装ったが、盧武鉉の平和・繁栄政策がこれにより激しく愚弄されたことは事実であり、政権の面目と威信は致命的とも言える打撃を被った。韓国への北朝鮮の経済上の依存度を高めることにより金正日は冒険的行動を慎むであろうとした目算はあくまで盧武鉉と彼と見解を共有する人達の希望的観測であったと言えよう。金正日がそうした認識を共有していなかったことは、地下核実験の強行が痛いほど知らしめた。いかに真摯に経済的な結び付きを深めようと、必要があると判断すれば、金正日は無謀とも思える行動に何の躊躇もなく打って出ることが図らずも立証された。これにより、南北融和を掲げた盧武鉉が抱いた淡い展望は一蹴される結果となったのである。

核実験の強行を目の当りにした韓国民の世論は激昂し、平和・繁栄政策を終止させると共に、核保有を目指すべきであるとの意見が沸騰した[53]。野党ハンナラ党も韓国を取り巻く平和と安全が危機的状況を迎えたとして、平和・繁栄政策の中止を迫った[54]。このことは、平和・繁栄政策を続ける限り、地下核実験はないと踏んだ盧武鉉政権の目算が破綻したことを物語った。それまで六ヵ国協議において米朝双方を見ながら綱渡り的な対応を講じてきた盧武鉉の姿勢は、あまりにも素朴で日和見的であったことを図らずも曝け出すことになったのである。

(5) 日本

他方、地下核実験の強行は日本にとって悪夢の扉を開ける序曲になり兼ねない事態であった。平和ボケが抜け切れない日本国民の多くにとってみれば、金正日の過激発言にすっかり慣れたことも手伝い、核保有宣言後もその核保有の現実にこれといった実感がなかったのが本当のところであった。そこに直撃したのが地下核実験であった。特に懸念を喚起させるのは、日本全域をほぼ射程に捉えたノドン・ミサイルに搭載可能な小型核弾頭の開発がどの程度進捗しているかであった。小型弾頭化の開発に成功したかどうかについては不確実であり、様々な推測が行われている。ただし核兵器開発が野放しのままであれば、遅かれ早かれ小型弾頭化の実現は時間の問題となることが予想される。もしも小型弾頭化に成功しようものならば、日本への脅威は現実のものとなり兼ねない。日本を「核の火の海」にするとの金正日一流の恫喝を踏まえると、(55) 将来、小型核弾頭を搭載したノドン・ミサイルが日本の大都市を直撃し兼ねないという展望はもはや絵空事として片付けられないことを知らしめるものであった。

この時、発足から間もない安倍内閣は切迫した事態への対応に迫られた。安倍首相は北朝鮮の核実験への対応を協議するため、急遽、中国に続き韓国を訪問した。一〇月九日午前の地下核実験は安倍が中国から韓国へ移動する最中に起きた。同日午後、盧武鉉との会談で核実験は断固許すことはできないとする厳しい姿勢で臨むことで合意をみた。(56) とは言え、安倍と盧武鉉の間の温度差は歴然としていた。北朝鮮への強硬な姿勢で共同歩調を取ろうと安倍が誘うと、心そこにあらずと、盧武鉉が話題を歴史認識問題へと切り替えようとした。核実験という非常事態への対応においても表向きの連携とは裏腹に日韓両政府の齟齬は歴然としていた。

七月五日のミサイル発射実験への対抗策として小泉内閣が既に独自制裁を科していた。国民世論上、日本人拉致問題の解決を国是とする日本にとって独自制裁は象徴的な意味を持っていたものの、その実効性となると甚だ疑問であった。地下核実験に対し追加的な独自制裁を科すことを安倍内閣は決めた[57]。これには総ての北朝鮮籍船の入港を禁止すること、北朝鮮からの総ての品目の輸入を禁止すること、北朝鮮籍を有する個人の入国は特別の事情がない限り認めないことなどが盛り込まれた。加えて、これまで散々物議を醸してきた貨客船・万景峰号（マンギョンボンホ）の入港禁止を継続するなどがその骨子であった。核の恫喝に曝され兼ねないだけでなく拉致問題を抱える日本にとって当然の措置であったが、こうした独自制裁がどれほど実効性あるかは不明であった。

次に安倍内閣が模索したのは核実験を断行した金正日指導部に対し日米共同でできる限り強いメッセージを送ることであり、そのためには一にも二にも安保理事会での制裁決議の採択を目指すことが必要であると考えられた。安保理事会決議を通じた経済制裁は国際社会の総意としての圧力行使という重大な意味を持っていた。

第四節　安保理事会決議一七一八と経済制裁の実効性の問題

（1）経済制裁決議の採択に向けての綱引き

この時、起きてしまった核実験に懲罰的な経済制裁を科すといった課題と、これから起き兼ねない追加核実験を何としても阻止しなければならない課題という二重の課題に迫られていた。しかし懲罰的な動きに重きを置き過ぎれば、窮鼠猫を噛むが如く窮地に立たされた金正日指導部をして追加核実験へと追い遣ってしまい兼ねないという危険性があった。外部世界の対応は安保理事会での対北朝鮮経済制裁決議の採択の動きから始まった。

一〇月九日の地下核実験を受け、即日、安保理事会が緊急招集された。この時、金正日に対し限りなく強いメッセージを送らなければならないと、いの一番に決議採択に動いたのはブッシュ政権であった。同政権の強硬派の一人であったボルトン国連大使はこの時とばかりに、武力行使の可能性に含みを持たせた決議案の採択を目指した。(58) ちょうど安保理事会議長であった大島賢三国連大使はボルトンと連携し決議案の策定に奮闘した。核実験前にブッシュ政権が実験阻止に向けこれといった動きをみせなかったことは、強硬派の意図と意思が一体、何であるのか色々憶測を呼んだ。金融制裁を逆手に取りミサイル発射実験、核実験へと突っ走った金正日指導部への懲罰として核関連施設への空爆を視野に入れ安保理事会から御墨付を頂くことに狙いを絞っていたと受け取られてもあながち見当外れと言えなかった。

二〇〇三年三月二〇日に勃発したイラク戦争を前に、二月二四日と三月七日にブッシュ政権はブレア（Anthony C. L. Blair）英政権などを誘い、対イラク武力行使の授権を頂くべく決議案を二回にわたり安保理事会に提出したが、喧々諤々の議論の末、フランス、ロシア、ドイツなどの猛反発に会い決議案を取り下げざるをえなくなった。(59) 三月一七日に、苛つくブッシュは全うすべき責任を安保理事会が果たしていないと散々、扱き下ろし、自ら立ち上がるという稀代の名台詞を残した。(60) 対イラク決議案は単刀直入に対イラク武力行使の授権を目論んだものであったのに対し、ボルトン提出の対北朝鮮決議案の主たる狙いは経済制裁であった。とは言え、国連憲章第七章四一条が定めた経済制裁に続く四二条項以下が軍事制裁に当たる武力行使の手続を定めていることを踏まえると、経済制裁の発動にも拘わらず適用措置が不十分であると判断されれば、軍事制裁へといよいよ歩を進めるという含みがあった。[61] ボルトンの狙いはそこにあった。これと符合するかのように、ボルトンの親玉格のラムズフェルトが仕切る国防総省はこの時、寧辺の核関連施設への「外科手術的攻撃」に向けて動き出していた。[62]

これに猛反発したのが中露国連大使であった。両国とも地下核実験には懲罰的な強いメッセージが必要であり経済制裁決議も止むなしの姿勢であったが、ボルトンが企図した軍事制裁へと繋がり兼ねないものには断じて応じるつもりはなかった。米国と中露両国の間で激しい綱引きが始まった。

経済制裁の発動を盛り込んだ決議の採択が不可避であるとみた中国大使は適用措置をむしろ四一条の経済制裁措置に絞ることで、間違っても四二条以下の軍事制裁へ適用措置が波及するような解釈の余地を塞ごうと修正を求めた。[63] また必要に応じ自国の権限及び国内法令に従い、国際法に適合する範囲内で経済制裁措置を講ずるよう加盟国に要求するのではなく要請するよう修正を求めた。これには制裁措置を厳格に履行することにより北朝鮮を勢い刺激し、その結果として武力衝突の発生に繋がるといった事態を何よりも回避したい中国の意思と意図が凝縮していた。決議案の修正により決議が採択されるにしても、その拘束力は多少ならずとも低減することが避けられなくなった。可及的速やかに決議の採択に辿り着きたいブッシュ政権としては中国やロシアによる修正要求に応じざるをえなかった[64]。数度にわたる修正を経て、一三日に九ヵ国共同による決議案が安保理事会に提出された。これを受け一四日に採択されたのが安保理事会決議一七一八であった[65]。随分、懲罰的な色彩が薄められたため、同決議だけでは軍事制裁へと結び付く余地は狭められる格好となった。しかも上記の通り、経済制裁措置の発動を加盟国が要請されたことに標された通り、履行するかどうかは各国の判断に任されることになったのである[66]。

（2）安保理事会決議一七一八と経済制裁の実効性の問題

とは言え、安保理事会決議一七一八から懲罰的な性格が全面的に排除された訳ではなかった。核実験が「国際の平和と安全への明白な脅威」を与えたとの認識に立ち、経済制裁の発動を明示した憲章第七章四一条に従い措置を講じることが同決議に明記された。これにより四二条以下に続く軍事制裁への波及はないと解釈されるとは言え、軍事制裁の可能性が排除されるとの文言も付記されなかった以上、これといった実効性を経済制裁が挙げないと判断されれば、軍事制裁への移行の可能性がない訳ではなかった。すなわち、金正日指導部が追加核実験を強行することがあれば、四二条以下の軍事制裁の発動を盛り込んだ追加決議が採択され、それに伴い対北朝鮮武力行使への道が開かれる可能性がない訳ではないことを物語った。しかも全会一致での決議採択であったことは、中露とも表向き上、事態の深刻さについて認識を共有していたことを意味した。「第一の危機」の最中の一九九四年六月に安保理事会においてクリントン政権が発議した経済制裁決議案に対し中露が猛反発を行ったことを想起すれば[67]、今回全会一致での採択という意味は決して軽くはなかった。

実際に決議一七一八の採択と経済制裁の履行は制裁の実態とその有効性を推量する格好の試金石となったのである。同決議の発動対象はあくまで通常兵器と大量破壊兵器や関連物資の移転の阻止に主眼が置かれ、食糧や燃料などの貿易の停止を含む全面的かつ徹底的なものではなかった。これと対照的であったのは一九九〇年八月にイラクによるクウエート侵攻事件の際に採択された安保理事会決議六六一（九〇年八月六日採択）、決議六六五（八月二五日採択）、決議六七〇（九月二五日採択）であった[68]。また決議一七一八は新ユーゴスラビア（セルビアとモンテネグロから構成）に対し全面的な貿易停止を定めた決議七五七（九二年五月三〇日採択）とも対照的であった[69]。

経済制裁の実効性の観点に立てば、特段、安保理事会決議に依拠した制裁である必要は必ずしもなかった。最も効果を挙げるのは制裁対象国家の存続に死活的な燃料や食糧などの品目の供給を遮断するといった措置である。特に北朝鮮が輸入原油のおよそ九割も中国に依存することを踏まえると、原油供給の停止を中国が決断することがあれば、金正日指導部は一気に窮地に追い込まれ兼ねなかった[70]。

前述の通り、ボルトンが発議した決議案が企図した拘束力は、安保理事会での審議を通じ中露からの要求を取り入れる形で少なからず薄められた。従って、決議一七一八の履行の実効性は履行遵守に対する各国の意思と行動に委ねられた。そのため北朝鮮と緊密な貿易関係にある国々が同決議の履行を真摯に遵守するかどうかが鍵を握った。特にその焦点は船舶の貨物検査であったが、決議履行の意思はあくまで不確実であった[71]。象徴的なことは決議一七一八の採択直後、中国大使が北朝鮮を出入する貨物検査の履行を留保したことに表れた。このことは貨物検査を履行すべく洋上で船舶を停船させる意思が中国にないことを物語った。もし大量破壊兵器やミサイルなどを搭載した貨物の検査のため停船させると、北朝鮮当局との衝突の危険性が高まり兼ねない可能性があると中国当局が判断したことを物語る[72]。中国当局は中朝国境から陸路での禁止兵器の流入を阻止すべく検査を行った一方、肝心の洋上での船舶の貨物検査などは一切行わなかった[73]。要するに、決議一七一八の採択に中国当局は応じてみせたものの、それはあくまで建前として行ったのであり、決議内容を少なからず空洞化させただけでなくその履行には後ろ向きであったのである。

それでは何故、経済措置の履行について日米両国が積極的であった一方、中国、ロシア、韓国は消極的であったのか。日頃から経済制裁の発動を「宣戦布告」とみなすと断言する金正日指導部の真意が何であったのかは必ずしも明らかではないが、制裁発動といった対応は同指導部をしてさらなる冒険的な行動へと駆り立て兼ねない可能性は確かに存在した。すなわち、金正日を追い詰めると何をするか分からない怖さこそ、これらの国々の政権担当者を躊躇させたに違いない。経済制裁の発動、それへの対抗措置として追加核実験の強行、今度はそれへの対抗措置としての軍事制裁へ向けての動きなどといった一連の反応と過剰反応の連鎖に伴い、気が付いた時には、朝鮮半島中央部で大規模の軍事衝突が勃発し兼ねない事態を引き起こす可能性を併せ持っていた。しかも風雲急を告げる状況の下では、ブッシュ政権が軍事制裁決議の採択を巡り、安保理事会で中国やロシアから反発を受け兼ねない七面倒な議論など割愛し、先制的自衛権の発動といったお馴染の議論を持ち出し一気に空爆作戦に移る可能性がない訳ではなかった[74]。実際に国防総省が核関連施設への空爆作戦を検討していたことは、その可能性が決してない訳でないことを物語った。核実験が強行された今、そのレッド・ラインへの分岐点は追加核実験に傾き掛けていた。

そうした可能性に加え、北朝鮮の大量破壊兵器開発やミサイル開発に中国やロシアが長期に及び少なからず関与し、様々な兵器取引を巡る繋がりが取沙汰されてきたことを踏まえると[75]、決議の履行に真摯に取り組むと期待するには多少なりとも無理からぬものがあり、大上段からその移転阻止に向け厳格な姿勢を取るとは想定し難かった。中国、ロシア、韓国など国境を接する三国が決議一七一八の履行に消極的であったことにより、同決議の履行の実効性は曖昧かつ不十分となった。かりにこれらの国々が制裁の履行に前向きであったとしても、大量破壊兵器の移転阻止を企図した措置が北朝鮮経済全体にどの様な影響を及ぼすかは全く以て不明であった。

要するに、制裁対象国家と重要な繋がりを持つ近隣の各国政府が見て見ぬふりをすれば、制裁の履行は多かれ少なかれ形骸化する。まして上述の通り、決議一七一八の狙いは大量破壊兵器の移転の阻止にあり、慢性的に困窮する北朝鮮が死活的に必要とする食糧や燃料など貿易全般を遮断することを目的としたものでなかった以上、安保理事会決議であるとしても過度の期待は禁物であった。安保理事会決議であることは国際社会の意思を明確に示すものであったとは言え、それが実効性を備えるかどうかはあくまで決議の履行遵守に対する各国の姿勢に依拠した。その意味で、決議の採択だけでは履行の保証、さらには実効性の確保を意味した訳ではなかった。

第五節　地下核実験と日本での核保有論議の浮上

他方、そうした動きと連動するかのように、日本の政界では核保有論議という長らくタブー視されてきた論点が一気に浮上仕掛けた。論点となったのは核保有を巡る論議を公の場で行うべきかどうかの可否であった。一九九〇年代半ばに勃発した「第一の危機」の頃から、北朝鮮による核兵器保有は攻撃目標の一つとされ兼ねない日本での核保有論議に点火し兼ねないことはしばしば論じられてきた。これに対し、神経を著しく尖らせたのがブッシュ政権であった。北東アジアでの不拡散体制の崩壊を引き起こし兼ねない事態を念頭にブッシュ政権は慌しく対応を迫られることになった。

地下核実験の強行が北東アジア地域での核拡散の動きに決定的な刺激を与え兼ねない危険性にブッシュ政権は神経を使ってきた。日本に加え韓国や台湾など同地域の非核国は核超大国のロシア、核大国に向け邁進する中国、核保有国を自認する北朝鮮などに取り囲まれた国々である。その北朝鮮が核実験を強行したことは非核の周辺国に甚大な影響を与え兼ねない。眼前の危機に直面して安全保障政策の抜本的な再検討を迫られ兼ねないというのが日本であった。

米国の提供する核の傘の下で日本は防護されていると言われるが、これは公約の次元に止まっており、その信憑性は実際のところ確証が必ずしもある訳ではない(76)。核の傘への米国のコミットメントが曖昧かつ不透明であることも手伝い、核の傘への信頼が揺らぎ出せば、核保有化に向けた動きを触発し兼ねない。しかも、日本は技術的にも財政的にも核保有国に最も近いと言われる「準核保有国」であると外部世界から目されてきた。先の大戦の最終局面で二度にわたり被爆を体験した日本では核アレルギー感情が根強く、国是として非核三原則が堅持されているとは言え、抽出プルトニウムの備蓄も十分であり、核兵器を短期間に製造することが可能であろうとみる憶測が独り歩きしている。

そうした日本の核保有化への動きはこれまた周辺国の動きを激しく触発し兼ねない。韓国は北朝鮮だけでなく日本の核保有化に向けた動きから著しい刺激を受けると目されている。日本の核保有化への動きはそれでなくとも核大国に向け奔走する中国をしてさらなる核軍拡を企てるよう刺激する一方、中国の核軍拡はインドやパキスタンの核軍拡の加速化へと繋がり兼ねない。

しかも、この時とばかりに金正日指導部が追加核実験の断行を示唆したため、ブッシュ政権は一筋縄でいかない課題を背負った。まず日本政府に対し北朝鮮による核の脅威に曝されても守りぬくとする確固たる核の傘への意思表示を行うことにより日本政府を安心させる必要があった。そうすることで日本の核保有化に向けた動きを抑え込むことができるとの読みがブッシュにあった。またこれにより日本の核保有化に向けた動きに神経を尖らせている中国指導部の不安を諌めることができるとブッシュは目算を立てた。なおかつそうすることにより、今度は北朝鮮の追加核実験を断固阻止すべく金正日を説得するよう中国指導部にお願いしたいところであった。ところが、もしも金正日指導部に追加実験を許すようなことがあれば、憂慮される問題が一気に噴出し兼ねなかった。核の傘に空いた穴は否応なく大きくなるであろうし、日本の核保有化に向けた動きも現実のものとなり兼ねず、北東アジアでの不拡散体制は事実上、破綻へと向かい兼ねない。日本の核保有論議は北朝鮮の追加核実験の可能性と密接に連動する格好で浮上した。複雑な難題への対応をブッシュ政権は迫られたのである。

（1）核保有論議発言の波紋

この時、日本の政界で噴出したのは核保有を支持するといった動きではなく核保有論議を公の場で行うべきかどうかの可否であった。まず飛び出したのが中川昭一自民党政調会長による核保有論議発言であった。政策論としては非核三原則を日本は堅持するが核保有という選択肢は憲法第九条によって必ずしも禁じられた訳ではないとし、核保有の可否について公の場で論議する必要があると中川が訴えたのは一〇月一五日のことであった。[77] これに対し、中川の核保有論議発言に対する猛反発が与党の政治家達から噴出した。[78]

他方、これに不安を覚えたブッシュは中川の核保有論議発言に直ちに反応した。翌日の一六日にブッシュは日本国内の核保有論議発言が中国の懸念を著しく煽ることになると憂慮の念を表明した。[79] こうした発言はさらなる暴走を企て兼ねない金正日指導部の動きを踏み止めるには中国政府が鍵を握るとの判断から出たものであった。しかし、有事ともなれば米国の核の傘に縋らざるをえない日本政府にとって、中国に善処するようなブッシュの発言は日本の安全保障をないがしろにし兼ねないとの疑義を喚起させたのである。

こうした中で、日米間に吹き兼ねない隙間風を埋めるべくライス国務長官が急遽来日した。ライスが一八日に麻生外相に対し日本への核の傘のコミットメントを改めて保証する強い意思と能力が米国にあると力説した[80]。しかし、北朝鮮による追加核実験を阻止するために中国頼みのブッシュの遣いとしてライスが核の傘という曖昧な公約を繰り返し強調したことは、安倍内閣の閣僚達の失望をかえって買う結果となった。ライスによる核の傘の保証確認は内閣の閣僚の面々にとってみれば、外交辞令的な意味合いしかなく核の傘に纏わる本質的な曖昧さと不透明さをむしろ印象付けることになった[81]。

水面下で燻り続けていた核保有論議が中川発言で突如表面化したものの、その後、公の場で政府関係者による核保有論議が沸騰することにはならなかった。同論議に否定的であるというよりは、一つ間違えると自らの政治生命を火の粉に曝し兼ねないような議論は避けて通りたいというのが政治家の本心と言うものであった。しかしもし金正日指導部が追加核実験を強行するような事態へと至ることがあれば、日本国内の反応は一気に激変し兼ねない可能性はあり得たのである。

【注】

(1) この点について、"U.S. Cites Banco Delta Asia for Money Laundering, Other Crimes," USINFO. STATE.GOV.. (September 15, 2005.); and Larry A. Niksch, "Korea-U.S. Relations: Issues for Congress," CRS Report for Congress, RL33567, (Updated: April 28, 2008.) p. 6. また資金洗浄活動と関連して、一九九〇年半ばから北朝鮮当局は様々な非合法収益活動に手を染めてきた。これにはヘロインの生産と密輸、メタンフェタミン、偽造タバコ、偽造医薬品、偽造米紙幣など事例は枚挙に遑が無い。北朝鮮当局による非合法収益活動の詳細について、Raphael F. Perl and Dick K. Nanto, "North Korean Counterfeiting of U.S. Currency," CRS Report for Congress, RL33324, (Updated:

January 17, 2007.); and Raphael F. Perl, "Drug Trafficking and North Korea: Issues for U.S. Policy," CRS Report for Congress, RL32167, (Updated: January 25, 2007.)

（2） 第五回協議一次会合について、Paul Kerr, "Challenges Face North Korea Talks," *Arms Control Today*, (November 2005.); Paul Kerr, "North Korea Nuclear Talks Stall," *Arms Control Today*, (December 2005.); and "US Assistant Secretary Christopher Hill on the Fifth Round of Six Party Talks, November 11, 2005," *Disarmament Documentation*, (November 11, 2005.) 外務省報道について、「第一次会合（概要と展望）（平成一七年一一月）」、「第一次会合議長声明（平成一七年一一月一一日）」『第5回六者会合（平成一七年一一月）』（六者会合・外務省ホームページ）。

（3） この点について、"Main Task Outlined for Nuclear Talks," *Xinhua News*, (November 10, 2005.)

（4） 北朝鮮案について、*op. cit.*, "North Korea Nuclear Talks Stall."

（5） ヒルによる警告について、*op. cit.*, "US Assistant Secretary Christopher Hill on the Fifth Round of Six Party Talks, November 11, 2005."; and *op. cit.*, "North Korea Nuclear Talks Stall."

（6） 議長声明について、前掲「第一次会合議長声明（平成一七年一一月一一日）」。"Six Party Talks on North Korea's Nuclear Programme, Fifth Round of Talks, November 9-11, 2005, Full Text of Chairman's Statement of 1st Phase," *Disarmament Documentation*, (November 11, 2005.)

（7） この点について、"North Korea still won't Rejoin Talks," *AP*, (April 12, 2006.)

（8） テポドン2号の概要について、Joseph S. Bermudez, "A History of Ballistic Missile Development in the DPRK," Occasional Paper No. 2, Monterey Institute of International Studies Center for Nonproliferation Studies, 1999, pp. 26-31.; Steve Hildreth, "North Korean Ballistic Missile Threat to the United States," CRS Report for Congress, RS21473, (Updated: January 24, 2008.) pp. 3-4.; Larry A. Niksch, "North Korea's Nuclear Weapons Development and Diplomacy," CRS Report for

Congress, RL33590, (Updated: January 21, 2008.) p. 11.; and "North Korea Special Weapons Guide, Missiles," FAS. 『(平成18年度版) 日本の防衛(防衛白書)』(防衛庁・二〇〇六年) 二〇頁。 前掲書『北朝鮮危機の歴史的構造1945-2000』五四-五六頁。

(9) テポドン2号の脅威を伝えるテネット証言について、"Statement of the Director of Central Intelligence George J. Tenet before the Senate Armed Services Committee Hearing on Current and Projected National Security Threats," DCI Statement: Current and Projected National Security Threats," CIA, (February 2, 1999.) 関連する文献として、"C.I.A. Sees a North Korean Missile Threat," *New York Times*, (February 3, 1999.)

(10) 同証言について、"DCI's Worldwide Threat Briefing, The Worldwide Threat in 2003: Evolving Dangers in a Complex World," CIA, (February 11, 2003.) 関連する文献として、"Tenet: North Korea has Ballistic Missile Capable of Hitting U.S.," *CNN*, (February 12, 2003.)

(11) 米朝ミサイル規制協議について、前掲書『北朝鮮危機の歴史的構造1945-2000』四六四-四六六頁。

(12) ベルリン合意について、*op. cit.*, "North Korea's Nuclear Weapons Development and Diplomacy," pp. 11-12.

(13) この点について、"North Korea Preparing Missile Test, U.S. Claims," *AP*, (June 16, 2006.); "North Korea Missile Test may be Imminent: Official Says North Korea is Making Preparations to Test a Missile with Potential to Reach U.S.," *AP*, (June 16, 2006.); "North Koreans Said to be Near a Missile Test," *New York Times*, (June 18, 2006.); and "Tensions Rise over Possible Test-Launch in North Korea," *International Herald Tribune*, (June 21, 2006.)

(14) ミサイル発射実験について、"Missiles Fired by North Korea; Tests Protested," *New York Times*,

（July 5, 2006.）; “U.S. Officials: North Korea Tests Long-range Missile,” ***CNN***, （July 5, 2006.）; “North Korea Defies US with Missile Tests,” ***The Independent***, （July 5, 2006.）; “N. Korea Fires Long-Range Missile, Others,” ***AP***, （July 4, 2006.）; Paul Kerr, “News Analysis: North Korea: Are the Six-Party Nuclear Talks Dead?” ***Arms Control Today***, （September 2006.）; ***op. cit.***, “North Korean Ballistic Missile Threat to the United States,” pp. 3-4.; ***op. cit.***, “North Korea's Nuclear Weapons Development and Diplomacy,” p.11.; and ***op. cit.***, “Korea-U.S. Relations: Issues for Congress,” p. 7.

（15）『朝鮮中央通信』報道について、“DPRK Foreign Ministry Spokesman on Its Missile Launches,” ***KCNA***, （July 6, 2006.）

（16）この点について、Emma Chanlett-Avery and Sharon Squassoni, “North Korea's Nuclear Test: Motivations, Implications, and U.S. Options,” CRS Report for Congress, RL 33709, （October 24, 2006.） p. 6.

（17）安保理事会決議一六九五について、United Nations S/RES/1695 （2006.） Security Council, （July 15, 2006.） 関連する文献として、“Security Council Demands that DPR Korea Suspend Ballistic Missile Activities,” ***U.N. News Centre***, （July 15, 2006.）; “U.N. Council, in Weakened Resolution, Demands End to North Korean Missile Program,” ***New York Times***, （July 16, 2006.）; and Paul Kerr, “Security Council Condemns NK Missile Tests,” ***Arms Control Today***, （September 2006.）

（18）安保理事会決議一六九五の全面拒否について、“North Korea Rejects UN Missile Demand,” ***New York Times***, （July 16, 2006.）

（19）『朝鮮中央通信』報道について、“DPRK Foreign Ministry Refutes ‘Resolution of UN Security Council,’” ***KCNA***, （July16, 2006.）

（20）ブッシュ大統領による初期配備計画の発表について、“Bush Rolls out Missile Defense System:

"First Interceptors to be Deployed by 2004," *CNN*, (December 18, 2002.); and "Bush Vows to Build Missile Defenses," *Washington Times*, (December 18, 2002.)

(21) 米国の初期配備計画の概要について、前掲書『(平成18年度版)日本の防衛(国防白書)』一三〇頁。

(22) この点について、"US to Conduct Missile Defense Test off Hawaii," *AFP*, (June 21, 2006.); and "U.S. won't Necessarily Shoot Down North Korea Missile," *Reuters*, (June 22, 2006.)

(23) ブッシュの発言について、"Bush Says U.S. may Have been Able to Intercept North Korean Missile," *New York Times*, (July 8, 2006.)

(24) この点について、"U.S. Missile Defense Programs at a Glance," *Arms Control Today*, (July/August 2002.)

(25) これを受け、七月七日にＰＡＣ－３の配備を早めることを小泉内閣が決めた。「ミサイル防衛ＰＡＣ３、配備前倒し…来年中に4基体制」『読売新聞』(二〇〇六年七月八日)。

(26) この点について、『(平成17年度版) 日本の防衛(国防白書)』(防衛庁・二〇〇五年) 一四八頁。前掲書『(平成18年度版) 日本の防衛(国防白書)』一二五頁。

(27) これに関連して、以下の報告書はミサイル防衛の利点とされる点を論じている。第一の利点は、米国の拡大抑止を誤解したならず者国家の危険性を排除することである。第二は、弾道ミサイルが恫喝の道具として使用される危険を阻止できることである。第三は、在日米軍基地をミサイル攻撃から防護することである。第四は、事故や偶発的な発射による弾道ミサイルを迎撃できることである。第五は、通常弾頭搭載弾道ミサイルを迎撃すると共に巡航ミサイルへ対応することである。『東アジア戦略概観２００４』(防衛研究所・年次報告書・二〇〇四年)二二五－二二六頁。

(28) ミサイル防衛システムの迎撃能力に纏わる難題について、斎藤直樹「ミサイル防衛についての一考察(1)：ブッシュ政権とミサイル防衛構想」『山梨国際研究』(二〇一一年三月)一〇〇－一〇八頁。斎藤直樹「ミサイル防衛についての一考察(2)わが国のミサイル防衛システムの迎撃能力の有効性への疑義」『山梨国際研究』(二〇一三年三月)八二―九二頁。

(29)「敵基地攻撃」について、斎藤直樹「北朝鮮危機と「敵基地攻撃」についての一考察」『人文科学』第二三号(二〇〇八年三月)一二七―一五〇頁。

(30)この点について、「提言・新しい日本の防衛政策―安全・安心な日本を目指して―」自民党・政務調査会・国防部会・防衛政策検討小委員会(二〇〇四年三月三〇日)。前掲書『東アジア戦略概観2004』二二八頁。

(31)額賀長官の発言について、「敵基地攻撃能力の保持、額賀防衛長官「議論すべきだ」」『読売新聞』(二〇〇六年七月一〇日)。"In Japan, Tough Talk about Preemptive Capability: China, Russia 'Deplore' N. Korean Missile Tests," *Washington Post*, (July 11, 2006.)

(32)盧武鉉による懸念表明について、「敵基地攻撃能力の保有論、韓国大統領が日本に警戒感」『読売新聞』(二〇〇六年七月一一日)。"South Korea Condemns Japan's Call for Attack on the North," *New York Times*, (July 11, 2006.)

(33)この点について、「敵基地攻撃論「先制攻撃ではない」、安倍氏が強調」『読売新聞』(二〇〇六年七月一二日)。

(34)この点について、「敵基地攻撃論は重大な憲法違反、山崎拓氏が批判」『読売新聞』(二〇〇六年七月一二日)。

(35)チェイニーの発言について、"Cheney Plays Down N. Korea Strike Calls," CNN, (Jun 23, 2006.)

(36)「敵基地攻撃」の包摂する諸問題について、前掲「北朝鮮危機と「敵基地攻撃」についての一考察」。

(37)同宣言について、"DPRK Foreign Ministry Clarifies Stand on New Measure to Bolster War Deterrent," *KCNA*, (October 3, 2006.) 関連する文献として、"North Korea Raises Stakes with

Threat to Carry out Nuclear Weapons Test: Move Aimed at Stalling Financial Sanctions: U.S. and Japan Lead Protest against 'Reckless Action,'" *The Guardian*, (October 4, 2006.); and "N. Korea Pledges Nuclear Test; Need Cited to Deter Threat from U.S., but not Date is Set," ***Washington Times***, (October 4, 2006.)

(38) 『朝鮮中央通信』報道について、"DPRK Successfully Conducts Underground Nuclear Test," ***KCNA***, (October 9, 2006.)

(39) レッド・ラインへの言及について、"Interview with Jin Jung of KBS News, Secretary Condoleezza Rice," Seoul, U.S. Department of State, (October 20, 2006.)

(40) 再処理施設に加え攻撃目標とされたのが北東部の咸鏡北道（ハムギョンプクド）の吉州（キルチュ）付近の核実験施設と目される箇所である。同箇所には研究施設と実験統制施設などの地下施設があり、核兵器が隠匿されているのではないかと疑われている。国防総省の攻撃計画について、"U.S. Speeds Attack Plans for North Korea," ***Washington Times***, (November 3, 2006.)

(41) 日本の核保有論議に対する危惧について、Hui Zhang, "Ending North Korea's Nuclear Ambitions: The Need for Stronger Chinese Action," ***Arms Control Today***, (July/August 2009.)

(42) 近隣諸国のミサイル防衛整備への懸念について、***Ibid.***

(43) こうした懸念について、***Ibid.***

(44) 核事故が引き起こし兼ねない環境破壊への危惧について、***Ibid.***

(45) 一九九四年六月の核関連施設への空爆作戦準備について、"Clinton 'Had Plans to Attack N. Korea Reactor,'" ***CNN***, (December 16, 2002.); and "South Korea Stopped US Strike on North Korea," ***AFP***, (May 24, 2000.)

(46) 北朝鮮崩壊に伴う米国の勢力圏の拡大への危惧について、Emma Chanlett-Avery and Sharon

Squassoni, "North Korea's Nuclear Test: Motivations, Implications, and U.S. Options," CRS Report for Congress, (October 24, 2006.) p. 7.

(47) 韓国主導による統一朝鮮国家建設への中国の懸念について、*op. cit.*, "Ending North Korea's Nuclear Ambitions: The Need for Stronger Chinese Action." これと関連して、統一朝鮮国家が中国との友好関係を確立するとの展望が開けることがあれば、有事において金正日体制への支援を取り下げる可能性がない訳ではないとの見方もある。この点について、Jayshree Bajoria, "The China-North Korea Relationship," Council on Foreign Relations, (Updated: July 21, 2009.)

(48) 中国政府の緊急派兵計画について、"Keeping an Eye on an Unruly Neighbor, Chinese Views of Economic Reform and Stability in North Korea," Center for Strategic and International Studies & U.S. Institute of Peace.; and *op. cit.*, "The China-North Korea Relationship."

(49) 膨大な数に上る難民の流入への懸念について、*op. cit.*, "The China-North Korea Relationship."

(50) こうした認識について、*op. cit.*, "The China-North Korea Relationship."; and *op. cit.*, "Ending North Korea's Nuclear Ambitions: The Need for Stronger Chinese Action."

(51) この点について、"South Korea Condemns Japan's Call for Attack on the North," *New York Times*, (July 11, 2006.)

(52) 太陽政策の下での北朝鮮の脅威への韓国民の警戒心の緩みについて、Jungmin Kang, "The North Korean Nuclear Test: Seoul Goes on the Defensive," ***Bulletin of the Atomic Scientists***, (June 12, 2009.)

(53) 韓国世論の激昂について、「〈世論調査〉「太陽政策変えねば」78%「韓国も核持つべき」65%」『中央日報』(二〇〇六年一〇月一一日)。

(54) ハンナラ党による批判について、「【社説】安保理決定に目をつぶって別に進むウリ党」『中央日報』(二〇〇六年一〇月一四日)。

(55)「核の火の海」への言及について、"North Korea Warns U.S., Japan of 'Nuclear Sea of Fire,'" *Los Angeles Times*, (September 24, 2004.)

(56) 日韓首脳会談について、「日韓首脳が「断固として対処」で一致…北朝鮮核実験」『読売新聞』(二〇〇六年一〇月九日)。「盧大統領、北核実験非難する韓日共同文書拒否していた」『中央日報』(二〇〇六年一〇月一一日)。

(57) 追加独自制裁について、「北朝鮮による核実験に係る我が国の当面の対応について」(首相官邸)(二〇〇六年一〇月一一日)。

(58) 米決議案について、"Key Points of Proposed US Sanctions Draft on North Korea Nuclear Test," *AFP*, (October 9, 2006.)

(59) この点について、斎藤直樹『検証:イラク戦争』(三一書房・二〇〇五年)七八-八〇頁。

(60) この点について、同上、八一-八三頁。

(61) クウェート侵攻事件に伴い発動された三件の経済制裁決議は不十分であると判断され、結局一一月二九日に加盟国に武力行使を授権する決議六七八が採択され、これに基づき急遽編成された多国籍軍とイラク軍の間で湾岸戦争が勃発したのは周知の通りである。この点について、斎藤直樹『国際機構論(新版)』(北樹出版・二〇〇一年)九九-一〇一頁。

(62) 空爆作戦計画について、*op. cit.*, "U.S. Speeds Attack Plans for North Korea."

(63) 中国大使による修正要求について、Shirley A. Kan, "China and Proliferation of Weapons of Mass Destruction and Missiles: Policy Issues," CRS Report for Congress, RL31555, (Updated: December 13, 2007.) pp. 32-33.; and *op. cit.*, "North Korea's Nuclear Test: Motivations, Implications, and U.S. Options," p. 3.

(64) この点について、"US Aims to Pass Resolution on N. Korea," *AP* (October 12, 2006.); "US to Seek

"Rebuke at Security Council for Nuclear Test," *AP*, (October 12, 2006.); and "Bolton Urges 'Swift' U.N. Action on North Korea," *CNN*, (October 12, 2006.)

(65) 安保理事会決議一七一八は北朝鮮に以下の措置を講じるよう要求した。追加核実験や弾道ミサイルの発射実験を行ってはならないこと、弾道ミサイル計画に関連する総ての活動を停止すること、完全かつ証明可能で不可逆的な方法で総ての核兵器計画を放棄すること、即時かつ無条件で六ヵ国協議に復帰することなどである。他方、加盟国は以下の事項について必要に応じ、自国の国内法令に従いまた国際法に適合する範囲内で協調的行動を講ずるよう要請された。北朝鮮に出入する貨物の積荷は停止され、大量破壊兵器や関連する品目を検査すること、軍需品と制裁委員会により特定される他のいかなる品目の輸出入は禁止されること、北朝鮮への奢侈品の輸出は禁止されること、加盟国は北朝鮮の大量破壊兵器計画に関連する個人や企業の在外金融資産を凍結すること、同計画関係者とその家族の海外旅行は禁止されることなどである。安保理事会決議一七一八について、United Nations S/RES/1718 (2006) Security Council, (October 14, 2006.) 関連する文献として、"Security Council Supports Sanctions on North Korea," ***New York Times***, (October 15, 2006.); ***op. cit.***, "North Korea's Nuclear Test: Motivations, Implications, and U.S. Options," p. 3.; and *op. cit.*, "China and Proliferation of Weapons of Mass Destruction and Missiles: Policy Issues," p. 32.

(66) もっとも、決議には制裁の実効性を担保するという事由で、制裁委員会の設置などの措置が盛り込まれた。それによれば、安保理事会は一五ヵ国の理事国から構成される制裁委員会を設立する。決議採択から三〇日以内に加盟国は決議に従い履行した制裁措置の進捗状況を制裁委員会に報告する。制裁委員はその内容を検討し九〇日以内に安保理事会へ報告する。それを受け、安保理事会は北朝鮮による決議の遵守を判断し、制裁の強化、あるいはその解除を決める、というものであった。***op. cit.***, United Nations S/RES/1718.

(67)「第一の危機」での経済制裁論議について、前掲書『北朝鮮危機の歴史的構造1945-2000』三三四-三三九頁。

(68) 安保理事会決議六六一は国連憲章第四一条に具体的に言及することなく憲章第七章に一般的な形で言及した。決議六六一はイラクに対する厳重な貿易制裁を科したが、その対象から衣料品、人道支援物資、食糧を除いた。ただし、同決議は制裁を執行するためにどの様な海上あるいは航空作戦を実施するかについて言及しなかった。安保理事会決議六六五も憲章第七章に一般的な形で言及した。決議六六五は海上における貿易制裁の執行に関した。同決議は加盟国による海上作戦を承認し、海上における貿易制裁を執行するため、貨物を点検する権限を含み加盟国による最低限の武力の行使を含む措置を許可した。安保理事会決議六七〇は貿易制裁が航空機を含め総ての輸送手段に適用されるよう要請した。同決議はイラクと被占領クウェートに対する航空輸送を禁止したが、禁止対象から人道目的上の輸送を除外した。決議六七〇も憲章第七章に一般的な形で言及するに止まった。前掲書『国際機構論(新版)』九七-九九頁。

(69) 一九九一年六月に旧ユーゴスラビアがスロベニア、クロアチア、ボスニア・ヘルツェゴビナ(以下、ボスニアと表記。)、セルビア、モンテネグロ、マケドニアに解体するに伴い一連の紛争が勃発した。紛争は九二年三月にボスニアへと飛び火した。ボスニアではセルビア人勢力、クロアチア人勢力、イスラム教徒勢力の間で紛争が勃発したが、その後、九二年四月に発足した新ユーゴスラビアがセルビア人勢力に支援を行っていると疑義が持たれた。決議七五七はボスニアへの新ユーゴスラビアの介入を非難すると共に新ユーゴスラビアに対し貿易禁止など全面的な制裁を科した。数年にわたり発動された制裁はハイパーインフレを引き起こし、新ユーゴスラビアの経済を実質的に干上がらせることに繋がった。安保理事会決議七五七について、前掲書『国際機構論(新版)』一七八頁。

(70) 中国産原油に著しく依存する北朝鮮経済の実態について、*op. cit.*, 〝China and Proliferation of Weapons of Mass Destruction and Missiles: Policy Issues,〟 p. 33.; and *op. cit.*, 〝North Korea's Nuclear Test: Motivations, Implications, and U.S. Options,〟 p. 4.

(71) この点について、*op. cit.*, 〝North Korea's Nuclear Test: Motivations, Implications, and U.S. Options,〟 p. 4.

(72) この点について、*op. cit.*, 〝China and Proliferation of Weapons of Mass Destruction and Missiles: Policy Issues,〟 pp. 32-33.; *op. cit.*, 〝North Korea's Nuclear Test: Motivations, Implications, and U.S. Options,〟 p. 4.; and 〝China Reverses its Refusal to Search N. Korean Cargo,〟 *Los Angeles Times*, (October 17, 2006.)

(73) 他方、核実験の後、中国の主要国営銀行は北朝鮮関係との金融取引を一時的に停止したものの、一一月半ばには規制を緩和した。その間、中朝間の通商はいつも通り行われた。中国による決議履行の実態について、*op. cit.*, 〝China and Proliferation of Weapons of Mass Destruction and Missiles: Policy Issues,〟 p. 33.; and 〝China Said to Start Enforcing North Korea Sanctions,〟 *New York Times*, (October 16, 2006.)

(74) 先制的自衛権に内在する問題について、前掲書『検証：イラク戦争』一七七-一八三頁。

(75) 中朝間の兵器取引について、*op. cit.*, 〝China and Proliferation of Weapons of Mass Destruction and Missiles: Policy Issues,〟 pp. 19-21.

(76) 核の傘を巡る詳細な議論について、例えば、Hans M. Kristensen, 〝Japan under the Nuclear Umbrella: U.S. Nuclear Weapons and Nuclear War Planning in Japan during the Cold War,〟 (A Working Paper Prepared) The Nautilus Institute, (July 1999.)

(77) 中川発言について、「『核保有、議論はあっていい』…中川・自民政調会長」『読売新聞』(二〇〇六年一〇月一五日)。
(78) この点について、「「核保有議論あっていい」に与党から否定意見相次ぐ」『読売新聞』(二〇〇六年一〇月一六日)。
(79) この点について、「米大統領が日本の核武装論に言及、中国の懸念に理解」『読売新聞』(二〇〇六年一〇月一七日)。
(80) この点について、「日米外相会談、北朝鮮制裁の迅速実施で一致」『読売新聞』(二〇〇六年一〇月一九日)。「日米、対北で緊密連携…安倍・ライス会談」『読売新聞』(二〇〇六年一〇月一九日)。「【核の脅威】【第3部】日本の抑止力(1)「米の傘」本当に有効か」『読売新聞』(二〇〇七年三月二〇日)。
(81) ライス発言に全幅の信頼を置くことはできないとする見方は内閣閣僚の反応に映し出された。同日の衆院外務委員会で麻生外相は核保有論議の必要性を説くと共に、翌日の一九日には言論の自由の封殺は許されない主旨の発言を衆院テロ対策特別委員会で行った。この点について、「北朝鮮核実験…「日本の核保有議論も大事」麻生外相が発言」『毎日新聞』(二〇〇六年一〇月一八日)。「麻生外相、「核保有論議封殺しない」」『朝日新聞』(二〇〇六年一〇月一九日)。これを受ける形で、党など正式な機関で核保有論議は行わないが、個人の言論は自由であると安倍首相は言及した。この点について、「非核三原則を堅持、核武装議論は行わぬ…首相」『読売新聞』(二〇〇六年一〇月一六日)。「安倍首相…核保有議論「言論封鎖はできない」と発言容認」『毎日新聞』(二〇〇六年一〇月二七日)。他方、中川は国内各所で持論を展開しただけでなく二七日には北朝鮮の核実験によって日本はキューバ危機時の米国と似た状況にあるとして、米国政府関係者からの理解を求めた。「核保有の是非、再び「議論を」中川政調会長」『朝日新聞』(二〇〇六年一〇月二〇日)。「中川政調会長、米でも「核保有議論必要」」『東京新聞』(二〇〇六年一〇月二八日)。

第九章　譲歩するブッシュ

第一節　第五回六ヵ国協議二次会合

安保理事会決議一七一八の採択を契機として始まった北朝鮮への経済制裁の発動の動きに対し金正日指導部は予想通り、過敏に反応した。一〇月一七日に北朝鮮外務省が発した声明によれば、北朝鮮への米国の敵視政策の産物であると共に北朝鮮の社会主義体制の破壊を目論む米国のシナリオに基づく北朝鮮への宣戦布告である決議一七一八を断固拒絶する。制裁と圧力で北朝鮮を跪かせることができるとブッシュ一味が打算するのであれば、その振舞以上に馬鹿げて愚かなことはない。平和を渇望するが戦争を北朝鮮は恐れてはいない。対話を望むが常に対決の用意が北朝鮮にはある。安保理事会決議の看板の下で北朝鮮の自主権と生存権を侵害する者がいるのであれば、断固たる行動を通じ容赦ない一撃を加える。米国の姿勢に対し北朝鮮は対抗措置を講ずると、声明は改めて凄んだ。(1)

制裁決議を拒否すると共にそれへの対抗措置として追加核実験に打って出る用意があることを金正日指導部がほのめかしたが、追加実験の強行は崖っ縁で踏み止まっているブッシュ政権の対応を決定的にし兼ねない危険性を併せ持っていた。経済制裁の発動とそれに続くであろうと想定された動きが張本人の金正日に的確に伝わっていたかどうか疑問であった。追加核実験の強行は後戻りできない決定的な分岐点となり兼ねない可能性があった。もしも追加核実験が行われるような事態へと至ることがあれば、それに対し安保理事会で経済制裁を上回る措置、すなわち北朝鮮への軍事制裁の発動を定めた決議の採択といった段階まで一気に事態が加速し兼ねない可能性があったからである。この時点ではブッシュ政権は核関連施設への空爆を選択肢の一つとして考えていたし[2]、そうなれば、中国やロシアにとっても制止し難い事態へ及ぶことは想定できた。追加核実験の強行を巡り危機は急速に高まりつつあった。ブッシュ政権にとっても胡錦濤指導部にとっても何としても沈静化しなければならない事態であった。

問題はその危機について金正日がどの程度、的確に把握していたかであった。一〇月一九日に胡錦濤国家主席の特使として唐家璇（タン・チアシュアン）国務委員は重大なメッセージを携え、戴秉国（ダイ・ビングオ）国務委員、武大偉（ウ・ダゥイ）外務次官と共に急遽、平壌の金正日の元へと駆け付けた[3]。席上、金正日は追加核実験の予定は日程に挙がっていないものの、ブッシュ政権の対応次第では対抗措置に打って出るとの強硬な姿勢を崩さなかった。これに対し、唐家璇は追加核実験が強行された場合の対応として対北朝鮮武力行使を加盟国に授権する安保理事会決議が採択される可能性があること、それに従い核関連施設への米国による空爆が現実の可能性として浮上すること、中国はそうした空爆を阻止できる保証はないことなどをとうとうと述べ、六ヵ国協議への復帰を強く促した。

これを受け、事態の深刻さを飲み込めた金正日が矛を収めたかのような印象を与えたが、本当のところは必ずしも明らかではない。それまでに金融制裁への対抗策として周到に準備を進めてきた弾道ミサイル発射実験と地下核実験を断行し性能改善のための貴重なデータを収集することができた。また大量破壊兵器やミサイル開発を統括すると共に最も強硬な姿勢を堅持する朝鮮人民軍上層部の意向を尊重することができた。さらに外部の非難や圧力には決して屈しないという鉄の意思と意志を示すことができた。これにより当初の目的が成就できたとすれば、追加核実験に打って出てこれ以上危機を高めるよりは、核実験というカードを一旦は仕舞い込んで、金融制裁の解除が行われることを念頭に置き協議への復帰を金正日は決めたとの見方も可能であった。追加核実験を巡る事態は一転して六ヵ国協議が再開される展望が開かれた。二〇〇六年一〇月三一日に中・朝・米三ヵ国の首席代表による会談が北京で行われ、六ヵ国協議の再開が決まった[4]。

緊迫した事態が中朝間の舞台裏の交渉によって打開されると、一転して二〇〇六年一二月に第五回協議二次会合の開催の運びとなった。北朝鮮による核実験の強行、それに対する経済制裁の発動、さらに追加核実験を巡る鬩ぎ合いの中で開かれた第五回協議二次会合は良くも悪くも重大な転機となる可能性があった。しかし、この期に及んでも米朝代表団は相変わらず歯車の噛み合わない姿勢で会合に臨んでいた。ヒル（Christopher Hill）米首席代表は、先の「共同声明」に盛り込まれた北朝鮮の核放棄と他の参加国による補償措置の手順を盛り込んだ工程表の合意に辿り着きたい一心であったのに対し、協議に応じた以上、金融制裁の解除が得られるものだと金桂冠北朝鮮首席代表は踏んでいた。一二月一八日に二次会合が始まると、案の定、金融制裁の解除が実現するまで「共同声明」の実施に向けての話し合いには応じられないと金桂冠が突っ撥ねたため、核放棄に向けた作業手順についての審議に入れないまま、協議は一二月二二日までにまたしても休会入りとなった(5)。結局、議長の武大偉中国首席代表が二次会合の終了に際し行った議長声明は、先の「共同声明」の真摯な履行を強調すると共に次回協議をできるだけ早期に開催することに合意したと言及するというおぞましい内容に止まった(6)。

第二節　第五回六ヵ国協議三次会合

しかしこの時、金融制裁を巡り不調に終わった二次会合での論議とは裏腹に、六ヵ国協議は大きな分岐点を迎えていた。イラク戦争後の治安悪化の下で駐留米軍の人的被害が日々増大し撤退も遅々として進まず、また復興も中々軌道に乗らない一方、金正日指導部にミサイル発射実験や地下核実験の強行を許したことは、ブッシュ政権への米国民の不満と苛立ちを一層強める結果になった。こうした時の二〇〇六年一一月に米中間選挙が実施された(7)。共和党は惨敗した。上院では共和党の四九議席に対し民主党が五一議席を占め、下院では共和党の二〇二議席に対し民主党が二三三議席を占めることになった。この結果はブッシュに対し米国民が不信任を突き付けたことを物語った。上下両院とも民主党が多数派を握ったことで四面楚歌の窮地に追い込まれたブッシュはそれまでの強硬路線を突如、反古とするかのように柔軟路線に転じる。ブッシュの劇的な路線変更は六ヵ協議の流れを一変させるほどの巨大な変化を生むことになるのである。

この煽りを受ける形で、対北朝鮮政策に深く関ったラムズフェルドやボルトンといった強硬派の人脈が政権を追われた。水面下では寧辺の核関連施設への空爆が検討されていた矢先の選挙結果により、そうした選択肢が反古となったばかりか空爆作戦を推進した主な面々までも姿を消した。これに伴い、実務派のライスやヒルが表舞台に出ることになった。この結果、金融制裁を解除しない限り協議には応じないとした金正日指導部の要求に応じる方向にブッシュ政権は舵を切った。その契機となったのが二〇〇七年一月一六日から一八日までの三日間、ベルリンで開催された米朝二ヵ国協議であった。ヒルと金桂冠は六ヵ国協議の再開に向け議論を重ねた。『朝鮮中央通信』は「一定の合意」に到達したとする北朝鮮外務省の声明を伝えた。(8) これを受け、六ヵ国協議への北朝鮮の復帰が決まった。ベルリンでの米朝協議を受け二月八日から一三日まで開かれた第五回協議三次会合で、それまでの閉塞状態を打ち破るかのように、「共同声明の実施のための初期段階の措置（Initial Actions for the Implementation of the Joint Statement)」と呼ばれる合意が急遽採択された。(9)

(1)「共同声明の実施のための初期段階の措置」合意の概要

「初期段階の措置」合意は文字通り、「共同声明」の実施のための初期段階の措置を定めたものであり、核の放棄を謳った「共同声明」の具現化を目指す最初の合意となった。合意には初期段階の実施期間として六〇日間が定められ、この期間内に実施される初期段階の措置が盛り込まれた。(10)

その中で北朝鮮が実施すべきものとされたのは、第一に、寧辺の核関連施設の活動を停止することと封印を行うこと。第二に、総ての必要な査察の実施のためＩＡＥＡ査察団を受け入れること。

第三に、総ての核計画の一覧表について五ヵ国と協議することなどであった。この見返りとして重油五万トン相当の支援がこれら五ヵ国から提供されるとされた。他方、米国が実施するのは北朝鮮をテロ支援国家の指定リストから解除することに向け作業を開始することであった。また懸案の作業部会の設置も決まった。[11]「初期段階の措置」合意の実施を円滑化するために朝鮮半島の非核化、米朝国交正常化、日朝国交正常化、経済・エネルギー協力、北東アジアの平和・安全のメカニズムなど五つの作業部会が設置され、三〇日以内の会合の開催が決まった。続いて、初期段階の次の段階での実施措置にも言及された。[12]次の段階で北朝鮮が実施するのは、総ての核計画の完全な申告と総ての既存の核関連施設の無能力化であった。これに対する見返りとして重油九五万トンに相当するエネルギー支援が五ヵ国から提供されることになった。

「共同声明」に盛り込まれた北朝鮮の核の放棄に至る道程が山あり谷ありであることを踏まえると、その実施に向けた第一歩が重要となることは確かであった。一般的な文言に終始した「共同声明」が総論であったとすれば、この「初期段階の措置」合意の採択を通じようやく各論へと転じたことになる。

第三節　「初期段階の措置」合意への批判

とは言え、二〇〇五年九月の「共同声明」から一年五ヵ月も要してこの程度の内容の合意に止まったことに批判がない訳ではなかった。このことは米国内で同合意に対する手厳しい非難が浴びせられたことに正確に表れた。「初期段階の措置」合意の内容からは金正日指導部の露骨とも言える要求が実質的に取り入れられたことが如実に伝わった。言葉を換えると、これまで強硬であったブッシュ政権の姿勢を踏まえると、驚くべき譲歩が含まれた内容であった。その一つはテロ支援国家の指定解除作業に米国が入ることであり、もう一つは高濃縮ウラン計画について何の言及もなかったことである。

(1) テロ支援国家の指定リストからの解除問題

北朝鮮がテロ支援国家の適用を受けたのは一九八八年であった。これに対し、六ヵ国協議の開催を機に金正日指導部は核兵器計画の放棄の見返りとしてテロ支援国家からの指定解除を求めるようになった。これに対し、ブッシュ政権は結局、テロ支援国家の指定解除に前向きの姿勢をみせたが、これはどの様な事由によるものか。

テロ支援国家の指定解除作業の開始はいわゆる敵視政策の解除に向けた重要な一歩を標した。体制の維持こそ金正日が拘るものであり、そのためには敵視政策の撤回が不可欠であった。また慢性的な財源不足に喘ぐ金正日指導部にとって希少な財源確保の狙いもあった。と言うのは、国際財政機関法（International Financial Institutions Act）の下でテロ支援国家への財政支援が厳しく制限されていたが、指定解除をもって世界銀行や国際通貨基金（IMF）などの国際金融機関から財政支援に与るという展望が開けるからであった[13]。金正日指導部は以前から国際テロ事件との関りを一切否定しただけでなく国際テロ事件を少なくとも表向きは批判してきた。テロ事件を働いた指導部がテロ事件を批判することは多少なりとも不可解なことではあるが、二〇〇一年九月の同時多発テロ事件の際にも同指導部は同事件を糾弾する声明を発した[14]。

とは言え、北朝鮮が国際テロ事件を引き起こしてきた事例は枚挙に遑が無い。一九七〇年の「よど号」乗っ取り犯人の日本赤軍グループを匿ったことに始まり、七〇年終りから八〇年代にかけ企てられた数々の日本人拉致事件、全斗煥(チョン・ドゥファン)大統領の殺害を図ったラングーン事件などなど数々の事件を続発させた。ただし、北朝鮮が米国によるテロ支援国家の指定に加えられる契機となったのは、八七年一一月二九日の大韓航空機爆破事件であった[15]。同事件は八八年九月のソウル・オリンピック開催の妨害を狙い引き起こしたとされ、大韓航空八五八便が北朝鮮工作員の仕掛けた爆弾により空中爆発を起こし、乗員と乗客を合せ一一五人の犠牲者を生んだ。同事件はまるでスパイ小説を彷彿とさせるような奇々怪々の事件であった。大韓航空八五八便はバグダッドからソウルへ向け飛行中のミャンマー沖のアンダマン海上空で突然、空中爆発を起こした。同爆発は金勝一(キム・スンイル)と金賢姫(キム・ヒョンヒ)という二人の北朝鮮特殊工作員が仕掛けた時限爆弾によるものであった。その時、蜂谷真一(はちや・しんいち)と蜂谷真由美(はちや・まゆみ)という日本人親子を名乗る二人の工作員はバーレーンに滞在していた。韓国公安が二人の身柄を拘束しようとしたが、これを察した金勝一はその場で服毒自殺した一方、もう一人の金賢姫は拘束され身柄はソウルに送検された。八八年一月に金賢姫は、北朝鮮工作員によって拉致されたとみられる「李恩恵(リ・ウネ)」を名乗る田口八重子(たぐち・やえこ)という日本人女性から二年間に及び日本語の訓練を受けたと自白した。金賢姫は裁判で死刑を宣告されたものの、後に恩赦処分となった。同事件を重大視したレーガン政権は八八年一月に北朝鮮をテロ支援国家の指定リストに加えたのである[16]。

同事件に加え、幾つもテロ事件を金正日指導部が引き起こしたが、日本にとって最大の関心事となったのが日本人拉致事件の被害者の救済と事件の究明であった。クリントン政権が拉致事件の解決に向け動き出すと、これに合わせたかのようにテロ支援国家の指定リストからの解除を金正日が要求した。一九九九年一〇月にクリントン政権は北朝鮮への関与に向け大きく舵を切った。既述の通り、当時、九四年一〇月の米朝枠組み合意に基づく軽水炉建設事業は既に難航しており、そこにもってきて金正日指導部が九八年八月に強行したテポドン1号発射実験は日本だけでなく米国にも衝撃を与えた。九九年五月にペリー（William J. Perry）元国防長官を団長とする米代表団が訪朝したのはこうした進捗を留意してのことであった。北朝鮮が長距離ミサイル開発計画の凍結に同意するならば、米国は米朝国交正常化を視野に入れ経済や外交上の便宜を提供する用意があるとの意思をペリーは明らかにした。一〇月にはペリーが米議会へ提出した「ペリー報告」が公表された[17]。

これに従い、ミサイル規制協議のためにクリントン政権は金正日指導部に対し高官の派遣を求めると[18]、ミサイル規制協議に応じる前提条件として要求したのがテロ支援国家の指定リストからの解除であった。これに対し、クリントンは二〇〇〇年二月に指定解除に応じるための四つの前提条件を金正日に提示した[19]。一つ、テロ活動に関与していない保証について書面で回答すること。一つ、過去六ヵ月間でいかなるテロ行為にも関与しなかったという証拠を提出すること。一つ、国際テロ対策合意に加盟すること。一つ、過去に行ったテロ組織への支援を打ち切ることなどであった。こうしたクリントンの姿勢に横槍を入れたのが金大中であった。太陽政策を前面に掲げ対北朝鮮融和路線に邁進した金大中は多数の拉致被害者を韓国が抱えるにも拘わらず、金正日による指定解除の要求に対し支持表明を行った[20]。そうした支持は指定を解除すべきではないとの日本政府の姿勢と真っ向からぶつかった。その際、対応に苦慮したクリントンは日本の立場を結局、擁護したという経緯がある。

その後、テロ支援国家の指定リストからの解除問題はブッシュ政権の発足で一旦は立消えとなったが、六ヵ国協議の場で再び浮上した。指定解除問題は実際に協議に大きな波紋を投ずることになる[21]。すなわち、二〇〇三年八月の第一回六ヵ国協議に臨む姿勢として日米両国が拉致問題の解決で共同歩調を取ると、これを逆手に取るかのように金正日指導部は核計画の放棄の見返りとして指定解除の要求を突き付けた[22]。続いて、二〇〇三年一二月には核開発計画の凍結案を提示し凍結の見返りとして指定解除を金正日が要求した[23]。その後第二回六ヵ国協議に続き第三回協議でも同様の要求を金正日は繰り返した[24]。

これに対し、拉致事件の究明を求める小泉がテロ支援国家からの指定解除に応じないようブッシュが懇願したことを受け、ブッシュは六ヵ国協議において拉致事件を解決するよう金正日に働き掛けた。こうして拉致事件の究明と指定解除問題が結び付くことになった。ところが、二〇〇六年一〇月の地下核実験と一一月の米中間選挙を境にブッシュの対北朝鮮政策が著しく変容したことと連動して、指定解除についてのブッシュの姿勢は急転換したのである。〇六年一一月開催の金桂冠との協議において核計画の放棄に同意するならば、指定解除に応じる用意があるとの意思表示をヒルは行った[25]。これが〇七年二月一三日の「初期段階の措置」合意の成立へと繋がった。米朝国交正常化を視野に入れ二国間協議を進めることが合意に盛り込まれ、このための作業部会が設置されたことに伴い北朝鮮の指定解除への動きが始まった[26]。その後、申告書と別文書の提出の見返りとして、テロ支援国家の指定解除と敵国通商法の適用解除に応じることをブッシュが決めた。金正日がそこまでして指定解除に拘ったのは、指定解除に伴い世界銀行やＩＭＦなど国際金融機関から融資が転がり込むからであった[27]。加えて、敵国通商法が適用除外となったことにより約三〇〇〇万ドルもの在米資産も凍結解除の運びとなる。

こうした動きは米国務省の姿勢に如実に表れた。二〇〇七年四月発行の国務省のテロリズム報告書（"Country Reports on Terrorism 2006"）では、北朝鮮とテロの関連についての記述はそれまでと打って変わって最小限に止まった。同報告書によれば、七〇年に「よど号」事件に関わった四人の日本赤軍メンバーを北朝鮮当局は匿ってきたことに加え、日本政府が一二人の日本人拉致被害者の帰国を求めたのに対し帰国できたのは五人に止まったと言及した。ところが、〇七年二月一三日の「初期段階の措置」合意において米国は北朝鮮とテロ支援国家の指定リストからの解除作業に入ることに合意したことに触れ、しかも八七年一一月の大韓航空機の爆破事件以降いかなるテロ行為にも北朝鮮は関与してはいないと報告書は論じたのである[28]。

とは言え、本来、指定解除や適用解除と申告書の提出は何の関連もなかった。申告書の提出があろうとなかろうと、金正日指導部が引き起こした数々の所業に照らし、北朝鮮がテロ支援国家であることに変りはない。しかも米政府の国際テロ組織リストに名を連ねたスリランカのタミル・イーラム解放の虎（Liberation Tiger of Tamil Eelam）やレバノンのヒズボラ（Hezbollah）などに対する武器の提供やゲリラ兵の軍事訓練などに金正日指導部が関与したことを踏まえると、[29]テロ支援国家の指定リストからの解除とは、一体どの様な物差しによって測られたものなのか少なからず疑問であった。それでなくとも、北朝鮮がテロ支援国家であり、ならず者国家であり、その中でも「悪の枢軸」国家であり、はたまた「圧制の前線基地」であると事ある毎に糾弾し罵倒してきた張本人が突然変節し、テロ支援国家の指定リストからの解除作業に着手するというのは眼前の外交成果を狙った行動としか映らない、不可解極まりないことであった。これではイラン、シリア、キューバ、スーダンなど他のテロ支援国家が指定を解かれないのはどの様な事由に基づくものなのか。[30]

(2) 高濃縮ウラン計画の問題

また「初期段階の措置」合意には、ブッシュ政権が執拗な拘りをみせてきた高濃縮ウラン計画への言及がなかった。[31]ウラン計画は何処へ消えたのであろうか。このウラン計画の発覚を契機として「第二の危機」が発生したこと加え、協議が難航を続けたことを踏まえると、ウラン計画への言及がないことは不可解であった。言葉を換えると、ウラン計画への言及のない合意を結ぶのであれば、元々「第二の危機」など発生しなかったと皮肉られてもおかしくはなかった。

こうした内容に照らし、かつて対北朝鮮政策に深く関与した強硬派のボルトンが「初期段階の措置」合意を悪い合意であると決め付けたのは必ずしも的を外したものではない。[32]ボルトンでなくとも、「初期段階の措置」合意には不可解かつ不可思議なところが多々みられた。「初期段階の措置」

合意が実際に米国内の両方の立場から激しい批判に曝されたのは偶然ではない。ブッシュ政権が譲り過ぎたとしてその変節ぶりと嘆くと共に、金正日指導部が合意を真摯に履行するとは思われないと断言したのが保守派筋の批判であった。他方、このように米国が大々的な譲歩を行った合意であったのであれば、既に二〇〇二年の段階で達成できたはずであると、リベラル筋もこれまた手厳しく酷評した(33)。

加えて、「初期段階の措置」合意は皮肉なことに一九九四年一〇月の米朝枠組み合意に重要な点で類似していた。初期段階で核関連施設の活動停止と封印が行われるが、その際、ＩＡＥＡによる査察が重大な鍵を握る。ところが、核査察が実施されるとは言え、査察対象となるのは九〇年代前半に査察が行われたお馴染の核関連施設に絞られる可能性があった。しかも核査察がどういう形で実施されるのかについても全く言及されなかった。当時、金日成指導部が核査察の潜り抜けを執拗に行った経緯を踏まえると、上記の批判にある通り、前途が懸念されない訳ではなかった。

ブッシュ政権のそれまでの強硬路線の是非についての評価は別にして、強硬路線にはそれなりの一貫性があった。しかしその政権が突然、「初期段階の措置」合意に応じたことは極めて奇異に映った。地下核実験への罰則として安保理事会決議一七一八に基づき経済制裁が行われている最中に、「初期段階の措置」合意に従い核関連施設の活動停止への見返りとしてエネルギー支援を行うことが決まった。確かに核実験への罰則と、核放棄を目指す合意への褒美では、文脈が違うことからお互いが両立しうると言えるかもしれない。加えて、エネルギー支援に象徴される褒美を頂くために金正日指導部が核兵器開発を目論んでいるとの視座に立てば、罰則を課す以上に褒美を金正日に与えることが現実的な対応であると言えない訳ではなかった。しかし、それでは核兵器開発に狂奔する金正日指導部こそ利するとの見方は外れてはいなかった。何れにしても、金正日の動きを止める機会がありながら、放置してきたブッシュ政権に高価な付けが回ることになった。

「初期段階の措置」合意が採択されたことで「第二の危機」が妥結に向け一歩前進したとは言え、「初期段階の措置」合意が真摯に履行されるかどうかは不透明かつ流動的であった。この点について、ブッシュ大統領が「初期段階の措置」合意への批判を念頭にその意義を強調すると共に金正日指導部の行動を静観したい趣旨のことを述べた[34]。まして「初期段階の措置」合意に続く措置の履行が重要となった。これには総ての核計画の申告が含まれることから、ウラン計画の問題が噴出することは間違いなかった[35]。前途のさらなる難航が懸念されたのである。

【注】

（1）北朝鮮外務省声明について、"DPRK Foreign Ministry Spokesman Totally Refutes UNSC Resolution," *KCNA*, (October 17, 2006.)

（2）空爆作戦計画について、"U.S. Speeds Attack Plans for North Korea," *Washington Times*, (November 3, 2006.)

（3）同会談に関する『朝鮮中央通信』報道について、"Kim Jong Il Receives Special Envoy of Chinese President," *KCNA*, (October 19, 2006.)

（4）他方、北朝鮮当局もこれに応じる形で一一月一日に協議の再開を表明した。協議再開の決定について、"Spokesman for DPRK Foreign Ministry on Resumption of Six-Party Talks," *KCNA*, (November

1, 2006.) 関連する文献として、"Now Nuclear, North Korea will Talk," *Christian Science Monitor*, (November 1, 2006.); and "North Korea will Resume Nuclear Talks," *New York Times*, (November 1, 2006.)

(5) 第五回協議二次会合について、"North Korea Nuclear Talks End without Deal," *Reuters*, (December 22, 2006.); "North Korea Blames U.S. for Talks Impasse," *Reuters*, (December 22, 2006.); "Nuclear Talks with N. Korea End in Failure; Six-Party Process Thrown into Doubt," *Washington Post*, (December 23, 2006.); "Talks End on North Korea's Nuclear Weapons," *New York Times*, (December 23, 2006.); "Process of Beijing Talks under Scrutiny," *Korea Herald*, (December 23, 2006.); and Paul Kerr, "No Progress at North Korea Talks," *Arms Control Today*, (January/February 2007.) 外務省報道について、『第5回六者会合第2次会合(概要と展望)』(平成一八年一二月)(六者会合・外務省ホーム・ページ)。なお参加国の首席代表は以下の通りである。武大偉(中国)、金桂冠(北朝鮮)、千英宇(チョン・ヨンウ)(韓国)、佐々江賢一郎(日本)、ラゾフ(ロシア)、ヒル(米国)。前掲『第5回六者会合第2次会合(概要と展望)』。

(6) 議長声明について、前掲『第5回六者会合第2次会合(概要と展望)』。

(7) 共和党の大敗について、"Democrats Retake Congress," America Votes 2006, *CNN*.

(8) 北朝鮮外務省声明について、"Spokesman for DPRK Foreign Ministry on Results of DPRK-U.S. Talks," *KCNA*, (January 19, 2007.)

(9) 第五回協議三次会合について、"Six-Party Nuclear Talks Yield Breakthrough," *China Daily*, (February 14, 2007.); and "Arms Control Association Welcomes Agreement on North Korean Nuclear Program as 'Essential First Step,'" Arms Control Association: Press Room, (February 13, 2007.); and Paul Kerr, "Initial Pact Reached to End North Korean Nuclear Weapons Program,"

Arms Control Today, (March 2007.) 外務省報道について、「共同声明の実施のための初期段階の措置」(二〇〇七年二月一三日)、「第5回六者会合第3セッションの概要」(二〇〇七年二月一三日)『第5回六者会合第三次会合(平成一九年二月八日―一三日)』(六者会合・外務省ホームページ)。また参加国代表団の首席代表は以下の通りである。武大偉(中国)、金桂冠(北朝鮮)、佐々江賢一郎(日本)、千英宇(韓国)、ロシュコフ(ロシア)、ヒル(米国)。前掲「共同声明の実施のための初期段階の措置」。

(10) 「共同声明の実施のための初期段階の措置」合意について、"Joint Statement from the Fifth Round of Six Party Talks," Arms Control Association: Press Room, (February 13, 2007.) 外務省報道について、「共同声明の実施のための初期段階の措置」(二〇〇七年二月一三日)、「第5回六者会合第3セッションの概要」(二〇〇七年二月一三日)『第5回六者会合第三次会合(平成一九年二月八日―一三日)』(六者会合・外務省ホームページ)。

(11) この点について、同上。

(12) この点について、同上。

(13) 指定解除による恩恵について、Larry A. Niksch, "Korea-U.S. Relations: Issues for Congress," CRS Report for Congress, RL33567, (Updated: January 12, 2010.) pp. 6-7.

(14) テロを糾弾する金正日指導部の声明について、Larry Niksch and Raphael Perl, "North Korea: Terrorism List Removal?" CRS Report RL30613, (Updated: November 6, 2008.) p. 15.

(15) 大韓航空機爆破事件について、"Suspect in Korean Crash Recovers from Poisoning," *New York Times*, (December 6, 1987.); and "Woman Says She Sabotaged Plane on Orders from N. Korean Leader," *Washington Post*, (January 15, 1988.)

(16) この点について、*op. cit.*, "North Korea: Terrorism List Removal?" p. 13.

(17) 「ペリー報告」に関して、"Review of United States Policy toward North Korea," Report by William

J. Perry, Special Advisor to the President and the Secretary of State, Office of the North Korea Policy Coordinator, U.S. Department of State, (October 12, 1999.) 前掲書『北朝鮮危機の歴史的構造 １９４５-２０００』四九七-四九八頁。

(18) この点について、"North Korea Threatens to Skip Talks," *Washington Post*, (March 29, 2000.)

(19) 四つの前提条件について、*op. cit.*, "North Korea: Terrorism List Removal?" p. 4.

(20) 金大中政権の姿勢について、"ROK to Press US to Remove DPRK from Terrorism List," *Korea Herald*, (June 21, 2000.) これに対し、日本政府の姿勢について、"U.S. to Question DPRK on Kidnappings of Japanese Nationals," *JIJI News Agency*, (February 16, 2000.); and *op. cit.*, "North Korea: Terrorism List Removal?" p. 5.

(21) 日本人拉致事件と六ヵ国協議について、Emma Chanlett-Avery, "North Korea's Abduction of Japanese Citizens and the Six Party Talks," CRS Report for Congress, RS22845, (Updated: March 19, 2008.)

(22) こうした要求について、*op. cit.*, "North Korea: Terrorism List Removal?" p. 5.

(23) この点について、"Spokesman of DPRK Foreign Ministry on Issue of Resumption of Six-Way Talks," *KCNA*, (December 9, 2003.)

(24) 第二回協議での北朝鮮の要求について、"'Differences, Difficulties and Contradictions' at North Korea Nuclear Talks," *Disarmament Diplomacy*, Issue No. 76, (March/April 2004.); and Paul Kerr, "North Korea Talks Stymied," *Arms Control Today*, (April 2004.) 第三回協議での北朝鮮の要求について、"DPRK Foreign Ministry Spokesman on Six-Party Talks," *KCNA*, (June 28, 2004.); and "N. Korea Says it can 'Show Flexibility': Possible Dismantling of Nuclear Arms Programs Tied to Broader Aid Package," *Washington Post*, (June 26, 2004.)

(25) この点について"What 'New Ideas' did Washington Offer Pyongyang?" *Chosun Ilbo*, (December 4, 2006.); and *op. cit.*, "North Korea: Terrorism List Removal?" p. 8.

(26) この点について、*op. cit.*, "North Korea: Terrorism List Removal?" pp. 8-9.

(27) この点について、*op. cit.*, "Korea-U.S. Relations: Issues for Congress," pp. 6-7.

(28) 国務省報告について"Country Reports on Terrorism 2006," The Department of State, Released by the Office of the Coordinator for Counterterrorism, (April 30, 2007.)

(29) 北朝鮮とこれらのテロ組織の繋がりについて"N. Korea Gave Hezbollah Aid When IDF Quit Lebanon in 2000," *Haaretz Service and News Agencies*, (December 13, 2007.); "North Korea 'may Have Armed Hezbollah and Tamil Tigers,'" Reuters, (December 13, 2007.); "Report: North Korea may Have Aided Hezbollah and Tamil Tigers," *VOA News*, (December 13, 2007.); and "Alleged North Korean Links with LTTE, Details Revealed after United States Removes NK from Terrorism List," *dailymirror*, (October 13, 2008.); and *op. cit.*, "North Korea: Terrorism List Removal?" pp. 20-24.

(30) この点について、*op. cit.*, "Country Reports on Terrorism 2006,"; and *op. cit.*, "North Korea: Terrorism List Removal?" p. 12.

(31) 高濃縮ウラン計画の概要について、前掲書『北朝鮮危機の歴史的構造１９４５−２０００』三八−四四頁。

(32) この点について"John Bolton Blasts North Korean Nuclear Weapons Deal," *Sweetness & Light*, (February 12, 2007.)

(33) 例えば、バイデン民主党上院議員による酷評について"Bush Welcomes North Korea Agreement," *AP*, (February 13, 2007.)

(34) ブッシュ発言について、George Bush, "Statement by the President on Six Party Talks," White

House, Office of the Press Secretary, (February 13, 2007.); and "Bush Defends N. Korea Deal," *Reuters*, (February 14, 2007.)

(35) この点について Paul Kerr, "News Analysis: Doubts Rise on North Korea's Uranium-Enrichment Program," *Arms Control Today*, (April 2007.)

第一〇章　六ヵ国協議——迷走から酩酊へ

第一節　第六回六ヵ国協議一次会合

二〇〇三年八月に始まった六ヵ国協議の当初、「完全かつ検証可能で不可逆的な放棄」といった「CVID原則」を掲げ、北朝鮮の核の放棄を強硬に求めたブッシュ政権に対し、金正日指導部が激しく反駁するといった調子で、妥結へ向かったかと思えば鋭く反目するという繰返しで、出口が一向にみえない状況にあった。ところがブッシュが二〇〇六年の終りまでに一転して柔軟路線に転じたことで、協議はようやく軌道に乗り始めた。

障害は前述の金融制裁であった。二〇〇七年二月の「共同声明の実施のための初期段階の措置」合意の採択を受ける形で、第六回六ヵ国協議一次会合が三月一九日に始まった(1)。六〇日以内に寧辺の黒鉛炉や核関連施設を稼動停止とすることを謳った「初期段階の措置」合意の実施に関する討議が行われるはずであった。しかし「初期段階の措置」合意の履行の一環として、ブッシュ政権がバンコ・デルタ銀行の口座の二四〇〇万ドルの凍結解除に踏み切るまでは議論に応じられないと北朝鮮代表団が改めて明言したことで、協議は三月二二日に休会入りとなった。「初期段階の措置」合意に従い、その履行期限は四月一四日とされた。しかし金融制裁の解除を巡る対立が続く中、履行はさらに遅れ「初期段階の措置」合意の実施に暗雲が漂い出した。[2]

(1) 金融制裁の凍結解除

膠着状態を打開したのはブッシュ政権の譲歩であった。米財務省は二〇〇七年三月一九日に金融制裁の凍結解除とこれに伴う北朝鮮への資金の送金を発表した。その後も米朝間で凍結資金を巡り綱引きが続いたが、最終的にニューヨーク連邦準備銀行を経てロシア中央銀行に凍結資金が送られ、そこから北朝鮮口座のあるロシアの民間銀行に資金が送金される運びとなった。[3] 凍結解除にすっかり気分を良くした金正日は六月二五日に「初期段階の措置」合意の履行に移ったのに続き、核施設の稼動停止の検証についてＩＡＥＡ査察団の訪問を認め、七月一五日には核関連施設の稼動停止を宣言した。[4] これを受ける形で、五ヵ所の核施設の稼動が停止したことが七月一八日にＩＡＥＡによって確認された。[5]

「初期段階の措置」合意の履行が完了した。同合意によれば、「次の段階」で北朝鮮は総ての核計画の完全な申告と総ての既存の核関連施設の無能力化が求められる一方、これに対する見返りとして重油九五万トンに相当するエネルギー支援が五ヵ国から提供されることになった。[6]「次の段階」こそ、北朝鮮の核兵器計画の放棄に向けて正念場を迎えることを意味した。と言うのは、〇三年八月の第一回協議から〇七年までの間、先送りとされてきた争点についていよいよ決着を付けなければならない時が来たからである。

(2) 六ヵ国協議首席代表会合

二〇〇七年七月下旬に六ヵ国協議首席代表会合が持たれたが、入口での足踏みで終始した。[7] 本題である「次の段階」の措置に論議が移ったまではよかったが、肝心の焦点が呆けたプレス・コミュニケが公表されるに止まった。総ての核開発計画の完全な申告に何処までが含まれるかについて、また核施設の無能力化の具体的な内容について、さらに「次の段階」の履行期限などについてコミュニケでは何ら言及されなかった。この結果、これらの争点はまたしても先送りとなった。これらの争点の論議が八月下旬開催の作業部会で行われたが、案の定、論議は行詰りの様相を呈した。[8]

第二節　第六回六ヵ国協議二次会合――「第二段階の措置」合意

ところが、二〇〇七年九月二七日から三〇日まで持たれた第六回六ヵ国協議二次会合で「第二段階」の措置実施についての工程表の作成に向け一応の道筋が作られた。[9] 数日間の討議を踏まえ中国政府が纏めた「第二段階」の措置についての合意文書案に全参加国が同意したことを受け、九月三〇日に一先ず休会が宣言された。これを受け、参加国の首席代表は合意文書案を本国政府へ持ち帰り、政府の了解を得て一〇月三日に「共同声明の実施のための第二段階の措置（Second-Phase Actions for the Implementation of the Joint Statement)」と銘打った合意文書が正式に発表された。[10]「第二段階の措置」合意の骨子の第一は朝鮮半島の非核化に関した。同合意によれば、核関連施設の無能力化について北朝鮮が「……放棄される対象となる総ての既存の核施設を無能力化することに合意した」ことで、「二〇〇七年一二月三一日までに、寧辺の五メガ・ワット実験炉、寧辺の再処理工場（放射化学研究所）及び寧辺の核燃料棒製造施設の無能力化は完了される」こととなった[11]。

無能力化の完了期限が何時になるのか懸念された経緯を踏まえると、二〇〇七年末日にその期限が切られたことは一応の前進であった。とは言え、無能力化の対象施設が寧辺のお馴染の三施設に絞られた。しかもこの無能力化がいかなるものであるかについて具体的な言及はなかった。本来、無能力化とは施設の再稼動が不可能となることを意味すると考えられるが、実際には一定期間の稼動が不可能になるに過ぎなかった。一定期間の後に対象施設が再稼動される可能性が残された裏には、ブッシュ政権が譲歩を行ったことが大きかった。こうしてみたとき、本来あるべき無能力化とは随分異なる形で「無能力化（disablement）」が実施されることになった。そのためか、無能力化がどの様な手順に従い実施されるかについても言及がなかった。

続いて総ての核計画の申告について、北朝鮮は「二〇〇七年一二月三一日までに、二月一三日の成果文書に従い、総ての核計画の完全かつ正確な申告を行うことに合意した」とされた[12]。合意文書では、三施設の無能力化と同時並行する形で上記の申告の実施が行われることで落着した。これまで完全な申告が行われて初めてその対象施設の無能力化に移ることができると金正日指導部が主張したが、その裏には無能力化の実施までできるだけ時間稼ぎをしたいとの思惑があった。このため、完全な申告が終わらない限り金正日が無能力化に移らないのではないかと懸念したブッシュ政権は申告があり次第、無力化の実施に入らなければならないと反駁した。無能力化と同時並行的に申告が行われることが確定したことは一応評価されよう。

これと関連して、総ての核計画の完全かつ正確な申告には当然のことながら、高濃縮ウラン計画が含まれた。しかし金正日指導部がその存在すら認めていない状況の下で、どの様に着地点を探るか注目されたが、案の定、同計画には言及されなかった[13]。もしも申告にウラン計画が記載されないようなことがあれば、再びただならぬ事態へと転じ兼ねなかった。またこれと関連して、総ての核兵器計画が完全かつ正確に申告されると共に、総ての既存の核施設が無能力化されたことを検証することが重大な課題であるが、これらについても言及されずじまいであった。さらに不拡散の問題について、北朝鮮は「核物質、技術及びノウハウを移転しないとの約束を再確認した」と記された[14]とは言え、この約束を裏付ける検証がどの様に行われるかについても明確にされなかった。

第二は、国交正常化に関する問題であった。これとの関連で浮上したのがテロ支援国家の指定リストから北朝鮮を解除する問題であった。指定解除については、北朝鮮の「とる行動と並行してコミットメントを履行する」という曖昧な表現になった[15]。それまで無能力化が先か、それとも解除が先かが重要な争点であったことを踏まえると、「並行してコミットメントを履行する」といった文言が使われたことは、どの様にも解釈可能であった。また経済・エネルギー支援について「二〇〇七年二月一三日の成果文書に従い、朝鮮民主主義人民共和国に対し、一〇〇万トンの重油……に相当する規模を限度とする経済、エネルギー及び人道支援が提供される」ことになった[16]。エネルギー支援についても支援の提供が先か、それとも上記の指定解除の履行が先かという、問題が噴出し兼ねないことが懸念された。これらの懸念は的中した。

（1）合意の履行問題

北朝鮮当局が寧辺の核関連施設の無能力化作業にようやく着手したが、これを伝える『朝鮮中央通信』報道はその順調振りを誇示した。[17] 同報道によれば、一一月五日に始まった核施設の無能力化の進捗状況について六ヵ国協議参加国の核専門家からなる調査団が一一月二八日に黒鉛炉、再処理施設、燃料棒施設などの視察を行ったが、無能力化作業が予定表通り順調に進んでいることを調査団は確認した。「行動対行動」の原則に従い、無能力化に対する補償措置が可及的速やかに履行されなければならないと調査団は口々に話した。一〇月三日の合意に従い年内中に無能力化の公約を誠実に履行するとし、今度は米国と他の参加国がこれに続く番だと、同報道は力説した。

ところが、間もなく合意の履行が危ぶまれ出した。一つは後述の通り、合意で予定された重油が届かないとして北朝鮮が無能力化作業を急遽、停止したことであった。もう一つは総ての核兵器計画についての申告という決定的な問題が表出したことであった。ブッシュ政権が求める総ての核兵器計画について十分かつ正確な申告を金正日指導部は行う用意があるのか。北朝鮮が一体、原爆を何発、保有しているのか。どの程度の分量のプルトニウムを保有しているのか。高濃縮ウラン計画は実在するのか。第三国からどの程度の分量の核関連物質を入手しているのか。さらに第三国に核関連技術を移転したことがあるのか。金正日がこれらの問いにどの様に回答するであろうか。それまで事ある度に先延ばしとされてきた争点の攻防へと舞台が移ることになったのである。

(2) ブッシュ書簡

この間、二〇〇七年末日の申告書の提出期限まで一ヵ月を切った一二月上旬にヒル米首席代表は急遽、訪朝した。その際、期限内の提出に真摯に応じるよう金正日へ求めたブッシュ書簡をヒルが携えていたことが話題となった[18]。「親愛なる総書記」で始まったブッシュ書簡は六ヵ国協議についてだけではなく将来の国交正常化の展望についても言及しており、二〇〇二年一月に金正日指導部を「悪の枢軸」の一味として激しく罵倒し挑発した論調と打って変わって柔和で丁重な論調であった。内政でも外交でも成果らしい成果を何ら挙げていない政権の最高指導者にとって六ヵ国協議での合意とその履行こそ政権として遺したい業績の一つであり、そのために申告に真摯に応じて欲しいとのお伺いを立てたとの見方が一般的であった。とは言え、書簡はその実、通り一遍のお願いではなく肝心なところで金正日に鋭く釘を刺したものであった。すなわち、これまで製造した弾頭数や生産した兵器級核物質の分量について、外国からどの様な核物質と情報を受領したかについて、さらに外国にどの様な核材料と知識を移転したかなどについて、過去から現在に至る総ての核兵器活動について完全かつ正確な申告を行わなければならないと核心に触れ、完全かつ正確な申告でなければ受け入れられないと書簡は言明した。しかも北朝鮮の他に中国、ロシア、日本、韓国など他の参加国の首脳にも類似した内容の書簡が送付されたことから、申告について意思統一を他の参加国と図ろうとした意図が看取された。これに対する金正日からの回答はなかった。

（3）履行の期限切れ

合意の履行期限である二〇〇七年一二月三一日が迫ったが、核兵器計画についての期限内の申告はなかった。加えて、核関連施設の無能力化作業も中途で停止した。これに対しブッシュ政権は遺憾の意を伝えた。核兵器計画の完全かつ正確な申告を行わないばかりか核関連施設の無能力化作業を遅延させたことは合意の履行責任を果たしていないとし、完全かつ正確な申告を行うと共に無能力化作業を完遂するよう、ブッシュは改めて注文を付けた。[19] これに対し、北朝鮮外務省は『朝鮮中央通信』を通じ一二月三一日の履行期限までに合意が履行されなかったのは総て米国や他の参加国の責任によるものであると逆に反駁した。[20]

こうした金正日指導部の反駁は先のブッシュ政権の説明と甚だ食い違うものであった。ヒルは北朝鮮の核兵器計画について幾つかの説明を受けたが、それらは文書ではなく非公式の協議での説明に過ぎず、北朝鮮の履行義務とされた申告であったとみなすことはできないと断言した。[21] ここで言う総ての核計画とは、過去から現在に至るまでの総ての核物質、核関連施設、核計画についての完全かつ正確な文書での申告であったが、北朝鮮がそれを履行していないとして「完全かつ正確な申告」を提出するようヒルは繰り返した。急遽、ヒルは一月一〇日に北京で武大偉六ヵ国協議議長と会談を行い、「総ての核兵器計画について完全かつ正確な申告」が行わなければならないことについて確認しあったが、先行きは益々不透明となった。[22]

（4）食い違う主張——原爆の保有数、抽出プルトニウム分量、高濃縮ウラン計画、核関連技術の海外移転

まず申告上問題となったのは、北朝鮮が一体、原爆を何発、保有しているかであった。[23]ブッシュ政権が申告に原爆の保有数が含まれなければならない要求すると、「第二段階の措置」合意の履行にはこれは含まれないとの立場を金正日指導部は崩さなかった。続いて問題となったのは五MW黒鉛炉から抽出されたプルトニウムの分量についてであった。二〇〇七年一〇月の「第二段階の措置」合意の履行義務の一環として、備蓄プルトニウムの分量の申告を北朝鮮当局が義務付けられた。プルトニウム分量は三七キロ・グラム相当であると当局は申告したが、ブッシュは過少申告であるとみなした。[24]北朝鮮の保有する備蓄分量はさらに増大していると米情報機関は睨んだ。備蓄量の推定幅は下限が三五から四〇キロ・グラムである一方、その上限は五〇から六〇キロ・グラムにも及ぶと二〇〇八年五月に米情報機関報告書が報告したが、このことは以前の推定よりも一〇キロ・グラム以上も増大していることを物語った。[25]

そして高濃縮ウラン計画の存否が重大な問題として浮上した。ブッシュ政権はウラン濃縮に不可欠とされる大量の遠心分離機を一九九〇年代にパキスタンのカーン・グループを通じ入手し、高濃縮ウラン計画を極秘に進めたと確信している。[26]それを裏付ける証拠として遠心分離機に必要なアルミニウム管をロシアから一五〇トンも入手した事実をブッシュ政権が突き付けると、一貫してウラン計画の存在を完全否定してきた金正日指導部の姿勢は徐々に変わり始めた。ここにきてアルミニウム管をロシアから大量に輸入したものの、ウラン濃縮目的には使用しなかったと金正日は反論し

た。[27]これに対し、アルミニウム管にウラン計画が進められていたことを示す痕跡が確認されたとし、改めてウラン計画についての申告が行わなければならないとブッシュは注文を付けた。[28]

さらなる問題は核関連技術の海外移転の可能性であった。カーン・グループから入手したとされるウラン濃縮用の遠心分離機を金正日指導部がシリアに移転した可能性についてブッシュ政権は強い疑念を表明した。二〇〇七年九月六日にイスラエル空軍機はシリアが極秘に核兵器開発を進めていると睨んだ核関連施設を爆撃した。[29]これを受ける形で、シリアへの核関連技術の移転について金正日指導部は申告する必要があるとブッシュ政権は迫ったのに対し、核技術を移転した事実は一切ないと同指導部は反駁した。[30]

第三節　申告を巡る妥協策

膠着状態が続く中で結局、折れたのは合意を急ぐブッシュ政権の方であった。玉虫色の妥協策をブッシュは考案した。これが二〇〇八年四月八日にシンガポールで行われた米朝会談での合意であった。同日、ヒルと金桂冠の米朝両首席代表は高濃縮ウラン計画とシリアへの核技術移転について特別な取扱いを行うことで合意した。[31]この結果、申告は北朝鮮のプルトニウム計画のみを扱う一方、高濃縮ウラン計画やシリアとの核移転については申告とは別に別文書で取り扱うことになった。別文書では北朝鮮がウラン濃縮とシリアへの核技術の移転について行った活動を非公式に認めるものの、公式にはそのような活動を認めないという形が取られることで合意をみた。こうした妥協案は

「総ての核計画についての完全で正確な申告」とした基本姿勢をブッシュは自ら放棄し、金正日の意向を実質的に受け入れた結果であった。申告の提出を巡る鬩ぎ合いは結局、ブッシュが多大な譲歩を受け入れる形で一段落した。

（1）申告書の提出

金正日指導部は六ヵ国協議の議長国の中国政府に六月二六日に申告書を提出した。[32]待ちに待った申告書が提出されたことで、ブッシュ大統領は二六日に北朝鮮をテロ支援国家の指定リストから解除する由を上院に通告すると共に敵国通商法の適用を解除することを明らかにした。[33]

指定解除が発効するまでの間、申告について検証を厳格に行い、それへの協力が十分でなければ、指定解除を再考するとブッシュは力説した。また遅々として進展しない日本人拉致事件について決して忘れないと言及し、今後金正日に解決を強く求める意思を大統領は表明した。しかし指定解除により被害者の救済と事件の究明が重要な梃子を失ったことは明らかであった。米国法に従えば、指定解除が発効するのは上院に通告してから四五日後である。この間、上院は指定解除の発効を阻止するために法律を可決することが可能であるが、大統領はそれに対する拒否権を持つ。従って、遅かれ早かれ指定解除は避けられぬ情勢となった。[34]

これに対し、北朝鮮外務省は二七日に『朝鮮中央通信』を通じ、申告書の提出に対する見返りとしてブッシュが直ちに指定解除を議会に通告したことと、敵国通商法の適用を除外することを歓迎した。[35]二七日には寧辺の五MW黒鉛炉の冷却塔が爆破されその映像が各国に流された。[36]指定解除を喜ぶ金正日が真摯に合意の履行に応じたかのような印象を与えようとしたが、冷却塔が爆破されたことの意味に大きいものはなかった。任期内の外交成果を急ぐブッシュとテロ支援国家の指定リストからの解除を目論む金正日の利害が奇しくも一致した格好で実現したものであった。

(2) 申告書の問題

ところで、北朝鮮当局が提出したのはプルトニウム計画についての申告書と、北朝鮮が極秘で進めてきたとされる高濃縮ウラン計画と第三国への核関連技術の移転活動についての米国の懸念を認めるとした別文書であった。ただし、申告書では北朝鮮が生産した実際の核兵器の数について含まれておらず、同問題は申告書の提出後の段階で取り上げられることになった[37]。ところで、申告書は核関連施設の目録、プルトニウムの生産及び抽出分量と使用先、ウランの在庫分量などの三分野から編成された。提出された申告書に基づき、検証作業が行われそれに従い最終的に核の廃棄作業の履行に移るという工程表からみた時、申告書が決定的な重大性を持っていたことは言を俟たない。「総ての核計画についての完全かつ正確な申告」をブッシュ政権が求めてきたことを踏まえると、総ての核関連活動について完全かつ正確に記載される必要があった。

しかし多くの疑義が残った。記載された申告内容が正しいのかどうか。過小申告や虚偽の申告の可能性があるが、その場合、どうするのか。未申告のものについては、どうするのか。ブッシュ政権はプルトニウムの抽出量を検証できれば、核兵器の保有数を特定できるとの見識を示したが、このことはそれほど簡単でなかった。北朝鮮は三〇キロ・グラムのプルトニウムを抽出したと申告したが、三〇キロ・グラムの申告が正確かどうかを確かめるために黒鉛炉での運転記録を克明に精査する必要があった。そのためには、検証について北朝鮮から協力を確保することが不可欠であるが、その協力が確保されなかった場合、どうなるのか。かりに協力を得て申告した分量を検証できたとしても、その申告が明らかに過少申告や虚偽の申告であり、他に大量のプルトニウムが秘匿された場合にはどうなるのか。

(3) 別文書扱いの問題

さらに問題化したのが高濃縮ウラン計画とシリアへの核関連技術の移転問題であった。既述の通り、二〇〇八年四月上旬のシンガポールでの米朝協議において申告書とは別に別文書で記載することで合意が成立した。これは合意を速やかに纏めたい一心のライスやヒルが問題の重大性など度外視し、これまた合意を纏めたい一心のブッシュを説得し、金正日の意向を尊重した結果であった。当初の基本方針とは食い違う別文書という形で高濃縮ウラン計画や核関連技術のシリア移転について、「米国が懸念を示し、北朝鮮がその懸念を認める」という形で妥結した。[38] しかし別文書に虚偽の内容が記載された場合、どの様にその虚偽を暴くのか。ともあれ、今後の道筋として申告の検証問題を議論するために六ヵ国協議が開催される運びとなった。

(4) 六ヵ国協議の首席代表会合と検証を巡る米朝対立

六月二六日の北朝鮮による申告書と別文書の提出を受け、検証手続などについて合意すべく第六回六ヵ国協議の首席代表会合が北京で七月一〇日から一二日まで開催された[39]。一応の成果として一二日に申告の検証手続についての原則、経済・エネルギー支援、核関連施設の無能力化の完遂を骨子とするプレス・コミュニケが発表された[40]。焦点となったテロ支援国家の指定リストからの解除は八月一一日に発効予定であったが、申告の検証の進捗いかんではその保証はなかった。この発効期日までに北朝鮮から申告の検証に対し十分な協力が得られないのであれば、指定解除の再検討、撤回の可能性もあるとの姿勢をブッシュ政権は崩してはいなかった。

先の会合において検証メカニズムの大枠で合意をみたものの、その細目で合意できなかったため、作業部会で詰めの作業が残った。しかし作業部会での検証を巡り米朝は対立を続けた。検証についてのブッシュ政権の立場は極めて厳格であった。申告書に記載があるなしに拘わらず、査察官はいかなる施設でも査察を行うことが認められ、多種多様な監視、記録、探知機器を使用できなければならないとブッシュ政権は主張した[41]。

こうした検証手続を定めた検証議定書の締結は北朝鮮の行う責務である申告の一部であり、テロ支援国家の指定リストからの解除の前提条件であると米国側は言明した。言葉を換えると、北朝鮮による申告書の提出に当り、ブッシュ政権はプルトニウム計画についての正式の申告書とウラン計画や核移転活動などについての別文書の二本立てにすることを認めたが、上記の通り査察の実施においては厳格な路線を堅持した。この検証は譲歩を続けたブッシュにとって最後の砦と言うべきものであった。

これに対し、検証議定書の締結に金正日指導部が応じる可能性は皆無であった。金正日が持ち出した論法は二〇〇七年一〇月の「第二段階の措置」合意において検証は要求されていないというものであった。[42]すなわち、検証議定書を締結する責務はないとし、その上でブッシュ政権の要求する検証手続があまりに厳格過ぎると、金正日は反駁した。とは言え、五月に金正日がブッシュに対し検証活動に完全に協力すると表明したところをみると、都合が悪くなれば、以前に行った表明を簡単に覆すという御決りの対応であった。[43]検証議定書の締結に北朝鮮が応じるまで、テロ支援国家の指定リストからの解除は行わないとの立場をブッシュが示すと、これに対し指定解除が行われないのであれば、無能力化作業を中止すると金正日はまたしても反駁した。[44]

(5) 無能力化作業の中断と核活動の再開

検証議定書を巡る米朝の確執に加えテロ支援国家の指定リストからの解除に米国内だけでなく日本政府から強い反発があったことはブッシュ政権も考慮せざるをえなかった。このため八月一一日に発効予定であった指定解除を政権は一旦見送ることを決めた。[45]これに対し、予想通り金正日指導部が猛反発した。八月二六日に指定解除の前に検証議定書の締結を求めたブッシュの要求は到底受諾できないとし、無能力化済みの施設を復旧する措置に訴えると金正日は反駁した。[46]

(6) 金正日の疾病

しかも検証手続を巡る米朝の確執と指定解除の遅延に時期を合わせるかのように、金正日が八月中旬に深刻な健康問題を患ったとの報道が伝えられた。[47]金正日が九月九日の朝鮮民主主義人民共和国建国六〇周年記念日の公式式典に姿をみせなかったことは金正日の健康状態だけでなく金正日の権力掌握能力に疑問を投げ掛けた。この間、北朝鮮のメディアは金正日の不在について不気味な沈黙を続けた。これと連動して状況は不安定かつ不透明となった。無能力化済みの核施設を復旧する意思を表明した北朝鮮当局は保管場所から機材を核施設に搬入すると共に、ＩＡＥＡに対し施設に貼り付けた封印を剥がすよう要求した(48)。

しかもこの間、弾道ミサイル開発も活発化し出したことは不穏な状況をさらに煽ることに繋がった。平安北道（ピョンアンブクド）鉄山郡（チョルサングン）の東倉里（トンチャンリ）で長距離弾道ミサイルの発射施設の建設が急ピッチで進んでいた。同施設で移動式発射台と一〇階建の塔が確認されており、これはテポドン2号の発射用に建設されていると目された。発射施設は八割方完成しその稼動は近いとされた(49)。また東倉里のミサイル発射施設で、テポドン2号のエンジンの燃焼実験が二〇〇八年五月か六月頃に行われていたことも明らかになった。

(7) 二〇〇八年一〇月の検証合意

急変する事態に対処すべくブッシュ政権の思い描いた策とはテロ支援国家の指定リストから北朝鮮を解除する代り、金正日指導部をして何とか検証合意に応じさせることであった。一〇月一日に訪朝したヒルは金桂冠との会談に臨んだ。この会談はブッシュ政権にとって土壇場での賭けであった。検証手続きについての合意が急遽、成立した。これが一〇月一一日にブッシュ政権が公表した検証合意であった(50)。検証合意の公表と同時に、ついにと言うべきかブッシュは指定解除に踏み切った。[51]当初の予定からちょうど二ヵ月間、延期されたものの指定解除は実現した。これに金正日は満足の意を表明し、核関連施設の復旧作業は中止され無能力化作業が再開された。とは言え、あれだけ対立した検証手続について米朝合意が短期間の会談で成立したことは当然のことながら疑義を生んだ。と言うのは、厳しい検証手続に拘泥してきたヒルに対し、そうした検証手続に一切、応じられないと反発した金桂冠がここにきて急遽、同意したからである。

ところで、一〇月一一日の検証合意は二本立ての内容であった。申告済みの施設や活動などについては正式の申告書が作成され、それらについて査察が許可されることになった。他方、未申告の施設や活動については別文書で扱われ、それらについては相互同意の原則に従い査察が行われることになった。[52]相互同意の原則に従うことにより高濃縮ウラン計画や核移転活動など、未申告の施設や活動の検証には北朝鮮の同意が必要となった。言葉を換えると、これらの疑惑の活動についての検証を金正日が拒絶することが可能となった。このため、申告済みの寧辺の核関連施設と同施設での活動に査察が限定され、最大の懸案事項となった活動は検証の対象外となり兼ねなくなった。これよりブッシュにとっての最後の砦も切り崩され、疑惑を招いた核活動は今後も有耶無耶になるのではないかと疑問視されるに及んだ。

ところが、最後の最後にきてブッシュは改めて検証への拘りをみせた。核関連施設でのサンプル採取を盛り込んだ検証合意をブッシュは金正日に求めたのである。すなわち、サンプル採取を盛り込んだ検証合意が六ヵ国協議の他の四ヵ国から正式に了承され、同協議で検証合意が採択されなければならないと、ヒルは金桂冠に釘を刺した。[53]これは金正日の真意を試したものであった。果して金桂冠がヒルの要求に応じるかどうか。暗雲がまたしても垂れ籠めた矢先、一〇月の検証合意を覆すかのような声明が北朝鮮外務省により発っせられた。一一月一三日の『朝鮮中央通信』報道は、一〇月の検証合意に盛り込まれた検証措置は施設への訪問、文書の確認、技術者との面談に絞られなければならず、また核関連施設でのサンプル採取は断じて認められないとし、エネルギー支援の提供を受け次第、検証は始まると力説した[54]。サンプル採取に断固応じられないとしたこの声明によりヒルの思惑は吹き飛び、検証合意への展望は事実上、頓挫したのである。

(8) 六ヵ国協議の首席代表会合

六ヵ国協議の首席代表会合が一二月八日から一一日まで北京で開催されたものの、残念ながら実質的な進展を期待できる状況にはなかった[55]。案の定、一〇月一一日の検証合意を巡る確執が一気に頭を擡げた。ブッシュ政権にすれば、検証合意が他の参加国から正式に承認され合意が採択される運びになるはずであった。そうすれば、核関連施設の無能力化とエネルギー支援の完了について議論するというのが政権の道筋であった。とは言え、サンプル採取を盛り込んだ検証合意文書を採択することに金桂冠が猛反発したことで検証を巡る対立は解けないまま、四日間にわたった会合は一一日に幕を閉じた。

これによりブッシュ政権時代にとって最後とも言うべき六ヵ国協議は結局、手詰りのまま終わった。表向き上、武大偉中国首席代表による議長声明が発出されたものの、寧辺の核関連施設の無能力化と経済・エネルギー支援の履行が並行して行われるとした以前の合意内容が確認されただけに止まり、「第二段階の措置」合意の完遂時期には言及されずじまいであった[56]。

この背景には検証手続を巡る米朝間の深い確執と齟齬が横たわる。十分に予測されていたことではあったが、検証が合意履行の最大の障害となってしまった。北朝鮮側は検証手続に殊の外神経を尖らせてきた。一九九〇年代前半の「第一の危機」の際、サンプル採取を通じIAEAは金日成指導部が当時行った釈明の矛盾を暴いたことを契機としてそれ以降サンプル採取に同指導部が拒否反応を示してきたという経緯がある[57]。最高権力者は金日成から金正日へと代わったが、二人の金は疑惑の計画が検証されることに対しそこはかとない不信感と猜疑心を抱いていた。サンプル採取を通じ広範な分析が可能となり、これにより核兵器開発計画の全貌ではないにしてもその輪郭について貴重な情報を得ることができる[58]。疑惑を招いた極秘の計画が白日の下に曝されるのを恐れていたのか。申告内容の虚偽が暴かれるのを恐れていたのか。本当の理由は必ずしも明らかではない。政権任期の終了間際になって合意を急いだブッシュであったが、検証の実施では最後のところで踏ん張る格好になった。六ヵ国協議はまたしても長い休眠状態へと入った。いよいよ空中分解の様相を呈し出した六ヵ国協議は破綻してしまうのか。そして外交的解決の道は失われてしまうのか。深刻な危険を孕むに至ったのである。

【注】

（1）第六回六ヵ国協議一次会合について、"Fresh Round Six-party Nuclear Talks Launched," ***Xinhua News***, (March 19, 2007.); "U.S, North Korea Resolve Bank Dispute," ***AP***, (March 19, 2007.); "Nuke

Facilities to be Shut Down after Release of Frozen Funds,〟 *Yonhap News*, (March 19, 2007.); 〝N. Korea Talks to Look beyond Reactor Closure,〟 *Reuters*, (March 20, 2007.); 〝North Korean Negotiator Walks out of Talks,〟 *UPI*, (March 22, 2007.); 〝China Works to Clear Roadblock at N Korea Nuclear Talks,〟 *AFP*, (March 22, 2007.); and Paul Kerr, 〝North Korea Talks Stalled by Banking Dispute,〟 *Arms Control Today*, (April 2007.) 外務省報道について「第6回六者会合第1セッション（三月一九日－二二日）」（平成一九年三月）、「第6回六者会合第1セッション　議長声明」（二〇〇七年三月二二日）（六者会合・外務省ホームページ）。

（2）　この点について、Paul Kerr, 〝North Korea Misses Disarmament Deadline,〟 *Arms Control Today*, (May 2007.)

（3）　この点について、〝Six-Way Talks Resume under Shadow of Lingering Financial Sanctions Dispute,〟 *Yonhap News Agency*, (March 19, 2007.); 〝U.S., North Korea Resolve Macau Bank Dispute as Six-Party Talks Begin,〟 *AP*, (March 19, 2007.); and Larry A. Niksch, 〝Korea-U.S. Relations: Issues for Congress,〟 CRS Report RL33567, (Updated: April 28, 2008.) p. 3.

（4）　この点について、〝Foreign Ministry Spokesman on Solution to Issue of Frozen Funds,〟 *KCNA*, (June 25, 2007.); 〝North Korea Says has Funds, Awaits UN Nuclear Team,〟 *Reuters*, (June 25, 2007.); 〝N Korea Confirms Funds Transfer,〟 *BBC News Online*, (June 25, 2007.); 〝North Korea Says its Banking Row with Washington Resolved,〟 *AP*, (June 25, 2007.); Paul Kerr, 〝North Korea Reactor Shutdown Looms,〟 *Arms Control Today*, (July/August 2007.); 〝DPRK Invites IAEA Officials to Pyongyang for Verification Talks,〟 *Disarmament Documentation*, (June 18, 2007.); and 〝U.N.: North Korea Shuts down Nuke Reactor, ElBaradei: U.N. Inspectors Verify North Korean Step toward Halt in Production,〟 *AP*, (July 15, 2007.)

(5) この点について、"North Korea Closes All Yongbyon Nuclear Facilities, IAEA Says," *Global Security Newswire*, (July 18, 2007.)

(6) この点について、"Joint Statement from the Fifth Round of Six Party Talks," Arms Control Association: Press Room. (February 13, 2007.) 外務省報道について、「共同声明の実施のための初期段階の措置」(二〇〇七年二月一三日)、「第5回六者会合第3セッションの概要」(二〇〇七年二月一三日)『第5回六者会合第三次会合(平成一九年二月八日‐一三日)』(六者会合・外務省ホームページ)。

(7) この点について、"S. Korean Envoy Says Parties Unable to Set Dates for N. Korean Disarmament," *Yonhap News Agency*, (July 20, 2007.); "N. Korea Nuclear Talks End without Setting Deadline for Next Disarmament Moves," *AP*, (July 20, 2007.); and Peter Crail, "NK Shuts down Reactor; Talks Progress," *Arms Control Today*, (September 2007.) 外務省報道について、「第6回六者会合に関する首席代表者会合」(七月一八日‐二〇日)平成一九年七月。「第6回六者会合に関する首席代表者会合のプレスコミュニケ」(北京、二〇〇七年七月二〇日)(六者会合・外務省ホームページ)。参加者は次の通りである。武大偉(中国)、金桂冠(北朝鮮)、佐々江賢一郎(日本)、千英宇(韓国)、クリストファー・ヒル(米国)、V・ラフマニン(ロシア)。

(8) この点について、*op. cit.*, "NK Shuts down Reactor; Talks Progress."

(9) 第六回六ヵ国協議二次会合について、Peter Crail, "Deadline Set for Yongbyon Disablement," *Arms Control Today*, (November 2007.); and "North Korea: Good Progress, but Obstacles Remain," *Disarmament Diplomacy*, Issue No. 86, (Autumn 2007.) 外務省報道について、「第6回六者会合第2セッション(概要)」(平成一九年一〇月)(六者会合・外務省ホームページ)。「共同声明の実施のための第二段階の措置」(二〇〇七年一〇月三日)(六者会合・外務省ホームページ)。各国首席代表は以下の通りである。武大偉、金桂冠、佐々江賢一郎、千英宇、アレクサンドル・ロシュコフ、ヒル。

(10)「第二段階の措置」合意の概要について、前掲「共同声明の実施のための第二段階の措置」。*op. cit.*, "Deadline Set for Yongbyon Disablement."; and *op. cit.*, "North Korea: Good Progress, but Obstacles Remain."

(11) この点について、同上。

(12) この点について、同上。

(13) この点について、同上。

(14) この点について、同上。

(15) この点について、同上。

(16) この点について、同上。

(17) 同報道について、"KCNA Report on Visit to Area of Nyongbyon by Those Concerned and Nuclear Experts," *KCNA*, (November 30, 2007.)

(18) ブッシュ書簡について、"Bush Sends Personal Appeal to Kim Jong Il, North Korean Leader is Urged to Disclose All Nuclear Programs," *International Herald Tribune*, (December 7, 2007.); and "Bush Writes to North Korean Leader," *International Herald Tribune*, (December 7, 2007.) 他方、ブッシュ書簡を伝える『朝鮮中央通信』報道について、"Personal Letter to Kim Jong Il from U.S. President," *KCNA*, (December 6, 2007.)

(19) ブッシュによる注文について、"North Korea Misses Nuclear Deadline," *AP*, (December 31, 2007.); and "North Korea Misses Deadline for Nuclear Declaration," *Reuters*, (January 1, 2008.)

(20)『朝鮮中央通信』報道によれば、一一月の段階で核活動についての申告を米国に通知した。申告の内容について米国側と十分な協議を行い、申告に関し北朝鮮は履行すべき義務を行った。輸入アルミニウム管が使用されたとされる軍事施設への訪問を認め、提出の要請に従いサンプルを提出した。

ところで、アルミニウム管はウラン濃縮と何の関係もない。加えて、云々されたシリアとの核協力について核兵器、技術、情報を移転した事実はなく、事実無根の批判である。他方、他の参加国の履行義務である北朝鮮への重油とエネルギー関連器材などの配送は予定の半分にも達していないことに加え、北朝鮮をテロ支援国家の指定リストから解除し、敵国法の適用から除外する約束を米国側は遵守しなかった。六ヵ国協議での合意に一貫したものは、「行動対行動」の原則であり、他の参加国が義務の履行を怠った以上、「行動対行動」の原則に従い、若干の核施設の無能力化作業の速度を調節せざるをえない。同時並行行動の原則に従い総ての参加国が協調的に誠実な努力を行えば、一〇月三日の合意は履行できると、同声明は結んだ。"DPRK Foreign Ministry Spokesman on Issue of Implementation of October 3 Agreement," *KCNA*, (January 4, 2008.) 関連する文献として、"N. Korea Says it has Met Nuclear Criteria; U.S. Officials Say a Full List of Activities has not been Produced," *Los Angeles Times*, (January 5, 2008.); "All Nuclear Efforts Disclosed N. Korea Says; U.S. Calls Pyongyang's Declaration Incomplete but Says Negotiations will Continue," *Washington Post*, (January 5, 2008.); and "North Korea Says it Met Nuclear Disclosure Deadline in Previous Declaration," *New York Times*, (January 5, 2008.)

(21) 北朝鮮の申告書の不備を指摘する米政府見解について、"US does not See North Korea Nuclear Account as Final Declaration," *BBC*, (January 5, 2008.); and "North Korea Says Earlier Disclosure was Enough," *New York Times*, (January 5, 2008.)

(22) この点について、"Hill Wants N. Korea Progress by End-Feb," *AFP*, (January 11, 2008)

(23) この点について、"U.S. to Hold N. Korea to Vows," *Washington Times*, (November 29, 2007.)

(24) この点について、"North Korean Nuclear Documents Challenge CIA Assertions," *McClatchy Newspapers*, (May 28, 2008.)

(25) この推定について、Peter Crail, "NK Delivers Plutonium Documentation," ***Arms Control Today***, (June 2008.)

(26) これとの関連で、二〇基以上の遠心分離機をカーンが北朝鮮に提供したとムシャラフ大統領が自伝の中で供述している。Perez Musharraf, ***In the Line of Fire: A Memoir***, (New York: Free Press, September 2006.) p. 296. 高濃縮ウラン計画の極秘開発について、前掲書『北朝鮮危機の歴史的構造 １９４５-２０００』三八-四四頁。

(27) 金正日指導部による反発について、"N. Korea Offers Evidence to Rebut Uranium Claims," ***Washington Post***, (November 10, 2007.); and Peter Crail, "NK Continues Denial of Enrichment Program," ***Arms Control Today***, (December 2007.)

(28) ブッシュ政権による注文について、"Uranium Traces Found on N. Korean Tubes," ***Washington Post***, (December 2007.); and "US Asks N. Korea to Clarify Pakistan N-link," ***DAWN the Internet***, (December 7, 2007.)

(29) イスラエル空軍による爆撃について、"U.S. Confirms Israeli Strikes Hit Syrian Target Last Week," ***New York Times***, (September 12, 2007.); "Syria may be at Work on Nuclear Facility," ***Washington Post***, (September 13, 2007.); Richard Weitz, "Israeli Air Strike in Syria: International Reactions," Center for Nonproliferation Studies, (November 1, 2007.); and Leonard S. Spector and Avner Cohen, "Israel's Airstrike on Syria's Reactor: Implications for the Nonproliferation Regime," ***Arms Control Today***, (July/August 2008.)

(30) この点について、"CIA to Describe North Korea-Syria Nuclear Ties," ***Los Angeles Times***, (April 23, 2008.); "CIA Presents New Evidence of Syria-N. Korea Nuclear Link," ***the Online News Hour***, (April 24, 2008.); "Bush Administration Releases Images to Bolster its Claims about Syrian Reactor," ***New***

York Times, (April 25, 2008.); "U.S. Details Reactor in Syria; Americans Push Damascus, N. Korea to Admit Collusion," *Washington Post*, (April 25, 2008.); and "The World; U.S. Opens Dossier on Syrian Facility; It Tells Congress that North Korea Helped Build a Nuclear Reactor and that an Israeli Airstrike Destroyed it," *Los Angeles Times*, (April 25, 2008.)

(31) 特別な取扱いの合意について"Spokesman for DPRK Foreign Ministry on DPRK-U.S. Talks," *KCNA*, (April 9, 2008.); "Nuclear Talks with N. Korea Make Progress, US Says," *Reuters*, (April 8, 2008.); "U.S. and North Korea Report Progress on Restarting Nuclear Talks," *International Herald Tribune*, (April 9, 2008.); "U.S. Ready to Ease Sanctions on N. Korea; Pyongyang would have to Acknowledge Evidence about Nuclear Activities," *Washington Post*, (April 11, 2008.); and "U.S. Ready to Ease Sanctions on North Korea," *Washington Post*, (April 11, 2008.)

(32) 申告書の提出について"North Korea Submits Nuclear Declaration to China," *AP*, (June 26, 2008.); "Bush Hails Korean Breakthrough as Pyongyang Delivers Inventory of its Nuclear Activities: State to be Taken off Terror List and Given Financial Aid: Atomic Plan's Most Visible Symbol to be Demolished," *The Guardian*, (June 27, 2008.); "U.S. to Remove North Koreans from Terror List; Nuclear Declaration is Rewarded as Disarmament Efforts Advances," *International Herald Tribune*, (June 27, 2008.); and Peter Crail, "North Korea Delivers Nuclear Declaration," *Arms Control Today*, (July/August 2008.)

(33) この点について"Fact Sheet, North Korea: Presidential Action on State Sponsor of Terrorism (SST) and the Trading with the Enemy Act (TWEA)," Office of the Spokesman, U.S. State Department, Washington, D.C., (June 26, 2008.); "Daily Press Briefing," Tom Casey, Deputy Spokesman, U.S. State Department, Washington, D.C., (June 26, 2008.); and "Bush Offers Carrots

in Exchange for North Korea Nukes Declaration," ***Fox News***, (June 26, 2008.)

(34) この点について、Larry Niksch and Raphael Perl, "North Korea: Terrorism List Removal?" CRS Report RL30613, (Updated: January 14, 2008.); and *op. cit.*, "North Korea Delivers Nuclear Declaration."

(35) 『朝鮮中央通信』報道について、"DPRK Foreign Ministry's Spokesman on U.S. Lifting of Major Economic Sanctions against DPRK," ***KCNA***, (June 27, 2008.)

(36) 冷却塔の爆破について、"N. Korea Destroys Reactor Cooling Tower," ***Korea Times***, (June 27, 2008.); "N. Korea Razes Cooling Tower in Show of Nuclear Accord," ***Washington Post***, (June 28, 2008.); and "The Televised Event is Meant to Demonstrate That Pyongyang is Cooperating with the Bush Administration," ***Los Angeles Times***, (June 28, 2008.)

(37) この点について、***op. cit.***, "North Korea Delivers Nuclear Declaration."

(38) この点について、***Ibid.***

(39) 首席代表者会合について、「第6回六者会合に関する首席代表者会合（概要）」（平成二〇年七月）。「第6回六者会合に関する首席代表者会合のプレスコミュニケ」（北京）（二〇〇八年七月一二日）。各国首席代表は以下の通りである。武大偉（中国）、金桂冠（北朝鮮）、齋木昭隆（日本）、金塾（韓国）、アレクセイ・ボロダフキン（ロシア）、ヒル（米国）。"Six-party Negotiators Agree on Verification Mechanism," ***Xinhua***, (July 12, 2008.); and Peter Crail, "Verification Dispute Stalls NK Nuclear Talks," ***Arms Control Today***, (September 2008.)

(40) プレス・コミュニケには幾つかの合意内容が盛り込まれた。一つは検証メカニズムの設置についてであった。検証メカニズムは参加国の首席代表者から編成され、検証は協議参加六ヵ国の専門家によって行われる。検証措置には主に核関連施設への訪問、申告書の検討、技術者との面談などが含まれた。すなわち、申告文書の検証の実施に際して、文書の検討を踏まえ、施設の訪問と技術者との面談が実施されることがその骨子であった。また必要に応じ、IAEAから助言や支援を受けることができるとされた。他方、経済・エネルギー支援について、重油とその他の資材や設備の提供を一〇月の終りまでに完遂するのと同時並行する形で、北朝鮮は同時期までに寧辺の核関連施設の無能力化を完遂することが義務付けられた。

(41) この点について、Peter Crail, "North Korea Moves to Restart Key Nuclear Plant," *Arms Control Today*, (October 2008.)

(42) この点について、*Ibid.*

(43) この点について、Peter Crail, "NK Delivers Plutonium Documentation," *Arms Control Today*, (June 2008.)

(44) 金正日指導部の反駁について、*op. cit.*, "Verification Dispute Stalls NK Nuclear Talks."; and *op. cit.*, "North Korea Moves to Restart Key Nuclear Plant."

(45) 指定解除の見送りについて、"Early Withdrawal of N. Korea from Terror List Unlikely: US," *Dawn the Internet*, (August 11, 2008.)

(46) この点に関する『朝鮮中央通信』報道によれば、「第二段階の措置」合意の下で北朝鮮は申告を行う一方、米国はテロ支援国家の指定リストから解除する責任を負った。北朝鮮は六月二六日に申告書を提出したことでその公約を遵守した。これに対し、米国は検証議定書の締結に応じなかったという事由を挙げ、予定期日以内にテロ支援国家の指定リストからの解除を行わなかった。これは合意に対する露骨な違反である。「米国に反抗的である国家」の指定リストに載っていることを北朝鮮は一向に構わない。米国が合意を破った今、北朝鮮は「行動対行動」の原則に従い対抗策を取らざるをえない。第一に、北朝鮮は合意に従い履行中であった核施設の無能力化作業を直ちに中止することを決めた。

この段階は八月一四日に着手し、関係当事国に既に通告した。第二に、北朝鮮は寧辺の核関連施設を当初の状態に復旧することを直ちに熟慮する。同報道について、“Foreign Ministry's Spokesman on DPRK's Decision to Suspend Activities to Disable Nuclear Facilities,” *KCNA*, (August 26, 2008.) ブッシュ政権を激しく糾弾する声明は九月一九日にも発せられた。『朝鮮中央通信』報道によれば、テロ支援国家の指定リストからの解除の発効を無期限に先延ばしにしようとする米国の目論見に対する対抗策として、北朝鮮は核施設の無能力化作業を中止し、寧辺の核関連施設の復旧作業を進めている。このことはこれまでに締結された幾つかの合意に盛り込まれた「行動対行動」の原則を米国が遵守しないことの論理的帰結である。申告書は「国際的基準」に沿った検証を前提とすると市民を信じ込ませる一方、北朝鮮の講じた措置が合意への違反であると米国政府は言明した。このことは「国際的基準」の口実の下で北朝鮮の家宅捜査を目論むものである。米国の正体が白日の下に曝された今、北朝鮮はテロ支援国家の指定リストからの解除を望みもしないし、解除を期待することもない。北朝鮮は自らの道を行くと、声明は当局一流の言回しで結んだ。同報道について、“Foreign Ministry Spokesman Blasts U.S. for Putting on Hold Effectuation of its Measure,” *KCNA*, (September 19, 2008.)

(47) 金正日の疾病について、“Kim Jong-il Misses Anniversary, Reportedly Suffers Stroke,” ***Washington Times***, (September 9, 2008.); and *op. cit.*, “North Korea Moves to Restart Key Nuclear Plant.”

(48) 北朝鮮当局の要求について、*op. cit.*, “North Korea Moves to Restart Key Nuclear Plant.” またこれに関連して、二〇〇七年一一月に北朝鮮当局は三つの主要施設を無能力化するために一一段階の措置に同意した。八月中旬に無力化作業が中止された時点で八つの段階の措置は完了していた。無能力化作業が完了すれば、施設の再稼動まで少なくとも一年掛かると目される。

(49) ミサイル発射施設の建設について、“North Korea Tests Engine of Long-Range Missile, Report

Says," *Washington Post*, (September 17, 2008.); and *op. cit.*, "North Korea Moves to Restart Key Nuclear Plant."

(50) 一〇月上旬の検証合意について、Peter Crail, "U.S., N K Agree on Draft Verification Plan," *Arms Control Today*, (November 2008.)

(51) 指定解除について、"U.S. Removes N. Korea from Terror List: Decision Made after North Korea Agrees to Allow Nuke Inspections, *AP*, (October 11, 2008.); "U.S. Removes North Korea from Terrorism List," *FOX NEWS. COM.* (October 11, 2008.); "U.S. Takes North Korea off Terror List," *CNN*, (October 11, 2008.); and "North Korea is off Terror List after Deal with U.S.," *New York Times*, (October 12, 2008.)

(52) この点について、*op. cit.*, "U.S., NK Agree on Draft Verification Plan."

(53) この点について、*Ibid.*

(54) この点に関する『朝鮮中央通信』報道について、"Foreign Ministry Spokesman Holds Some Forces Accountable for Delayed Implementation of Agreement," *KCNA*, (November 13, 2008.) 関連するものとして、Peter Crail, "North Korea Hedges on Nuclear Sampling," *Arms Control Today*, (December 2008.)

(55) 首席代表者会合について、"In Setback for Bush, Korea Nuclear Talks Collapse," *New York Times*, (December 12, 2008.); and Peter Crail, "Six-Party Talks Stall over Sampling," *Arms Control Today*, (January/February 2009.) 首席代表者会合の参加者は武大偉（中国）、金桂冠（北朝鮮）、齋木昭隆（日本）、金塾（韓国）、ボロダフキン（ロシア）、ヒル（米国）であり、武大偉が議長を務めた。「第6回六者会合に関する首席代表者会合（概要）」（平成二〇年一二月）。「六者会合に関する議長声明（仮訳）」（平成二〇年一二月一一日）（外務省ホームページ）。

（56） この点について、*op. cit.*, 〝Six-Party Talks Stall over Sampling.〟
（57） 一九九〇年代前半に北朝鮮がサンプリング採取に猛反発した経緯について、前掲書『北朝鮮危機の歴史的構造１９４５-２０００』三二五-三二六頁。
（58） サンプリング採取について、*op. cit.*, 〝Six-Party Talks Stall over Sampling.〟

第一一章　金正日とオバマ

第一節　金正日、軍事挑発

(1) オバマ政権の発足と先手を取る金正日

二〇〇九年一月二〇日に発足したオバマ政権の機先を制する格好で先手を取ったのは金正日指導部であった。金正日はオバマ政権への餞《はなむけ》として米国との外交関係が正常化する前に核兵器を放棄することはありえないとするメッセージを送った。すなわち、外交関係の正常化に取り組まない限り核兵器の放棄には応じられないとする意思表示であった。(1) これに対し、ヒラリー・クリントン(Hillary R. Clinton) 国務長官はこれまでに増して北朝鮮と直接、米朝協議を行うと共に、米朝協議の議題には「総ての核兵器計画の放棄」に加え長距離弾道ミサイルの発射実験の中止が挙がることを明らかにした。(2) こうした遣り取りに映し出された通り、米朝間の反目がまたしても先鋭化し出したと共に六ヵ国協議が休眠状態へと陥ったことは、二〇〇五年九月にブッシュ政権が北朝鮮に対し二四〇〇万ドル相当の金融制裁を科して以降、金融制裁の解除が決定されるまで二年以上にも及び閉塞状態を招いた事態を想起させた。(3) その間、〇六年七月にテポドン2号ミサイルの発射実験、同年一〇月には地下核実験を北朝鮮が強行したことで長距離弾道ミサイル開発計画と核兵器開発計画は一気に進んでしまった(4)。

以前と同様に長距離ミサイル発射実験と地下核実験が繰り返されるのか。もし繰り返されるとすれば、核武装化に向けた狂奔は続き、核武装化という回避しなければならない事態は日一日と近づく。こうした板挟みの下で、オバマは金正日の行動を当面、静観することを決めた。それに加えて、二〇〇八年八月中頃に疾病を患った金正日の健康状態は相変わらず不透明で、金正日の健康の悪化に合わせ後継者の選定を巡る暗闘が水面下で繰り広げられていた(5)。そうした中で〇九年春から企てられたのが一連の軍事挑発であった。

(2) テポドン2号の発射実験

案の定、金正日指導部は閉塞状態の打開に向け改めて決定的な行動に向け動き出した。今回は大陸間弾道ミサイルの潜在能力を秘めたテポドン2号の発射実験であった(6)。これに対し、六ヵ国協議の参加関係国が発射実験を自重するよう金正日指導部に繰り返し要請したが、全く意に介しない同指導部は発射実験に向けて奔走した。

二〇〇九年四月五日一一時三〇分（現地時間）にテポドン2号と目される多段式ロケットが咸鏡北道（ハムギョンブクト）花台郡（ファデグン）の舞水端里（ムスダンリ）に位置する東海（トンヘ）衛星発射場から発射された(7)。ミサイル本体から切り離された一段目ロケットは秋田県沿岸から約二八〇キロ・メートル離れた日本海に落下した。一一時三七分頃、ミサイルは日本列島領空を横断し本州から三〇〇〇キロ・メートル以上離れた太平洋の遥か彼方へ飛んだ。日本領土へのロケットの残骸の落下はなかったことでパトリオット3（PAC-3）迎撃ミサイルは発射されなかったが、領空を侵犯された日本政府は北朝鮮当局に対し激しく抗議すると共に安保理事会の緊急会合の開催を求めた。同日、一段目ロケットは日本海に落下したのに続き二段目ロケットは太平洋に落下し、人工衛星軌道に入った物体はなかったとする声明を北米指揮（NORTHCOM）が発表した(8)。

ところで、ロケットの飛翔軌道を踏まえると、北朝鮮当局が宣伝した通り地球周回軌道への人工衛星の投入を目論んだ様子であった。しかし三段目ロケットの切り離しに成功したかどうかは明らかでなく軌道への人工衛星の進入には失敗した可能性が高いことが伝えられた。とは言え、改めて数千キロ・メートルも飛行可能な多段式ロケットが開発されたことは前回の発射実験から確実に弾道ミサイルの長距離化技術が進歩していることを物語った。

今回のミサイル発射実験は、一九九八年八月三一日のテポドン1号の発射実験、二〇〇六年七月五日のテポドン2号の発射実験と同様に、危機を意識的に醸成することで閉塞状態を切り裂き、事態への対応を迫られた外部世界から多大な譲歩を勝ち取ることを金正日が目論んだものであった。

（3）打上げ成功を伝える『朝鮮中央通信』報道

北朝鮮当局の発した声明は驚くべきものであった。発射実験後間もなく人工衛星の打上げに成功し地球周回軌道に予定通り進入したとする報道が大々的に行われた。『朝鮮中央通信』報道によれば、「銀河（ウンハ）2号」は四月五日一一時二〇分に打ち上げられ、一一時二九分二秒に「光明星（ク

ァンミョンソン）2号」と命名された実験用通信衛星が正確に地球周回軌道に進入したとのことであった。(9)

この報道は一一年前の一九九八年のテポドン1号の発射実験の際の金正日指導部の対応を再現させた。その時も、「光明星1号」を人工衛星軌道へ進入させたと、『朝鮮中央通信』が大いに吹聴した。(10)しかし、地球周回軌道への進入に失敗したとみる数々の観測を踏まえると、発射時刻に始まり何から何まで事実関係に反していた。そうした報道を国内だけでなく外部世界に向け平気で吹聴することも前回と変わりがなかった。また報道を受け、人工衛星打上げ成功を北朝鮮国民が大々的に祝うという祝賀ムードに沸く映像は同国民が報道を真に信じているのか、あるいは信じたかのように振る舞っているのか解釈に窮するが、何れにしても、世界に発信された映像は何とも言えない違和感を与えるものであった。

（4）安保理事会議長声明

これに対し喫緊の対応を迫られた安保理事会で激しい駆引きが繰り広げられたことは、理事国間に依然として温度差があることを如実に露呈させた。領空を侵犯された日本は北朝鮮への経済制裁措置を盛り込んだ二〇〇六年一〇月一五日採択の安保理事会決議一七一八に続き、制裁の強化を盛り込んだ決議の採択を要求した。米国もこれに賛同した。これに対し対極的な姿勢を取ったのが中国とロシアであった。制裁条項を盛り込んだ決議の採択といった強硬措置は北朝鮮側の神経を著しく刺激し六ヵ国協議の存続を脅かし兼ねないとして、メディア向けのプレス声明で十分であると中国が力説したことで、結局、決議より遥かに拘束力の弱い対応とされる議長声明という形で落着した[11]。

とは言え、問題は議長声明の中身であった。すなわち、経済制裁措置の発動を盛り込んだ決議一七一八に言及するかどうか。もしも言及するとすれば、同決議とどの様に関連付けられるかであった。中国とロシアは「銀河2号」が人工衛星の打上げを企図したものであるとの立場に立ち決議一七一八との関連付けを極力避けようとしたのに対し、人工衛星の打上げであろうとなかろうと同ロケットは弾道ミサイルとして使用できることから、決議一七一八の制裁対象となると頑として日米は譲らなかった。この結果、採択されたのが四月一三日の議長声明であった。同声明は、四月五日のロケット発射実験が北朝鮮にミサイル実験の停止を要求した決議一七一八への違反に該当すると非難した。その上で、議長声明は今後、発射実験を停止することを要求すると共に核兵器、弾道ミサイル及び他の大型兵器と関連する計画へ支援を行う企業や組織に帰属する資産の凍結を定めた決議一七一八による制裁を強化することを求めた。議長声明を足掛かりにし同実験が決議一七一八に違反したと宣言されたことにより同決議の下で経済制裁の発動が可能となった。また決議一七一八は核兵器開発計画とミサイル開発計画に係ると目される北朝鮮企業の資産凍結を全加盟国に求めたが、これまで安保理事会はどの様な企業も指定していなかったことから、今回が初めての事例となった。日米の狙いもここにあった。

(5) 議長声明への北朝鮮の反発

こうした進捗が金正日を憤激させたことは想像に難くない。四月一四日の『朝鮮中央通信』報道は人工衛星打上げを非難した議長声明に猛抗議する立場から、北朝鮮外務省は六ヵ国協議に二度と復帰することはないと改めて宣言し、自衛的核抑止力を強化すると断言した。特に自衛的核抑止力への言及は事態打開のためには第二回核実験を辞さずとの姿勢を示唆したものであった。同報道によれば、第一に、北朝鮮の主権を侵害して北朝鮮国民の威厳を踏み躙った。第二に、六ヵ国協議はもはや必要でなくなった故に、北朝鮮は六ヵ国協議に決して復帰しない。原子力産業を推進するために軽水炉発電所の建設を検討する。第三に、北朝鮮はあらゆる方法で自衛的核抑止力を強化する。その上で北朝鮮を無理矢理屈従させることができると思ったなら、とんでもない間違いであると凄んでみせたのである。[12]

(6) 北朝鮮企業の資産凍結発表と同措置に対する謝罪要求と核実験の示唆

議長声明とそれに続く制裁発動の動きに反発して北朝鮮当局は査察官を国外追放処分とし、六ヵ国協議からの撤退表明、凍結されていた核兵器計画を再開すると警告した。これに対し、安保理事会は委細構わず経済制裁の履行に向け踏み出した。四月二四日開催の安保理事会制裁委員会は決議一七一八の下で北朝鮮への禁輸品目リストと、同国のミサイルと核兵器開発計画に係っているとされる三つの北朝鮮企業を資産凍結対象としたと発表した。こうした進捗はロケット発射を決議一七一八への違反と結び付けようとした日米の思惑が功を奏したことを物語った。[13]

これに激昂した金正日指導部は核活動の再開を直ちに決めた。四月二四日の『朝鮮中央通信』報道は数千本の使用済み核燃料棒の再処理を再開すると共に核兵器の製造のため燃料棒から抽出されたプルトニウムを使用すると断じた[14]。さらに怒りの収まらない指導部はさらなる行動の可能性を示唆した。四月二九日の北朝鮮外務省の声明文を報じた『朝鮮中央通信』によれば、もしも安保理事会が直ちに謝罪をしないのであれば、決定的な措置を講ずる。第一に、至高の国益を防御するため核実験と大陸間弾道ミサイル発射実験を含む、追加的自衛措置を講ずる。第二に、核燃料の自力生産を確実にするため、軽水炉発電所の建設に向け技術開発を始める、とあった[15]。

(7) 第二回地下核実験

五月二五日に北朝鮮は二度目となる核実験を強行するという挙に出た。同日九時五四分(現地時間)、北東部の咸鏡北道(ハムギョンブクト)の豊渓里(プンゲリ)付近を震源とするマグニチュード四・五の地震波が計測された。実験後間もなく『朝鮮中央通信』は成功を祝う声明文を勇ましく伝えた。それによれば、「……自衛的核抑止力を各方面から強化するための措置の一環として、二〇〇九年五月二五日、今一度の地下核実験を成功裏に行った。今回の核実験は、爆発威力と操縦技術において新たな高い段階で安全に実施され、実験の結果、核兵器の威力をさらに高め、核技術を絶えず発展させる上での科学技術的問題を円満に解決することになった[16]。」また核実験の数時間後、三発の短距離ミサイルの発射実験が日本海に向け行われた[17]。先の声明での予告もあったことから地下核実験の強行は予想はされていたが、これほど早く行われたことは各国から驚きをもって迎えられた。しかも実験が二〇〇六年一〇月九日の第一回実験の核爆発より大規模であったとの見方が広まった[18]。第一回核実験での爆発威力は一キロ・トン以下であったと計測された。これに対し、五月二五日の核実験においてどの程度の爆発威力を当局が企図したかは不明であるが、爆発威力が数キロ・トンに及んだと米国家情報局（the National Intelligence）は六月一五日に公表した[19]。

第二節　オバマ、封じ込め政策の発動

（1）安保理決議一八七四の採択

北朝鮮の一連の軍事挑発、特に第二回核実験の強行は外部世界からの厳しい対応を余儀なくされた。六月一二日に貨物検査、武器禁輸、金融制裁などの履行を中核に据えた経済制裁措置を盛り込んだ安保理事会決議一八七四が全会一致で採択された[20]。また同決議は北朝鮮による第二回核実験を厳しく非難すると共に核実験や弾道ミサイル発射実験を行ってはならないこと、総ての核兵器計画を放棄すること、ＮＰＴに復帰することなどを北朝鮮に対し強く要求した。決議一八七四は安保理事会が強制措置を定めた国連憲章第七章の下で行動し、その中でも経済制裁の履行を盛り込んだ同章四一条に基づく措置を講ずることを明記した。さらに決議一八七四は二〇〇六年一〇月の第一回核実験に対し採択された決議一七一八を受ける形で採択されたとの認識の下で、決議一七一八と連携する形で北朝鮮の核兵器開発と弾道ミサイル開発や移転の阻止を念頭に、兵器の移転や資金の出入に縛りを掛けた。

とは言え、経済制裁の発動がその対象国家にどの様な影響をもたらすかについては明らかではないところが多々ある。このことは北朝鮮についても当てはまる。これまで一九五〇年六月の朝鮮戦争の勃発時にトルーマン（Harry S. Truman）政権が経済制裁措置の実施に移って以降、何らかの経済制裁措置が発動されてきたが、制裁に北朝鮮が屈したといった兆候はみられていない[21]。

他方、特定の対象項目に絞った経済制裁措置の履行が制裁効果の上では高いと考えられる。特に北朝鮮による軍事挑発と軍事増強の動きに歯止めを掛ける必要性を踏まえると、北朝鮮への大量破壊兵器の搬入と北朝鮮から同兵器の搬出を食い止めるべく同兵器を搬送する不審船の検査を行ったり、兵器取引に関連する銀行取引を停止させることに焦点を当てる必要がある。また金正日指導部の幹部達が享受している潤沢な資金を抑える必要がある。こうした考慮の下で採択されたのが決議一八七四である。このことは船舶の貨物検査[22]、武器禁輸[23]、金融制裁[24]といった同決議の骨子に正確に表れた。

（2）決議一八七四の履行問題――船舶検査の履行

既述の通り、二〇〇六年一〇月の決議一七一八の採択後に金正日が中国指導部による懸命な説得を受ける形で六ヵ国協議への復帰を間もなく決めたことにより、決議一七一八の下で予定された制裁措置が的確に履行されなかったという経緯がある[25]。決議一七一四に基づく制裁措置と比較して決議一八七四の制裁措置の対象範囲が一層拡充された背景には、中露両国が決議採択を支持したことによるところが大きい[26]。とは言え、中露両国は前回と同様に拘束力を備えた決議の受入れには消極的であった。決議採択に向けた審議において両国とも加盟国に要求するといった「義務化」に猛烈に反発したことにより、決議文は要請するといったものに格下げされ、決議の拘束力が削がれた感は否めなかった。この結果、北朝鮮船舶が貨物検査を拒否した場合、船舶の検査を行うかどうかは当該国の判断によることになった(27)。

この結果として、制裁措置が効果を挙げるかどうかは加盟国が制裁措置を実際に履行に移すかどうかに任されることになった。特に、制裁が効果を挙げるかどうかについて鍵を握るのは中国の姿勢であった。中国は北朝鮮にとって最大の支援国家であり最大の貿易相手国である。後述の通り、中朝間の貿易総額は二〇〇八年に一気に二七億九〇〇〇万ドルに達した。しかも特記すべきは北朝鮮の輸入原油にあって中国からの輸入の占める割合は九割に達することに加え、北朝鮮の消費財の八割、食糧の四五%も中国からの輸入に依存している現状である(28)。

(3) 対北朝鮮政策の公表

この間、オバマ政権の発足から半年もの再検討を経て対北朝鮮政策が公表された。ボズワース(Stephen W. Bosworth) 北朝鮮問題米特別代表は六月一一日の上院外交委員会公聴会において、二〇〇九年春からの一連の軍事挑発に深刻な憂慮の念を表明すると共に四つの骨子からなる対北朝鮮政策を発表した(29)。ボズワースの議会証言によれば、第一に、北朝鮮の「総ての核兵器計画の放棄」の実現に向け、六ヵ国協議を通じ中国、ロシア、日本、韓国との協力を推進する。その中でもとりわけ中国との連携を重視する。北朝鮮の隣国でありその同盟国であり最大の支援国かつ貿易相手国である中国が北朝鮮の動向に重大な影響を及ぼすとの認識に立ち、決議一八七四の履行確保に向け中国と連携を図る。第二に、北朝鮮による軍事挑発に対し高い代償を支払わせる用意がある。北朝鮮の核兵器やミサイル関連技術の移転を阻止し、その開発に従事する関連企業の資金を枯渇させるため、他の安保理事会理事国と連携する。第三に、日本と韓国と連携し拡大抑止力を強化すべく防衛策を講ずる。もし北朝鮮が今後とも軍事挑発を続けるのであれば、米国は日本や韓国など同盟国と共にこれに対応すべく防衛策を講ずる。第四に、六ヵ国協議の枠組みの下での二国間協議の開催を含め、対立の打開に向けた外交努力に北朝鮮が真摯に取り組むことを期待する。この政策は安保理事会決議一八七四が定めた船舶の貨物検査、金融制裁、武器禁輸などの履行を加盟国に促すことにより、金正日指導部に対し六ヵ国協議に復帰させることに主眼を置いたものであった。

（4）高濃縮ウラン開発計画を認める北朝鮮

安保理事会決議一八七四の採択に対し大方の予想通り、金正日指導部はさらなる過剰反応を示した。六月一三日に北朝鮮外務省は米国に扇動された安保理事会が対北朝鮮「制裁決議」を採択したとして激しく反駁した(30)。『朝鮮中央通信』報道によれば、米国の敵対行為に対処するために実施された第二回地下核実験は自衛策であり国際法に何ら違反するものでない。北朝鮮にとって核兵器の放棄はもはや絶対に不可能な選択肢となった。核保有が承認されるかどうかは北朝鮮にとって重要ではない。北朝鮮外務省は決議一八七四を拒絶するとし、国威と国家主権を守るため米国との全面的な対決に向け以下の対策を講ずると宣言した。第一に、これまで使用済みの燃料棒の三分の一が再処理されたが、新たに抽出されたプルトニウムは総て兵器化される。第二に、ウラン濃縮に着手する。軽水炉の建設着工決定に従い、核燃料を供給するためウラン濃縮技術は十分な成功を収めている。第三に、米国とその追随者によるいかなる種類の制裁も戦争行為とみなされ、決定的な軍事的対応に直面するであろう。

この声明は二つの重大性を持つものであった。一つは、核兵器の放棄が不可能になったと断言したことであり、このことは六ヵ国協議が立脚する大前提を覆したことを意味した。二つ目は、高濃縮ウラン計画を開発してきたことを暗黙に認めたことである。一九九〇年代からウラン計画を極秘裏に進めてきたと疑惑の目を向けられてきた金正日指導部がその計画の存在を初めてほのめかしたのである。ウラン濃縮技術は軽水炉の稼動に使用される他に、原爆製造のための高濃縮ウラン計画にも使用可能であることを踏まえると、軽水炉への燃料供給を偽装した高濃縮ウラン計画を推進することを敢えて公言する意図がこの声明にあったと言える。何れにしても、この時点から散々云々されてきた高濃縮ウラン計画の存在が確認された格好となったのである。

第三節　金正日の路線転換

(1) オバマの思惑

こうした閉塞状態が続く中で、北朝鮮への圧力行使が何としても必要であり、そのためには北朝鮮に対し相応の影響力を持つと目される胡錦濤（フー・チンタオ）指導部にお伺いを立てることが肝要であるとオバマ政権は判断した。実際に北朝鮮危機の打開に向け鍵を握る重要なアクターが中国であることには共通理解がある。これまで中国指導部は何かと金正日指導部を庇ってきた。この背景には、一九九〇年代の「第一の危機」から今日の「第二の危機」を通じ金正日体制が突発的に崩壊したり、朝鮮半島での大規模な軍事衝突が勃発する可能性を極度に警戒してきた事情が横たわる。もしもそうしたことが実際に起きることがあれば、莫大な数に上る難民が大挙して中朝国境に押し寄せ、また金正日体制の崩壊に伴い北の地に親米政権が誕生するかもしれないという可能性が排除できなかったからである。[31] そうした事態を何としても避けたい胡錦濤指導部は核武装化に向け暴走した金正日指導部に対しどの様に対応すべきかを巡り常々苦慮した。とは言え、毎回の自粛の呼び掛けにも拘わらず、二度目の核実験を強行した金正日指導部に対し胡錦濤は強い不満と焦燥感を抱いたことは事実である。

金体制の存続にとって中国が鍵を握っていると断ずることは必ずしも誇張された表現ではない。このことは既述の通り北朝鮮が消費する輸入原油の約九割、消費財の約八割、食糧の四五%も中国が供給するという数的現実に標される。[32] もしも中国指導部が決断するようなことがあれば、金体制の存続に黄色信号が灯ることになり兼ねない。こうした厳然たる事実を踏まえ、オバマは米中関係の改善強化を図りこれを梃に六ヵ国協議に北朝鮮が復帰するよう北朝鮮へ一層の外交圧力を掛けることを胡錦濤指導部に期待したのである。とは言え、金正日指導部の軍事挑発を胡錦濤指導部が激しく非難した一方、核兵器開発に的確に歯止めを掛けようとする気配はみられず、金正日指導部と友好関係を維持し、必要があれば支援するという従前の路線から大きく舵を切る意図と意思をみせることはなかった[33]。

こうした胡錦濤指導部の曖昧な姿勢は六ヵ国協議への北朝鮮の復帰を巡る米中間の駆引きにも映し出された。六ヵ国協議に北朝鮮が復帰することを促すよう胡錦濤にオバマが求めると、金正日との直接対話に応じるよう胡錦濤はオバマに返答した。他方、胡錦濤指導部の意向を受けたかのように、協議に復帰する意思を金正日がほのめかしたが、その前提条件として経済制裁の解除や米朝協議の開催の要求をオバマに突き付けた[34]。散々辛酸を味わされてきたブッシュ政権時代の経緯を斟酌して、オバマは「総ての核兵器計画の放棄」への意思表示を北朝鮮が示さない限り、経済制裁を解除することはないし、二国間協議は六ヵ国協議の下でしか行わないとの基本姿勢を崩さなかった。こうした駆引きの堂々巡りが三国間で続いた通り、六ヵ国協議再開に向けた動きも単発的に起きるものの、空回りを続けたのである。

(2) 金正日の狙い

二〇〇九年の初めから軍事挑発に打って出た金正日指導部が外部世界から厳しい叱責を受けると、六ヵ国協議への復帰の呼掛けには断固、応じないとの姿勢を露にした[35]。ところが、金正日の姿勢に大きな変化が現れた。金正日は改めて六ヵ国協議に復帰する意図はないと断じた一方、事態を打開しうる対話形式は別にあるとして米朝二国間協議の開催をオバマに対し呼び掛けたのである[36]。とは言え、ブッシュ政権時代に米朝二国間協議が六ヵ国協議の枠組みの中で毎回のように行われたことを踏まえると、この声明は辻褄が合わないような印象を与えるが、実は核心を突いた発言であった。

金正日の真意は何処にあったのか。

二〇〇八年の終りに検証手続きを巡り米国と激しく反目した通り、もし六ヵ国協議に北朝鮮が復帰することがあれば、遅かれ早かれ厳格な検証措置の受入れが俎上に載ることは避けられないことから、六ヵ国協議という対話形式に一日も早く終止符を打ちたいのが金正日の本心であった。もしも北朝鮮が何らかの協議に復帰する可能性があるとすれば、『朝鮮中央通信』の報道にあった通り[37]、六ヵ国協議の下での米朝二ヵ国協議とは切り離された形の米朝二ヵ国協議であった。

これを知ってかどうかは別にして、米朝二ヵ国協議は六ヵ国協議の下で開催可能であると、オバマは金正日を突き放した。他方、金正日は六ヵ国協議の下で開催される二ヵ国協議に応じる意思はなかった。既述の通り、六ヵ国協議が続く限りその下で二ヵ国協議が実施されたとしても、核の放棄に向け厳格な検証措置の履行が求められ、また他の参加国からも圧力が掛けられるからである。

金正日の真の狙いは、厳格な検証措置を回避する形で膨大な支援の提供を勝ち取ることであった。そのためには、六ヵ国協議を一日も早く終止させ、それに代わる新たな米朝二ヵ国協議の開催を実現し、できることならばその直接交渉の場において北朝鮮の核保有の現実をオバマに認めさせたかったのである[38]。もし核保有国としての地位をオバマに承認させることができれば、核の放棄に応じる必要もなくなり、また核の放棄に向け要求される面倒な検証措置から事実上、解放されることになる。加えて安全保障、経済支援、外交関係正常化などの様々な便宜を受ける展望も開けてくるはずだった。さらにそれに伴い、他の参加国は米国に追随することになると、金正日は希望的観測を回らしたのである。

核保有の現実について承認が頂けるのであれば、六ヵ国協議への復帰を金正日が拒む理由は何処にもなかった。しかしそれでは、北朝鮮の「総ての核兵器計画の放棄」といった六ヵ国協議の大前提は崩れ去り、同協議が存続する意義と意味は失われてしまう。仮に協議が開催されることがあっても、既存の核兵器国である米国、ロシア、中国に加え、新たに核保有を承認された北朝鮮が加わる核保有国間の協議となり兼ねず、日本や韓国といった非核国が参加する根拠も失われ兼ねない。他方、こうした金正日の真意を把握したのであろうか。米朝二国間協議に応じる用意も北朝鮮の核保有を承認する意思もオバマにはなかったのである。

【注】

（1）こうした金正日指導部の意思表示について、〝DPRK Foreign Ministry's Spokesman Dismisses U.S. Wrong Assertion,〟 ***KCNA***, (January 13, 2009.); and 〝North Korea Maintains its Tough Stance,〟 ***New York Times***, (January 15, 2009.)

（2）この点について、〝Clinton, Heading Abroad, Takes Softer Tone on North Korea,〟 ***New York Times***, (February 16, 2009.)

（3）二〇〇五年九月の金融制裁について、〝U.S. Cites Banco Delta Asia for Money Laundering, Other Crimes,〟 USINFO. STATE. GOV., (September 15, 2005.); and Larry A. Niksch, 〝Korea-U.S. Relations: Issues for Congress,〟 CRS Report for Congress, RL33567, (Updated: April 28, 2008.) p. 6.

（4）二〇〇六年七月のミサイル発射実験について、〝Missiles Fired by North Korea; Tests Protested,〟 ***New York Times***, (July 5, 2006.); 〝U.S. Officials: North Korea Tests Long-range Missile,〟 ***CNN***, (July 5, 2006.); 〝N. Korea Fires Long-Range Missile, Others,〟 ***AP***, (July 4, 2006.); Paul Kerr, 〝News

Analysis: North Korea: Are the Six-Party Nuclear Talks Dead?" *Arms Control Today*, (September 2006.) 同年一〇月の核実験について、Emma Chanlett-Avery and Sharon Squassoni, "North Korea's Nuclear Test: Motivations, Implications, and U.S. Options," CRS Report for Congress, RL 33709, (October 24, 2006.); Paul Kerr, "North Korean Test Provokes Widespread Condemnation," *Arms Control Today*, (November 2006.); and Wade Boese, "North Korea Interdiction Option Limited," *Arms Control Today*, (November 2006.) 核実験に対するブッシュ大統領声明について、George W. Bush, "Statement on North Korea's Nuclear Test," *presidentialrhetoric.com*, (October 9, 2006.)

（5）金正日の疾病について、"Kim Jong-il Misses Anniversary, Reportedly Suffers Stroke" *Washington Times*, (September 9, 2008.)

（6）テポドン2号の発射実験準備について、"North Korea Seen Preparing for Missile Launch," *Arms Control Today*, (March 2009.); and "U.S., Allies Warn against NK Space Launch," *Arms Control Today*, (April 2009.)

（7）テポドン2号の発射実験について、"North Koreans Launch Rocket over the Pacific," *New York Times*, (April 5, 2009.); "North Korea Launches Rocket," *Los Angeles Times*, (April 5, 2009.); and "ACA Experts Condemn DPRK Rocket Launch: Urge U.S. and Allied Leaders to Maintain Focus on Denuclearization Goals," *Arms Control Association*, (April 5, 2009.)

（8）北米指揮の声明について、"N. Korea Launches Rocket, Renounces Talks," *Arms Control Today*, (May 2009.)

（9）なお人工衛星は地表から四九〇キロ・メートル離れた近地点と一四二六キロ・メートル離れた遠地点からなる、傾斜角四〇・六度の楕円軌道に沿って地球を周回しており、周回時間に一〇四分一二秒を要している。さらに衛星は「金日成将軍の歌」と「金正日将軍の歌」のメロディーを地球に送っていると伝えた。『朝鮮中央通信』報道について、"KCNA on DPRK's Successful Launch of Satellite Kwangmyongsong-2," *KCNA*,（April 5, 2009.）

（10） 一九九八年の人工衛星打上げを伝える『朝鮮中央通信』報道について、"Successful Launch of First Satellite in DPRK," *KCNA*,（September 4, 1998.）; and "Foreign Ministry Spokesman on Successful Launch of Artificial Satellite," *KCNA*,（September 4, 1998.）

（11） 安保理事会議長声明の採択について、"UN Security Council Condemns North Korean Rocket Launch," *CBC News*,（April 13, 2009.）; *op. cit.*, "Korea Launches Rocket, Renounces Talks."; and *op. cit.*, "UN Security Council Condemns North Korean Rocket Launch."

（12） 北朝鮮当局の反駁を伝える報道について、"DPRK Foreign Ministry Vehemently Refutes UNSC's 'Presidential Statement,'" *KCNA*,（April 14, 2009.）

（13） この点について、*op. cit.*, "Korea Launches Rocket, Renounces Talks."

（14） 核活動の再開を伝える『朝鮮中央通信』報道について、"Foreign Ministry Spokesman on Reprocessing of Spent Fuel Rods," *KCNA*,（April 25, 2009.） 関連するものとして、"North Korea Says it has Restarted Nuclear Work," *New York Times*,（April 26, 2009.）

（15） また同報道によれば、安保理事会は北朝鮮の三企業を制裁対象とし、多数の種類の軍事品目などを禁輸項目とするといった不法な挑発を行った。これは北朝鮮の主権の侵害である故に、安保理事会は直ちに謝罪を行い総ての不当かつ差別的な決議と決定を撤回しなければならない。北朝鮮外務省の声明を伝える『朝鮮中央通信』報道について、"UNSC Urged to Retract Anti-DPRK Steps," *KCNA*,（April 29, 2009.）

（16） 第二回核実験を伝える報道について、"KCNA Report on One More Successful Underground

Nuclear Test," *KCNA*, (May 25, 2009.)

(17) ミサイル発射実験について、"North Korea is Said to Test-Fire 3 More Missiles," *New York Times*, (May 27, 2009.)

(18) こうした見解について、"Seismic Readings Point to a Small Nuclear Test," *New York Times*, (May 26, 2009.); and Peter Crail, "N. Korean Nuclear Test Prompts Global Rebuke," *Arms Control Today*, (June 2009.)

(19) 米国家情報局による推定について、"Statement by the Office of the Director of National Intelligence on North Korea's Declared Nuclear Test on May 25, 2009," the Office of the Director of National Intelligence.

(20) 安保理事会決議一八七四の採択について、"U.N. Security Council Pushes North Korea by Passing Sanctions," *New York Times*, (June 13, 2009.); *op. cit.*, "N. Korean Nuclear Test Prompts Global Rebuke."; and Peter Crail, "UN Tightens North Korea Sanctions," *Arms Control Today*, (July/August 2009.)

(21) この点について、*op. cit.*, "U.N. Security Council Pushes North Korea by Passing Sanctions."

(22) 禁止対象物資の搬送について疑義が持たれた不審船に対し港など自国の領域内で検査を行うよう加盟国に対し要請した。また公海上では、船舶が帰属する国から同意を確保した上で検査を行うことを加盟国に要請した。同意が確保されなくとも船籍国は船舶を「適切な港」へ寄航するよう指示しなければならず、その上で港を管轄する国が検査の実施に移ることになった。何れかの措置が講じられない場合でも、事件は安保理事会制裁措置委員会に報告されることが盛り込まれた。さらに加盟国は北朝鮮船舶のために給油などの提供を行ってはならないことを求めた。こうした貨物検査について、*op. cit.*, "UN Tightens North Korea Sanctions."; and *op. cit.*, "U.N. Security Council Pushes

North Korea by Passing Sanctions."

(23) 決議一八七四は武器輸出による外貨の確保を難しくするため、北朝鮮による武器輸出の禁止兵器対象を拡大した。決議一七一八が大型兵器だけを禁止対象としたのに対し、決議一八七四の下で総ての兵器が禁止対象となった。こうした武器禁輸について、*op. cit.*, "UN Tightens North Korea Sanctions."; and *op. cit.*, "U.N. Security Council Pushes North Korea by Passing Sanctions."

(24) 北朝鮮の核兵器開発と弾道ミサイル開発に寄与する資金の出入を遮断するために、北朝鮮への金融支援や融資を講じないよう加盟国に求めた。加えて、決議は資産が凍結される北朝鮮企業の指定を追加するよう安保理事会制裁委員会に求めた。ところで、安保理事会が制裁対象とした北朝鮮企業の資産を凍結するよう要求した根拠決議は以前の決議一七一八であった。決議一七一八は安保理事会が北朝鮮の大量破壊兵器開発計画への係りを疑われた北朝鮮企業を指定するよう求めた。四月五日のテポドン2号発射実験以前に企業の指定は行われなかったが、その後の安保理事会議長声明を受け、三企業が制裁委員会の制裁対象に指定された。これを踏まえる形で、決議一八七四は資産が大量破壊兵器開発計画に寄与すると判断されるならば、自国の管轄権の下でいかなる北朝鮮の資産に対しても同様の行動を取るよう勧告した。また安保理事会はそうした計画を支援すると判断される北朝鮮との貿易に対し金融支援を行わないよう加盟国に求めた。こうした金融制裁について、*op. cit.*, "UN Tightens North Korea Sanctions."; and *op. cit.*, "U.N. Security Council Pushes North Korea by Passing Sanctions."

(25) この点について、*op. cit.*, "UN Tightens North Korea Sanctions."

(26) 中露両国による決議の採択支持について、*op. cit.*, "U.N. Security Council Pushes North Korea by Passing Sanctions."

(27) この背景には、公海上で北朝鮮船舶の貨物検査を行おうとすれば、北朝鮮船舶との突発的な衝突に発展する危険性があると中国が危惧していたことが挙げられる。また船舶への乗船検査は戦争行為に相当すると北朝鮮当局が明言していることもそうした危惧を助長した。この点について、*op. cit.*, 〝UN Tightens North Korea Sanctions.〟

（28）近年における中朝貿易の実態について、〝The China-North Korea Relationship,〟 Council on Foreign Relations.; and Jayshree Bajoria, 〝North Korea after Kim,〟 Council on Foreign Relations, (Updated: January 28, 2009.)

（29）ボズワースによる議会証言について、〝Testimony of Ambassador Stephen Bosworth' Special Representative for North Korea Policy, U.S. Department of State, before the Senate Foreign Relations Committee,〟 (June 11, 2009.)

（30）北朝鮮外務省の声明を伝える報道について、〝DPRK Foreign Ministry Declares Strong Counter-Measures against UNSC's 'Resolution 1874,'〟 ***KCNA***, (June 13, 2009.)

（31）中国指導部の懸念について、Jayshree Bajoria, 〝The China-North Korea Relationship,〟 Council on Foreign Relations, (Updated: July 21, 2009); and Hui Zhang, 〝Ending North Korea's Nuclear Ambitions: The Need for Stronger Chinese Action,〟 ***Arms Control Today***, (July/August 2009.) 斎藤直樹『北朝鮮危機の歴史的構造１９４５-２０００』（論創社・二〇一三年）三三六-三三七頁。

（32）経済面における中国への北朝鮮の著しい依存の実態について、*op. cit.*, 〝The China-North Korea Relationship.〟

（33）胡錦濤指導部の曖昧な姿勢について、Jonathan D. Pollack, 〝China's North Korea Conundrum: How to Balance a Three Legged Stool: North Korea's Nuclear Adventurism Tests China's Patience,〟 ***Yale Global***, (October 23, 2009.)

（34）金正日による要求提示について、*op. cit.*, 〝China's North Korea Conundrum.〟

(35) 六ヵ国協議への復帰は不可能になったと言明した『朝鮮中央通信』報道について、〝DPRK Foreign Ministry Vehemently Refutes UNSC's 'Presidential Statement,'〟 *KCNA*, (April 14, 2009.)

(36) この呼掛けを伝える『朝鮮中央通信』報道について、〝DPRK Foreign Ministry Spokesman on Unreasonable Call for Resumption of Six-Party Talks,〟 *KCNA*, (July 27, 2009.) 関連する文献として、〝N. Korea Says it is Open to Dialogue,〟 *New York Times*, (July 28, 2009.)

(37) 同報道について、*op. cit.*, 〝DPRK Foreign Ministry Spokesman on Unreasonable Call for Resumption of Six-Party Talks.〟

(38) 核保有国としての承認を頂きたいと考える金正日の思惑について、*op. cit.*, 〝The Six-Party Talks on North Korea's Nuclear Program.〟

第一二章　金正日時代の黄昏

第一節　軍事挑発

(1) 天安沈没事件

オバマに核保有の現実を認めるよう迫るといった戦術転換を企図した金正日であったが戦術転換が功を奏しないとみるや、またしても過激な軍事挑発へと路線転換を図った。軍事挑発の舞台となったのは韓国と北朝鮮の間で係争中の黄海上の北方限界線（NLL）付近の海域である。この海域は両国が領有を主張する海域であり、そのために過去数度にわたり衝突事件が繰り返されてきた。一九九九年と二〇〇〇年にも両国海軍が衝突するという事件が起きている。(1)

二〇一〇年三月二六日に同海域で突如、発生した艦艇沈没事件は大きな衝撃を与えた。同日の午後九時四五分、乗組員一〇四名が搭乗する一五〇〇トンの韓国哨戒艦・天安（チョンアン）が突然大きな爆発を起こし、船体が真っ二つに折れる形で沈没するという事件が起きた。五八名が救出されたものの、四六名は行方不明となった。(2) 沈没事件は李明博政権にとって重大な試練となった。沈没事故は北朝鮮による攻撃に帰因する可能性が大であったものの、李明博は努めて冷静に対処しようとした。緊急招集された安全保障関係閣僚会議の席上、事の性質上、性急に金正日指導部による軍事挑発行為と決め付けることは避け、あらゆる可能性を視野に入れ徹底的な調査を行うことを決定した。

調査にできるだけ客観性を持たせる必要を李明博が感じたことは当然であった。そこで韓国独自の調査ではなく他国を含め国際合同調査団という方法が妥当であるとの判断に李明博は至った。韓国の他、米国、イギリス、オーストラリア、スウェーデンの四国の専門家が加わる国際合同調査団が組織される運びとなった。しかも様々な角度から調査を行うべく科学班、爆発分析班、船舶構造管理班、情報分析班の四班から調査団は編成された。調査団が特に着目したのは船体が著しく変形した点であった。このため、沈没現場付近の海底から収集された証拠について詳細な調査と分析が行われた。調査結果は五月二〇日に発表された。その骨子は天安のガス・タービン室の左舷に対し魚雷攻撃が行われ、それに起因する激しい爆発が水面下で起こり、このため船体が二つに折れ沈没したというものであった。すなわち、事件は北朝鮮の潜水艇が発射した魚雷によるものであり、その主たる事由として天安が沈没した付近の海底に北朝鮮による魚雷の残骸の一部が確認されたことが指摘された(3)。

同調査を受け五月二四日に李明博は韓国民に向け北朝鮮を厳しく糾弾する内容の演説を行った(4)。沈没事件が北朝鮮の犯行によるものであることは疑う余地はない。同事件はこれまで起きた一連の軍事挑発の一環として起きたものである。北朝鮮はこの責任を潔く認めなければならない。そうでなければ、北朝鮮が国際社会でさらなる孤立を深めることは免れないであろう。今後、北朝鮮との交易を停止する。北朝鮮は体制転換を図らなければならないと、李明博は言い放ったのである。

これに対し、北朝鮮の対応は従前と何ら変わるところはなかった。主たる対応は北朝鮮国連代表によって行われた。天安沈没事件は韓国側の策謀によるものに他ならないと、六月一五日に真っ向から反駁した。それによれば、韓国当局は五月二〇日に沈没事故と北朝鮮を繋ぎ合わせる「調査結果」なるものを発表した。北朝鮮は直ちに「調査結果」を拒絶し、事件とは何の関係もないと繰り返し宣言した。北朝鮮は「調査結果」に客観性を持たせるべく国防委員会により編成された調査団を事故現場に派遣することを提案した。しかし同提案は韓国側に無下に却下された。しかも、韓国側は一方的に捏造した「調査結果」を安保理事会に提出した。これにより、「調査結果」は徹頭徹尾、米韓が捏造した謀略以外の何物でもないと報道は結んだのである[5]。

こうした遣り取りに対し国連がどの様に対応するか注目された。これを受け、安保理事会は七月九日に議長声明を公表した[6]。ところが、議長声明は一方で天安沈没事件を激しく非難したものの、同事件が北朝鮮によって企てられたと断定しないという、真に歯切れの悪い結論に止まった。

（2） 延坪島砲撃事件

沈没事件以降、南北間で緊張が高まる中で事態をさらに悪化させる事件が起きた。二〇一〇年一一月二三日に北朝鮮は延坪島（ヨンピョンド）へ砲撃を加え、朝鮮半島情勢を極度の緊張状態へと陥らせた[7]。延坪島の位置する海域は南北両国が領有を主張する海域であり、これまで幾度となく衝突を起こした北方限界線の海域であることは既述の通りである。延坪島は北方限界線から約三キロ・

メートル、北朝鮮沿岸から約一三キロ・メートルしか離れていないところに位置する。同島には約一〇〇〇名を数える韓国軍海兵隊が駐屯する一方、約一六〇〇人の民間人が居住している。既述の通り、三月には天安沈没事件が付近の海域で起きたばかりであった。

ところで、「護国訓練」の呼称の下で韓国軍は七〇〇〇〇名もの兵員を動員し、九日間にわたる大規模の軍事演習を実施していた。この一環として行われた韓国軍海兵隊延坪部隊による射撃訓練が同事件の引き金となった。一一月二三日に同部隊は延坪島沖に向け実弾を使った射撃訓練を行う予定であった。これに対し、朝鮮人民軍は韓国軍が北朝鮮領海へ砲弾を撃ち込むことがあれば、北朝鮮はこれを座視することはないとする主旨のファクシミリを韓国へ送り付けた。

韓国軍はこれを無視し射撃訓練の実施に移った。韓国軍海兵隊延坪部隊はK９　１５５㎜自走榴弾砲（じそうりゅうだんほう）を使い、南南西の方角の海上に向け約六〇発の砲弾を撃ち込んだところ、午後二時三四分頃、朝鮮人民軍が延坪島に向け突然、砲撃を開始した。発射された砲弾数は約一七〇発に及んだ。この内、八〇発相当が延坪島に着弾した。これにより同島では山火事が起こり、多数の家屋が火災を起こした。二名の韓国海兵隊員と二名の民間人が死亡した他、海兵隊員一六名、民間人三名の一九名が負傷した。住民に避難命令が出された。これに対し、韓国軍は間髪を容れずに報復行動に打って出た。午後二時四七分に北朝鮮側のケモリとムドの海岸砲基地に向け自走榴弾砲で八〇発の砲弾を撃ち込んだ。これが同事件の概要であった。

間もなくして朝鮮人民軍最高司令部はコミュニケを発表し、その中で李明博政権を厳しく糾弾した。(8) コミュニケを伝える『朝鮮中央通信』の報道によれば、韓国に対し警告を行ったにも拘わらず、韓国の傀儡一味は侵略戦争を企てるため「護国訓練」という暗号名の軍事演習を行った。一一月二三日午後一時から延坪島周辺の北朝鮮領海内に多数の砲弾を発射し無謀な軍事挑発に打って出た。傀儡一味が〇・〇〇一ミリ・メートルでも北朝鮮領海に侵入することがあれば、朝鮮人民軍は直ちに無慈悲な軍事対抗措置を講じる用意があると脅しを加えた。

この点に関連して、北朝鮮による砲撃前の一一月二一日に金正日と後継者と目される金正恩がケモリの海岸砲基地の砲兵大隊を視察した可能性があることが浮上した。[9] 係争海域の北方限界線を飛び越え韓国領内に砲撃を加えるということは最高権力者から指令がない限り想定できないことを踏まえると、延坪島への砲撃は金正日が直接命じた可能性が極めて高いことを物語った。

他方、潘基文（パン・ギムン）国連事務総長は朝鮮戦争の終結以来の最も重大な事件の一つであると形容し北朝鮮による砲撃を非難した。潘基文は自制を強く促すと共にいかなる係争も平和的手段と対話によって解決しなければならないとした。[10] 実際に同事件は一九九四年六月中旬に米政府が寧辺（ニョンビョン）の核関連施設への空爆準備に入って以来、朝鮮半島で軍事衝突の可能性が差し迫った事態を招くに及んだのである。[11]

第二節　「強盛大国」建設の夢と現実の乖離

（1）「経済管理改善措置」の翳り

六ヵ国協議が中断し金正日指導部が軍事挑発に打って出た間、北朝鮮経済は金正日にとって望ましい方向に進んではいなかった。それでも金正日は「強盛大国」の建設を訴え続けた。二〇〇八年元旦の『労働新聞』、『朝鮮人民軍』、『青年前衛』の三紙は共同社説を掲載した[12]。共同社説の見出しは「国家の歴史に航跡を標す歴史的転換点の年として朝鮮民主主義人民共和国の建国六〇周年記念を祝おう」というものであった。共同社説は二〇一二年に「強盛大国」を実現することを強く鼓舞する内容であり、これこそ金正日の宿願であると力説した。

とは言え、金正日が鼓舞したようには北朝鮮経済は堅調ではなかった。画期的と言えた新義州（シニジュ）経済特区事業は頓挫し、外資導入政策は行き詰りを迎えた。また新義州経済特区と同時並行的に進められた「経済管理改善措置」は二〇〇〇年代後半になると、金正日からみて思わぬ結果を引き起こしていた。「経済管理改善措置」の実施以降、市場が急速に繁茂した。多くの行商人が市場で個人商店を開き、商売を通じ現金を稼ぎ蓄財するに及んだからである。

市場の繁茂は既述の通り、一九九〇年代後半に国民の生活を支えてきた食糧配給制度が根底から揺らいだことと関連した。食糧配給の多くを絶たれた国民は食糧や生活必需品を是が非でも確保しようとした。この結果、瞬く間に市場が活況を呈することになった[13]。

ところが市場の急速な拡大と住民の市場への依存の高まりは金正日指導部にとって想定を超えた事態を引き起こした。行商を通じ現金を手にした一群の人々は潤い、貧富の格差が広がった。しかも労働者が職場を休んで行商のため市場に集ったため、企業所や工場の操業にも悪影響が出た。こうした事態を目の当りにして、統制が効かない市場を通じ資本主義的な悪弊が急速に蔓延るようになったと金正日は危機感を抱いた。市場が神聖な社会主義経済体制に悪弊を散蒔くに至ったとの確信を金正日は深めざるをえなかった。金正日は決断した。二〇〇七年八月二六日に「市場は反社会主義者の洋風市場と化した」と金正日は市場を痛烈に指弾したのである。[14]

金正日指導部はあらゆる策を弄し市場の伸張に縛りを掛けようと躍起となった。当初、統制は緩やかであったが、次第に厳しさを増した。食糧の販売は政府が指定した場所でしか行えなくなった。また市場での女性による行商に縛りを金正日は掛けようとした。四〇歳未満の女性が平壌市場で行商するのを禁じた。その後、縛りは強化され行商できるのは五〇歳以上の女性でなければならないとされた。[15]二〇〇九年には市場の開設日数が減らされた。さらに当局の警備機関員が市場での行商に監視の目を光らした。[16]商品を搬送する行商人であると疑いを掛けられた人間は移動の制限を受けた。この煽りを受け、旅行にも縛りが掛かった。とは言え、当局の監視の行き届かない場所では闇市が開かれた。[17]

状況が一向に改善しないことに苛ついた金正日はそれまでの統制を緩和する措置を放棄し、統制を著しく強化する方向へと転じた。「経済管理改善措置」を推進した朴鳳珠（パク・ポンジュ）首相は更迭された。[18]

（2）貨幣交換の断行と混乱

市場での行商を通じ蓄財した個人が隠し持つ貨幣資金を収奪したいと考えた金正日指導部が辿り着いた結論が貨幣交換、すなわちデノミであった。[19]デノミにより個人が蓄財した貨幣資金の大部分を無価値にできるのではないか。闇経済といった急速に芽生えた悪弊を根刮ぎ根絶できるのではないか。しかも一群の潤った個人の資金を没収することにより貧富の格差是正に繋がるのではないかと、金正日は考えたのである。

デノミの表向きの理由は「経済管理改善措置」の実施に伴い行われた物価の引上げにより、猛烈に進行したインフレを抑制し物価を安定させる是正措置であるとされた[20]。デノミの実施に伴い新通貨が発行された。住民は通貨交換所で新通貨を得るため所持した旧通貨との交換を余儀なくされた。旧通貨と新通貨の交換レートは一〇〇対一とされた[21]。通貨の交換期間として一一月三〇日から一二月六日までの僅か一週間しか与えられなかった。旧通貨の交換限度額は一世帯に付き一〇万ウォン程度であった。交換可能な額に上限が設定されたため、国民が蓄えた資産の大部分は無価値同然となった。北朝鮮当局はドル、ユーロ、中国元など外貨での取引を禁止しただけでなく人間の移動にも縛りを掛けた。行商人達が被害を被ったのは疑いもなかった。中国内で商品を仕入れ北朝鮮の市場で売却する行商人達もとばっちりを受けた[22]。

デノミの主な被害者は市場で食糧や生活必需品を調達する住民であった。平均世帯の一ヵ月の生活費は四万から五万ウォン程度であったことから、一年の生活費は四八万から六〇万ウォン程度であった。ところが、通貨の交換限度額が一〇万ウォンと厳しく抑えられたため、各世帯は二ヵ月分程度の生活費を除いてほとんどが没収される格好となった[23]。しかも金正日指導部は外貨の使用を禁止すると共に外貨を政府に寄贈するよう奨励した。これには慢性的な外貨不足に苦しむ当局が外貨を確保する狙いがあった。

突然、通貨が百分の一に切り下げられ商品の価格が定まらない中で、市場に立ち並んだ個人商店の多くは販売を一時的に取り止めた。このため食糧や生活必需品の供給が事実上、停止した。この煽りを受け、物価が急激に高騰し食糧不足が一気に深刻化した[24]。これが住民の多くを直撃した。都市部で餓死者が発生し、その後全国各地で餓死者が続出する事態へと及んだ[25]。

デノミは大混乱を起し国民の猛烈な不満と反感を買う結果となった。これに対し急速に高まった国民の不満を力付くで金正日は鎮めようとしたが、国民の不満は一向に収まらなかった。貨幣交換はインフレを抑制するための止むを得ない措置であるとされたが、実際には状況を悪化させただけであった。商品の不足はさらに深刻となった。新通貨のウォンの価値は中国元に比較してさらに下落した[26]。しかも当局が個人資産を収奪し外貨での取引を禁じたことは、外資導入政策に対して良い影響を与えるはずがなかった[27]。デノミは壊滅的破綻という結果に帰した。二〇一〇年二月一〇日、デノミ導入の先頭に立った朴南基（パク・ナムギ）朝鮮労働党経済担当書記は粛清された[28]。

（3）配給制度の現状

金正日は国民の経済活動に対する厳しい監視を緩めることなく市場の伸張がもたらし兼ねない悪弊を警戒し続けた。この間、配給制度は何とか維持された。当局筋によれば、全国民が必要とする食糧の約七割が配給制度によって賄われている。食糧配給量は入手可能な食糧を踏まえ、当局が決定する。一人当りの一日分の食糧配給量の目標は五七三グラム相当であった。

二〇〇五年までに配給量は国民が必要とする最小限のおよそ半分程度に止まった。その後、食糧不足による影響を受け配給は減少の一途を辿った。そして二〇〇八年には一時、配給が途絶えることもあったが、〇九年以降配給は徐々に回復傾向にある。通常、一〇月頃の収穫期に先立つ数ヵ月の配給量は特に少ない。配給量は季節や月に応じ変更する傾向にある。このため各世帯は配給だけでなく市場での食糧の確保に迫られることになる。

二〇一三年の月平均の配給量は一日当り約四〇〇グラムに達した。〇九年から一三年の期間をとってみれば、一人当りの配給は四〇〇グラム程度で推移した[29]。一三年に市場の開催が一〇日間ほど認められた。都市居住者は居住地域近郊の市場へ依存している。食糧や生活必需品を住民が確保する上で市場が一層不可欠になっているのが常態である[30]。

第三節　経済特区事業――「羅先経済貿易地帯」と「黄金坪・威化島経済地帯」

デノミが無残な失敗に帰した中で金正日指導部は外資導入に改めて活路を見出した感があった。以前のような経済改革に打って出ることは想定外の副作用を引き起こす危険がある。とは言え、慢性的な輸入超過の下でそれを穴埋めするために是が非でも外貨獲得に迫られた。そのためには大規模な外資導入に消りたいところであった。

ただし、これまでと力点が違うのは中国やロシアと共同で経済特区事業を推進することであった。対象候補地とされたのは、羅先（ラソン）と黄金坪（ファンググムピョン）・威化島（ウィファド）であった。羅先特別市は北朝鮮北東部の日本海に面する港湾都市であり、豆満江（トゥマンガン）を挟み中国とロシアと向い合う。羅先の中国側の対岸都市は琿春（フンチュン）市であり、ロシア側の対岸都市はハサンである。羅先は以前には羅津（ラジン）及び先鋒（ソンボン）と呼ばれていた。他方、威化島は新義州（シニジュ）市に位置し、中朝国境を流れる鴨緑江の中洲であり、中国の丹東（ダンドン）市と向い合う。黄金坪も中朝間の鴨緑江の中洲であるが、黄海に注ぐ河口に位置する。「羅先経済貿易地帯」と「黄金坪・威化島経済地帯」の設置が決まった。[31] これを受け、二〇一一年六月に羅先と黄金坪・威化島経済地帯に「共同自由貿易地帯」を設立するため中朝合意が成立する運びとなった。その後、発足した金正恩指導部は経済特区を新設すると共に経済開発区を開設することで、外資導入に向け踏み込んだ措置を講ずる姿勢をみせた。まず新義州に経済特区を改めて設置することを発表した。[32] また外資導入を通じ地域の発展を促すべく経済開発区として一三地区を指定した。[33] 一向に改善しない感のある経済の不調を埋め合せるため、金正恩は外部世界に向け外資を呼び込もうと胸襟を開いてみせているように映った。

(1) 外資導入政策の根深い問題

とは言え、北朝鮮の外資導入政策は深刻な問題を抱えたままである。北朝鮮当局は国内経済が慢性的な不調状態にあることを認識している。二〇〇二年七月発進の「経済管理改善措置」により、市場が国中で繁茂し行商を通じ現金を手にした個人が密かに蓄財するという結果を招いた。市場を舞台とする貨幣資金の流れを当局が統制できない結果として、一層深刻な外貨不足に陥り兼ねないとの認識を当局は深めた。表向きはインフレ抑制であったが、本音では個人が蓄財した貨幣資産の没収が必須であると判断した当局が〇九年一一月にデノミを断行したことは既述の通りである。しかし物流の一時的な停止を受け市場も一時的に閉鎖に追い込まれ、これが都市部での多数の餓死者の発生に繋がり、市場に依存する多くの住民の猛烈な反発を買うことになった。

この間、中国や韓国などとの貿易額は年々拡大傾向を示した。とは言え、慢性的な輸入超過の下で外貨不足は一段と深刻となっている。こうした難題に直面して大規模な外資導入を通じ外貨不足の穴埋めを北朝鮮当局は図ろうとした。つまり、当局にとって主要輸入品目である石油、食糧、生活必需品を確保するためには是が非でも外貨が必要であり、そのために外資導入に頼らざるをえないのである。

(2) 外資導入に向けた安定した国際環境の整備の欠如

北朝鮮が大規模な外資導入を通じ経済特区事業を進める上で不可欠であるのは安定した国際環境の整備である[34]。これが不確実であるようでは、外国企業は少なからずリスクを背負うことになり兼ねない。しかしここが曖昧かつ不透明となっている感が拭い去れない。このため外資導入政策が見せ掛け倒しとなり兼ねない。このことは金正恩指導部が発足して以来、「先軍政治」に何の変化の兆しがみえないこととも関連する。「先軍政治」を掲げ外部世界と対峙する路線を突き進む一方、外資導入政策を推進するということは基本的に相容れないことを金正恩が的確に認識しているようには思われない。後述する通り、二〇一三年一二月に起きた張成沢（チャン・ソンテク）粛清事件が北朝鮮の内政問題であったとしても、投資環境に甚大な負の影響をもたらさざるをえなかったことは言うまでもない。しかも張成沢が中国との経済協力を基盤とする外資導入政策を主導していたことから、少なくとも短期的にみて中国企業は北朝鮮への投資に慎重にならざるをえない。

中国においても一九八九年六月に天安門事件が発生し、その煽りを受け外国企業は中国市場を一時遠ざけたが、その後鄧小平指導部は対外関係を尊重し、外資確保のために環境を整備した。これに対し、九〇年代初めに金日成が「羅津（ラジン）・先鋒（ソンボン）自由経済貿易地帯開発計画」、二〇〇〇年代初めには金正日が「新義州経済特区事業」を発進させ大規模な外資導入を図ったものの、思うように進まなかった背景には相応の根拠がある。これまで北朝鮮の外資導入政策が繰返し頓挫しているのは偶然ではない。

北朝鮮当局による一方的な決定を受け、経済特区での経済活動が突如、停止に追い込まれるといった事態は外国企業にとってできるだけ避けたいところである。南北交易額において圧倒的比率を占める開城（ケソン）工業団地事業も政治面での軋轢に曝され、頻繁に中断を余儀なくされてきた。これでは、韓国企業も投資活動に消極的にならざるをえなかった。北朝鮮当局が何よりも国内政局や国防政策を最優先するため、何時何時、いかなる事由により外資導入を巡る合意が反古となるか分からない。外資導入のための安定した国際環境が整備されていない状況では、外国企業にとって少なからずリスクが付き纏う。外貨の獲得のためただただ、外資の導入を当局が呼び込もうとしているように映るのである。

(3) 外資導入と成長戦略の関連付けの欠如

北朝鮮では外資導入を国内経済の成長戦略に関連付ける努力が十分になされていないのではない

かと疑問が湧く[35]。中国の改革・開放やベトナムのドイモイにおいては、政府が外資を率先して呼び込み、外資導入による波及効果を通じ国内の経済成長を促してきた。外資導入と経済成長には密接な関連性がある。政府が外資導入を主導する一方、市場が主体的な役割を担う。ベトナムは一九八〇年代後半以降、ドイモイの名の下で経済改革を推進した。当初は国内経済の不調に対処するという意味合いでベトナムも外資導入に踏み切った嫌いがあった。しかし九〇年代以降、大規模な外資導入による資金の流れを国内経済の成長戦略に反映することができた[36]。これに対し、北朝鮮においては経済の不調へ対処するため輸入増進、国際収支の赤字是正のための外貨稼ぎに終始しており、国内産業を育成しようとする思慮が一向にみられない。外資導入の成果を国内の経済成長に転化させようという意思と意図が不明である。この結果、外資導入が北朝鮮の国内産業を育成する牽引役を果していない。外資導入と国内経済成長戦略にはこれといった関連が見受けられない。北朝鮮当局がむしろ経済の発展を阻害するブレーキ役となっている感がある。

(4) 法整備・運用の問題──外資導入への縛り

これまでの外資導入政策に看取されてきたのは北朝鮮当局が様々な縛りを掛けるという傾向であった。一九九〇年代初めの経済特区事業と外資導入政策はこれで行き詰まった。当局は表向き上、外国企業による投資環境を整えるため外資に関する法制度を整備した。とは言え、法の運用が必ずしも公平・公正に行われてきた訳ではない[37]。法制度の運用がややもすれば恣意的に行われ兼ねない。外国企業は活動上、何らかの問題が生じた際、法的保護を確保されないのではないか心配が尽きない。これでは、外国企業にとって不安は解消されず投資に二の足を踏まざるをえない。

　要するに、北朝鮮の外資導入政策には慢性的な輸入超過による外貨不足を埋め合せるための外貨獲得という性格が極めて強い。経済特区において外国企業の自由な経済活動が保証されている訳ではなく、様々な難癖を付け活動に縛りを掛けようとする。これでは外国企業が一時的に投資を行うことがあっても、持続的な投資を支えるためのインセンティブが生まれ難いのである。

第四節　貿易の増大

　一九九〇年代を通じ北朝鮮の貿易総額は下降を続けた。九八年には一四億ドルという最低水準まで貿易総額が落ち込んだが、その後、幾分回復し二〇〇二年の貿易総額は二七億ドルに達した。しかしこの数値は八八年当時の五二億ドルの半分程度に過ぎないことを物語った。

　ところが近年、貿易は確実に増大している。二〇〇八年の貿易総額は八一億八〇〇万ドルであった。〇九年四月のテポドン2号発射実験とそれに続いた〇九年五月の第二回核実験に対し安保理事会決議一八七四が採択され、追加的な経済制裁が発動された。経済制裁の煽りを受け、貿易額は〇九年に五九億五三〇〇万ドルに激減した。しかし一〇年に七五億三九〇〇万ドルに回復すると、一一年に八八億七二〇〇万ドル、一二年には九四億五六〇〇万ドルに着実に増大した[38]。一二年の九四億五六〇〇万ドルの内訳は、輸入額が五一億五七〇〇万ドルである一方、輸出額は四二億九九〇〇万ドルであった。一二年一二月のテポドン2号発射実験に続いて一三年二月に第三回核実験が強行されたが、一三年の貿易額は必ずしも落ち込んだ訳ではない。

（1）中朝貿易

ソ連の崩壊により中国が北朝鮮の主要な貿易相手国となって以降、中朝貿易は増大の一途を辿っているだけでなく中国経済への北朝鮮の依存度は年々高まりをみせている。中朝貿易額は実際に二〇〇七年以降急激に増大しているのが現実である。〇七年の中朝貿易額は一九億七〇〇〇万ドルであったが、一一年には五六億ドルに達した。このことは四年間に三倍の上昇をみたことになる。[39]

翌年の二〇一二年の中朝貿易額は六〇億三四〇〇万ドルであった。[40] その内訳は中国からの輸入額が三五億三三〇〇万ドルであった一方、中国への輸出額は二五億一一〇〇万ドルであった。北朝鮮の貿易総額において中国が占める比率は六三・八％に及んでいる。その内訳は輸入が六八・五％、輸出が五八・二％である。

二〇一三年に中朝貿易総額は六五億四七〇〇万ドルへとさらに上昇した。[41] その内訳は、北朝鮮側の輸入額が三六億三三〇〇万ドル、輸出額が二九億一四〇〇万ドルであった。一二年一二月のテポドン2号発射実験とそれに続いた一三年二月の第三回核実験を受け、安保理決議二〇八七と決議二〇九四がそれぞれ採択されさらなる経済制裁措置が科されているにも拘わらず、中朝貿易は増え続けていることを物語る。〇八年から一三年までの中朝貿易を概観すると、一一年に貿易額が激増したことに加え、その後の一二年、一三年も着実に増大したことが指摘できよう。

中国の対北朝鮮輸出品目の中で第一位を占めるのは何と言っても原油である。[42] 二〇一二年の中国の原油輸出額は五億七八〇〇万ドルであり、この額は中国の輸出総額の一五・九％に相当した。一二年まで北朝鮮の年間原油輸出量は五二万トン水準であったが、一三年には五七万八〇〇〇トン水準に達し、輸入額は約六億ドルにも及んだ。原油に続く北朝鮮の主要輸入品目はトウモロコシ、精米、小麦粉などである。

（2）南北交易

南北交易も近年、増大している。一九八九年に一八七〇万ドルであった交易額は九九年には三億三三〇〇万ドルに上昇した。また二〇〇九年に一六億七九〇〇万ドルであった交易額は、一〇年には一九億一二〇〇万ドルに及んだ[43]。

ところで二〇〇六年一〇月の第一回地下核実験に対する経済制裁措置を盛り込んだ安保理事会決議一七一八が交易に及ぼした影響は少なかった。実際、〇七年の南北交易額は〇六年から三割以上増大し、約一八億ドルに達した。他方、〇九年五月の第二回核実験の煽りを受け、〇九年の交易額は一七億ドル水準に止まった。これは〇八年と比較して七・八％程度縮小したことを示した。ところが、一〇年三月の天安沈没事件が南北交易に甚大な打撃を与えたことは言を俟たない。天安沈没事件を深刻に受け止めた李明博大統領が五月二四日に開城工業団地事業を除く北朝鮮との交易を停止することを宣言したことにより、一〇年後半以降、南北交易は激減を余儀なくされた。

それにも拘わらず、開城工業団地事業の交易額は二〇一二年に一九億七〇〇〇万ドルに達した。ところが、金正恩指導部が一三年四月三日に開城工業団地への韓国人の立入りを禁じたのに対し、韓国は五月三日に開城工業団地の閉鎖を決めた。開城工業団地事業は九月一六日に再開されたとは言え、一三年の同団地事業の交易額は一一億三〇〇〇万ドル程度であり、一二年の六割水準まで収縮したことになる。

(3) 慢性的食糧不足

上記の通り、近年、北朝鮮の対中貿易が順調に伸びているとは言え、国民の食糧事情は一向に改善されていない。国連食糧農業機関(FAO)と世界食糧計画(WFP)の報告書によれば、食糧不足は近年、深刻な数字でないとは言え、ほとんどの世帯が限界ぎりぎりの生活を送っているのが実情である。食糧配給制度の深刻な問題は補給面にあり、そのために食糧供給の遅延が頻繁に起きている。この結果、市場など非国営商業部門を通じた食糧の確保は相変らず都市部の住民にとって貴重な存在となっていると、同報告書は纏めている。(44)

【注】

(1) 南北海軍衝突事件について、斎藤直樹『北朝鮮危機の歴史的構造1945-2000』(論創社・二〇一三年)四六九頁。

(2) 天安沈没事件について、"Report: South Korean Navy Ship Sinks," CNN, (March 27, 2010.); and "Search Continues for South Korean Sailors after Sinking," CNN, (March 27, 2010.)

(3) 国際合同調査団報告について、"Investigation Result on the Sinking of ROKS 'Cheonan,'" The Joint Civilian-Military Investigation Group, (May 20, 2010.)

（4）李明博の演説の概要は次の通りである。今日、朝鮮半島は重大な転機に直面している。天安は北朝鮮の魚雷攻撃により沈没した。またしても犯行は北朝鮮によるものである。朝鮮戦争の休戦以来、北朝鮮はラングーン事件、大韓航空機爆破事件を含め幾多の軍事挑発を繰り返してきた。しかし北朝鮮は度重なる犯行をただの一度として認めたことがない。今回も同様である。天安沈没事件は韓国政府による捏造であるなどと北朝鮮は主張している。五月二〇日に国際合同調査団は決定的な証拠に裏付けられた調査結果を公表した。最終報告の公表を通じ天安が北朝鮮によって沈没したという事実を否定できないだろう。こうした状況の下で、南北交易や他の南北共同事業は無意味である故に、今後、南北交易や交流も停止されることとなる。北朝鮮当局は韓国と国際社会へ直ちに謝罪しなければならない。北朝鮮が相変わらず強弁を続けるのであれば、世界において存立しうる場所をみつけることはできないであろう。北朝鮮は過去六〇年にわたり何の変化も示していない。共産主義の名の下で朝鮮半島を強引に再統一するという空虚な野望を持ち続けている。恫喝とテロ活動を厭わない国家である。北朝鮮の目的は半島の分断と対立を助長させることである。今こそ、北朝鮮の体制が転換すべき時である。今日、いかなる国家も自力で平和を維持することはできず経済開発を行うことはできない。一体何が北朝鮮体制及びその国民にとって本当に良いのかについて体制が真摯に考える時である。李明博演説について、"South Korean President Lee's National Address," Council on Foreign Relations,(May 24, 2010.)

（5）北朝鮮国連代表による反駁について、"DPRK UN Representative on 'Cheonan' Case," *KCNA*, (June 16, 2010.)

（6）議長声明によれば、北朝鮮が天安沈没に責任があると結論した国際調査団による調査結果を安保理事会は考慮し、深い憂慮の念を表明する。同時に北朝鮮側の応答にも安保理事会は配慮した。韓国の自制を歓迎すると共に安保理事会は韓国に対する攻撃が行われることを阻止し、朝鮮戦争の休戦協定の遵守を要求すると共に対話再開による問題の解決を要請する。安保理事会議長声明について、"Security Council Condemns Attack on Republic of Korea Naval Ship 'Cheonan,' Stresses Need to Prevent Further Attacks, Other Hostilities in Region," Security Council, SC/9975 (July 9, 2010.)

(7) 延坪島砲撃事件について、"N.K. Artillery Strikes S. Korean Island," ***Korea Herald***, (November 23, 2010.); "North and South Korea Exchange Fire, Killing Two," ***New York Times***, (November 23, 2010.); and "Tensions High as North, South Korea Trade Shelling," ***AP***, (November 24, 2010.)

(8) 朝鮮人民軍最高司令部のコミュニケについて、"KPA Supreme Command Issues Communique," ***KCNA***, (November 23, 2010.)

(9) 金正日と金正恩による砲兵大隊視察について、"Kim and Jong-un Ordered Bombardment: Source," ***Korea Joong Ang Daily***, (November 25, 2010.)「〈北、延坪島 挑発〉金正日・正恩、砲撃2日前に海岸砲指揮部隊を訪問」『中央日報』(二〇一〇年一一月二五日)。

(10) この点について、***op. cit.***, "Tensions High as North, South Korea Trade Shelling."

(11) 一九九四年六月の一触即発の事態について、前掲書『北朝鮮危機の歴史的構造1945-2000』三五三-三七三頁。

(12) 共同社説を伝える『朝鮮中央通信』報道について、"Joint New Year Editorial of Leading Newspapers in DPRK," ***KCNA***, (January 1, 2008.) 社説によれば、二〇一二年に我々は金日成主席の生誕百周年記念日を迎える。この地に偉大な強盛社会主義大国を建設することが金日成の生涯の希望だった。先軍革命の嵐の中で培われた強固な政治・軍事力に依拠することにより、我々の経済と人民の生活水準を向上させ、二〇一二年に強盛大国の大門を必ず開くのが我々の党の決意であり意志である。

(13) 市場の活況ぶりについて、Bertil Lintner, "North Korea, Shop till You Drop," ***Far Eastern Economic Review***, (May 13, 2004.) pp. 14-19.; and Dick K. Nanto and Emma Chanlett-Avery, "North

"Korea: Economic Leverage and Policy Analysis," CRS Report for Congress, (Updated: January 22, 2010.) p. 29.

(14) 金正日による市場の指弾について、"Recent DPRK Market Restrictions Extended to Mobility of the People," *NK Brief*, No. 07-11-27-1. (November 27, 2007.)

(15) 市場への統制の強化について、"State of the Market in the DPRK," Institute for Far Eastern Studies, *North Korea Brief*, No. 07-12-5-1.; and *op. cit.*, "North Korea: Economic Leverage and Policy Analysis," pp. 29-30.「北朝鮮、デノミどのように(1)」『中央日報』(二〇〇九年一二月三日)。

(16) 監視の強化について、"Even the National Security Agency Participates in the Control of the Jangmadang," *The Daily NK*, (December 26, 2007.)

(17) この点について、"Good Friends: Centre for Peace, Human Rights and Refugees," *North Korea Today*, No. 103. (December 2007.)

(18) 朴鳳珠の更迭について「2013年度 最近の北朝鮮経済に関する調査」日本貿易振興機構(ジェトロ)(二〇一四年三月)二三頁。

(19) デノミの実施について、*op. cit.*, "North Korea: Economic Leverage and Policy Analysis," p. 30. 前掲「北朝鮮、デノミどのように(1)」。「北朝鮮、デノミどのように(2)」『中央日報』(二〇〇九年一二月三日)。平井久志『なぜ北朝鮮は孤立するのか』(新潮社・二〇一〇年)二二六-二二八頁。

(20) デノミについての金正日指導部の正当化について、*op. cit.*, "North Korea: Economic Leverage and Policy Analysis," p. 30.「北朝鮮がデノミ、100対1 外国大使館に通知」『共同通信』(二〇〇九年一二月一日)。前掲「北朝鮮、デノミどのように(1)」。前掲書『なぜ北朝鮮は孤立するのか』二三一頁。

(21) この点について、*op. cit.*, "North Korea: Economic Leverage and Policy Analysis," p. 30.前掲「北

朝鮮がデノミ、100対1　外国大使館に通知」。前掲「北朝鮮、デノミどのように（1）」。前掲書『なぜ北朝鮮は孤立するのか』二二七頁。

（22）この点について、Stephan Haggard and Marcus Noland, "The Winter of Their Discontent: Pyongyang Attacks the Market," Peterson Institute for International Economics, Policy Brief Number PB10-1, Washington, DC, (January 2010.); "N. Korean Currency Crackdown Fuels Inflation, Food Shortages," ***Washington Post***, (January 7, 2010.); and ***op. cit.***, "North Korea: Economic Leverage and Policy Analysis," p. 30.

（23）この点について、前掲「北朝鮮、デノミどのように（1）」。前掲書『なぜ北朝鮮は孤立するのか』二二八頁。

（24）この点について、前掲書『なぜ北朝鮮は孤立するのか』二二八頁。

（25）餓死者の発生について、「北朝鮮で食糧難による餓死者続出、都市地域で深刻」『聯合ニュース』（二〇一〇年一月一六日）。

（26）この点について、"North Korea to Ban Use of Foreign Currency," ***AP***, (December 30, 2009.); and ***op. cit.***, "North Korea: Economic Leverage and Policy Analysis," p. 30.

（27）この点について、James Lister, "Currency Reform in North Korea," ***The Korea Times Online***, (January 8, 2010.); and ***op. cit.***, "North Korea: Economic Leverage and Policy Analysis," p. 30.

（28）朴南基の粛清について、前傾「2013年度 最近の北朝鮮経済に関する調査」二二一頁。前掲書『なぜ北朝鮮は孤立するのか』二三九頁。

（29）この点について、"Special Report: FAO/WFP Crop and Food Security Assessment Mission to the Democratic People's Republic of Korea," Food and Agriculture Organization/World Food Programme, (November 28, 2013.) p. 29.

(30) 住民にとっての市場の重要性について、*Ibid.*

(31) 「羅先経済貿易地帯」と「黄金坪・威化島経済地帯」の設置について、Robert Kelley, Michael Zagurek, and Bradley O. Babson, "China's Embrace of North Korea: The Curious Case of the Hwanggumpyong Island Economic Zone," *38 North*, U.S.-Korea Institute, Johns Hopkins University School of Advanced International Studies, (February 19, 2012.); "DPRK Decides to Set up Hwanggumphyong and Wihwa Islands Economic Zone," *KCNA*, (June 6, 2011.); and "Hwanggumphyong and Wihwa Islands Economic Zone to be Set up," *KCNA*, (June 7, 2011.) 前掲「2013年度　最近の北朝鮮経済に関する調査」二三頁。

(32) 新義州の経済特区指定について、"DPRK to Set up Special Economic Zone in Sinuiju," *KCNA*, (November 21, 2013.) 前掲「2013年度　最近の北朝鮮経済に関する調査」二三-二四頁。

(33) 一三地区の経済開発区の指定について、"Provincial Economic Development Zones to be Set up in DPRK," *KCNA*, (November 21, 2013.) 前掲「2013年度　最近の北朝鮮経済に関する調査」二三-二四頁。

(34) 安定した国際環境の整備の必要性について、前掲「2013年度　最近の北朝鮮経済に関する調査」二九-三〇頁。李鋼哲「中朝経済関係の現状と展望」小牧輝夫編『経済から見た北朝鮮　北東アジア経済協力の視点から』(明石書店・二〇一〇年)一五六頁。

(35) 国内経済の成長戦略に対する外資導入の関連付けの欠如について、前掲「2013年度　最近の北朝鮮経済に関する調査」二九頁。

(36) ドイモイの下での経済成長戦略について、同上、三〇頁。

(37) 法律の運用面の問題点について、前掲「2013年度　最近の北朝鮮経済に関する調査」三一頁。前掲書「中朝経済関係の現状と展望」『経済から見た北朝鮮　北東アジア経済協力の視点から』一五六頁。

（38）近年の北朝鮮貿易の増大について、前掲「２０１３年度　最近の北朝鮮経済に関する調査」。四三、四五頁。

（39）中朝貿易の激増について、"N. Korea's China Trade Nearly Triples in 4 Years," ***AFP***, (December 28, 2012.)

（40）二〇一二年の中朝貿易について、前掲「２０１３年度　最近の北朝鮮経済に関する調査」四六頁。

（41）二〇一三年の中朝貿易について、同上、四六-四七頁。

（42）中国の主な対北朝鮮輸出品目について、同上、四八-四九頁。

（43）この点について、同上、五一-五三頁。

（44）また同報告の総括によれば、二〇一三年一一月から一四年一〇月の期間における穀物生産量は前年度に比べ全体で約五パーセントの増加を標した。同時期の穀物生産量の合計として五九八万トンが見込まれた。これには米、トウモロコシ、じゃがいもの、大豆などが含まれる。ただし米を精米、大豆をカロリーなどへ換算すれば、実際の食糧生産量は約五〇三万トン水準に減少する。全体で五三七万トン水準の食糧が必要であることを踏まえると、三四万トンの食糧確保が必要となる。三〇万トンの食糧の輸入が確保されるとすれば、四万トンの食糧が依然として不足することになる。同報告について、***op. cit.***, "Special Report: FAO/WFP Crop and Food Security Assessment Mission to the Democratic People's Republic of Korea," p. 4.

第一三章　金正日の死と金正恩の権力継承

第一節　金正恩、権力継承に向けて

金正日が二〇〇八年八月に疾病を患ったことにより、後継者問題が急遽、浮上した。健康不安が囁かれた金正日にとって時間はそれほど残されていなかった。一日も早く継承者を指名し円滑な権力継承に向け確固たる道筋を立てる必要があった。かつて金正日を溺愛した金日成が金正日のために施したように、金正日も継承者が確たる権力基盤を固めることができるよう用意周到に準備を整えようとした。後継者の選任において中核的な役割を果たしたのが張成沢であった。張成沢とは、金正日の実妹にあたる金敬姫（キム・ギョンヒ）と結婚し若くして金正日の側近となった人物であった。その張成沢は三男である金正恩を後継者に選任するよう金正日に助言したとされる(1)。

これを受け、金正日は金正恩を後継者と決め、朝鮮労働党と朝鮮人民軍に対し金正恩が支配権を固めることができるよう取り計らった。とは言え、難題が残された。一九九四年七月に急死した金日成の後を金正日が継いだ時、金正日は既に五〇歳を超え円熟期を迎えていた。その時までに金日成の厚い庇護の下で朝鮮人民軍と朝鮮労働党の幹部達から金正日は確固たる支持基盤を獲得していた。金正日は党と軍を掌握する地位にあっただけでなく実際に党と軍に対する支配権を確立していたのである。

これに対し、祖父と父の七光に与り継承者としての道を歩み始めたばかりの金正恩は三〇歳にも満たない青年であった。金正恩の経験不足を思い金正日は厚い信頼を寄せる張成沢が後見人として金正恩を支える体制を打ち立てることを考えた。張成沢は病身の金正日の晩年、事実上国政を動かすまでになった。これを契機として金正恩の継承が次第に定着し出したのである。

（1）金正恩とはどの様な人物か

金正日の長男は金正男（キム・ジョンナム）であり、正男の実母は成蕙琳（ソン・ヘリム）である。次男は金正哲（キム・ジョンチョル）であり、正哲の実母は金正日の三人目の妻であった高英姫（コ・ヨンヒ）である。金正恩は三男であり母親は高英姫である。

金正恩は国内で初等教育を受けた後、兄達と同様、一時期スイスで過ごしている。[2] 金正恩は一九九六年九月にベルン（Bern）のインターナショナル・スクールにパク・ウンという名前で編入した。スイス滞在期の金正恩はスキーを楽しみ、全米プロバスケットボール（ＮＢＡ）の大ファンであった。性格的には次男の金正哲が外向的であったのと対照的に正恩は内向的であったとされる。帰国後、金正恩は二〇〇二年から〇七年まで金日成総合大学に在学し情報工学を専攻した。

金正恩は金正日の後継者として二人の兄ほど有力視されていた訳ではなかった。とは言え、金正男が偽造パスポートを使い日本への入国を試みて拘束されるという事件を起こした。このことが金正日の激怒を買い、後継者として事実上、脱落したとされる。他方、次男の金正哲は金正日からみて性格があまりに繊細で、後継者には向かないと思われた。

(2) 金正日、金正恩を後継者に指名

側近の張成沢が金正日に金正恩を後継者とするよう強く推奨したとされるのは既述の通りである。[3]これを受ける形で、金正日が後継者に金正恩を推挙する旨を二〇〇九年一月上旬に朝鮮労働党の中核的機関である党組織指導部に伝えた。組織指導部を牛耳っていた第一副部長の李済剛（リ・ジェガン）や幹部の面々にとって金正恩への継承路線は意外な決定であった。幹部達は一様に衝撃を隠せなかったという。金正恩が後継者に推挙されたこと受け、張成沢が有力な後見人として現れたことになる。

その後、金正恩の権力継承に向けた道はとんとん拍子で敷かれることになった。二〇一〇年九月二七日に金正日は一〇月一〇日付で金正恩を朝鮮人民軍の大将に昇進させる朝鮮人民軍最高司令官命令を発令した。[4]続いて、九月二八日開催の党中央委員会総会において党中央軍事委員会副委員長に金正恩が推挙された。[5]金正恩はこうして金正日の正式な後継者として内外に周知されることになった。金正日は金正恩を補佐する後見人役を張成沢と金敬姫に託した。これにより張成沢はやがて来る金正恩体制を支える最重要人物の一人と目された。張成沢は北朝鮮の最高政策決定機関の国防委員会副委員長の地位にあり、事実上のナンバー2に上り詰めたのである。[6]

第二節　金正日、死去

　この間、健康不安を抱える金正日にとって二〇一二年四月一二日の金日成の生誕百周年の式典を自らの指揮の下で挙行するというのが宿願であった。金正恩への権力継承が囁かれる中で病身の金正日は訪中を繰り返した。それが結果的に金正日の健康を蝕み寿命を縮めることになった。一一年一二月一七日午前八時三〇分に金正日が死去した。一二月一九日、『朝鮮中央通信』は金正日が現地視察のため汽車で移動中に極度の心労により急死したと伝えた(7)。六九歳であった。

　回顧すれば、北朝鮮経済を再生不能とも言える状態に至らせた最大の要因の一つは金正日にあったと言っても過言ではない。金正日は色々な意味で金日成の遺産を受け継いだ。フルシチョフ・ソ連指導部との厳しい対立、中ソ対立の深刻な深まり、韓国での朴正熙軍事政権の登場と同政権との対峙、軍事超大国間での核戦争の瀬戸際に迫ったキューバ危機の勃発など対外環境の相次ぐ激変、またそうした激変に呼応するかのように繰り広げられた対内的な権力闘争の中で金日成は「自立的民族経済建設路線」と並び「国防・並進」政策を掲げ、政府部門の中で何にも増して朝鮮人民軍の権益確保に腐心し国防力の増強に邁進した。希少な財源を軍事部門に投入し総勢一一〇万の軍隊を擁する朝鮮人民軍を作り上げると共に、核兵器開発と弾道ミサイル開発へ狂奔した。反面、極端な軍事偏重の財政支出の煽りを受け北朝鮮国民の生活向上に向けた努力は二の次となった。その金日成が急死し、急遽国家の舵取りを任された金正日は根底からぐらついていた経済状況を目の当りにした。ただし金日成と同様に傷ついた経済の立直しに向けこれといった手立てを金正日は講ずることができなかった。九〇年代後半に発生した甚大な飢饉と荒廃した経済の惨状を遺訓統治で金正日は凌ごうとした。九八年には「強盛大国」の建設を謳い国家経済力の増進と共に「先軍政治」を掲げ、朝鮮人民軍の権益確保を最優先し国防力の増進に突き進んだ。「先軍政治」の名の下で核兵器開発、弾道ミサイル開発、通常戦力の拡充に希少な国家予算が注ぎ込まれた。このため、軍事予算がGDPの四割にも及ぶという著しく不均衡な軍事偏重の財政支出が常態となってしまった(8)。財源は食い潰され国民経済は相変らずなおざりとなった。その間、北朝鮮経済の破綻と金正日体制の崩壊について様々な推測が外部世界で流布されたが、孤立する国家を存続させるための手法を金正日は父から学んだ。必要とあらば外部世界を震撼させることにより戦いた外部世界から莫大な支援を搾り取るという手法であった。

他方、金正日指導部の対外政策はその晩年、過激な軍事挑発と瀬戸際外交に彩られたが、北朝鮮が「強盛大国」として繁栄する将来を見据えた時、改革・開放の必要性をある程度、自覚していたことは確かであった。そのために一九九〇年代の終りに金大中政権やクリントン政権の関与政策に応ずると共に二〇〇二年に経済改革の試行的導入として「経済管理改善措置」の実施に打って出た。しかし「改善措置」は金正日の想定を遥かに超える統制不能とも言うべき事態を引き起した。これを目の当りにした金正日は「改善措置」を通じた統制の緩和を止め、統制の強化に逆戻りした。しかも市場での住民の経済活動が深く根を張り、当局の思惑とは裏腹に個人の資産が増えるという事態に遭遇すると、これを断固看過できないと判断した金正日が〇九年一一月末にデノミに打って出たが、デノミは混乱を招いただけで無残な失敗に帰したことは既述の通りである。

とは言え、自身の治世下で果たせなかったとしても何らかの経済改革の実施に打って出なければ、低迷を続ける経済がこの先、閉塞状態を抜け出せないまま破綻し兼ねないことを金正日が案じたことも確かであった。近年、経済的に対中国依存を漸次、深める下で中国と確固たる経済協力関係を構築し、石油や食糧などを中心とする必要物資の提供と膨大な支援に与ることができなければ、北朝鮮経済がいよいよ破綻に向かい兼ねないことは遅かれ早かれ免れなかった。

当然のことながら、中国指導部が金正日の継承指導部に改革・開放を求めるとすれば、それに前向きに応じるかのように改革・開放路線を打ち出す必要があり、そのためには中国との協力関係を基軸として経済改革路線を掲げる人脈が相応の役割を果たす必要があった。張成沢と張に連なる人脈であった。

この間、オバマは金正日を冷たく突き放し封じ込め政策を続けた。金正日が心底望む関与への関心をオバマは一向に示唆しなかった。その背景には金正日時代を通じ関与が期待した成果をもたらさなかったばかりか、手の平を返したような金正日の振る舞いに著しい不満と失望感を抱いていたからである。その度、煮え湯を飲まされた米政府にとってもはや大規模な関与に打って出るには二の足を踏む思いがあった。

とは言え、金正日から金正恩への権力継承が囁かれる中、オバマ政権は六ヵ国協議の再開を視野に入れ米朝協議の開催に踏み切った。二〇一一年七月二九、三〇日の二日間にわたり米朝協議が開催された。(9) ブッシュ政権の末期の〇八年一二月に六ヵ国協議の首席代表会合が頓挫して以降、六ヵ国協議が再開される目処は全く立たなかった。とは言え、金正恩への権力継承が確実視される中でオバマは六ヵ国協議の再開を探る必要を感じた。他方、〇九年春の軍事挑発以降、米朝関係が漸次悪化する中で金正日としてもオバマとの関係修復に向けた糸口を探りたいところであった。こうして米朝協議がニューヨーク米国連代表部で二日間、開催された。米代表はボズワース北朝鮮問題特別代表、北朝鮮代表は金桂冠第一外務次官であった。これといった成果はなかったが米朝協議の継続が決まった。続いて同年一〇月二四、二五日に再び米朝協議がジュネーブで開催された。[10]協議には前回同様に金桂冠とボズワースが顔を合わせた。ウラン濃縮活動の凍結が最大の争点となった。両者は米朝協議の継続で一致したものの、対立は解消されなかった。金正日時代に膠着状態の打開を期待することはできそうにもなかった。

第三節　金正恩体制、発進

金日成の死去後、一七年間に及び絶対的権力者として君臨した金正日が他界したのはそうした時であった。既述の通り、二〇一一年一二月一七日午前八時三〇分に金正日が死去した。[11]

一二月二八日に金正日の告別式が取り計らわれた。[12]告別式は新指導部がどの様な構成になるかを内外に示す重要な機会となった。金正恩と正恩を支える中核的な幹部達が金正日の遺体を載せた霊柩車を取り囲む格好で告別式場へ入場した。金正恩は霊柩車の右側前方に立ち、その後ろに張成沢国防委員会副委員長、金基南（キム・ギナム）党秘書、崔泰福（チェ・テボク）最高人民会議議長が続いた。他方、霊柩車の左側には、李英浩（リ・ヨンホ）朝鮮人民軍総参謀長、金英春（キム・ヨンチュン）人民武力部長、金正覚（キム・ジョンガク）軍総政治局第一副局長、禹東則（ウ・ドンチュク）国家安全保衛部第一副部長など軍上層部の面々が続いた。金正恩は中核的な幹部達を率い最高指導者であることを内外に示したのである。

　続いて一二月二九日には金正日中央追悼大会が開催された。席上、金永南（キム・ヨンナム）最高人民会議常任委員長が追悼の辞を述べると共に、金正恩こそ真の継承者であると力説し、継承に纏わる疑念を一掃しようとした。[13]金永南曰く、金正日同志は権力継承問題を完全に解決した。このことは国家の命運と繁栄のために金正日が行った最も高貴な功績であった。今、朝鮮革命の舵を取っているのは金正恩である。金正恩こそ、金正日の思想、指導力、個性、徳、闘志、勇気を完璧に体現している。金正恩は我が党、軍、人民の最高指導者である。我々は悲しみを千倍もの強さと勇気に変え、金正恩の指導の下で金正日が掲示した「先軍政治」の路線に従い邁進するであろうと、金永南は結んだ。

　かつて金正日がそうであったように、金正恩を絶大な権力を備えた権力者にするために朝鮮人民軍、朝鮮労働党、国防委員会などにおける箔付けが始まった。一二月三〇日には朝鮮労働党中央委員会政治局会議が開催され、朝鮮人民軍最高司令官に金正恩は推挙された。[14]続いて二〇一二年四月一一日に第四回労働党代表者会議が開催され、金正日を朝鮮労働党の永遠の総書記とすることが宣言された。[15]他方、同日の労働党代表者会議で金正恩は朝鮮労働党の最高位として第一書記に推挙されることになった。[16]二日後の四月一三日に第一二期最高人民会議第五回会議が開催され、金正恩は国防委員会第一委員長に推挙された[17]。推挙を伝える『朝鮮中央通信』は金正恩を誉めちぎった。優れた知恵、卓越した統率力、無比の勇気、高貴で革命的な同志の精神を併せ持つ金正恩は文学と軍事の両面で業績を兼ね備えた偉大な政治家である。金日成が開拓し金正日が導いた主体思想を金正恩は前進させるとあった。これにより金正恩は政府、朝鮮労働党、朝鮮人民軍の全権限を手中に収めた最高権力者となったのである。さらに七月一七日、金正恩は朝鮮労働党中央委員会、中央軍事委員会、国防委員会、北朝鮮最高人民会議常任委員会から朝鮮民主主義人民共和国元帥の称号が授与された。これにより、金正恩に元帥の肩書も加わった[18]。

二〇一二年四月一五日に平壌において金日成の生誕百周年を記念する軍事パレードが挙行された。本来であれば、同記念行事を挙行することこそ前年の一二月に世を去った金正日の長年の宿願であった。最高権力者に赴いたばかりの金正恩は偉大な祖父と父について語った。金日成が朝鮮人民軍の発展において果した不滅の功績を称賛すると共に、社会主義の力を世界に向け実証すべく金正日の発議に従い挙行された勝利者の偉大な祝賀行事であると軍事パレードを金正恩は称えた[19]。金正恩によれば、長期に及んだ革命的活動を通じ革命軍を強固にすべく心血を金日成は汗いだ。一世代で最も悪辣な二つの帝国主義を打ち破るといった、二〇世紀において軍事上の奇跡を起こし一騎当千の革命軍へと朝鮮人民軍を鍛え上げ、総ての人民を武装化し国家を要塞へと変え国家主権に堅固な軍事的保証を与え、国家の永遠の繁栄を金日成はもたらしたと述べた。他方、金正日は金日成が切り開いた主体思想に基づく「先軍政治」を完遂することを生涯の使命と捉え、朝鮮人民軍を繁栄させるべく突き進んだ。朝鮮人民軍は金日成と金正日の指導により強大な革命軍たる能力を遺憾なく実証した。軍事と技術の優越性はもはや帝国主義者達の独占ではない。また敵が原爆で北朝鮮を恫喝した時代は過ぎ去った。最終勝利は独立の道、先軍の道、金日成と金正日が提示した社会主義の路線に従い邁進することにあると、金正恩は断言したのである。

第四節　米朝合意

金正日の死去後、どの様な後継指導部が確立されるかについて様々な推測や観測が行われた。数年間にわたり継承に向け周到に準備が行われたとしても、金正恩の未熟さと経験不足は容易に覆い隠せなかった。そうしたことから、激烈な権力闘争が繰り広げられるのではないかとみる向きもあった。

とは言え、金正日の遺訓通り金正恩を正式な継承者とする指導体制が発足した。最高執行機関である国防委員会には朝鮮人民軍と朝鮮労働党の幹部達が名を連ね、金正恩を補佐する指導体制が組まれた。継承者・金正恩を中心に据え双方から補佐する形の指導体制であった。すなわち、張成沢とその人脈を一方の極に、朝鮮人民軍や党組織指導部の幹部達の人脈をもう一方の極に配する微妙な均衡の上に構築された指導体制であると表現できた。従って、一方における中国などとの経済協力を基軸とする改革・開放路線と、他方における軍事挑発を厭わない強硬路線の両側面を合わせ持つ指導体制であった。金正恩が実際にどの様な路線を踏襲するかが外部世界にとって関心の的となった。何らかの改革を金正恩が企てるであろうとの見方があった一方、抜本的な変化などあろうはずもないとの観測もあった。

金正恩の後見人として据えられた張成沢は中国との経済協力関係を基軸に据え、改革・開放路線を推進しようとした。またオバマ政権の関心を引き付けさせようと、金正恩は外部世界に開放的なイメージを植え付け外部世界から関与を獲得しようとした。金正恩指導部の発足に伴いオバマは関与を検討し始めた。既述の通り、金正日時代の末期の二〇一一年七月、同年一〇月に米朝協議が二度にわたり開催され、六ヵ国協議の再開に向け米朝は探り合いを演じた。

二〇一二年二月二三、二四日の両日、第三回米朝協議が北京で開催されたのはこうした経緯に基づく。[20] 北朝鮮代表は金桂冠、米国代表はデービース（Glyn Davies）北朝鮮問題特別代表であった。同米朝協議では前年二度にわたり開かれた協議を踏まえ幾つかの重要な合意が成立した。同合意によれば、米国は二四万トン規模の食糧支援を行う。また米国は経済制裁措置が北朝鮮の民生部門に向けられないことを明らかにした。これに対し、北朝鮮側は核実験、長距離弾道ミサイル発射実験、寧辺の核関連施設でのウラン濃縮活動の一時凍結に合意した。加えてウラン濃縮活動の一時凍結が行われる際にＩＡＥＡによる査察が実施されることが認められた。こうして米朝両国は履行義務を確認しあった。さらに米朝協議は六ヵ国協議の再開の可能性を視野に入れ、北朝鮮への経済制裁と軽水炉の提供に関する問題に焦点を当てた。米朝協議での合意は金正恩指導部の発足を受け米朝関係の仕切り直しをオバマ政権が模索していたことを物語った。これにより米朝両国はそれまでの膠着状態を脱した感があった。

第五節　さらなる軍事挑発

ところが、こうした流れは一気に暗転した。何と二月二九日の米朝協議での合意から間もなくして金正恩指導部が人工衛星打上げを偽装したテポドン2号と目される長距離弾道ミサイルの発射実験を行う予定を発表したからである。

（1）テポドン2号発射実験（二〇一二年四月一三日）

二〇一二年三月一六日に『朝鮮中央通信』は、金日成の生誕百周年を記念するため、地球観測衛星「光明星（クァンミョンソン）3号」を打ち上げると、朝鮮宇宙技術委員会が発表したことを伝えた[21]。同報道によれば、北朝鮮科学者及び専門家は宇宙開発・平和利用政策に従い北朝鮮の経済開発にとって不可欠である人工衛星を開発し利用する科学調査を行ってきた。金日成主席の誕生日に当たる四月一五日を念頭に、四月一二日から一六日の間に「光明星3号」を搭載した運搬ロケット「銀河3号」は平安北道（ピョンアンプクト）鉄山郡（チョルサン＝グン）東倉里（トンチャンリ）の西海（ソヘ）衛星発射場から南の方角に向けて打ち上げられる。ロケットの残骸物が近隣諸国に落下しないよう、より安全な飛行軌道を取るよう配慮した。一段目ロケットは韓国の全羅北道（チョルラプクト）の西方の約一四〇キロ・メートルの黄海に、二段目ロケットはフィリピン東方の約一九〇キロ・メートルの公海へ落下する予定である。このように発射実験は金日成の生誕百周年の記念行事として挙行されることが強調された。

北朝鮮当局が「銀河3号」を天気予報目的のため地球観測衛星であるとしたものの、「銀河3号」は二〇〇九年に発射された「銀河2号」ロケットと全長及び直径が同一であることから、実際にはテポドン2号であるか、あるいはその改良型の弾道ミサイルではないかと推測された。人工衛星打上げが長距離弾道ミサイル技術を使用するロケット打上げと同様な技術に基づくとの認識に立ち、同実験は人工衛星打上げを偽装した長距離弾道ミサイルの実験であり、北朝鮮が弾道ミサイル技術を使用してロケットの開発・発射を行うことを禁止した安保理事会決議一八七四に違反するとして米国、日本、韓国などが痛烈に非難した。安保理事会もこれに続いた。(22)

こうした非難に対し数日後、金正恩指導部は猛烈な反駁に転じた。『朝鮮中央通信』報道によれば、米国、日本、韓国など敵対勢力は人工衛星の打上げに対し「ミサイル発射実験」、「朝鮮半島及び北東アジアの平和と安定を脅かす重大な挑発的行動」、「安保理事会決議違反」などと叫んでいるが、平和目的のため宇宙を利用する北朝鮮の権利を否定し主権を侵害するものである。宇宙の平和的開発と宇宙利用は主権国家に認められた正当な権利であり、そのための科学的調査のため人工衛星を打ち上げることは特定国の独占でないはずであると断言したのである。(23)

その後、金正恩指導部は外部世界の厳しい対応に配慮した形で外国メディアや専門家の視察訪問を許可するという演出を行った。四月八日の『朝鮮中央通信』の報道によれば、朝鮮宇宙技術委員会は衛星打上げが平和的な目的であることを示すため特例措置として外国メディア関係者や専門家達の視察訪問を許可した。(24)

四月一三日午前七時三八分五五秒（現地時間）にテポドン2号と目される長距離弾道ミサイルが西海衛星発射場から沖縄諸島、フィリピン、インドネシア、オーストラリアの方角へ向け打ち上げられた。しかしロケットの発射から僅か八〇秒後のブースト段階で爆発を起し、残骸の一部は韓国沖の黄海に落下した。これに対し前述の二月の米朝協議での合意が無効となったとオバマは痛烈に非難した。(25) 他方、地球観測衛星が予定された軌道への進入に失敗したことを認め、科学者や専門家は失敗の原因を調査していると『朝鮮中央通信』は手短に報道した。(26) 金正恩の目論見は外れた。

(2) テポドン2号発射実験（二〇一二年一二月一二日）

いかなる目的で人工衛星打上げが行われたにせよ、安保理事会決議違反として認識され、これに伴い米朝関係は一気に逆戻りした。これに対し金正恩指導部はさらなる軍事挑発に打って出た。二〇一二年一二月一九日の金正日の一周忌に合わせ、またしても人工衛星の打上げを偽装したテポドン2号と思われる長距離弾道ミサイルの発射実験の準備が始まった。

間もなく長距離弾道ミサイルの発射実験が強行された。『朝鮮中央通信』は下記の報道を伝えた。(27) 一二月一二日午前九時四九分四六秒（現地時間）、西海衛星発射場から「光明星（クァンミョンソン）3号2号」を搭載する銀河3号が打ち上げられた。人工衛星は九分二七秒後の午前九時五九分一三秒に予定された地球周回軌道に進入した。打上げ方向は四月の打上げと同様に沖縄、フィリピン方面であった。一段目ロケットは黄海、ペイロードフェアリングは東シナ海、二段目ロケットはフィリピンの東方約三〇〇キロ・メートルの太平洋海域に落下した。

間もなく北米航空宇宙防衛司令部（NORAD）は、米東部時間で前日一一日午後七時四九分に米ミサイル警戒システムが北朝鮮の発射した長距離弾道ミサイルを検知し追跡したことを明らかにした。それによれば、ミサイルは南方の方角に飛行したことが明らかとなった。一段目ロケットは黄海に落下した。二段目ロケットはフィリピン海に落下したと推定した。同司令部は人工衛星が地球周回軌道に進入したことを示唆すると共にミサイルやその残骸が北米大陸に対し脅威を与えることはなかったと伝えた。(28) 安保理事会は北朝鮮が弾道ミサイル技術を使用した打上げ実験を禁止した安保理事会決議一八七四に対する明白な違反であるとして、人工衛星打上げを痛烈に非難した。(29)

他方、北朝鮮外務省の声明を伝える『朝鮮中央通信』の報道は、国中の人々が人工衛星打上げ成功のニュースに歓喜したと伝えた。また同報道によれば、敵対勢力は平和目的のために打上げを安保理事会「決議違反」として中傷している。北朝鮮の人工衛星だけが軍事目的の長距離ミサイル発射実験、「挑発」、緊張激化の原因であるかのようにみられている。宇宙を平和目的のために利用する権利は国際法によって普遍的に認められたものであり、安保理事会が云々できるものではない。誰が何と言おうとも、北朝鮮は人工衛星を打ち上げる正当な権利を行使し、経済建設と国民の生活水準の向上に向けて積極的に寄与するであろうと明言した。(30)

人工衛星が地球周回軌道を周回していると金正恩指導部は主張したが、軌道上にあるものの衛星の制御が難しい状態にあると、米政府高官が指摘した。とは言え、人工衛星は数年間、軌道上に止まるであろうとみられた。人工衛星打上げが実際に米本土を対象とする長距離弾道ミサイルとして使用可能な多段式ロケットの発射実験であったことを踏まえると、人工衛星の打上げ成功は技術上、特筆すべき成果であったと言えよう。[31]

北朝鮮による度重なる弾道ミサイル発射実験は安保理事会にとって看過できない事態であった。二〇一三年一月二二日に安保理事会決議二〇八七が全会一致で採択された。同決議はロケット発射が弾道ミサイル技術を使用するものであり、安保理事会決議一七一八及び決議一八七四に違反すると断定し経済制裁措置を強化する内容であった。[32]

(3) 第三回地下核実験

外部世界による非難が強まる中、金正恩指導部はさらなる軍事挑発に打って出た。二〇一三年二月一二日に第三回地下核実験が強行されるに及んだ。同日、『朝鮮中央通信』は第三回地下核実験を成功させたと報道した。[33] 同報道によれば、北朝鮮国防科学部門は北朝鮮北部の地下核実験場において第三回地下核実験に成功した。同実験は平和目的のため人工衛星を打ち上げるという北朝鮮の正当な権利を侵害した米国の悪辣な敵対行為に直面し、国家安全保障と主権を防御する対抗措置として行われたとした。しかもこれまでと異なり、より小型でかつ軽量でありながら一層大きな爆発威力を備えた原爆が使用され、安全かつ完璧な方法で実験が行われた。周囲の生態学的環境に対し実験による悪影響はなかった。同実験により北朝鮮の核抑止力が多様化したことが実証された。その力点は核実験を通じ核兵器の小型化と爆発威力が著しく向上したことにあった。

間もなく核実験に伴う計測結果が世界中の各機関から発表された。包括的核実験禁止条約機構（CTBTO）によれば、今朝午前二時五七分五一秒（UTC：協定世界時）に、世界各地の二五箇所にあるＣＴＢＴＯの地震観測所は北朝鮮で核実験が行われた特徴を示す地震波を検知した[34]。ＣＴＢＴＯの地震測定によれば、爆発による地震波はマグニチュード五・〇を計測した。今回の規模は二〇〇九年の第二回核実験が計測したマグニチュード四・五二の約二倍規模であり、〇六年の第一回核実験が計測したマグニチュード四・一より遥かに大きい規模であった。実験箇所は以前の二回の核実験と同一であることが明らかとなった。

各国政府や関係機関が爆発威力についての計測結果を発表した。計測結果には相当のばらつきがみられた。韓国政府によれば、爆発威力は六から七キロ・トン程度に止まった。ロシア政府は七キロ・トンを上回ると計測した。他方、ドイツの連邦地質資源研究所は四〇キロ・トンに及ぶとの極端に高い推定を行った[35]。爆発威力には相当幅があるとは言え、以前の二回の核実験に比較して一層増していることは確かであった。

（４）爆発威力の向上と小型化弾頭

第三回地下核実験の爆発威力は過去三回の実験で最大規模を示した。第三回核実験の爆発威力は第二回実験の二倍以上に増大したとみられる[36]。ところで北朝鮮は二〇一三年にプルトニウムを生産するため寧辺の核関連施設の五ＭＷ黒鉛炉の運転を再開した。現在、北朝鮮は四発から一〇発程度の兵器級プルトニウムを備蓄しているとされる[37]。とは言え、五ＭＷ黒鉛炉に基づくプルトニウム生産に限界があることを踏まえると、高濃縮ウラン計画は警戒を要することになる[38]。

ミサイル搭載核弾頭の開発に向けた課題は核弾頭を弾道ミサイル上部に搭載できるよう小型化す

ることであり、この技術は「小型化（〝miniaturization〟）」と呼称される[39]。既述の通り、『朝鮮中央通信』は第三回地下核実験において「小型化原爆」が使用されたことを示唆したが、真偽のほどは不明である[40]。他方、米国防総省の米国防情報局（Defense Intelligence Agency）は、弾道ミサイルに核弾頭を搭載する能力について「適度な確信」があることを示唆した[41]。ただし目標を破壊する高い命中精度を備えているだけでなく大気圏再突入の際に発生する高温に核弾頭が耐えることができるかなどが主な課題として残っている[42]。このため、今後とも長距離弾道ミサイルの発射実験や核実験が不可欠であるという推論が導かれる。

ところで、第三回核実験により韓国の安全保障が一段と脅かされる格好になったのは疑う余地はない。苛ついた李明博政権は核実験を激しく非難すると共に必要に応じ確固たる対抗措置に打って出ると言い切った[43]。同政権は北朝鮮全域を射程に捉えた長距離巡航ミサイルの使用を示唆した。これは重大な意味を持つものであった。有事の際、朝鮮人民軍の大機甲部隊が韓国領内へ雪崩れ込むことになれば、韓国軍は巡航ミサイルを北朝鮮全域に向け発射するという可能性があることを物語った。これにより、戦域は一気に朝鮮半島全域へと拡大することが憂慮される事態となった。

（5）安保理事会決議二〇九四の採択

国連も直ちに対応した。二月一二日に安保理事会はプレス声明という形で核実験を厳しく非難した。その骨子は同地下核実験が二〇〇六年採択の安保理事会決議一七一八、二〇〇九年採択の決議一八七四、二〇一三年採択の決議二〇八七など諸決議に対する重大な違反を構成し、国際の平和と安全に対し明白な脅威を与えるとした。その上で、安保理事会議長はさらなる経済制裁決議が近く採択されることを示唆した[44]。これを受け、一三年三月七日に決議二〇九四が全会一致で採択される運びとなった。同決議は核実験が上記の三決議に対する違反であるとした上で、北朝鮮への経済制裁が一層強化される内容を盛り込んだ。今後、さらなるミサイル発射実験や核実験が強行されることになれば、追加的な経済制裁措置を科す用意があることが表明された[45]。とは言え、安保理事会の対応は経済制裁という従前の対応を繰り返したに止まった。

この間、北朝鮮による過激な軍事挑発とこれに対する各国や国連による厳しい非難といった遣り取りは常態化している。金正恩は金正日が果敢に繰り広げた軍事挑発路線を突き進んでいる感を与える。さらなるミサイル発射実験と核実験を強行する構えを金正恩は崩しておらず、外部世界に対する挑発のレベルを上げている感がある。これに対し、外部世界は度重なる軍事挑発に場馴れしてしまい特段、真っ向から対抗措置を講じようとする動きをみせていない。軍事挑発の度に安保理事会決議が採択され経済制裁措置が漸次、強化されるという図式がみられる。しかも中国とロシアが表面上は経済制裁を支持しているものの、制裁の履行が曖昧なため、経済制裁の実効性は相変らず疑問である。その間、北朝鮮の核兵器や長距離弾道ミサイル開発は間断なく続いているというのが現実である。

【注】

（1） 張成沢による助言について、「金総書記後継に三男・正雲氏決定か、情報筋伝える」『聯合ニュース』

（二〇〇九年一月一五日）。「金総書記義弟が決定的影響＝後継体制で「摂政」に—聯合ニュース」『聯合ニュース』（二〇〇九年二月一五日）。

（2） 金正恩のスイス滞在期に関する記述について、"Kim Jong Un," North Korea Leadership Watch, Research and Analysis on the DPRK Leadership; "Son Named Heir to North Korea's Kim Studied in Switzerland, Reportedly Loves NBA," ***Washington Post***, (June 3, 2009.); and "North Korean Leader Kim Jong-il 'Names Youngest Son as Successor,'" ***AP***, (June 2, 2009.)

（3） 張成沢による推奨について、前掲「金総書記後継に三男・正雲氏決定か、情報筋伝える」。前掲「金総書記義弟が決定的影響＝後継体制で「摂政」に」。

（4） 朝鮮人民軍大将への金正恩の指名について、"Kim Jong Il Issues Order on Promoting Military Ranks," ***KCNA***, (September 27, 2010.)

（5） 党中央軍事委員会副委員長への金正恩の推挙について、"Central Military Commission Organized," ***KCNA***, (September 28, 2010.)

（6） 張成沢の台頭について、"N. Korea Reshuffle Seen as Part of Succession Plan," ***New York Times***, (June 7, 2010.)

（7） 金正日死去の報道について、"Kim Jong Il Passes away," ***KCNA***, (December 19, 2011.)

（8） この点について、"North Korea Pumps Money into Military," ***Washington Times***, (August 3, 2004.)

（9） 二〇一一年七月の米朝協議について、Peter Crail, "U.S., North Korea Hold Bilateral Talks," ***Arms Control Today***, (September 2011.)

（10） 二〇一一年一〇月の米朝協議について、Kathleen E. Masterson and Peter Crail, "U.S. Envoy Sees Progress in N. Korea Talks," ***Arms Control Today***, (November 2011.)

（11） 同報道について、***op. cit.***, "Kim Jong Il Passes Away."

(12) 金正日の告別式について、“Ceremony of Bidding Last Farewell to Kim Jong Il Held,” *KCNA*, (December 28, 2011.)「〈金総書記告別式〉霊柩車に手を置く七人…新体制の権力者」『中央日報』(二〇一一年一二月二九日)。

(13) 金永南による追悼の辞について、“National Memorial Service Held,” *KCNA*, (December 29, 2011.)

(14) 朝鮮人民軍最高司令官への金正恩の推挙について、“Kim Jong Un Assumes Supreme Commander,” *KCNA*, (December 31, 2011.)

(15) 同宣言について、“WPK Holds Kim Jong Il in High Esteem as Eternal General Secretary,” *KCNA*, (April 11, 2012.)

(16) 朝鮮労働党第一書記への金正恩の推挙について、“WPK Conference Elects Kim Jong Un as First Secretary of WPK,” *KCNA*, (April 11, 2012.)

(17) 国防委員会第一委員長への金正恩の推挙について、“Kim Jong Un Elected First Chairman of NDC of DPRK,” *KCNA*, (April 13, 2012.)

(18) 元帥への金正恩の推挙について、“Kim Jong Un Awarded Title of Marshal of DPRK,” *KCNA*, (July 18, 2012.)

(19) 金正恩による祝辞について、“Kim Jong Un Speaks at Military Parade,” *KCNA*, (April 15, 2012.)

(20) 二〇一二年二月の米朝協議での合意について、“DPRK Foreign Ministry Spokesman on Result of DPRK-U.S. Talks,” *KCNA*, (February 29, 2012.); “Wary Steps Forward with North Korea,” Council on Foreign Relations, (March 1, 2012.); and Peter Crail, “N. Korea Agrees to Nuclear Halt,” *Arms Control Today*, (March 2012.)

(21) 人工衛星の打上げ予定の報道について、“DPRK to Launch Application Satellite,” *KCNA*, (March 16, 2012.)

(22) 人工衛星の打上げに対する非難について、"North Korea Says it will Launch Satellite into Orbit," *New York Times*, (March 16, 2012.)

(23) 北朝鮮当局の主張を伝える報道について、"Launch of Satellite Kwangmyongsong-3 is Legitimate Right of DPRK," *KCNA*, (March 18, 2012.) また北朝鮮当局は『朝鮮中央通信』を通じ韓国の傀儡勢力が「光明星3号」の打上げに対する中傷に躍起となっているとして猛反発した。同報道によれば、北朝鮮が打ち上げる人工衛星が長距離弾道ミサイルであり、同年二月二九日の米朝協議の合意に対する違反であると主張しているのは到底理解できない。任期の終りに近付いた李明博一味は何にも増して米朝対話とその交渉の結果を恐れているのであり、同一味は米国内の新保守主義勢力を扇動して米朝協議を頓挫させる至高の機会として人工衛星打上げ計画の発表を利用したと猛反発した。北朝鮮当局の猛反発を伝える報道について、"DPRK's Satellite Launch not Contradictory to DPRK-U.S. Agreement," *KCNA*, (March 19, 2012.)

(24) 視察訪問を許可する報道について、"Foreign Media Persons and Experts on Space Science and Technology Visit Sohae Satellite Launching Station," *KCNA*, (April 8, 2012.)

(25) オバマ政権による米朝合意の無効宣言について、"North Korean Launch Fails, Pyongyang Admits Test of Rocket Collapses; U.S. Condemns 'Provocative Action,'" *The Wall Street Journal*, (April 13, 2012.)

(26) 同報道について、"DPRK's Satellite Fails to Enter its Orbit," *KCNA*, (April 13, 2012.)

(27) 人工衛星の打上げ成功を伝える報道について、"DPRK Succeeds in Satellite Launch," *KCNA*, (December 12, 2012.); and "KCNA Releases Report on Satellite Launch," *KCNA*, (December 12, 2012.)

(28) 北米航空宇宙防衛司令部による報告について、"NORAD Acknowledges Missile Launch," North

American Aerospace Defense Command,（December 11, 2012.）

（29） また潘基文（パン・ギムン）国連事務総長も同ロケット打上げ実験を極めて遺憾に思うと懸念を表明した。国連事務総長による批判について、〝North Korea Rocket: International Reaction,〟 *BBC News*,（December 12, 2012.）

（30） 北朝鮮当局による人工衛星打上げを正当化する報道について、〝DPRK Foreign Ministry Spokesman on Satellite Launch,〟 *KCNA*,（December 12, 2012.）

（31） この点について、〝Crippled N Korean Probe could Orbit for Years,〟 *AP*,（December 18, 2012.）

（32） 安保理事会決議二〇八七の採択について、United Nations S/RES/2087（2013）（January 22, 2013.）

（33） 第三回地下核実験の成功を伝える報道について、〝KCNA Report on Successful 3rd Underground Nuclear Test,〟 *KCNA*,（February 12, 2013.） 続いて、北朝鮮外務省はオバマ政権に対し二者選択を迫る内容の要求を行った。これを伝える『朝鮮中央通信』報道によれば、第三回核実験は米国による敵対行為に対処するために講じられた自衛のための決意表明であり、二つの選択肢から何れかをオバマ政権は選択しなければならない。一つは人工衛星打上げという北朝鮮の権利を尊重し、緊張緩和と安定に向かう道を切り開く選択肢であり、もう一つは北朝鮮への敵視政策を執拗に追求することにより一触即発の事態を招くという誤った選択肢である。もし米国が対決の選択肢を選ぶようなことがあれば、朝鮮人民軍と北朝鮮人民は正義かあるいは不正義かの何れか一か八かの戦いを通じ、国家の尊厳と主権を守り、朝鮮半島の再統一に向け偉大な革命的行動を断行し、最終勝利を勝ち取ることを世界は目の当りにするであろうと断言した。同報道について、〝Spokesman for DPRK Foreign Ministry Urges U.S. to Choose between Two Options,〟 *KCNA*,（February 12, 2013.）

（34） CTBTOの計測について、〝On the CTBTO's Detection in North Korea,〟 CTBTO,（February

12, 2013.)

(35) 爆発威力に関する様々な推定について、「〈北核実験〉爆発力評価、韓米ロ7キロトンvs独40キロトン」『中央日報』(二〇一三年二月一五日)。

(36) CTBTOの計測について、*op. cit.*, "On the CTBTO's Detection in North Korea."

(37) こうした推定について、Kelsey Davenport, "N. Korea has Nuclear Missile, Expert Says," ***Arms Control Today***, (June 2014.)

(38) この点について、Kelsey Davenport, "North Korea Conducts Nuclear Test," ***Arms Control Today***, (March 2013.); and *op. cit.*, "N. Korea Has Nuclear Missile, Expert Says."

(39) 「小型化」について、*op. cit.*, "N. Korea Has Nuclear Missile, Expert Says."

(40) 同報道について、*op. cit.*, "KCNA Report on Successful 3rd Underground Nuclear Test."

(41) 米防衛情報局による推定について、"Pentagon Finds Nuclear Strides by North Korea," ***New York Times***, (April 11, 2013.); and "In Focus: North Korea's Nuclear Threats," ***New York Times***, (April 16, 2013.) この点に関連して、日本領土を射程に捉える射程距離一三〇〇キロ・メートルを有するノドン・ミサイルが核弾頭を搭載することはあり得ると元韓国政府関係者が発言している。同発言について、*op. cit.*, "N. Korea Has Nuclear Missile, Expert Says."

(42) この点について、*op. cit.*, "N. Korea Has Nuclear Missile, Expert Says."; and *op. cit.*, "Pentagon Finds Nuclear Strides by North Korea."

(43) 巡航ミサイルの配備について、"South Korea Shows Military Muscle in Sparring with North," ***New York Times***, (February 14, 2013.)

(44) 安保理事会プレス声明について、"Security Council Press Statement on Nuclear Test Conducted by Democratic People's Republic of Korea," Security Council SC/10912 DC/3415, (February 12,

2013.）また潘基文国連事務総長は同実験を遺憾であるとして朝鮮半島地域の安定へ及ぼす影響について深い懸念を表明した。国連事務総長による批判について、"Security Council and UN Officials Condemn DPR Korea's Nuclear Test," United Nations News Centre,（February 12, 2013.）

（45）安保理事会決議二〇九四について、United Nations S/RES/2094（2013）（March 7, 2013.）

第一四章　張成沢粛清事件

第一節　張成沢とはどの様な人物であったのか

二〇一三年一二月に北朝鮮の事実上のナンバー2と言われた張成沢が粛清された事件を伝える報道は記憶に新しい。張成沢とは、金正日の実妹に当たる金敬姫（キム・ギョンヒ）と結婚し、若くして金正日の側近となった人物であった。幾度か浮き沈みはあったとは言え、金正日の懐刀として地歩を固めた張成沢は金正日の晩年、事実上、国政を動かす存在であり、金正日に三男の金正恩を継承者にするよう勧めた人物とされる(1)。金正日は三〇歳にも満たない金正恩を補佐する後見人役を張成沢と金敬姫に託した。その金正日が二〇一一年一二月に急死したことで、金正恩の後見人とされた張成沢に時代は微笑み掛けたかにみえた。ところが、それから二年後の一三年一二月に張成沢が突然、失脚、処刑されるといった想定を超える筋書が待ち構えていた(2)。その間に何があったのか。

（1）駆出しの頃の張成沢

張成沢は一九四六年二月一六日に生まれたとされる。張成沢は立身出世という意味で誰よりも恵まれた人物の一人であった。金日成総合大学に入学した張成沢は特別、学業成績が優秀という訳ではなかったが、芸術サークルで歌や踊りが上手でカリスマ的な存在であった。張成沢の同級生で金正日の実妹であった金敬姫はそうした張に憧れた。金日成総合大学では先輩格の金正日も張成沢に一目置いていた。張成沢を疎んじたのは金日成であったとされる。そのために一時、張成沢は元山（ウォサン）経済大学に転校させられた経緯もあるが、金正日の取計らいで金日成総合大学に戻ることができた。結局、張成沢と金敬姫は結婚した。張成沢はこれにより北朝鮮を支配する金一族の一員となった訳である。(3)

二〇〇八年八月に金正日が突如、脳卒中で倒れたことにより、金正日の側近中の側近であった張成沢は一躍、有力者として浮上した。金正日は未だ二〇代後半の後継者・金正恩を補佐する後見人役を張成沢と金敬姫に託した。張成沢は来たるべき金正恩体制を支える最重要人物の一人と目されたのである。張成沢は北朝鮮の最高政策決定機関の国防委員会副委員長の地位にあり、金正恩に次ぐ事実上のナンバー2に上り詰めることになった。(4)

他方、張成沢は波瀾の人生を歩む人でもあった。娘の張琴松（チャン・クムソン）はパリへ留学した。張成沢や金敬姫にとって娘がパリに何時までもいることは認められるところではなかった。しかし親の求めに拘わらず張琴松は平壌へ戻ることを拒み自ら命を絶った。(5)その後既述の通り、張成沢は金正日の側近として地位を高め、病身の金正日の晩年には事実上、国政を動かすまでになった。ところが、二〇一三年一二月に張成沢は突然の失脚、処刑と、壮絶な最期を迎えることになった。

（2）左遷と復帰

張成沢は一九七〇年代の初めから朝鮮労働党にあって職位の低い役職からキャリアを開始した。駆出しの頃の職務は平壌（ピョンヤン）市朝鮮労働党委員会指導員であった。[6] その後、とんとん拍子でキャリアを積んだが、順風満帆かと思われた張成沢のキャリアは思わぬことで躓くことになった。七八年に張成沢は職位に見合わない盛大な酒宴を催したことで、これを見兼ねた金正日は張に灸を据える意味で製鉄所の工場長に左遷した。[7] この間、金敬姫は一日も早い夫の復帰を望んだ。加えて、張成沢の復帰に力を貸したのは金正日の長男の金正男（キム・ジョンナム）の実母の成蕙琳（ソン・ヘリム）であったとされる。張成沢はようやく復帰を果たした。八二年に朝鮮労働党中央委員会青少年事業部副部長に就任した張成沢はその後、金正日の側近として党内での地位を着実に固め出した。八五年に同第一副部長、八六年には最高人民議会議員に選任された。八九年六月に党中央委員会候補となり九二年に中央委員会委員に推挙された。さらに九五年一一月に党中央委員会組織指導部において行政を与える第一副部長に任命された。[8]

（3）「深化組事件」

一九九四年七月の金日成の死後、最高権力者の地位を継承したものの九五年から四年間続きで大水害が起こりそれが大飢饉を招きさらには膨大な数に上る餓死者を生むに至ったことにより、金正日は厳しい立場に立たされた。また金正日は父・金日成に忠誠を誓う古参の勢力に頭を痛めた。金正日は大飢饉の責任者を処罰するだけでなく古参の勢力を根絶する必要を感じた。このために公安組織の社会安全部に「深化組」という呼称の捜査機関を設置し、問題のありそうな者達を徹底的に取り締まった。これにより引き起こされた粛清が「深化組事件」であり、同粛清を指揮した人物こそ張成沢であったとされる。粛清は九七年から二〇〇〇年まで吹き荒れた。その対象者は二万五〇〇〇人にも達したとされた。その内、粛清による死者は一万人を数え、残りの者は収容所へ放り込まれることになった。(9)

(4) 二度目の失脚と復権

ところが、「深化組事件」の責任者として実力を付けた張成沢はまたしても失脚の憂き目にあった。二〇〇三年当時、張成沢は金正日の後継者として長男の金正男を推挙すべく画策した。この背景には以前、製鉄所に左遷された際、張成沢の復帰のために尽力した金正男の実母・成蕙琳への恩返しの意味があったとされる。しかしこれに猛反発したのが金正恩の実母の高英姫(コ・ヨンヒ)らであった。このため激しい暗闘が繰り広げられ、党中央委員会組織指導部で権勢をふるっていた李済剛(リ・ジェガン)組織担当第一副部長によって追放されるという、憂き目を張成沢は味わう羽目になった。張成沢は消息を絶った。(10)

この間、張成沢の復権を望む金敬姫が金正日に懇願した。李済剛の台頭に次第に脅威を感じ始めた金正日が李済剛を牽制する意味で張成沢を復権させたとされる。二〇〇五年一二月に処罰を解かれた張成沢は比較的目立たない首都建設部の第一副部長に赴いた。その後、金正日は〇七年一二月に党中央委員会行政部を復興させ張成沢を部長に当てた。これにより張成沢は本格的な復権を果たした。[11] 金正日が李済剛の対抗馬として張成沢を重職に据えたとされる。[12] 他方、張成沢は不可解な交通事故に巻き込まれた。〇六年一〇月一五日に張成沢が搭乗していた車両に軍用トラックが後ろから突っ込むという事故が起きた。これは李済剛の策謀による交通事故を偽装した張成沢の暗殺未遂事件であったのではないかと疑われた。[13]

（5）張成沢の台頭

他方、金正日が二〇〇八年八月に脳卒中で倒れたことは張成沢の権勢を一段と押し上げることに繋がった。同じく、金正日の後継者の選任問題が急遽、浮上した。その際、中核的な役割を果たしたのが張成沢であった。張成沢は三男の金正恩を後継者に選任するよう金正日に助言したとされる。[14] これを受け、金正恩への権力継承路線が次第に定着した。これと並行するかのように張成沢の台頭が始まった。同年四月九日、張成沢は最高政策決定機関である国防委員会委員に推挙された。[15] 一〇年六月七日に張成沢は国防委員会副委員長に選任されたことにより張の権勢はいよいよ高まった。[16] この選任は金正恩を金正日の継承者に向け足固めするためのものであったとされる。[17]

その後、二〇一〇年九月二八日の第三回朝鮮労働党代表者会議を受け開催された中央委員会総会において張成沢は政治局員候補に任命された。[18] 同じく、金正恩は党中央軍事委員会副委員長に推薦された。一一年一二月一七日に金正日が死去し、張成沢は葬儀委員会の名簿に名を連ねた。

この間、金正恩の後見人となった張成沢と張が取り仕切る党行政部は権力中枢を占める党組織指導部、朝鮮人民軍、国家安全保衛部の幹部達と激しい利権争いを繰り広げた。病身の金正日から金正恩への継承路線が確定しその路線を定着させる上で張成沢は絶大な権限を得た。これを背景として、張成沢は敵対組織・機関の幹部達の粛清に打って出たと推察される。この結果、張成沢と敵対関係にあった人物達が次々と表舞台から消えることになった。その中には前述の李済剛、柳京（リュ・ギョン）国家安全保衛部副部長、禹東則（ウ・ドンチュク）国家安全保衛部第一副部長、李英浩（リ・ヨンホ）朝鮮人民軍総参謀長などが含まれた[19]。

二〇一〇年六月二日には、かつて張成沢を失脚させるべく動いたとされる実力者の李済剛が平壌と元山（ウォンサン）を繋ぐ高速道路で交通事故死するという謎めいた事件が発生した[20]。張成沢と長年にわたり敵対関係にあった李済剛は以前に張成沢が失脚した背後で暗躍しただけでなく張が巻き込まれた交通事故にも関与したのではないかと疑義が持たれた。これに対し、今度は張成沢が李済剛の交通事故を画策したのではないかとの憶測が流れた。何れにせよ、李済剛が死去したことで張成沢の地位はさらに確固たるものになった。続いて一一年一一月に柳京がスパイ罪の疑いを掛けられ処刑された[21]。一一年後半には国家安全保衛部第一副部長を罷免された禹東則が自殺を遂げた[22]。これに加え、一二年七月に李英浩は朝鮮人民軍総参謀長を解任された[23]。李英浩は朝鮮人民軍にあって軍の利権獲得に奔走した人物であった。しかし張成沢は金正恩を動かし不可侵とも言えた朝鮮人民軍の利権を侵食しようとした。これに対し、李英浩の配下の者達は張と党行政部に対し激しい恨みを持った。李英浩の解任が張成沢に対する人民軍の敵対心を一層強めたことは間違いがない。

(6) 張成沢、訪中

この間、事実上、国政を動かす立場にあった張成沢が先頭に立ち推進したのは中朝国境地帯に経済特区を設立し中国から大規模の外資を呼び込むという事業であった。二〇〇九年一一月三〇日に始まったデノミ政策が無惨な失敗に帰した結果を踏まえ、外資導入政策に活路を張成沢が見出そうとした。一一年六月上旬に黄金坪(ファンググムピョン)・威化島(ウィファド)と羅先(ラソン)に「共同自由貿易地帯」を設立する中朝合意が成立した。[24] これに伴い、「羅先経済貿易地帯」と「黄金坪・威化島経済地帯」の共同運営委員会代表団団長に張成沢が就任した。一二年八月に同代表団団長として訪中を行った張成沢は胡錦濤(フー・チンタオ)中国国家主席や温家宝(ウェン・チアパオ)首相など中国指導部の幹部達から金正日に匹敵する破格の待遇を受けた。このことは同指導部が張成沢を中朝関係の鍵を握る重要人物であるとみなしたことを物語った。[25]

こうして張成沢は朝鮮労働党中央委員会行政部長、朝鮮労働党政治局委員、国防委員会副委員長などの要職を手中に収め、金正恩指導部で事実上の権力を掌握し、しかも中国指導部から北朝鮮において最も重要な人物の一人であると認知されることになった。他方、こうした進捗は北朝鮮の支配層の総てから必ずしも歓迎されるものではなかった。

(7) 張成沢、国家体育指導委員長就任

二〇一二年一一月四日に党中央政治局拡大会議が開催され、国家体育指導委員会が新設され、張成沢の初代委員長就任が決まった。[26] ところが、この人事異動は張成沢にとってむしろ翳りとなった

のではないかと目されている。張成沢を同委員長に就任させることで、金正恩は政治、経済、国防など重要な政策審議から張成沢を外そうと目論んだのではないかともみられている[27]。

二〇一二年一二月一二日に強行されたテポドン2号発射実験を痛烈に非難する安保理事会決議二〇八七が一三年一月二二日に全会一致で採択された。同決議への対応を念頭に最高指導部高官会議が開催されたが、国防委員会副委員長の地位にあった張成沢に御呼びが掛からなかった。国政の基本方針を巡り金正恩と張成沢の間に亀裂が生じたのではないかと疑わせるものであった[28]。

しかも二〇一三年五月後半に、金正恩は張成沢ではなく崔竜海（チェ・リョンへ）朝鮮人民軍総政治局長を特使として中国へ派遣した。党行政部長として中朝経済協力を推進する張成沢の頭越しに崔竜海の派遣が行われたことは重大な意味を持っていた。金正恩がもはや張成沢を信頼していないのではないかとの疑義を抱かせることに繋がった[29]。

この間、張成沢の側近達が大失態を演じた。張成沢と側近達の粛清に向け虎視眈々と彼らの失態を暴こうと画策していた金英哲（キム・ヨンチョル）朝鮮人民軍偵察総局長らの捜査網に引っ掛かるという結果となった。二〇一三年七月に張成沢が催した盛大な酒宴の席で、側近の李龍河（リ・ヨンハ）党行政部第一副部長や張秀吉（チャン・スギル）党行政部副部長が「張部長同志、万歳。」と張を礼賛した。「万歳」は最高権力者のみに許されたものであり、張成沢への「万歳」は張こそ最高権力者を企む者と見做される恰好の口実となったのである[30]。

（8）張成沢と朝鮮人民軍の利権争い

張成沢と張が取り仕切る党行政部は主要貿易相手国である中国との経済協力を大々的に進め、中国との商取引を手中に収めようと目論んだ。これに伴い、張成沢らは朝鮮人民軍と外貨獲得競争で激しく凌ぎを削ることを余儀なくされた[31]。

結局、外貨獲得競争は決定的局面を招くこととなった。その焦点になったのは北朝鮮西部沿岸漁業を巡る利権争いであったとされる[32]。漁業権は元々、朝鮮人民軍にとって重要な利権の一部であった。漁業権による貴重な外貨収益は朝鮮人民軍に流れ、回り回って軍幹部達を経て金一族へと流れる仕組みであるとされた。ところが二〇一一年一二月に金正恩が権力を継承した時、危機的様相を呈する経済の再生の必要を説く張成沢の求めに応じ、金正恩は軍の利権の一部を内閣に移管した。この結果、漁業権は張成沢の取り仕切る党行政部が握ることになった。張成沢は漁業権の収益を自らの懐である党行政部に流した。これは朝鮮人民軍幹部の怒りを買わずにはおかなかった。漁業権を取り戻してくれるよう人民軍幹部達は金正恩に懇願したとされる。

その後、金正恩は張成沢に対し漁業権を軍に返還するように指示したが、張成沢と側近達は頑に拒んだ。張成沢のこうした行動を重大視した金正恩は朝鮮人民軍に対する挑戦であるだけでなく自らの権威に対する非礼かつ露骨な挑戦であると受け止めた。こうして漁業権は人民軍に戻った。

（9）激怒する金正恩

既述の通り、張成沢の側近達が酒宴の席で張を持ち上げたとする報告を受け、金正恩の怒りは頂点に達した。九月頃に秘密警察に当たる国家安全保衛部に最高司令官命令第一号、作戦名「ポップン（爆風）」を金正恩は指令したとされる。[33] 指令を受け、張成沢の側近であった李龍河と張秀吉が逮捕された。他方、張成沢は軟禁処分となり、張の勢力下にある七〇〇〇人以下の人間が拘束されたとされる。[34] その上で、激怒した金正恩は泥酔状態で張成沢の側近の処刑を命じたとされる。李龍河と張秀吉は一一月下旬に処刑された。[35] 李龍河は職権を濫用したと断罪された一方、張秀吉が分派を組織しようと企て党の唯一的指導体系を拒絶したのが罪状とされた。張成沢の側近が処刑された後、張は公に姿を現さなくなった。張成沢に糾弾の矛先が向けられるのは時間の問題となった。いよいよ最終段階に近付いたのである。

一二月三日、張成沢が失脚する事態へと発展した。同日、張成沢は全役職を剝ぎ取られた。[36] しかも張成沢の姿を映した以前のニュース映像から張の姿が削除されていたことが、一二月七日に『朝鮮中央テレビ』の再放映で明らかとなった。[37] 一二月九日の『朝鮮中央通信』は、前日八日に開かれた朝鮮労働党政治局拡大会議の決定を伝えた。張成沢は全役職を解任されると共に、党から除名処分となった。[38] 九日午後放送の『朝鮮中央テレビ』は、張成沢が党政治局拡大会議場から連行されるところを映し出した。張成沢のような政府高官が会議の席上で逮捕、連行される場面をメディアが放送したのは初めてであった。[39]

第二節　張成沢粛清事件の概要

（1）粛清

二〇一三年一二月一二日に開廷された国家安全保衛部特別軍事法廷において張成沢が国家転覆陰謀行為を働いたとして死刑判決が下され、即日処刑されたことを一三日の『朝鮮中央通信』が伝えた。同報道によれば、「朝鮮民主主義人民共和国国家安全保衛部特別軍事裁判所は、張成沢被告が思想的に敵側に迎合して北朝鮮人民の主権を転覆させる目的で行った国家転覆陰謀行為が刑法第六〇条に相当する犯罪を構成するということを立証すると共に、凶悪な政治野心家、陰謀家、希代の反逆者である張成沢を革命と人民の名の下で峻烈に糾弾し、同刑法第六〇条に従い死刑に処すると判決した。[40]」

国家安全保衛部特別軍事法廷の判決文を伝える報道を読むと、張成沢と側近らが悪行の限りを尽くした悪辣な輩であり、失策を重ねた愚か者達であると烙印を押そうとした意図が汲み取れる。これほどに誹謗中傷を並べられた文言を前にすると、張成沢達が事実無根の濡れ衣を着させられ非業の最期を遂げた感を覚えなくもなく、また張成沢達が極悪の抑圧体制の下であたかも殉教者となったかのような印象を受ける。判決文の中の罪科の真偽を含め、実際はどうであったのか。

（２）罪状　国家反逆罪――クーデターの策謀批判

張成沢の主な罪状の一つとして挙げられたのは軍隊を出動させクーデターを決行することにより金正恩体制を打倒し権力を奪取しようと目論んだことであった。しかも報道によれば、張成沢は審理の過程で次のように自供したとされた。「……『私は現在、国家の経済実態と人民の生活が破局的であるという事実に拘わらず、現体制が何の対策を講ずることができないという不満を軍隊と人民が抱くようにしようと試みた。最高指導者同志がクーデターの標的であった。……私は深い繋がりのある軍隊または側近の統制下にある軍隊を動員しクーデターを決行しようとした。……クーデターの時期ははっきりと定めていなかった。しかし、経済が完全に破綻し国家が崩壊直前に至れば、私の部局と総ての経済機関を内閣に集中させ、私が首相になろうと思った。私が首相になった後は、今まで様々な名目で確保した莫大な資金で生活問題を解決すれば人民と軍隊は私の「万歳」を叫ぶであろうし、クーデターは順調に成功するものと考えた。』[41]」張成沢が権力奪取に向けこのような道筋を実際に描いていたかどうかは不明である。張成沢が自供を迫られ、法廷でそのような供述を行ったのはないかとも推測される。

（３）「売国行為」批判――中国との経済協力への批判

張成沢が断罪された罪状の一つは外国、特に中国との経済協力への痛烈な批判であった。報道によれば、「張成沢は腹心らに命じ石炭や貴重な地下資源をむやみに売却しようとした。しかし腹心らが仲買人達に騙され多額の借金を負った。去る五月にその借金を返済するとして羅先経済貿易地帯の土地を五〇年の期限で外国に売却するといった売国行為も張成沢は逡巡しなかった。[42]」

国名こそ明らかにされていないが、張成沢が売国行為を行ったとされる相手国は中国を指している。この辛辣な批判は直接的には外資導入を目論んだ張成沢や経済特区を通じた外資導入政策に向けられたものであったが、間接的に相手国への批判とも受け取られる。すなわち、張成沢や側近達への糾弾に止まらず外資導入政策や中国との経済協力路線への痛烈な指弾でもあったと解釈できる。

こうした糾弾の背後には、張成沢が先頭に立ち進めた中国との外資導入政策に対し露骨な反発があったことを示唆している。実際に張成沢と党行政部の人脈は金正恩体制の支配層の中にあって、とりわけ中国との経済協力を推進した中国通であった。張成沢は「羅先経済貿易地帯」と「黄金坪・威化島経済地帯」の共同運営団長として中国との経済協力を推進し、二つの地帯を新たな経済特区として大規模の外資導入を実現しようとした。二〇〇二年七月に発進した経済改革の「経済管理改善措置」と外資導入路線が頓挫を余儀なくされる中で、朴南基（パク・ナムギ）が中心となり断行したデノミは国民の困窮を招き壊滅的破綻に帰した。これに対し、危機的な経済状況の打開に向け改めて張成沢は外資導入を推進したという経緯がある。経済的苦境に立たされている北朝鮮にとって外資導入は極めて合理的な選択であったと考えられる。

とは言え、張成沢が改革・開放を真摯に推進しようとしたかどうかは必ずしも定かではない。自ら金一族の重臣としてあたかも特権階級であるかのように振る舞った張成沢が北朝鮮の体制基盤にメスを入れるような改革・開放について何処まで真剣であったかは多少ならずとも疑問である。むしろ張成沢は中国などを初めとする外部世界との経済協力に活路を見出すことにより、また中国との経済協力を背景として中国指導部の絶大な権威に肖る形で、多くの利権を自らが取り仕切る党行政部の下に置くことに狙いがあったと見て取ることができた。他方、いかなる理由があれ中国との経済協力に邁進することは、中国指導部の要望を多かれ少なかれ受け入れざるをえないことに通じる。張成沢が中国との経済協力路線を突き進もうとしたことは、中国から改革・開放を真摯に実施するよう遅かれ早かれ求められたであろうと推測できた。

また張成沢は外部世界との軋轢を勢い招き兼ねない核兵器開発や弾道ミサイル開発には消極的であったとされる。中国とすれば、長年議長国として心血を注いだ六ヵ国協議に北朝鮮を復帰させたいと考えていたであろう。中国指導部の求めに張成沢は何らかの形で応じざるをえなかったと推察できる。そうした路線は中国との経済協力を通じ危機的な状況を打開しようとする見方からすれば、極めて道理に適った路線に映ったが、「先軍政治」の名の下で強大な既得権を握る朝鮮人民軍幹部にとってみれば真に不愉快千万な話であり、脅威以外の何物でもないと映ったであろう。[43] 彼らにしてみれば、独自ルートで中国と経済協力関係を深め、外資導入を通じ膨大な外貨を稼ぎ、それを懐に入れようとする張成沢と党行政部の遣っていることは紛れもなく売国行為であり、彼らは売国奴以外の何者でもなかったということになる。さらに張成沢達の都合のいいように遣らせておけば、中国指導部のいいように動かされ兼ねない。この結果、遠からずして北朝鮮は中国の傀儡になり兼ねない。張成沢の粛清は金正恩体制内において反中国的勢力が隠然とした影響力を持ち、反中国的な批判に対し張成沢が殊の外脆弱であったことを物語る。張成沢は敵対勢力と利権を巡り激しく衝突を繰り返しただけでなく国家の進むべき根幹とも言える路線を巡り厳しく対立したと言える。

近年、発進した新たな外資導入政策を指弾する内容とも受け取られ、中国などからの反発の可能性を全く斟酌していない非難である。今後、中国との経済協力を基軸とする外資導入政策が前進するであろうか。中国指導部はこのような文言に甘んじてまで北朝鮮へ大規模な外資導入を行うであろうか疑問が残るところである。

(4)「経済的混乱」招来への批判

同報道によれば、「二〇〇九年に希代の反逆者であった朴南基(パク・ナムギ)をそそのかし、数千億ウォンの通貨を乱発して深刻な経済的混乱を起こし、民心が乱れるよう背後で操ったのも正に張成沢であった。[44]」大規模な外資導入を通じ慢性的低迷状態にある経済の再生を図ろうとした張成沢が〇九年一一月のデノミ断行による経済的混乱を招来させた張本人であったというは事実関係を無視した主張である。北朝鮮経済を取り囲む厳しい現状の下で張成沢が進めようとした外貨導入路線は既述の通り極めて道理に適った路線であったと言える。これが判決文の一部であるとすれば、事実無根の内容である。

(5)「不正腐敗行為」への批判

同報道によれば、「張成沢は、政治的野望の実現に必要な資金を確保するために様々な名目で金儲けを奨励し、不正や腐敗行為をこととしてきた。張成沢は我々の社会に安逸で気が緩み、無規律的な毒素を拡散すべく先頭に立った。[45]」張成沢や張の側近達の罪状として浴びせられた数々の汚職の真偽は別にして張達が清廉潔白な人物であったかは多分に疑義の残るところであった。金正日時代から金正日の側近として張成沢が特権階級であるが如く振る舞ったことは公然とした事実である。張成沢が私欲の限りを尽くしていたと断罪されたことは必ずしも驚くに当たらない。とは言え、このことは張成沢や側近達だけでなく彼らを粛清した側の者達もまた多かれ少なかれ同様であり、不正腐敗行為を常としているのは程度の差こそあれ、金体制の支配層に共通する病巣である。

(6) 張成沢と党行政部への「反党・反革命分派」批判

以上において諸々の罪状が並べられたが、その真偽には少なからず怪しいものがある。明らかであったのは、党行政部長として行政部を取り仕切った張成沢と側近達は利権の獲得を巡り、朝鮮人民軍や党組織指導部の幹部達と露骨な抗争を続けたことである。張成沢に浴びせられた下記の文言はそうした張の敵対勢力の視点からの厳しい指弾である。「張成沢は、党の唯一指導を拒否する重大事件を企て追放された側近やおべっか屋達を狡猾な方法で数年間に自分の部局と機関に雇い入れた。前科者、経歴に問題がある者、不満を抱いた者達を系統的に自分の周りに侍らせ、その上に神聖不可侵の存在として君臨した。[46]」

金正恩体制内で権力と利権を巡る激しい暗闘が繰り広げられたことは確かであった。金一族の重臣としてまた金正日の側近として虎の威を借る狐の如く、張成沢は指導部内の政敵達に対し粛清を断行した人物であった。金正日の晩年、金正日から金正恩への継承路線が確定し、その路線を定着させる上で張成沢は鍵となる役割を演じたことで絶大な権限を得た。それを背景として、指導部内で張成沢と張が取り仕切る党行政部が朝鮮人民軍、党組織指導部、国家安全保衛部の幹部達と利権を巡り激しい抗争を演じ、二〇一〇年頃から敵対組織・機関の幹部達の粛清に打って出たことは既述の通りである。[47] この結果、張成沢と敵対関係にあった李済剛、柳京、禹東則、李英浩など大物達が次々と表舞台から消えることに繋がった。[48]

従って、日頃から朝鮮人民軍、党組織指導部、国家安全保衛部の幹部達はそうした張成沢と党行政部の人脈を粉砕すべく反撃に打って出る機会を窺っていた。そこには張成沢の勢力との利権を巡る激しい利害対立があり、張に対する私怨も重なった。彼らに願ってもない機会が訪れたのは張成沢と金正恩の関係が二〇一二年一二月頃からぎくしゃくし出し、張が次第に金正恩から遠ざけられたことである。父・金正日が後見人として据えた張成沢は最高権力者である金正恩にとって当初は助けになった。とは言え、金正恩の後見人として日々権力を強大化させただけでなく党行政部の長として利権の確保に奔走すると共に敵対勢力と利権争いを激しく繰り広げ、さらには最高権力者である自分に忠誠を誓わないばかりか、あたかも最高権力者であるが如く振る舞う張成沢は金正恩にとって日々疎い存在になったのであろう。[49]

実際に、二〇一二年一二月の後半以降、金正恩が張成沢を遠ざけるようになるに及んで、張も焦燥感を抱くに及んだ。これは張成沢の敵対勢力にとってまたとない反撃の機会の到来を意味した。粛清の背後で暗躍したのは、前述の崔竜海、呉克烈（オ・グッリョル）国防委員会副委員長、超延俊（チョ・ヨンジュン）党組織指導部第一副部長や金英哲（キム・ヨンチョル）朝鮮人民軍偵察総局長であったとされる。[50]

このことは朝鮮人民軍と党組織指導部が中心となり張成沢とその人脈の粛清を断行したという見方を裏付ける。金一族の重臣であった張成沢に対し金正恩が毅然として処分を行うことを余儀なくされたと推測される。こうした見方に立てば、金正恩は朝鮮人民軍、党組織指導部、国家安全保衛部と利害関係を一致する呉越同舟の集団によって動かされたことになる。とりわけ朝鮮人民軍の意向に逆らうことは自らの権力基盤に跳ね返り兼ねない危険な行為であった。そこにもってきて、張成沢との関係が日々悪化する中で彼らに同調せざるをえなかったとみることができよう。こうしてみると、金正恩が張成沢やその側近などの粛清を承認した格好となったとも言えよう[51]。

しかも金正恩にとって気に入らなかったのは、張成沢が中国当局の保護下に置かれているとされる金正日の長男・金正男との親交が厚かったこともあったとみる観測がある[52]。かりにそうであったとしても、このことが粛清に何程影響を与えたかは明らかではない。

張成沢の粛清は金正恩体制内の指導部の対立が極めて激しかったことを物語った。粛清の矛先は張成沢の親族にも向けられた。一二月一三日午後一〇時頃、張成沢の一族が多数居住する平壌市の平川（ピョンチョン）地区へ国家安全保衛部員が押し入り、張の親族達を連れ去った[53]。その多くは政治犯収容所へ送られたとされる。

第三節　張成沢粛清事件の影響

（1）独裁体制と粛清

張成沢とその側近を初めとする人脈や張の親族に向けられた粛清は北朝鮮の創建者であった金日成が一九五〇年代に断行した粛清を想起させる壮絶な粛清となった。[54] 実際に張成沢の粛清は金日成がかつて南労党派、ソ連派、延安派など朝鮮労働党内の政敵達に対し断行した仮借なき粛清を想起させざるをえない。[55]

一九六〇年代の終りまで続いた粛清により金日成の一人独裁体制が完遂をみた。そうした独裁体制は粛清によって完遂したといっても過言ではなかった。それは粛清に次ぐ粛清であった。

また金日成の溺愛の下で金正日が権力者への道を歩んだとは言え、金正日への権力継承は確実に保証されたものではなかった。金正日も目の前に立ちはだかる者に対し手加減することはなかった。金正日にとって邪魔な存在であったのが金日成の実弟で金正日の叔父に当たる金英柱（キム・ヨンジュ）の存在であった。金英柱の追放を目論んだ金正日は呉振宇（オ・ジンウ）人民武力部長の強大な力を借り、朝鮮人民軍内の叔父に近い人脈を徹底的に削ぎ落とした。一九七三年九月の朝鮮労働党中央委員会第五期第七次全員会議で中央委員会書記局書記の座を叔父から奪うことに金正日は成功した。[56] 金正日にとってさらなる課題であったのは「苦難の行軍」であった。この間、金正日は親金日成派の残党の粛清を大々的に進めたとされる。九四年七月の金日成の死後、九五年から四年間続きで大水害が続発し大飢饉と膨大な数に上る餓死者が発生したため、金正日は厳しい立場に置かれた。金正日は父・金日成に忠誠を誓う勢力に手を焼いた。そこで、金正日は大飢饉の責任者を処罰するだけでなく、同勢力の根絶を目論んだ。これによって引き起こされた粛清が「深化組事件」であり、同粛清を指揮した人物こそ、張成沢であったことは既述の通りである。[57]

祖父・金日成、父・金正日の二人の金は自身の権力基盤に刃向かう者達に対し仮借なき粛清を続けながら、自身の権力基盤の確立と安定を図った。その意味で、金正恩が叔父に当たる張成沢を刃に掛けたことも理解されよう。金日成に始まり金正日を経て金正恩に至る三代にわたる金体制を通じ一貫して流れるのは独裁体制の確立とその堅持のためには仮借なき粛清を常としたことである。

(2) 粛清事件の影響

しかも張成沢が率先して進めた中国との経済協力路線は少なくとも二〇一三年一二月に張の突然の粛清により再検討を余儀なくされた。既述の通り、中国との経済協力を基軸として外資導入を推進しようとした張成沢は金正恩体制の中で極めて重要な人物であると中国指導部に映った。従って、張の粛清は中朝関係にとってよいはずがなかった。中国指導部が金正恩に望んでいるのは「先軍政治」の邁進は外部世界との軋轢を生むことを理解し軍事挑発を止め、核兵器開発計画やミサイル開発計画をできるだけ控えて頂きたいということである。

習近平指導部にとってみても胡錦濤指導部と同様に、北東アジア、朝鮮半島での安定した国際環境は何としても確保されなければならない。突発的な北朝鮮の崩壊は想定不能の事態を引き起こす故に是が非でも避けたい。この意味で、胡錦濤時代の対北朝鮮政策から抜本的な変更はない。

張成沢が推し進めた路線は中国指導部の思惑と合致した。張成沢は中国との経済協力を推進しただけでなく核兵器開発計画には消極的な立場を取っていた。軍事挑発路線が中国との経済協力を阻害するだけでなく発言力や利害争いで朝鮮人民軍の優位が確保されると張成沢が判断していたからであった。また張成沢を北朝鮮の核開発に歯止めを掛けるために重要な人物として中国指導部は捉えた。従って、中国指導部が粛清を断行した金正恩に対し穏やかであるはずはない。(58)

少なくとも短期的に中朝関係がどの様に推移するのか推測することは難しい。中国指導部としても改めて北朝鮮との関係が一筋縄では行かないことを痛感させられた格好となった。張成沢の粛清は北朝鮮の経済再生に向け邁進しようとした経済協力路線にとって痛打となった。金正恩に改革・開放を望んだ中国指導部にとって著しい後退であることは確かである。(59)

(3) 金正恩の一人独裁体制の完遂

金正日の晩年、側近中の側近として金正日の厚い信任の下で、張成沢は最大限の裁量を手中に収め自在に自身の路線を展開できた。既述の通り、張成沢は朝鮮人民軍、党組織指導部、国家安全保衛部と激しい利権獲得争いを繰り広げ、その幹部達を粛清してきた人物であった。金正恩体制が発足した当初、若く未熟な指導者の後見人としてさらなる裁量権を得たが、金正恩の目には張成沢が遣りたい放題であるかのように映るようになった。張成沢の行動に嫌悪感を抱き始めた金正恩は張を次第に遠ざけた。このことは張成沢とその勢力に敵対するこれらの組織・機関の幹部達にとって千載一遇の機会の到来を意味した。張成沢の排除に向け温度差はあれ、これらの組織・機関の幹部達と金正恩は利害の一致をみたのである。彼らは周到に準備を重ね、反撃の機会を窺った。これに張成沢と側近達はうまく嵌る格好となった。金正恩が張成沢の粛清を承認したことは既述の通りである。かりに後見人の立場であったとしても、忠誠を誓わない者や出過ぎた行動を取る者は粛清対象となることを張成沢の粛清が如実に物語った。

その張成沢と張が率いる人脈が駆逐されたことで、金正恩の権力基盤はさらに強化されたかにみえる。金正恩に対し毅然と物申す者はいなくなったともみることができる。朝鮮労働党第一書記、国防委員会第一委員長、朝鮮労働党中央軍事委員会委員長、朝鮮労働党中央委員会政治局常務委員、朝鮮人民軍最高司令官といった肩書上の権限は総て金正恩に集中している。

一時期、張成沢が後見人として金正恩を支えたように、張成沢の粛清後に金正恩を支えるのは誰であろうか[60]。張成沢の粛清において一役買った朝鮮人民軍幹部や党組織指導部幹部の面々が有力であるとみられる。他方、張成沢の粛清に向け野合したとされる崔竜海、呉克烈、金英哲、超延俊らの面々は金正恩とどの様な関係を維持するであろうか[61]。

金正日時代に増して金正恩体制の権力構造は不透明で不確実であり、権力基盤が必ずしも盤石であるとは言い難いのかも知れない。権力基盤を盤石にするためには金正恩はこれらの組織・機関、その中でも朝鮮人民軍と蜜月の関係を続け、それにより自身の体制の確固たる基盤を構築したいところであろう。その結果、朝鮮人民軍が一段とその存在感を増し、これに伴い金正恩が一層強硬な路線へ傾くといった可能性が推察されよう。

ところが、金正恩が朝鮮人民軍と手を組んでいる限り、「先軍政治」が優先され、中国や韓国などとの経済協力路線は中々進捗しない。最近、金正恩が基本路線として経済再生と「先軍政治」の双方を掲げているが、この二つは本質的に相反する性格のものである。朝鮮人民軍の利害を最優先させた「先軍政治」を邁進するだけでは行き詰まることは明らかであり、遅かれ早かれ張成沢が推進した中国との経済協力路線を程度の差こそあれ踏襲しなければならないであろう。しかし経済協力路線を推進する責任者は人民軍との敵対関係に追い込まれた張成沢が直面した板挟みに巻き込まれる可能性がある。

金正日が金日成の後を継いだ際、表では遺訓統治を掲げながらも、親金日成派の残党を徹底的に粛清するという「深化組事件」を起こした。皮肉にも粛清を主導した人物こそ金正日の側近であった張成沢であった。金正恩が表向き、金正日の遺訓統治に肖っているとしても、親金正日派の残党とも言える者達に触手を伸ばそうとしているとみることもできる。張成沢の粛清はそうした観点からも位置付けることが可能であろう。こうした文脈に立つと、張成沢の粛清に続く第二、第三の粛清はあり得る。このことは金正日の葬儀で代表を務めた七人の内、張成沢を含め五人が既に排除されていることからも窺えるのである[62]。

実際にその後も指導部の高級幹部達の粛清の嵐は吹き止まず、二〇一五年四月三〇日には玄永哲（ヒョン・ヨンチョル）人民武力部長が反逆罪の廉で処刑されたことを韓国国家情報院が五月一三日に伝えた。玄永哲は金正恩の側近とされた人物であり、しかも朝鮮人民軍の最高幹部の一人であったことは改めて事態の重大性を示した[63]。この間、粛清された高級幹部の数は数十名に上るとされる。

金正恩に抱いた国民の当初の期待は既に萎み、その残忍ぶりに対し不信感と恐怖心が広がっていると言われる。唯一的領導体系の権威を借り恐怖政治を続ける金正恩の一人独裁体制が深刻な不安定性を抱えていることを如実に物語っているのである。

【注】

（1）張成沢による助言について、「金総書記後継に三男・正雲氏決定か、情報筋伝える」『聯合ニュース』（二〇〇九年一月一五日）。「金総書記義弟が決定的影響＝後継体制で「摂政」に―聯合ニュース」『聯合ニュース』（二〇〇九年二月一五日）。

（2）一二月一二日に開廷した国家安全保衛部特別軍事法廷において国家転覆陰謀といった極悪な犯罪を働いた罪で張成沢に死刑判決が下され、直ちに処刑されたことを一二月一三日に『朝鮮中央通信』が伝えた。同報道について、"Traitor Jang Song Thaek Executed," ***KCNA***, (December 13, 2013.)

（3）この点について、"Jang Song Taek," North Korea Leadership Watch, Research and Analysis on the DPRK Leadership.; and "North Korean Media Confirms Promotion of Jang Song-thaek to Senior Post," ***Yonhap News***, (December 13, 2007.)「処刑された張成沢氏、男版シンデレラと呼ばれた数奇な人生…韓国メディアが報じる」『東京ブレイキングニュース』（二〇一三年一二月一四日）。

（4）張成沢の台頭について、"N. Korea Reshuffle Seen as Part of Succession Plan," ***New York Times***, (June 7, 2010.); and "Kim Jong-il Funeral: Kim Jong-un Steps up as Nation Mourns," ***Daily Telegraph***, (December 28, 2011.)

（5）この点について、***op. cit.***, "Jang Song Taek."

（6）張成沢の駆出しの頃の職務について、***op. cit.***, "Jang Song Taek."; and "Leader's Uncle Rose to No. 2 in North Korea," ***AP***, (December 13, 2013.)

（7）張成沢の左遷について、*op. cit.*, "Jang Song Taek."「北朝鮮・張成沢はなぜ即日処刑？ 金正恩を怒らせた「10年前の権力闘争」』『東京ブレイキングニュース』（二〇一三年一二月一三日）。前掲「処刑された張成沢氏、男版シンデレラと呼ばれた数奇な人生…韓国メディアが報じる」。

（8）党組織指導部第一副部長への張成沢の任命について、*op. cit.*, "Jang Song Taek."

（9）「深化組事件」について、「金正恩氏の後見人、張成沢氏は冷血な忠臣　2万5千人粛清の総責任者！」『産経ニュース』（二〇一四年一月一四日）。平井久志『なぜ北朝鮮は孤立するのか』（新潮社・二〇一〇年）七二―七六頁。

（10）張成沢の二度目の失脚について、*op. cit.*, "Jang Song Taek."「拷問、犬刑、密告、政治収容所　恐怖支配強まる金正恩の北朝鮮2」『産経ニュース』（二〇一三年一二月一三日）。前掲「北朝鮮・張成沢はなぜ即日処刑？ 金正恩を怒らせた「10年前の権力闘争」」。

（11）張成沢の復権について、*op. cit.*, "Jang Song Taek."「金総書記の義弟が党行政部に昇進、実勢に完全復帰」『聯合ニュース』（二〇〇七年一二月二日）。「張成沢、査定作業を指揮…ナンバー2が復活？」『デイリーNK』（二〇〇八年三月一八日）。

（12）この点について、前掲「金総書記の義弟が党行政部に昇進、実勢に完全復帰」。

（13）張成沢の交通事故と李済剛の策謀について、*op. cit.*, "Jang Song Taek."「北朝鮮の交通事故偽装テロ」『東亜日報』（二〇一〇年五月一〇日）。

（14）この点について、前掲「金総書記義弟が決定的影響＝後継体制で「摂政」に―聯合ニュース」

（15）国防委員会委員への張成沢の推挙について、"First Session of 12th SPA of DPRK Held," *KCNA*, (April 9, 2009.); and "Kim's Heir Apparent Set for Debut in Pyongyang," *Washington Times*, (September 26, 2010.)

（16）国防委員会副委員長への張成沢の選任について、"Jang Song Thaek Elected NDC Vice-Chairman,"

KCNA, (June 7, 2010.)

(17) この点について、"N. Korean Leader Shows up at Parliament, Shakes up Posts: Report," *Yonhap News Agency*, (June 7, 2010.)「3代世襲の断念? それとも牽制? 張成沢氏台頭に憶測」『東亜日報』(二〇一〇年六月九日)。

(18) 政治局局員候補への張成沢の任命について、"Members and Alternate Members of Political Bureau," *KCNA*, (September 28, 2010.)

(19) この点について、前掲「拷問、犬刑、密告、政治収容所　恐怖支配強まる金正恩の北朝鮮」。また張成沢は中国との商取引を手中に収め、中国との経済協力を大々的に進めたが、外貨獲得競争で朝鮮人民軍幹部の呉克烈と激しく争った。この点に関して、「左・成沢vs右・克烈…北朝鮮は第2人者パワーゲーム中(1)」『中央日報』(二〇一〇年七月五日)。「張成沢—呉克烈の外貨稼ぎ競争…誰が権力を摑むのだろうか」『デイリーNK』(二〇一〇年一〇月六日)。

(20) 李済剛の死去について、前掲「拷問、犬刑、密告、政治収容所　恐怖支配強まる金正恩の北朝鮮」。「北、李済剛の死亡で張成沢の独走時代」『デイリーNK』(二〇一〇年六月三日)。「北朝鮮の要職幹部が相次ぎ死亡、権力闘争説も」『聯合ニュース』(二〇一一年一月二四日)。

(21) 柳京の粛清について、前掲「拷問、犬刑、密告、政治収容所　恐怖支配強まる金正恩の北朝鮮」。

(22) 禹東則の自殺について、同上。

(23) 李英浩の解任について、同上。

(24) 中朝合意について、Robert Kelley, Michael Zagurek, and Bradley O. Babson, "China's Embrace of North Korea: The Curious Case of the Hwanggumpyong Island Economic Zone," *38 North*, U.S.-Korea Institute, Johns Hopkins University School of Advanced International Studies, (February 19, 2012.); "DPRK Decides to Set up Hwanggumphyong and Wihwa Islands Economic

“Zone,” *KCNA*, (June 6, 2011.); and “Hwanggumphyong and Wihwa Islands Economic Zone to be Set up,” *KCNA*, (June 7, 2011.)

(25) この点について、“Hu Jintao Receives DPRK Delegation,” *KCNA*, (August 18, 2012.); “Chinese Premier Meets Delegation of DPRK-China Joint Guidance Committee,” *KCNA*, (August 18, 2012.); “China Rolls out Red Carpet for N. Korea's Jang Song-taek,” *Chosun Ilbo*, (August 17, 2012.); and “President Hu Jintao Meets with DPRK Delegation of the Joint Steering Committee for Developing Two Economic Zones,” Ministry of Foreign Affairs of the People's Republic of China, (August 17, 2012.)

(26) 国家体育指導委員会委員長への張成沢の就任について、“Report on Enlarged Meeting of Political Bureau of WPK Central Committee,” *KCNA*, (November 4, 2012.)

(27) こうした推測について、Alexandre Mansourov, “North Korea: The Dramatic Fall of Jang Song Thaek,” U.S.-Korea Institute at SAIS, (December 9, 2013.)

(28) こうした見方について、*Ibid.*

(29) こうした憶測について、*Ibid.*

(30) この点について、「張成沢氏の粛清引き金　宴会で取り巻きが「万歳！」の痛恨ミス」『ＮＥＷＳポストセブン』(二〇一四年一月一六日)。

(31) 張成沢と朝鮮人民軍幹部らの外貨獲得競争について、前掲「左・成沢vs右・克烈…北朝鮮は第２人者パワーゲーム中(１)」。前掲「張成沢―呉克烈の外貨稼ぎ競争…誰が権力を掴むのだろうか」。

(32) 同利権争いについて、“Korea Execution is Tied to Clash over Businesses,” *New York Times*, (December 23, 2013.)

(33) 金正恩の指令について、前掲「張成沢氏の粛清引き金　宴会で取り巻きが「万歳！」の痛恨ミス」。

(34) この点について、同上。
(35) 李龍河と張秀吉の粛清について、〝North Korean Leader's Uncle Likely Removed from Power: Spy Agency,〟 *Yonhap*, (December 3, 2013.)
(36) この点について、〝North Korean Leader's Powerful Uncle Dismissed - Seoul Media,〟 *Reuters*, (December 3, 2013.)
(37) この点について、〝Family Affair: Kim Jong Un Wipes His Uncle from North Korea's History,〟 *The Guardian*, (December 9, 2013.)
(38) 張成沢の解任・除名処分について、〝Report on Enlarged Meeting of Political Bureau of Central Committee of WPK,〟 *KCNA*, (December 9, 2013.)
(39) 張成沢の逮捕・連行について、〝Jang Song Thaek Purge Confirmed amid Rumors of His Execution,〟 *NK News*, (December 9, 2013.); and 〝Jang Arrested on State Television,〟 *Daily NK*, (December 9, 2013.)
(40) 同報道について、*op. cit.*, 〝Traitor Jang Song Thaek Executed.〟
(41) この点について、*Ibid.*
(42) この点について、*Ibid.*
(43) こうした見方について、*op. cit.*, 〝North Korea: The Dramatic Fall of Jang Song Thaek.〟
(44) この点について、*op. cit.*, 〝Traitor Jang Song Thaek Executed.〟
(45) この点について、*Ibid.*
(46) この点について、*Ibid.*
(47) この点について、前掲「拷問、犬刑、密告、政治収容所　恐怖支配強まる金正恩の北朝鮮」。
(48) この点について、「張氏処刑を主導　党組織指導部　強力な権限1」『産経ニュース』(二〇一三年

一二月二八日)。前掲「拷問、犬刑、密告、政治収容所　恐怖支配強まる金正恩の北朝鮮」。
(49)　こうした推測について、「金正恩、張成沢勢力粛清で権力固め(1)」『中央日報』(二〇一三年一二月四日)。
(50)　この点について、「張成沢氏の失脚・処刑　軍実力者の崔竜海氏らが主導か」『聯合ニュース』(二〇一三年一二月一三日)。「金正恩側近「内部標的作って統治を」…張成沢粛清の建議説(1)」『中央日報』(二〇一三年一二月一二日)。「北序列2位失脚:張成沢氏と権力闘争、崔竜海氏とは」『朝鮮日報』(二〇一三年一二月四日)。
(51)　こうした解釈について、「金正恩側近「内部標的作って統治を」…張成沢粛清の建議説(2)」『中央日報』(二〇一三年一二月一二日)。
(52)　この点について、*op. cit.*, "North Korea: The Dramatic Fall of Jang Song Thaek."
(53)　張成沢の親族の粛清について、「〈北朝鮮〉張成沢氏の親族数百人を収容所に強制移送か」『アジアプレス』(二〇一三年一二月二四日)。「張成沢氏の親族数百人が逮捕、政治犯収容所送りか—英メディア」『レコード・チャイナ』(二〇一三年一二月二三日)。
(54)　この点について、"Execution of Kim Jong Un's Uncle Recalls Grandfather's Lethal Era," *NBC News*, (December 13, 2013.); and "Execution Sign of a Regime on the Edge," *Sydney Morning Herald*, (December 13, 2013.)
(55)　金日成の政敵に対する粛清について、斎藤直樹『北朝鮮危機の歴史的構造1945-2000』(論創社・二〇一三年)二三五-二四二頁。
(56)　金正日による金英柱の追放の画策について、同上、四〇六-四〇七頁。
(57)　「深化組事件」について、前掲「金正恩氏の後見人、張成沢氏は冷血な忠臣　2万5千人粛清の総責任者!」。前掲書『なぜ北朝鮮は孤立するのか』七二-七六頁。

(58) 中国指導部の思惑について、「中国高官「張成沢処刑は中国を無視する行為」」『東亜日報』（二〇一三年一二月二一日）。

(59) この点について、"Jang's Fall won't Exert Significant Influence on East Asian Dnamics," *Global Times,* (December 9, 2013.)

(60) 張成沢の粛清後に有力視されたのは崔竜海であった。この点について、"Is Choe Ryong-hae Now N. Korea's Most Powerful Man?" *Chosun Ilbo,* (December 19, 2013.)

(61) 張成沢の粛清に向けた野合について、「張氏処刑を主導　党組織指導部　強力な権限1」『産経ニュース』（二〇一三年一二月二八日）。"Kim Jong-un's Brother Led Arrest of Jang Sung-taek: Source," *Want China Times,* (December 12, 2012.)

(62) この点について、「〈張成沢氏失脚説〉金正日の霊柩車7人のうち軍人は全員姿消す…党員2人だけ残る」『中央日報』（二〇一三年一二月四日）。

(63) 玄永哲の粛清について、朴斗鎮「玄永哲粛清で露呈した金正恩の未熟な統治力」（コリア国際研究所）（二〇一五年五月二五日）。チェ・ソンミン「北朝鮮で金正恩人気急落　金正恩の恐怖政治に「期待」より「憂慮」」（コリア国際研究所）（二〇一五年五月三一日）。

結論――回顧と展望

北朝鮮の「総ての核兵器計画の放棄」を目指し、六ヵ国協議と銘打った協議が二〇〇三年八月から北京で開始されたものの、〇八年一二月までに中断を余儀なくされた[1]。米国に加え、中国、ロシア、北朝鮮、韓国、日本など北東アジアの主要国が一堂に会し五年以上の月日と労力を傾注したにも拘わらず、協議が事実上の頓挫を余儀なくされたことは残念でありまた遺憾なことであった。

第一節　六ヵ国協議、頓挫の原因

最大の問題は同協議の中心的な当事者であったブッシュと金正日の姿勢に求められよう。この協議とは要するに北朝鮮が「総ての核兵器計画の放棄」を実行すれば、米国や他の参加国がその見返りを提供するというギブ・アンド・テイクの取引であった。振り返ると、金正日は放棄に応じるとして協議に臨んだものの、放棄する意思も意図も曖昧であったばかりか、見返りを提供する意思がブッシュにあるかどうかを疑っていた。他方、ブッシュはブッシュで金正日が真剣に放棄に応じるはずはないと勘繰っていた。そのためもあってか、金正日はブッシュが見返りを先に提供するのであれば、放棄に応じるかのような姿勢を示した。これに対し、金正日が放棄に真摯に応じるのであれば、見返りを与える用意があるとブッシュは回答した。しかし金正日はもし実際に放棄すれば、ブッシュは見返りを提供しないのではないかと疑った。他方、ブッシュは見返りを先に与えてしまえば、金正日は放棄に応じることはないのではないかと疑義を抱いた。このため、放棄と見返りが同時並行的に行われるべきであると、金正日は提案した。これにはブッシュも反対できなかった。

これといった落着点がみつからないまま、二〇〇四年六月の第三回協議が閉会となった。遅々として進まない協議は殊の外、不可解に映った。そこで〇五年二月に核保有宣言というカードを金正日は切った[2]。この時、ブッシュが金正日を突き放す格好で進んでいた協議の流れが徐々に変わり始めた。ブッシュから譲歩を勝ち取るべく金正日が瀬戸際外交を果敢に繰り広げた結果であった。これに慌てたブッシュは同年七月に第四回協議の開催に応じ同年九月には「共同声明」が発出された。その時までに二年以上の月日が経過していた。

ところが「共同声明」に不満を持ったブッシュが北朝鮮に対し総額二四〇〇万ドルの金融制裁を科すという策に打って出た[3]。これに激しく苛ついた金正日は二〇〇六年七月にテポドン2号発射実験[4]、一〇月に第一回地下核実験を断行した[5]。これに驚いたブッシュは急遽譲歩し、同年一一月に第五回協議が開催される運びとなった。この間の〇六年秋の中間選挙で共和党が民主党に惨敗すると、米国民の信任を失った格好のブッシュは急に弱腰となり、これ以降金正日に譲歩を続けた。既述の通り、〇七年二月の「初期段階の措置」合意、同年一〇月の「第二段階の措置」合意が急遽結ばれたのはこうした紆余曲折を辿った進捗の結果であった。これらの合意の何れにしても、協議が掲げた「総ての核兵器計画の放棄」という目標からみれば、中途半端な内容であった。しかもその「第二段階の措置」合意の履行に伴う検証措置に金正日が最後まで同意しなかったため、任期の終りになりブッシュは結局、同合意を放棄してしまった。これにより、〇八年の終りまでに六ヵ国協議は事実上、無期休会となったのである。こうした経過を辿った協議が外交上の破綻を物語ったことは言うまでもない[6]。同協議はいたずらに時間と労力を消耗し徒労に終わった感がある。振り回される格好となったその他の参加国の疲労感と徒労感には大きなものがあったに違いない。

しかも二〇〇三年八月から〇八年一二月までの間、協議の合間を縫う形で北朝鮮が核実験やミサイル発射実験など一連の軍事挑発を行った結果、北朝鮮の核兵器開発と弾道ミサイル開発は著しく進展することになった。言葉を換えると、北朝鮮の核兵器開発とミサイル開発を進めたのは外でもない協議でのブッシュ政権の姿勢であったと批判され兼ねなかった。米朝双方が持説をぶつけ合った第一回協議はともかく第二回協議あるいは第三回協議の段階において「共同声明」の発出は可能であった。また〇七年の二つの合意にしても遥か以前の段階で達成可能であったはずである。

金正日に対するブッシュ政権の懐疑心と警戒心は金正日のそれまでの言動をみれば理解できるとしても、六ヵ国協議へのブッシュ政権の取組方からは真剣みを感じ取ることはできなかった。ブッシュ政権はその都度、機会を逸し続けた。このことから、協議が酩酊状態に陥った原因は金正日だけではなく、少なからずブッシュにもあった。米朝両国の二国間協議ではなく他に四ヵ国を加え六ヵ国も集まった多角的協議の席上で両国が噛み合わない持論を繰り広げたことは真に心証がよくなかった。米国を含め北東アジアの主要国が一堂に集った六ヵ国協議は何時の間にか失われた機会となってしまった感がある。

第二節　オバマの封じ込め政策と金正日の戦術転換

その後、二〇〇九年一月に発足したオバマ政権は当初から六ヵ国協議にこれといった関心を示さなかった。他方、「総ての核兵器計画の放棄」を求めるとする同協議の既存の枠組みに不都合を感じていた金正日が目論んだのはオバマから譲歩を得んがための軍事挑発であった。〇九年四月にテポドン2号発射実験、[7]同年五月には第二回核実験を強行し、オバマに揺さ振りを掛けた。[8]これに対し、オバマは経済制裁を骨子とする封じ込め政策で金正日を突き放した。それでもオバマは対話の用意があることをほのめかすと、核保有国であるという現実を主張し、このことを承認して頂きたいといった路線転換を金正日は図った。[9]このことは「総ての核兵器計画の放棄」に応じる意図がもはやないことを金正日が示唆したことを物語った。これを重大視したオバマが核保有国としての地位を断じて認めず、あくまで「総ての核兵器計画の放棄」を求め、六ヵ国協議への復帰を金正日に求めると共に復帰に向け北朝鮮に圧力を掛けるよう胡錦濤指導部にお伺いを立てた。[10]圧力行使をお願いされた同指導部としても、金正日に対する圧力行使は簡単なことではなかった。

閉塞状態が続くと、金正日は二〇一〇年に韓国哨戒艦・天安沈没事件、[11]延坪島砲撃事件を続発させ、韓国だけでなく世界に衝撃を与えた。[12]これに対し、オバマは経済制裁を通じた封じ込め政策を続けたものの、金正日の健康問題と相俟って金正恩への権力継承が進む中で、北朝鮮問題を何時までも放置していられないと判断した。その結果、一一年七月と一一月に米朝協議が開催されたのに続き、金正恩体制発足直後の一二年二月に米朝協議が開催され重要な米朝合意が成立した。[13] これにより、北朝鮮が核実験、長距離弾道ミサイル発射実験、寧辺の核関連施設でのウラン濃縮活動を一時的に凍結することの見返りに、米国は二四万トンの食糧を提供することになった。オバマは初めて本格的な関与の姿勢をみせたのである。

ところが関与に向けた動きはまたしても突如、暗転した。二ヵ月後の四月に金正恩指導部が金日成生誕百周年を祝うという名目で人工衛星の打上げを強行した。[14] 人工衛星の打上げは長距離弾道ミサイル発射実験を偽装した実験であると判断され、安保理事会で経済制裁決議が採択され米朝関係は一気に振出しに戻った。その後は軍事挑発の続発である。一二月には金正日の一周忌に合せ長距離ミサイル発射実験がまたしても強行された。[15] さらに二〇一三年二月には第三回地下核実験が断行されるに及んだ。[16] その後同年一二月には張成沢粛清事件が発生し、世界に衝撃が走った。[17] 一連の軍事挑発に標される通り、核兵器開発と弾道ミサイル開発は間断なく続いている。

こうした進捗は「総ての核兵器計画の放棄」とあまりに懸け離れている方向に向かっていることを示している。「総ての核兵器計画の放棄」を実行すれば、相応の見返りを与えるとした六ヵ国協議の前提条件は既に破綻したとの感を受けざるをえない。こうした現実を踏まえ、六ヵ国協議の交渉テーブルに北朝鮮を復帰させることは難しいのが実情である。とは言え、米政府にとって自ら打診した平和的解決のプロセスを終止することは得策とは言えない。また議長国として相応の役割を担ってきた中国だけでなく、ロシア、日本、韓国など何れの参加国も公式に同協議を終了することはできない。そうである限り、六ヵ国協議を再開する余地を残して置き、同協議の再開に向け取引可能な線で綱引きをするのが得策と言わざるをえない。

その最たる事例が二〇一二年二月の米朝協議での食糧合意であったと位置付けることが可能である。核兵器開発やミサイル開発の凍結といった暫定的な合意を結び、その履行へと繋げることで、野放しになっている開発に何らかの歯止めを掛けることが狙いであった。ところが、同合意は二ヵ月後の四月の長距離弾道ミサイル発射実験の煽りを受け、頓挫したことは既述の通りである。こうした現実を踏まえた時、米国を含め六ヵ国協議の参加国が今後も北朝鮮に対する関与という選択肢を果して保持しているか疑問にならざるをえない。

第三節　体制崩壊の可能性？

二〇一三年一二月には金正恩の後見人とされ、中国との経済協力を推進した張成沢が突如、粛清されるという衝撃的な事件が起きた。これに対し、中国指導部は極めて不満であるとされる[18]。経済面で圧倒的に中国に依存する北朝鮮経済の閉塞状態にいよいよ拍車が掛かり、崩壊へと向かうのではないかとみる解釈があろう。これは九〇年代後半に頻繁に囁かれた体制崩壊論を受け継ぐものであるが、果してどうなのか[19]。

金日成生誕百周年の二〇一二年に「強盛大国」の大門を開くと、金正日がかつて提起した道筋は不発に終った[20]。しかも統制の緩和と強化といった全く相反する政策が繰り返し行われてきた。〇二年七月に統制を大胆に緩和する内容の「経済管理改善措置」と経済特区事業を発進したにも拘わらず、市場が活況を呈し行商人が資金を蓄えていることが明らかになると、〇七年頃から市場での活動に縛りを掛け、〇九年一一月には住民が蓄財した現金を収奪すべく貨幣交換（デノミ）に打って出た。[21] とは言え、その後住民の不満と混乱が起きると、市場は再開され、統制は幾分緩和され、表向きは落着きをみせている。しかし深刻な食糧不足は続き、国民の多くが困窮していることに変化はみえない。[22] 北朝鮮経済は慢性的な低迷状態にあると言えよう。

他方、別の指標もある。張成沢粛清事件による影響が何の程度あるのか未だ定かでないものの、中朝貿易は近年、増大を続けている。[23] また金正恩指導部は経済特区を設置し、開放政策に前向きの姿勢をみせてはいる。従って、外部世界に同指導部が八方塞がりであるかのように伝わり易いが、必ずしもそうとは限らないし、それらが崩壊へと向かう兆候になっている訳ではない。実際に金正恩体制は政治体制としては堅牢かつ強固であり、外部世界に脆弱であるかのように映る以上に堅固である。一九九〇年代後半に体制の崩壊の危機が囁かれてから、金体制が今日まで存続していることはこのことを立証している。

崩壊の危機を何とか凌いできた背景には歴然とした内部要因と外部要因が存する。内部要因は何と言っても朝鮮人民軍による金体制への変わらぬ支持と忠誠である。たとえ経済的に混迷を深めていても、金体制が朝鮮人民軍の権益を何よりも優先していることにより軍部から確固たる支持と忠誠を獲得している。[24] 金日成は「国防・経済並進」政策を、金正日は「先軍政治」を前面に掲げ、朝鮮人民軍の権益確保を最優先した通り、これは金日成と金正日の時代から一貫したものである。

このことは張成沢と張が取り仕切る朝鮮労働党行政部の面々が朝鮮人民軍の幹部達と利権獲得を巡り激しく争った際に、金正恩が人民軍側を最終的に支持し、これが張成沢の凋落に繋がったことからも明らかである。[25] 朝鮮人民軍の権益を守った形で収束した同事件は金正恩体制の対内的安定を論証した。しかも晩年の金正日が金正恩の後見人として据えた張成沢を粛清したことにより、金正恩の一人独裁体制はさらに堅固となった。同粛清事件の背後で朝鮮人民軍や党組織指導部の幹部達が暗躍したとは言え、[26] これら幹部達が一人ひとりではとても金正恩の権力を侵食することはできない。権力継承を通じあらゆる権限が金正恩に移譲されたことで、名実共に金正恩は総ての権限を付与された万能の地位を身に付けるに至っている。また同粛清事件を経て金正恩への朝鮮人民軍からの信頼はさらに高まったと言えよう。

また体制の崩壊を食い止める外部要因が存在する。国境を接する近隣の中国、韓国、ロシアなど周辺諸国が金正恩体制に著しい不満を抱いたとしても、突発的な体制崩壊という局面だけは回避したいことには暗黙の前提がある。[27] しかも金日成の時代から金体制は韓国との軍事衝突があろうものならば朝鮮人民軍の大機甲部隊が一挙に韓国領内に雪崩れ込むことを旨とする軍事戦略を堅持してきた。[28] これこそ金体制の崩壊を食い止めなければならないと外部世界に動機付けさせるものであり、金日成、金正日、金正恩に連なる金三代の支配体制の狙いである。

従って中国、韓国、ロシアなど周辺諸国は北朝鮮の度重なる軍事挑発を激しく非難する一方、過度な刺激を与えることを慎んでいる感がある。一度軍事衝突が起きる事態へと及ぶことがあれば、膨大な数の難民の流出を初めとする、予測不可能な連鎖が待ち構えており、そうした事態を避けたい思惑と感情こそ、金体制の存続を支えてきたと言えよう[29]。

張成沢粛清事件に中国指導部が憤慨しており、同事件以来、金正恩体制から距離を中国指導部が置いていることは事実である。同粛清事件の後遺症を何程引き摺るのか、また中国指導部の路線に重大な変化があるのかないのかは定かではない。とは言え、今後、対外的に北朝鮮が孤立の度を深めたとしても、体制の突発的な崩壊を回避したい周辺諸国の利害と思惑、朝鮮人民軍からの絶大な支持と、さらに批判的な国内の一部の勢力への締付けなどを斟酌すれば、体制崩壊という可能性は差し迫ったものではないかもしれない。

他方、突発的な政変や事件が想定されない訳ではない。金正恩の暗殺未遂事件は既に起きており、そうした事件の可能性がない訳ではない[30]。金正恩の一人独裁体制が一気に崩れるといった可能性があるであろうか。あるいは二〇一〇年の延坪島砲撃事件のように南北間で突発的な軍事衝突が起り、一気に大規模な軍事衝突に発展するといった可能性はあるであろうか。

第四節　むすび

金正恩指導部は外部世界による関与を心待ちしているとは言え、必要があると判断すれば、軍事挑発に打って出ることはこれまでの経緯から明らかである。上記の通り、二〇一二年二月の米朝協議において二四万トンの食糧提供を盛り込んだ米朝合意に達していながら、外部世界による猛反発にも拘わらず、二ヵ月後には人工衛星打上げを偽装した長距離弾道ミサイル発射実験に打って出た。

結局、米朝合意は破綻を余儀なくされた訳であるが、米朝合意から一転して軍事挑発へと転じた北朝鮮の動きは解釈の分かれるところであろう。

この時金正恩指導部が講じた策は外部の観察者の目には、一見、矛盾しているように映った。上記の米朝合意は食糧の確保といった点だけでなく米朝関係の改善に向けた転機となりうる意味で金正恩にとって貴重な機会であったはずである。にも拘わらず何故、金正恩は人工衛星打上げを偽装したミサイル発射実験を強行したのであろうか。わざわざ打上げ施設への視察を外部者に許可したところをみると、金正恩は外部世界を納得させることができると高を括ったのであろうか。もしそうであったとすれば、ミサイル発射実験に対する外部世界による強い反発は金正恩にとって想定外であったかも知れないが、相当独り善がりな判断であったことになる。何れにしても、二度にわたるミサイル発射実験は金日成の生誕百周年と金正日の一周忌に合わせて強行されたものであり、事前に予定された既成の行動であった。人工衛星打上げを偽装することで外部世界の理解を得ようと金正恩は考えたのであろうが、理解が得られないと分かると、ミサイル発射実験に続き核実験を強行するといったようにさらなる軍事挑発に打って出たのである。

またこのことは金正恩体制の権力構造に内在する組織・機関間の優劣関係に根差すとみることもできよう。米朝協議での食糧合意は北朝鮮外務省主導によるものであったが、「先軍政治」の観点からミサイル実験や核実験を所管する朝鮮人民軍の権益と衝突しようものならば、人民軍の権益確保が優先されるのであり、それに比べれば、食糧合意の重要性は相対的に低いことを物語った。こうしたことから、食糧合意の破綻は優先順位の差によるものであったとの見方も可能であろう。

さらに金正恩指導部がさらなる軍事挑発を行った時期は張成沢の勢力と朝鮮人民軍幹部を中心とする勢力が激しい鍔迫り合いを繰り広げた時期と重なる。このことが事態の進捗をどの様に解釈すべきか一層難しくしている。何れにせよ、米政府にとってみれば、重要な合意が踏み躙られたことに変わりはなく、これを契機に米国は関与への関心をほとんど失ったことは事実である。

瀬戸際外交、恫喝外交を金正恩指導部が果敢に繰り広げていることをみると、金日成、金正日の時代と何ら変わるところがない。この間も小型核弾頭を搭載可能な弾道ミサイルの開発に向け同指導部は心血を注いでいる。[31] 今後も数々の実験が必要であることを念頭に、どの様に外部世界から叱責されようとも機会をみつけては実験に打って出るであろう。これといった縛りが掛からない限り、北朝鮮の核兵器開発と弾道ミサイル開発は続き、小型核弾頭搭載可能な弾道ミサイルの開発に近付くことが予想される。北朝鮮がそうした能力の開発に近付くことがあれば、金正恩は米国を含む関係諸国に激しく揺さ振りをかけることが想定される。

金正恩が支配する北朝鮮が北東アジア地域の最大の不安定要因となっており、先行きは益々不透明となっている。しかも張成沢粛清以後も金正恩が数十名に及ぶ高級幹部の粛清を繰り返していることは体制の対内的な安定性を疑わざるをえない状況を生み出している。特に金正恩の側近とされた玄永哲（ヒョン・ヨンチョル）人民武力部長が二〇一五年四月三〇日に反逆罪の廉で処刑されたことは金正恩体制が予測不可能な局面に入りつつあることを示唆していると言えよう。[32]

【注】

（1） その間、「共同声明（Joint Statement）」、「共同声明の実施のための初期段階の措置（Initial Actions for the Implementation of the Joint Statement）」、「共同声明の実施のための第二段階の措置（Second-Phase Actions for the Implementation of the Joint Statement）」など、幾つかの進捗はあったが、実質的には纏まった成果を何一つ挙げることができなかった。「共同声明」について、〝Joint Statement of the Fourth Round of the Six-Party Talks Beijing, September 19, 2005,〟 U.S. State Department, (September 19, 2005.); and 〝Joint Statement on North Korea's Nuclear Programme, September 19, 2005,〟 *Disarmament Documentation*, (September 19, 2005.)「共同声明の実施のための初期段階の措置」について、〝Joint Statement from the Fifth Round of Six Party Talks,〟 Arms Control Association, (February 13, 2007.)「共同声明の実施のための第二段階の措置」について、Peter Crail, 〝Deadline Set for Yongbyon Disablement,〟 *Arms Control Today*, (November 2007.); and 〝North Korea: Good Progress, but Obstacles Remain,〟 *Disarmament Diplomacy*, Issue No. 86, (Autumn 2007.)

（2） 核兵器保有宣言を伝える『朝鮮中央通信』報道について、〝DPRK FM on its Stand to Suspend its Participation in Six-party Talks for Indefinite Period,〟 *KCNA*, (February 10, 2005.)

（3） 金融制裁について、〝U.S. Cites Banco Delta Asia for Money Laundering, Other Crimes,〟 USINFO.STATE.GOV., (September 15, 2005.); and Larry A. Niksch, 〝Korea-U.S. Relations: Issues for Congress,〟 CRS Report for Congress, RL33567, (Updated: April 28, 2008.) p. 6.

（4） テポドン2号発射実験に関する『朝鮮中央通信』報道について、〝DPRK Foreign Ministry Spokesman on Its Missile Launches,〟 *KCNA*, (July 6, 2006.)

（5） 第一回核実験に関する『朝鮮中央通信』報道について、〝DPRK Successfully Conducts Underground

"Nuclear Test," *KCNA*, (October 9, 2006.)

（6）この点について、斎藤直樹『北朝鮮危機の歴史的構造１９４５-２０００』（論創社・二〇一三年）一二頁。

（7）テポドン2号発射実験に関する『朝鮮中央通信』報道について、"Successful Launch of First Satellite in DPRK," *KCNA*, (September 4, 1998.); and "Foreign Ministry Spokesman on Successful Launch of Artificial Satellite," *KCNA*, (September 4, 1998.)

（8）第二回核実験に関する『朝鮮中央通信』報道について、"KCNA Report on One More Successful Underground Nuclear Test," *KCNA*, (May 25, 2009.)

（9）核保有国として承認を頂きたいと考える金正日の思惑について、Jayshree Bajoria and Carin Zissis, "The Six-Party Talks on North Korea's Nuclear Program," CRF, (Updated: July 1, 2009.)

（10）この点について、Jonathan D. Pollack, "China's North Korea Conundrum: How to Balance a Three Legged Stool: North Korea's Nuclear Adventurism Tests China's Patience," *Yale Global*, (October 23, 2009.)

（11）天安沈没事件について、"Report: South Korean Navy Ship Sinks," *CNN*, (March 27, 2010.); and "Search Continues for South Korean Sailors after Sinking," *CNN*, (March 27, 2010.)

（12）延坪島砲撃事件について、"N.K. Artillery Strikes S. Korean Island," *Korea Herald*, (November 23, 2010.); "North and South Korea Exchange Fire, Killing Two," *New York Times*, (November 23, 2010.); and "Tensions High as North, South Korea Trade Shelling," *AP*, (November 24, 2010.)

（13）米朝高官協議での合意について、"DPRK Foreign Ministry Spokesman on Result of DPRK-U.S. Talks," *KCNA*, (February 29, 2012.); and "Wary Steps Forward with North Korea," Council on Foreign Relations, (March 1, 2012.)

(14) 人工衛星打上げを伝える報道について、"DPRK's Satellite Fails to Enter its Orbit," *KCNA*, (April 13, 2012.)

(15) 人工衛星の打上げに関する報道について、"DPRK Succeeds in Satellite Launch," *KCNA* (December 12, 2012.); and "KCNA Releases Report on Satellite Launch," *KCNA*, (December 12, 2012.)

(16) 第三回核実験を伝える報道について、"KCNA Report on Successful 3rd Underground Nuclear Test," *KCNA*, (February 12, 2013.)

(17) 張成沢粛清事件を伝える報道について、"Traitor Jang Song Thaek Executed," *KCNA*, (December 13, 2013.)

(18) この点について、「中国高官「張成沢処刑は中国を無視する行為」『東亜日報』(二〇一三年一二月一一日)。"Jang's Fall won't Exert Significant Influence on East Asian Dynamics," *Global Times*, (December 9, 2013.)

(19) 一九九〇年代後半の体制崩壊論について、前掲書『北朝鮮危機の歴史的構造1945-2000』四一七-四二二頁。

(20) 「強盛大国」の大門を開くとする金正日による提起について、"Joint New Year Editorial of Leading Newspapers in DPRK," *KCNA*, (January 1, 2008.)

(21) 貨幣交換の強行について、Dick K. Nanto and Emma Chanlett-Avery, "North Korea: Economic Leverage and Policy Analysis," CRS Report for Congress, (Updated: January 22, 2010.) p. 30.「北朝鮮、デノミどのように(1)」『中央日報』(二〇〇九年一二月三日)。「北朝鮮、デノミどのように(2)」『中央日報』(二〇〇九年一二月三日)。平井久志『なぜ北朝鮮は孤立するのか』(新潮社・二〇一〇年)二二六-二二八頁。

(22) この点について、"Special Report: FAO/WFP Crop and Food Security Assessment Mission to

the Democratic People's Republic of Korea, Food and Agriculture Organization/World Food Programme,〟(November 28, 2013.) p. 4.

（23）中朝貿易の増大について、「２０１３年度　最近の北朝鮮経済に関する調査」日本貿易振興機構（ジェトロ）委託先：東アジア貿易研究会（二〇一四年三月）。

（24）この点について、前掲書『北朝鮮危機の歴史的構造１９４５-２０００』四三九-四四一頁。

（25）同利権争いについて、〝Korea Execution is Tied to Clash over Businesses,〟 *New York Times*, (December 23, 2013.)

（26）粛清の背後で暗躍したのは、崔竜海（チェ・リョンヘ）人民軍総政治局長、呉克烈（オ・グッリョル）国防副委員長、超延俊（チョ・ヨンジュン）党組織指導部第一副部長や金英哲（キム・ヨンチョル）偵察総局長であったとされる。この点について、「張成沢氏の失脚・処刑　軍実力者の崔竜海氏らが主導か」『聯合ニュース』（二〇一三年一二月一三日）。「金正恩側近「内部標的作って統治を」…張成沢粛清の建議説（１）」『中央日報』（二〇一三年一二月一二日）。「北序列２位失脚：張成沢氏と権力闘争、崔竜海氏とは」『朝鮮日報』（二〇一三年一二月四日）。

（27）例えば、中国は北朝鮮の崩壊に伴い、米国の勢力圏が中朝国境へと拡大し兼ねないと危惧している。この点について、Emma Chanlett-Avery and Sharon Squassoni, 〝North Korea's Nuclear Test: Motivations, Implications, and U.S. Options,〟 CRS Report for Congress, (October 24, 2006.) p. 7.

（28）朝鮮人民軍の基本的戦略について、前掲書『北朝鮮危機の歴史的構造１９４５-２０００』二四四-二四八頁。

（29）この点について、同上、五〇七頁。

（30）二〇一二年に起きた金正恩暗殺未遂事件について、〝Attempt to Kill Jong-un Took Place in 2012: Source,〟 *JoongAng Ilbo*, (March 14, 2013.)

(31) 小型核弾頭搭載可能な弾道ミサイル開発について、"Pentagon Finds Nuclear Strides by North Korea," *New York Times*, (April 11, 2013.); and "In Focus: North Korea's Nuclear Threats," *New York Times*, (April 16, 2013.); Kelsey Davenport, "North Korea Conducts Nuclear Test," *Arms Control Today*, (March 2013.); and Kelsey Davenport, "N. Korea Has Nuclear Missile, Expert Says," *Arms Control Today*, (June 2014.)

(32) 玄永哲の粛清について、朴斗鎮「玄永哲粛清で露呈した金正恩の未熟な統治力」(コリア国際研究所)(二〇一五年五月二五日)。チェ・ソンミン「北朝鮮で金正恩人気急落　金正恩の恐怖政治に「期待」より「憂慮」」(コリア国際研究所)(二〇一五年五月三一日)。

あとがき

本書は二〇一三年に刊行した『北朝鮮危機の歴史的構造1945-2000』（論創社）の続編である。同書では大戦の終結に伴う朝鮮半島の分断、両朝鮮国家の成立、朝鮮戦争、その後の金日成の一人独裁体制の完遂と核兵器開発への奔走、これを端緒として米朝間で勃発した「第一の危機」など、一九四五年から二〇〇〇年に及ぶ期間に起きた展開を考察した。本書はこれに続く続編として、二〇〇一年から一五年の今日に至る間で繰り広げられた展開と、この間に発生した「第二の危機」について論究した。

振り返ると、二〇〇一年九月一一日の同時多発テロ事件以降、ブッシュ政権が怒涛の如く打って出た対テロ戦争の煽りを受ける形でその余波は一気に北朝鮮に飛び火した。とは言え、あくまで北朝鮮危機の平和的解決を目指したブッシュが六ヵ国協議を開催し、しかもこれまで事ある毎に北朝鮮を擁護してきた中国が同協議の議長を務め、さらにロシア、韓国、日本など近隣の関係諸国が協議に参加するということで、どういう形になるのか明らかではないにしても遠くない将来、協議は妥結するであろうと感じたし、そうした見方が一般的であったと当時を振り返る。

しかしその後に起きたことはそうした観測を打ち砕くものであった。二〇一五年の終わりの視点に立つとき、北朝鮮危機の平和的解決と銘打って華々しく開始された六ヵ国協議は既述の通り、竜頭蛇尾というおぞましい結果になった。同協議は完全に破綻したとは言えないまでも、事実上頓挫した感は否めない。その間、北朝鮮が地下核実験や長距離ミサイル発射実験を繰り返し、周辺諸国を相手取り瀬戸際外交、恫喝外交を繰り広げることは的確に予測できなかった。また何よりも米国がこの危機の解決に向けて関心を失ってしまった感がある。協議の推移について懐疑的、あるいは冷めた観測が的中したことになる。それればかりではない。金正日の他界後、後を継いだ金正恩が数年も経たない内に後見人とされた張成沢の粛清に打って出たことに始まり、その後も高級幹部達を相次いで粛清していることに映し出される通り、国内で恐怖政治を断行する一方、外部世界との対決を一向に厭わない姿勢を金正恩が堅持していることも想定を上回る事態である。金正恩は一人独裁体制を確立したものの、その一人独裁体制は必ずしも政治的な安定性を保証するものではない。金正恩体制はむしろ不透明性と不確実性に特徴付けられていると言えよう。この間、経済状況は危機的ではないとしても相変わらず慢性的な不調と低迷状態を脱していない。しかもこの間も核兵器開発と弾道ミサイル開発に金正恩指導部が狂奔しているという現実がある。これまで想定できないような事態が続発したことを踏まえると、今後も想定を超えるような事態が十分に起こり得る。このあとがきでは、二〇一五年後半における展開を踏まえ、今後、起き兼ねない朝鮮半島情勢を推察してみたい。結論から言えば、それは決して楽観視できるものではない。最悪の危険性さえ秘めたものであり、またその危険性は決して低くはないのである。

二〇一五年の北東アジアで進展した重要な動きの一つは中韓接近であり、こうした中韓接近の進捗に対し金正恩が神経を著しく尖らしていることは間違いない。こうした進捗と並行して起きているのが、中国による海洋進出や軍備増強に向けた活発な一連の動きである。中国が南シナ海の南沙諸島において環礁を埋め立て人工島を造成しようとする試み、また東シナ海での尖閣諸島周辺海域に中国艦船が頻繁に進入していることや日本海の日中中間線付近で天然ガス田の開発を中国が本格化している動き、さらに間断なく軍備拡張に中国が邁進している動きをみると、ここにきて形振り構わず中国が権益確保のために奔走しているかのように映る。こうした動きと並行し、ウクライナとロシアの間の厳しい対立に連動するように、ウクライナ側を支持する米国とロシアが対立を深化させており、これを背景に中国とロシアが漸次、接近を強めているといった様相がみられる。こうした中国の動きが少なからず反発を招いていることも事実である。日本で安全保障関連法が成立したことを背景に日米関係が一層緊密化に向かう動きと並行するかのように、南沙諸島での中国による拡張的な活動を米国が封じ込めようとするといった動きがみられる。何れにせよ、ここ十年近くの間で北東アジアの国際環境は構造的な変容を来たしていることが看取されよう。

こうした推移の下で、金正恩がどの様な行動に打って出るであろうか。二〇一三年一二月の張成沢の粛清で本格化した粛清の波は収まることなく、続いている。一五年四月に起きた玄永哲人民武力部長の粛清は金正恩体制を支える中核組織・機関である朝鮮人民軍幹部の粛清ということもあり、金正恩体制がいよいよ流動的な状況に突入したとの印象を与えるものであった。その後、重要な契機となったのは九月上旬に催された中国人民抗日戦争・世界反ファシズム戦争勝利七〇周年記念式典であった。同式典に朴槿恵（パク・クネ）大統領の出席が予定される中、八月四日に南北軍事境界線上の非武装地帯で韓国軍兵士が地雷により負傷するという事件が発生した。これを発端として、南北双方による非難の応酬に発展し南北間の緊張が急速に高まった。九月三日に挙行された軍事パレードに朴槿惠が出席し中韓接近を世界に向けて印象付けようとすると、これに対して一〇月の朝鮮労働党創建七〇周年に期を合わせるが如くまたしても人工衛星打上げを偽装した長距離弾道ミサイル発射実験の準備に金正恩指導部が取り掛かった。これには習近平指導部の対応を試すといった目算が隠されていたことであろう。慌てた習近平は劉雲山（リウ・ユンシャン）政治局常務委員を急遽派遣し、金正恩を思い止まらせようとしたことは周知の通りである。習近平のこうした対応からは金正恩を何とか宥め、賺し、諌めようとしている意思と意図が伝わってくる。習近平指導部が金正恩に必要に応じ多少の支援を送るであろうが、かつての中国指導部のように何が何でも金体制を擁護するという意思は習近平にないのではなかろうか。

とは言え、中国、米国、韓国、日本などを初めとする外部世界が金正恩体制を見限った訳ではない。外部世界が金正恩に期待するのは軍事挑発に彩られる強硬路線を一日も早く止め改革・開放の実施に真摯に取り組むことである。かつて金正日が「経済管理改善措置」と銘打って経済改革の試行的導入に打って出たが、そうした経済改革に金正恩が踏み切る可能性はあるであろうか。そうした見通しは極めて厳しいのが現実であろう。金正恩指導部が幾つかの経済特区を設置し、外部世界に大規模の外資導入を訴えているものの、これといった成果を挙げていない。また経済改革に着手するかのように金正恩が素振りをみせることがあるとしても、これまで散々期待が裏切られてきた諸々の経緯を踏まえると、改革・開放に真剣に金正恩が取り組むことはないと、外部世界は極めて冷ややかに捉えている。

こうした現状がしばらくの間、続くと考えられるが、そうした状況を切り裂く可能性があるのは何らかの事由、例えば、絶望的とも言える経済破綻状況に窮し、なおかつ外部世界から見放され、いよいよ自暴自棄となった金正恩指導部が意を決したかのように韓国に軍事挑発に打って出て、これを発端として南北間で大規模な軍事衝突が発生する場合であろう。そうした展望は周辺諸国が最も望まない展望であるとは言え、その可能性は排除できない。朝鮮半島中央部の地政学的現実、朝鮮人民軍の軍事戦略、米韓連合軍の軍事戦略などを勘案すれば、一つ間違えば、大規模の軍事衝突と隣り合わせである。しかもこうした現実を百も承知の金正恩指導部は何時でも韓国軍、あるいは米韓連合軍との全面軍事対決といった事態に向けて万全の態勢を整えている感がある。かつて金日成と金正日は軍事対決の結果として自らの体制が崩壊し兼ねないといった事態を覚悟し、米韓を相手取り軍事対決がもたらし兼ねない破滅的な状況を知らしめることにより、戦いた相手側から多大な譲歩を勝ち取ろうとした。これこそ二人の金が拠り所とした瀬戸際外交、恫喝外交の神髄であった。最悪の結果として自らの体制が崩壊することがあったとしても、韓国を道ずれにするといった目論見は誇張された話ではなかった。しかも南北軍事境界線から最短で四〇キロ・メートルしか離れていない首都ソウルの地政学上の脆弱性を踏まえると、戦闘の結果としてどの様な展開へと推移するかに関係なく、ソウルが「火の海」になるというのはあながち否定できない。

このようにみた時、大規模な軍事衝突に至り兼ねない軍事挑発に金正恩指導部が打って出ることを何としても阻止しなければならないことは今日も変わりがない。金正恩指導部とすれば、軍事挑発を繰り返しながら、危機を意識的に醸成し、戦いた外部世界から体制存続にとって不可欠の膨大な支援を獲得しようとすることは明らかである。軍事挑発こそ、体制の存続のために必須の手段であると金正恩の目に映っているのである。

これに対し矛先を向けられる格好の米国、韓国、中国、さらに日本はどの様な対応を講ずるであろうか。オバマ政権は経済制裁措置の発動に依拠する封じ込め政策を堅持しているが、それが成果を挙げたかとなると疑問である。それでもオバマが一時期、米朝協議を開催し二〇一二年二月に食糧提供を盛り込んだ合意に辿り着いたのも束の間、金正恩指導部が長距離弾道ミサイルの発射実験などを強行したことを目の当たりにして、オバマは同合意の無効宣言を行ったばかりか北朝鮮への関与に関心を失ってしまった。『朝鮮中央通信』など北朝鮮の主要メディアが事ある毎にオバマ政権を激しく非難しているものの、そうした挑発に振り回されるといった気配がオバマ政権から感じられない。クリントン政権やブッシュ政権の行った関与がなおざりにされ続けたという感を抱いているオバマ政権にはもはや金正恩体制への関与には関心がないと言えよう。オバマは経済制裁措置に基づく封じ込め政策が必ずしも功を奏していないことを自覚している一方、金正恩が核や弾道ミサイルを放棄する意思がないと正確に認識している。オバマが支援の可能性をほのめかすことはあるとしても、実際に実施に移すといった気配は感じられない。しかも北朝鮮の核・ミサイル開発や軍事挑発を食い止めるためにこれといった影響力を米国は持ちえないのが現実である。封じ込め政策を継続する一方、もしも万が一朝鮮有事が発生するといった事態に及ぶことがあれば、それへの軍事的対応を含め準備を整えているというのが本当のところではなかろうか。

韓国はどの様な対応を講ずるであろうか。韓国にとって痛い程教訓となっているのはかつて金大中が太陽政策、その後を継いだ盧武鉉が平和・繁栄政策にそれぞれ打って出て、核・ミサイル開発を控えると共に改革・開放を実施に移すよう金正日に強く促したことである。その背景には、金大中らが対北朝鮮融和派であっただけでなく、もしも北朝鮮が崩壊するようなことが実際に起きるようなことがあったならば、北朝鮮を吸収することに伴う天文学的とも言える膨大な費用を韓国としてはとても賄うことはできないとの目算があったからである。とは言え、二〇〇六年一〇月に地下核実験が断行されたことに標される通り、強烈なしっぺ返しを被ったという経験は融和派に甚大な衝撃を与えることになった。支援の求めに応じ大規模な支援を行ったところで、金正日が強硬路線を真摯に控えた訳ではないし、支援が反対に北朝鮮の大量破壊兵器の開発に注ぎ込まれることがあれば、そうした開発を加速させるとも限らなかった。要するに、金正日にいいように弄ばれたと、認識させられることになった。こうした経験を踏まえ、李明博は北朝鮮が真摯に核・ミサイル開発を止め、軍事挑発を控えない限り、支援に応じる用意は韓国にないといった姿勢に大きく舵を切った。

今後、金正恩を宥め、賺し、諫めるといった対応を必要に応じ韓国も講ずるであろうが、金正恩による軍事挑発の可能性に対し怯むということはないであろう。弱みをみせることがあれば、その隙に乗じる機会を金正恩に与え兼ねない。このことはもしも万が一、軍事的な対応が必要となれば、北朝鮮領内の軍事施設に対し巡航ミサイルを発射することも辞さないといった、構えを韓国が講じていることに表れている。

金正恩体制に相応の影響力を持つとされる中国が今後、同体制の動向を占う上で鍵を握っていることは間違いがない。北朝鮮の輸入原油の約九割、消費財の約八割、食糧の四五パーセントも中国に依存するという北朝鮮経済の実態に標される通り、もし北朝鮮への原油や食糧などの供給を停止すると中国指導部が決断すれば、金正恩体制は一気に窮地に追い込まれることになり兼ねない。中国との経済協力に活路を見出そうとした親中派の張成沢を金正恩が容赦なく粛清、処刑するといった挙に及んで以降、中国指導部は金正恩や張の粛清に向けて野合した金正恩指導部の幹部達にそこはかとない憤りと不満を持っていると考えられる。とは言え、習近平指導部が金正恩体制を見限ったとは必ずしも言えないし、金正恩体制に引導を渡すような決定的行動に打って出ることを意味する訳ではない。

金正恩指導部に核実験や長距離ミサイル発射実験といった軍事挑発をこれ以上許すことがあれば、一つ間違えば悪夢というべき展開が待ち構えているとも限らない。従って、そうした軍事挑発を食い止めるべく中国指導部は金正恩指導部に働き掛けざるを得ない。既述の通り、二〇一五年一〇月の朝鮮労働党創建七〇周年記念に向け金正恩が長距離弾道ミサイル発射実験を準備するに至り、ミサイル発射実験を何としても取り止めさせるべく習近平指導部が急遽、特使を派遣したのはこのことを物語る。今回、ミサイル発射実験の強行を何とか取り止めさせたものの、核兵器開発と弾道ミサイル開発にこれといった楔が打たれていないのが現実である。またそうした開発に楔を打とうとすれば、大規模の支援に裏付けられた実質的な関与が見返りとして要求されるであろう。しかし、仮に支援を行ったとしても金正恩指導部が核やミサイルを決して手放すことはない以上、習近平指導部は支援の提供を小出しにすることで、何とか金正恩を宥め、賺し、諌めるといった、押したり引いたりといった綱引きを演じることになるであろう。

ところが押したり引いたりといった綱引きの状況を一変し兼ねないのが北朝鮮がいわゆる核武装化する場合であろう。核兵器開発と弾道ミサイル開発は相変わらず事実上、野放し状態になっており、今後とも開発にこれといった歯止めが掛からないようでは、遅かれ早かれ弾道ミサイルに小型核弾頭を搭載するといった技術革新を遂げることになろう。そうした技術革新は金正恩をして一層強硬かつ冒険的な行動に駆り立てることになり兼ねない。技術革新を背景として、金正恩は韓国や日本に対し核の恫喝を露骨に繰り広げることが可能となろう。米国に直接脅威を与えることができないとしても、韓国や日本を確実に射程内に捉えた弾道ミサイルを北朝鮮は数多く保有している。さらに中国にも揺さ振りを掛けるような事態を引き起こし兼ねないことを踏まえると、中国としても決して穏やかなことではないであろう。これまで通り北朝鮮指導部を適宜に宥め、賺し、諌めるという訳には行かなくなるであろう。問題はその時なのである。

しかも憂慮されるのはこれと連動するかのように、深刻な経済危機に北朝鮮がまたしても見舞われるといった事態であり、これまた何時発生してもおかしくはない。一九九〇年代後半に四年続きの大規模水害に端を発した大飢饉の下で、膨大な数に上る餓死者が発生するといった事態が起きた際に、金正日指導部は朝鮮人民軍の大機甲部隊を韓国に差し向けることを真剣に検討したとされる。金正恩もまた然りであろう。

二〇一〇年一一月に起きた延坪島砲撃事件のような事態が発生するようなことがあれば、南北は一触即発の事態を迎えることになり兼ねない。延坪島砲撃事件では韓国側が何とか自重したことで事態は収拾に向かったが、もし韓国が大規模の報復に打って出るようなことがあったならば、想定困難な事態へ及び兼ねない危険性を抱えていた。万が一そうした事態が起きるようだと、膨大な数に上る難民が流出することに始まり、想定不可能な展開に繋がり兼ねないからである。こうしたことから、偶発的であれ意図的なものであれ、南北間で軍事衝突に至るといった事態が憂慮される。南北を分ける軍事境界線付近での小競り合いに起因する小規模な衝突であったとしても、衝突が連鎖することにより一つ間違えば戦域が一気に拡大し兼ねない危険性が突出して高いという意味で、軍事境界線を取り囲む地域は他のいかなる地域にも増して危険性を持つといっても過言ではないかららである。そうした状況下では衝突に向かい兼ねない危機を沈静化するための危機管理が極めて重要な課題となるが、背水の陣を敷き軍事挑発に果敢に乗り出してくるであろう金正恩との危機管理を巡る取引は決して容易なことではない。

もしもそうした事態が実際に起きることがあれば、朝鮮人民軍の大機甲部隊が軍事境界線を突破し一気に韓国領内に雪崩れ込むといった可能性は排除できない。朝鮮人民軍の軍事能力が実際にどの程度のものなのかは不透明である。実際の軍事能力は公表されている程でもないという見解もあろう。とは言え、過小に見積もったとしても、軍事境界線の北側に集中する朝鮮人民軍の前方展開戦力がソウルに甚大な打撃を与えることは避けられそうにもない。そうなれば、韓国の繁栄は一瞬にして潰えてしまい兼ねない危険性がある。

これに対し、韓国軍への支援を掲げ在韓米軍が間もなく来援することが想定されるが、そうした状況の下で米韓連合軍と朝鮮人民軍の間で大規模な衝突が発生する可能性が高い。その際、緒戦における電撃侵攻に力点を置く人民軍がしばらくの間、優勢を続けると想定されるものの、時間の経過に伴い米韓連合軍が大反攻に転じ、連合軍がその後軍事境界線を突破し北進するといった事態が想定される。もしも勢い付いた米軍が北朝鮮領内深く進攻するということになれば、北朝鮮領土の各所に点在する核関連施設、弾道ミサイル関連施設、その他の軍事関連施設の確保が米軍にとって優先課題となろう。

他方、そうした展望は中国指導部に深刻な難題を突き付けることになろう。米軍によるそうした動きを是が非でも阻止するためには中国としても北朝鮮に緊急に派兵することを決断せざるを得ないという局面に追い込まれるからである。とは言え、実際に中国人民解放軍が北朝鮮への介入に踏み切る際、どの様な事由を掲げるであろうか。金正恩指導部を支援するという大義名分を持ち出し介入するのか、それとも同指導部への支援とは関係なく米軍による北進を食い止めるために介入するのかどうかは明らかではない。

いずれにしても、中国人民解放軍が介入するような事態に至ることがあれば、その結果として北朝鮮領内の何処かで米軍と中国軍が鉢合わせ兼ねないといった危険性がある。すなわち、北朝鮮領内で両軍が実効支配する地域を確保し、睨み合うという事態へと発展し兼ねない。もしもそうしたことになれば、現在の北朝鮮領土が米軍と中国軍との間で分割占領されるということが現実に起き兼ねない。このようにみた時、朝鮮戦争において米中両軍が激しく衝突した概況と類似した状況であることに気付かざるを得ない。

そうした事態を回避するためには南北衝突が実際に発生した際にどの様に抑制的な行動を取るかについて何らかの合意を米中が結ぶことが必須となろう。そうした合意がないようでは、相手側の行動に疑心暗鬼となった両軍は少しでも相手側以上に実効支配地域を確保しようとするだけでなく、軍事関連施設を逸早く統制下に置きたいと強く動機付けられよう。これまで朝鮮有事に備えて作戦計画５０２７（Oplan 5027）を初めとする緊急派兵計画を米国は練り上げてきたし、明らかにはなっていないものの、中国側もそうした緊急派兵計画を準備していることが想定される。

我が国としても、既述した展開が起こり得るということを肝に銘じる必要があろう。その時、どの様な対応が求められるか、真剣に検討し準備を整えなければならないことは言うまでもない。そうした事態はいつ何時起きてもおかしくはない。数十年後のことかもしれないし、あるいは数年後のことかもしれない。

最後に、多くの方からご指導を頂いてきた。この場をお借りして、謝意を表したい。さらに本書の刊行にあたり、論創社社長の森下紀夫様からは格別のご理解と支援を頂いた。改めて感謝したい所存である。

二〇一六年一月

斎藤　直樹

追記　一月六日に金正恩指導部が「水爆実験」と称して第四回地下核実験を突如断行するに及んだ。これに対し、中国、韓国、米国、日本、ロシアなど関係諸国は一様に怒りを露にしているものの、それへの対応となれば、石油や食糧などの供給停止を含めた全面的な経済制裁を強硬に要求する韓国、米国、日本と、全面的な制裁に慎重な中国やロシアの間で足並みが乱れている。特に全面的な制裁に踏み切った際の重大な跳ね返りを殊の外、恐れる中国は相変わらず及び腰である。それには相応の事由があろう。中国経済へ圧倒的に依存する北朝鮮に対し石油や食糧などの供給を断つ策を中国指導部が本当に決断することになれば、それこそ金正恩体制の崩壊に繋がるといった事態を招きかねないことが推察されよう。数百万人にも上る難民の流入に始まり悪夢とも言えるありとあらゆる事態が連鎖するように生じかねないからである。これに対し、矛先を直接向けられる韓国はここにきて制裁に伴う跳ね返りがあるであろうにもかかわらず、毅然とした対応でことに臨もうとしている。中韓接近も思わぬことで試される格好となった。こうした温度差が関係諸国の間での綱引きを生み、核実験から一ヵ月以上も経ちながら、安保理事会で経済制裁決議の採択に至っていない。その間隙に乗じる格好で、二月七日に人工衛星打上げを偽装した長距離弾道ミサイルの発射実験を金正恩が強行するに及んだ。核実験とミサイル発射実験は確実に小型弾頭化とミサイル射程の長距離化を示している。あとがきにおいて起こり得る最悪とも言える展望について言及したが、これらの実験はそうした展望が日々現実味を帯びつつあることを示唆するものである。金正恩の行動は自らの体制基盤の強化のために朝鮮人民軍の権益確保に奔走した結果であると解釈することもできようが、国防の陣頭指揮をとる李永吉（リ・ヨンギル）朝鮮人民軍総参謀長が二月上旬に粛清、処刑されたとの報道も伝えられている。入れ乱れる感のあるこうした情報はどのように解釈すべきなのか。このドラマの終りが始まったことは確かであろうが、今終りに向かう道中の何処にあり、この先、ドラマが何時まで続くのか、どの様にドラマが終わろうとしているのか、さらにドラマの終りが一体何をもたらすのか、問題なのである。

二〇一六年二月

フランクリン・ルーズベルト（Franklin D. Roosevelt）米大統領　45.
ロナルド・レーガン（Ronald W. Reagan）米大統領　7, 148, 318.
ウラジーミル・レーニン（Vladimir Lenin）ボルシェビキ指導者　68-69.
アレクサンドル・ロシュコフ（Alexandr p. Losyukov）六ヵ国協議ロシア首席代表　233, 238, 325, 349.

わ行

王毅（ワン・イー）六ヵ国協議中国首席代表　216, 224, 230, 233, 238, 242.

ラビア大統領　205.
武亭(ム・ジョン)朝鮮人民軍第二軍団長、延安派指導者　111, 132.
パルヴェーズ・ムシャラフ(Perez Musharraf)パキスタン大統領　225-226, 352.
村山富一　元首相　155.

や行

藪中三十二　外務省アジア大洋州局長、六ヵ国協議首席代表　233, 238, 242.
山崎拓　前自民党副総裁　278, 302.
楊斌(ヤング・ビン)中国系オランダ実業家　127.
尹公欽(ユン・ゴンフム) 延安派指導者　70.

ら行

コンドリーザ・ライス(Condoleezza Rice)米国務長官　249, 261, 296-297, 309, 314, 341.
セルゲイ・ラゾフ(Sergey Razov)六ヵ国協議ロシア首席代表　324.
ウラジーミル・ラフマニン(Vladimir Rakhmanin)六ヵ国協議ロシア首席代表　349.
ドナルド・ラムズフェルド(Donald H. Rumsfeld)米国防長官　142, 149, 186, 193-194, 200, 203, 249, 278, 289, 314.
李根(リ・グン)北朝鮮外務省米州局副局長　199, 207.
李済剛(リ・ジェガン)朝鮮労働党組織指導部第一副部長　407, 433-435, 446, 454-455.
李承燁(リ・スンヨプ)北朝鮮国家検閲相　56.
李龍河(リ・ヨンハ)朝鮮労働党行政部第一副部長　437, 439, 457.
李英浩(リ・ヨンホ)朝鮮人民軍総参謀長　412, 435, 446, 455.
劉少奇(リウ・シャオチー)中国国家主席　78-79.
劉雲山(リウ・ユンシャン)中国政治局常務委員　480.
マシュー・リッジウェイ(Matthew B. Ridgway)米第八軍軍司令官　50, 63.
柳京(リュ・ギョン)北朝鮮国家安全保衛部副部長　435, 446, 455.

50, 62.
ハンス・ブリックス(Hans Blix)国連監視検証査察委員会(UNMOVIC)委員長　191.
ニキータ・フルシチョフ(Nikita S. Khrushchev)ソ連共産党第一書記、ソ連首相　3, 6-7, 44, 67-70, 72-77, 81, 94, 96, 408.
アントニー・ブレア(Anthony C. L. Blair)英首相　288.
レオニド・ブレジネフ(Leonid Il'ich Brezhnev)ソ連共産党政治局員、ソ連共産党書記長　69, 77.
ハワード・ベーカー(Howard H. Baker)米駐日大使　158.
シグフライド・ヘッカー(Siegfried S. Hecker) 元米ロスアラモス国立研究所長　219-220, 237.
ウィリアム・ペリー(William J. Perry)元米国防長官　14, 318, 325.
スチーブン・ボズワース(Stephen W. Bosworth) 北朝鮮問題米特別代表　368, 379, 411.
細田博之　内閣官房長官　250.
エーリッヒ・ホーネッカー(Erich Honecker)東ドイツ国家評議会議長　71.
ジョン・ボルトン(John R. Bolton)米国務次官、米国連大使　142, 194, 220, 249, 273, 288-289, 291, 314, 321.
アレクセイ・ボロダフキン(Aleksei N. Borodavkin)六ヵ国協議ロシア首席代表　354, 357.
彭徳懐(ポン・ドーファイ)中国人民志願軍司令官　49, 51-54, 63, 71.

ま行

毛沢東(マオ・ツォートン)中国共産党主席　vii, 3, 30, 46-47, 49-55, 59, 61, 64, 67, 73-74, 78-79, 81.
ダグラス・マッカーサー(Douglas MacArthur)連合国軍最高司令官、朝鮮国連軍最高司令官　46-51, 62.
カール・マルクス(Karl H. Marx)経済学者、哲学者　68.
アナスタス・ミコヤン(Anastas I. Mikoyan) ソ連政治家　71.
スロボダン・ミロシェビッチ(Slobodan Milošević)新ユーゴス

385, 427, 429.
アドルフ・ヒトラー(Adolf Hitler) ドイツ首相 246.
玄永哲(ヒョン・ヨンチョル)北朝鮮人民武力部長 ii, 452, 459, 470, 475, 479.
クリストファー・ヒル(Christopher R. Hill)米・東アジア太平洋問題担当国務次官補、六ヵ国協議米首席代表 250, 252, 258, 262, 264, 268, 298, 312, 314, 319, 324-325, 335-336, 338, 341, 344-346, 349, 354, 357.
ウサマ・ビンラディン(Usāma bin Lādin)同時多発テロ事件首謀者 150.
胡錦濤(フー・チンタオ)中国国家主席 23, 280-284, 311, 371-372, 379, 436, 449-450, 463.
ダグラス・ファイス(Douglas Feith) 米国防次官 142, 149, 194.
黄長燁(ファン・ジャンヨプ)元朝鮮労働党国際担当書記 100, 109, 132.
ジェラルド・フォード(Gerald R. Ford) 米大統領 142.
グスターフ・フサーク(Gustáv Husák) チェコスロバキア共産党第一書記 71.
サダム・フセイン(Saddam Hussein) イラク大統領 15, 150, 158, 167-168, 192, 196-197, 207.
ウラジーミル・プーチン(Vladimir V. Putin)ロシア大統領 176, 281.
ジョージ・ブッシュ(George W. Bush)米大統領 ix-xii, 15-18, 22-23, 32-37, 142-155, 157-158, 160-179, 181-182, 184-185, 188-190, 192-194, 196-198, 201-203, 207-227, 229-232, 235-236, 241, 245-246, 248-256, 258-261, 263, 266-269, 272, 274, 276, 279-282, 288-289, 292, 294-297, 300-301, 310-311, 313-314, 316, 319-323, 327, 329-330, 332, 334-347, 350, 356, 359, 372, 375, 410, 460-462, 477, 482.
ジョージ・ブッシュ(George H. W. Bush)米大統領(父ブッシュ) 9, 148, 157.
オマール・ブラッドレー(Omar N. Bradley)米統合参謀本部議長

148, 175, 190-191, 194, 202, 269-270, 299.
グレン・デービース(Glyn Davies) 北朝鮮問題米特別代表　415.
ミハイル・トゥハチェフスキー(Mikhail N. Tukhachevsky)ソ連軍元帥　69.
ハリー・トルーマン(Harry S. Truman)米大統領　45-46, 48, 50, 62, 367.
レフ・トロツキー(Lev D. Trotsky) ボルシェビキ指導者　69.

な行

中川昭一　自民党政調会長　296-297, 308-309.
リチャード・ニクソン(Richard M. Nixon)米大統領　83.
額賀福志郎　防衛庁長官　277, 302.
アントニーン・ノヴォトニー(Antonín Novotný)チェコスロバキア大統領　71.
盧泰愚(ノ・テウ)韓国大統領　9.
盧武鉉(ノ・ムヒョン)韓国大統領　x, 16, 23, 208-209, 218, 232, 250, 277, 281, 284-286, 302, 305, 482.

は行

ジョセフ・バイデン(Joseph R. Biden)米上院議員　327.
コリン・パウエル(Colin L. Powell) 米国務長官　142, 144-145, 158, 165-166, 173, 181, 190-191, 194, 202, 211, 248.
朴一禹(パク・イルウ)延安派指導者　53.
朴吉淵(パク・キルヨン)北朝鮮国連大使　251, 273.
朴槿恵(パク・クネ)韓国大統領　479-480.
朴南基(パク・ナムギ)朝鮮労働党経済担当書記　389, 402, 442, 444.
朴昌玉(パク・チャンオク)ソ連派指導者　70.
朴正熙(パク・チョンヒ)韓国陸軍少将、韓国大統領　75, 82, 408.
朴憲永(パク・ホニョン)南労党派指導者　56.
朴鳳珠(パク・ポンジュ)北朝鮮首相　387, 401.
潘基文(パン・ギムン)国連事務総長

た行

戴秉国（ダイ・ビングオ）中国国務委員　311.

田中均　外務省審議官　156.

鄧小平（ダン・シャオピン）中国最高指導者　8-9, 18-19, 78-79, 85-86, 88, 393.

唐家璇（タン・チアシュアン）中国国務委員　311.

江沢民（チアン・ツォーミン）中国国家主席　ix, 167-168, 182, 188, 197, 201.

崔秀憲（チェ・スホン）北朝鮮外務次官　247.

崔昌益（チェ・チャンイク）延安派指導者　70.

崔泰福（チェ・テボク）北朝鮮最高人民会議議長　411.

崔竜海（チェ・リョンヘ）朝鮮人民軍総政治局長　437, 446, 451, 458-459, 474.

リチャード・チェイニー（Richard B. Cheney）米副大統領　142, 149, 194, 249, 278, 302.

ウィンストン・チャーチル（Winston S. Churchill）英首相　45.

張琴松（チャン・クムソン）張成沢の長女　431.

張秀吉（チャン・スギル）朝鮮労働党行政部副部長　437, 439, 457.

張成沢（チャン・ソンテク）北朝鮮国防委員会副委員長、朝鮮労働党行政部部長　ii, xiv-xv, 12, 24-28, 39-40, 111, 133, 392, 405-407, 410-411, 414-415, 423-424, 430-459, 464-468, 470, 473-474, 478-479, 484.

張勉（チャン・ミョン）韓国首相　74.

趙明禄（チョ・ミョンロク）北朝鮮国防委員会第一副委員長　14, 119, 137.

超延俊（チョ・ヨンジュン）朝鮮労働党組織指導部第一副部長　446, 451, 474.

全斗煥（チョン・ドゥファン）韓国大統領　317.

鄭東泳（チョン・ドンヨン）韓国統一相　250, 252.

千英宇（チョン・ヨンウ）六ヵ国協議韓国首席代表　324-325, 349.

ジョセフ・デトラニ（Joseph DeTrani）六ヵ国協議担当米特使　251.

ジョージ・テネット（George J. Tenet）米中央情報局（CIA）長官　ix,

152-153, 155, 157, 162, 171, 175, 190, 197, 201, 208, 269-271, 290, 318-319, 409, 482.
ヒラリー・クリントン（Hillary R. Clinton）米国務長官　359.
ジョン・ケネディ（John F. Kennedy）米大統領　76.
ジェームズ・ケリー（James A.Kelly）東アジア･太平洋問題担当国務次官補、六ヵ国協議米首席代表　ix, 15-16, 146, 161-165, 170-172, 174, 180, 190-191, 194, 199, 202, 207, 212, 221, 227, 233, 238, 242-243, 250.
高英姫（コ・ヨンヒ）金正恩、金正哲の実母　406, 433.
小泉純一郎　首相　ix-x, 14, 16, 32-33, 129, 155-162, 168, 179, 208-209, 232, 241, 287, 301, 319.
アレクセイ・コスイギン（Aleksei N. Kosygin）ソ連首相　77.
ミハイル・ゴルバチョフ（Mikhail S. Gorbachev）ソ連共産党書記長、ソ連大統領　7-9, 20, 87.

さ行

齋木昭隆　外務省アジア大洋州局長、六ヵ国協議首席代表　354, 357.
佐々江賢一郎　外務省アジア大洋州局長、六ヵ国協議首席代表　250, 264, 324-325, 349.
佐藤栄作　首相　82.
習近平（シー・チンピン）中国国家主席　iii, 449, 480, 484.
グリゴリー・ジノヴィエフ（Grigorii Y. Zinoviev）ボルシェビキ指導者　69.
トドル・ジフコフ（Todor H. Zhivkov）ブルガリア共産党書記長　71.
ヨシフ・スターリン（Josef V. Stalin）ソ連首相　vii, 2-3, 30, 44-47, 49-54, 59-60, 66-70, 72, 81, 93-94, 96.
徐寛熙（ソ・グァンヒ）朝鮮労働党農業担当書記　111, 133.
成蕙琳（ソン・ヘリム）金正男（キム・ジョンナム）の実母　406, 432-433.
宋旻淳（ソン・ミンスン）六ヵ国協議韓国首席代表　264.

276, 278-288, 290-292, 295-297, 304, 310-314, 316, 318-323, 325, 329-330, 332-345, 347, 352, 355-356, 359-362, 364-365, 367, 369-376, 379-382, 385-390, 393, 400-401, 405-415, 418, 423-425, 430-436, 445-454, 458, 460-467, 469-470, 472-473, 478, 480-481, 483.
金正恩(キム・ジョンウン)金正日の三男、朝鮮労働党第一書記 ii-iii, vi, xiv-xv, 24-29, 38-41, 133, 385, 391-392, 397, 400, 405-408, 410-420, 423-425, 430-431, 433-439, 441, 443, 445-447, 449-459, 463-470, 474-475, 478-487.
金正覚(キム・ジョンガク)朝鮮人民軍総政治局第一副局長　412.
金正男(キム・ジョンナム)金正日の長男　406, 432-433, 447.
金正哲(キム・ジョンチョル)金正日の次男　406-407.
金塾(キム・スク)六ヵ国協議韓国首席代表　354, 357.
金成柱(キム・ソンジュ)金日成の実名　44-45.
金大中(キム・デジュン)韓国大統領 vi, viii-ix, 13-14, 18-19, 23, 117-118, 126, 128-129, 136-137, 144-145, 152-153, 155-156, 173, 178, 319, 326, 409, 483.
金賢姫(キム・ヒョンヒ)大韓航空機爆破事件実行犯　317.
金永日(キム・ヨンイル)六ヵ国協議北朝鮮首席代表　213, 233.
金泳三(キム・ヨンサム)韓国大統領 10, 156.
金英柱(キム・ヨンジュ)金日成の実弟　448, 458.
金英春(キム・ヨンチュン)北朝鮮人民武力部長　412.
金英哲(キム・ヨンチョル)朝鮮人民軍偵察総局長　437, 446, 451, 474.
金永南(キム・ヨンナム)北朝鮮最高人民会議常任委員会委員長 412, 425.
ウィリアム・クリントン(William J. Clinton)米大統領　vi, 10-11, 13-14, 16, 22, 32, 92, 118-119, 128, 137, 143-145, 148-149,

長官　162.

か行

ジェームズ・カーター(James E. Carter) 元米大統領　11, 92, 100, 153.
ヤーノシュ・カーダール(János Kádár) ハンガリー社会主義労働者党書記長　71.
レフ・カーメネフ(Lev Kamenev) ボルシェビキ指導者　69.
川口順子　外相　158.
アブドル・カーン(Abdul Q. Khan)パキスタン核専門家　225-226, 240, 337-338, 352.
姜錫柱(カン・ソクジュ)北朝鮮第一外務次官　ix, 16, 146, 161-164, 170-172, 180, 219.
エドヴァルト・ギエレク(Edward Gierek)ポーランド統一労働者党第一書記　71.
金日成(キム・イルソン)北朝鮮国家主席　vi-vii, 1-11, 24, 26, 28, 30-31, 39-40, 44-57, 59-60, 63-64 66-98, 100-104, 107-109, 111, 113, 124, 132, 137, 322, 347, 376, 393, 400, 405, 408-409, 411, 413-414, 416, 431-432, 448-449, 452, 458, 464-467, 469-470, 477.
金日成(キム・イルソン)将軍　45.
金基南(キム・ギナム)朝鮮労働党秘書　411.
金敬姫(キム・ギョンヒ)金正日の実妹　24, 405, 407, 430-433.
金桂冠(キム・ゲグァン)外務副相、第一外務次官、六ヵ国協議北朝鮮首席代表　162-163, 219, 221, 238, 242, 252-254, 264, 267-268, 312-314, 319, 324-325, 338, 344-346, 349, 354, 357, 411, 415.
金正日(キム・ジョンイル)朝鮮労働党総書記、北朝鮮国防委員会委員長　ii, vi, viii-xi, xiii-xv, 1-2, 5, 11-28, 30-40, 80, 84-85, 88-89, 91-92, 95, 99-102, 104-105, 108-115, 117-121, 124-130, 133-135, 137-140, 143-147, 151-156, 158-172, 177, 179-180, 183-190, 192-194, 196-198, 203-204, 207-225, 227-232, 235, 237, 241-243, 245-256, 258-260, 263-272,

人名索引

あ行

麻生太郎　外相　296, 309.
安倍晋三　内閣官房長官、首相　35, 277, 286-287, 297, 302, 309.
リチャード・アーミテージ(Richard L. Armitage) 米国務副長官　142-143, 248.
エドワード・アーモンド(Edward M. Almond)米陸軍少将、米第一〇軍司令官　48.
アレクサンドル・アレクセーエフ(Alexander Alexeyev)六ヵ国協議ロシア首席代表　242, 264.
李秀赫(イ・スヒョク)六ヵ国協議韓国首席代表　233, 238, 242.
李承晩(イ・スンマン)韓国大統領　46-47, 57, 74.
李明博(イ・ミョンバク)韓国大統領　23, 381-384, 397, 399, 422, 426, 483.
武大偉(ウ・ダウイ)六ヵ国協議中国首席代表　264, 268, 311, 313, 324-325, 336, 346, 349, 354, 357.
禹東則(ウ・ドンチュク)北朝鮮国家安全保衛部第一副部長　412, 435, 446, 455.
温家宝(ウェン・チアパオ)中国首相　436.
ウォルトン・ウォーカー(Walton H. Walker)米陸軍中将、米第八軍司令官　48.
ポール・ウォルフォウィッツ(Paul D. Wolfowitz) 米国防副長官　142, 149, 175, 194.
ヴァルター・ウルブリヒト(Walter Ulbricht)ドイツ社会主義統一党第一書記　71.
呉克烈(オ・グッリョル)北朝鮮国防委員会副委員長　446, 451, 455-456.
呉振宇(オ・ジンウ)北朝鮮人民武力部長　448.
大島賢三　国連大使　288.
バラク・オバマ(Barack H. Obama) 米大統領　xiii, xv, 22-23, 26, 37,39, 359-360, 366, 368, 370-374, 381, 410-411, 415, 418, 426-427, 463-464, 482.
マドレイン・オルブライト(Madeleine K. Albright) 米国務

斎藤直樹（さいとう　なおき）
1977年3月、慶應義塾大学法学部政治学科卒業。
1979年3月、慶應義塾大学大学院法学研究科修士課程修了。
1987年7月、マイアミ大学国際学大学院博士課程（the Graduate School of International Studies, the University of Miami）修了。国際学博士号（Ph. D. in International Studies）取得。
現在：山梨県立大学教授、慶應義塾大学兼任講師、神田外国語大学兼任講師、日本国際フォーラム上席研究員、同フォーラム政策委員など。
専攻：国際政治学、国際関係論、国際機構論、安全保障論など。
主要業績："Star Wars" Debate: Strategic Defense Initiatives and Anti-satellite Weapons, (Ph. D. Dissertation, the University of Miami, 1987.)
『戦略防衛構想』（慶應義塾大学出版会、1992年）
『戦略兵器削減交渉』（慶應義塾大学出版会、1994年）
『国際機構論』（北樹出版、1998年）
『（新版）国際機構論』（北樹出版、2001年）
『現代国際政治史（上・下）』（北樹出版、2002年）
『紛争予防論』（芦書房、2002年）
『イラク戦争と世界』（現代図書、2004年）
『検証：イラク戦争』（三一書房、2005年）
『北朝鮮危機の歴史的構造 1945-2000』（論創社、2013年）、他多数。

北朝鮮「終りの始まり」2001－2015

2016年3月25日　初版第1刷印刷
2016年3月30日　初版第1刷発行

著　者　斎藤直樹
発行者　森下紀夫
発行所　論 創 社
東京都千代田区神田神保町 2-23　北井ビル
tel. 03（3264）5254　fax. 03（3264）5232　web. http://www.ronso.co.jp/
振替口座　00160-1-155266
印刷・製本／中央精版印刷　組版／フレックスアート
ISBN978-4-8460-1517-6